PIERRE TEILHARD DE CHARDIN

PATRICE BOUDIGNON

PIERRE TEILHARD DE CHARDIN

Histoire
Biographie

LES ÉDITIONS DU CERF
www.editionsducerf.fr
PARIS

2008

Imprimé en France

www.editionsducerf.fr
(29, boulevard La Tour-Maubourg
75340 Paris Cedex 07)

ISBN 978-2-204-08570-0
ISSN 0769-2633

VUE CAVALIÈRE

> « *J'écris ces lignes par exubérance de vie et par besoin de vivre ; pour exprimer une vision passionnée de la Terre, et pour chercher une solution aux doutes de mon action ; parce que j'aime l'Univers, ses énergies, ses secrets, ses espérances, et parce que, en même temps, je me suis voué à Dieu, seule Origine, seule Issue, seul Terme. Je veux laisser s'exhaler ici mon amour de la matière et de la vie, et l'harmoniser, si possible, avec l'adoration unique de la seule absolue et définitive Divinité* [1]. »

Pierre Teilhard de Chardin !

Présenter l'homme tel qu'il fut. Présenter ses joies et ses tristesses, son travail, ses voyages et ses amitiés.

Résumer en termes simples l'apport de ce grand penseur à l'histoire humaine sans déformer sa pensée par excès de simplification. Décrire le schéma de cette réflexion en termes usuels et simples ! Faire partager ce goût pour la personne et l'œuvre. Voilà le projet de ce livre.

Teilhard ne facilite pas la tâche de celui qui veut diffuser sa pensée. Il emploie dans ses écrits des termes répondant à des définitions qu'il est le seul à maîtriser. Il crée des concepts nouveaux. *Le Phénomène humain*, son livre majeur, n'est guère attrayant. Il faut faire un effort pour comprendre ce que sont le « dedans » et le « dehors » des choses, la « coalescence forcée », la « complexité conscience », le « pas phylétique »...

1. Pierre TEILHARD DE CHARDIN. *La Vie cosmique*, 17 mai 1916. *Les Écrits du temps de la guerre* (1916-1919), tome 12 des œuvres complètes. Les références complètes des ouvrages cités dans les notes sont données dans la bibliographie, p. 417.

Assurément, celui qui aborde ainsi pour la première fois un tel ouvrage se trouve en face d'un texte qui s'adresse à des lecteurs informés.

Au bout de quelques pages, beaucoup auront refermé *Le Phénomène humain*, comprenant qu'ils viennent de décrocher, si tant est qu'ils aient réussi à accrocher.

Jésuite soumis à l'obéissance de ses supérieurs, Teilhard n'a jamais reçu l'autorisation de publier de livre lui permettant d'exposer ses idées – idées jugées dangereuses par l'Église de son époque. Paradoxalement, cette défense d'écrire l'amena à multiplier les notes. Notes nombreuses, en général assez courtes, souvent rédigées pour répondre à la demande de ses familiers en quête de textes pour leur réflexion. Ces documents ne furent pas publiés, en revanche Teilhard distribua autour de lui des copies dactylographiées de certains textes – copies établies par quelques amies dévouées. Il saisit aussi des occasions de publier des articles dans des revues spécialisées, notamment en Chine. Si le sujet était « technique », il ne se privait pas dans le corps du texte de livrer des synthèses de sa pensée. Ces articles restèrent, en général, inaperçus. Malgré tous ces efforts, il faut bien convenir que la diffusion de sa pensée fut assez restreinte de son vivant. Cela eut l'inconvénient de l'empêcher de se confronter à la critique d'un vaste ensemble de lecteurs.

L'approche par le chemin de la correspondance est plus plaisante. Teilhard fut un épistolier talentueux, un correspondant chaleureux, racontant avec beaucoup de verve ses allées et venues à la surface du globe, donnant des détails très colorés sur ses expéditions et faisant abondamment part de ses réflexions. La gaieté, l'enthousiasme de l'homme séduisent.

Comment nous apparaît Pierre Teilhard de Chardin aujourd'hui ? Peut-on jeter un coup d'œil, avoir une première impression, avant de se lancer dans l'étude de cette pensée si féconde ? Le randonneur est toujours tenté par le raccourci qui permet de mieux cheminer. Le trajet est plus facile pour qui dispose de quelques indications facilitant la découverte d'un itinéraire.

Il y a d'abord l'attachement à la foi chrétienne. Teilhard fut un croyant de naissance. Il est né chrétien, il n'y a pas chez lui d'événement fondateur. Sa foi fut absolue et inébranlable, jamais elle ne vacilla, même si parfois il livre à son correspondant des confidences agacées ou découragées.

Ce fut un paléontologue ! Teilhard a été un grand scientifique, un authentique préhistorien qui a énormément œuvré pour faire progresser la connaissance des origines de l'homme.

Teilhard, avec l'acquisition scientifique de connaissances, appuyée de découvertes sur le terrain, prit la mesure de la contradiction apparente entre foi et raison et il sentit – première intuition – que la voie vers la rencontre des deux sœurs ennemies passait par le développement de ses connaissances scientifiques. Ses travaux de chercheur, souvent menés sur le terrain, furent d'une grande importance pour l'élaboration de sa pensée : « Le Passé m'a révélé la construction de l'Avenir. Et la préoccupation de l'Avenir tend à tout balayer. Précisément pour parler avec quelque autorité de l'Avenir, il m'est essentiel de m'établir avec plus de solidité que jamais comme un spécialiste du Passé [1]. »

À ces données fondamentales s'ajoutent des traits plus particuliers.

Ainsi l'obéissance. La vie de Pierre Teilhard de Chardin est un symbole de l'obéissance. Le lecteur moderne est surpris de voir jusqu'où alla cet attachement à l'obéissance. Cet homme, fermement lié par sa vocation de prêtre ainsi que par son engagement dans la Compagnie de Jésus, a obéi toute sa vie à des personnes auxquelles il acceptait lui-même de concéder le droit de le diriger. Obéissance subie comme un devoir et affirmée comme une réponse aux contradicteurs, comme une démarche délibérée pour valider sa propre réflexion. Sa soumission à l'Église n'avait de sens que par son adhésion à cette Église. Chrétien et prêtre, Teilhard a vu plus loin que l'état figé de l'Église qu'il eut sous les yeux et dont il perçut avec lucidité toutes les lacunes. Et, s'il a accepté d'être malmené, c'est parce qu'il était convaincu que le sens de la marche était vers plus d'approfondissement du christianisme, au-delà des querelles et des incompréhensions.

Cette obéissance de fond fut toutefois tempérée dans la forme. Teilhard alla jusqu'à la limite de ses devoirs envers son ordre. Ses conférences, la distribution de certains textes lui attirèrent plusieurs fois de sévères remontrances de ses supérieurs.

1. Lettre à Marguerite Teillard-Chambon, septembre 1935 (LV).

Obéissant, mais obéissant « critique », en quelque sorte ! Il y eut du courage dans son attitude.

Une pensée originale et libre ! Ce qui semble contradictoire avec ce qui vient d'être écrit. Teilhard ne mit aucune borne au développement de sa réflexion. Ce qui ne veut certes pas dire qu'il a voulu réfléchir sur tout mais, plus simplement, que sa pensée, une fois engagée dans un raisonnement, allait jusqu'au bout. Il y a chez lui une volonté qui tourne à l'obsession d'expliquer le monde dans lequel nous vivons. Teilhard suivit ses intuitions et les transforma en convictions par effort de réflexion. Il discerna les chemins à emprunter et se laissa guider sans faiblir. Sa réflexion est raisonnée. Teilhard s'est posé la question de savoir si un usage correct de l'intelligence peut amener une coopération des esprits dans une recherche commune tournée vers l'embellissement de la destinée même de l'homme. « Teilhard est l'homme qui a cru dans cette entreprise [1] ». Intuition et conviction résument son œuvre ! Et cette conviction, Teilhard voulut résolument, désespérément, la faire partager. Sa pensée est militante.

Et plus près de l'homme, il y eut ses amitiés ! De nombreuses et grandes amitiés qui illuminèrent sa vie. Elles correspondaient à ce désir de partager, de s'intéresser à l'autre. Teilhard pense en relation avec autrui. Il a aimé raconter, expliquer, se confier, livrer ses pensées, partager les préoccupations des autres, les aider à se rencontrer. Au-delà de ses amitiés, Teilhard a aimé son prochain.

Ses amitiés s'appuyaient sur son talent d'écrivain qui lui permettait d'adresser des lettres à ses amis. Plus que le don de l'écriture, Teilhard avait, comme tout grand écrivain, le besoin d'écrire, il vivait et pensait en écrivant. Même lorsqu'il s'excusait auprès de son correspondant d'écrire « à la diable », son texte était soigné. Nous retrouvons là son attention à l'égard de l'autre. Lorsque Teilhard écrivait des lettres, des notes de réflexion, des mémoires scientifiques, c'était toujours avec le souci d'être clair, de s'adresser avec précision et sincérité à son lecteur.

Ce fut également un orateur chaleureux. Teilhard a aimé s'exprimer devant des auditoires. Sa fougue oratoire lui joua

1. Emprunt de cette dernière phrase à Jean DANIÉLOU dans « Esquisse d'un portrait » dans : *Teilhard de Chardin*, ouvrage collectif.

parfois des tours. Il savait que son ordre lui interdisait d'évoquer certains sujets en public. Si le sujet de la conférence était acceptable, les dérapages survenaient lors des échanges avec l'assistance ; une fois lancé dans ses explications, Teilhard ne savait ou ne voulait plus s'arrêter et des comptes rendus faits par quelques auditeurs maladroits ou malintentionnés le mirent plus d'une fois en porte à faux.

L'histoire de sa vie et celle de sa pensée – les deux se mêlent – se présentent un peu comme un va-et-vient entre intuitions pleines d'audace, et lendemains sans changements. C'est un aspect un peu déroutant et même décourageant de son œuvre. Sa pensée a une dimension radicale, Teilhard s'est hissé au niveau des grands apôtres du christianisme. Mais la portée exacte reste à mesurer par le lecteur lui-même qui, étant à la recherche d'une implication concrète pour l'amélioration de son existence quotidienne, demeure partagé entre agacement et scepticisme en face de l'éloignement de Teilhard vis-à-vis du terre-à-terre des affaires humaines – éloignement qui peut être pris pour du détachement. Une remarque en forme de critique de son frère Joseph illustre cette impression. Parlant de son frère aîné qui répétait souvent, sans doute trop : « Il faut vider les vieilles outres ! » Joseph Teilhard de Chardin, avec un brin de provocation fraternelle, faisait ce commentaire : « Il s'agissait toujours de les vider, mais il restait indécis quand je lui demandais de quel élixir il disposait pour les remplir [1]. »

Une vie bien remplie ! C'est la dernière touche à apporter à ce croquis, cette impression de vie bien remplie, pleinement vécue. Malgré ses déceptions, ses chagrins, ses revers, la vie de Teilhard fut une grande vie, menée avec amour – amour du Christ, amour de ses proches, amour de ses semblables.

Au fond, ce que je désire tant propager, ce n'est pas précisément une théorie, un système. Mais un certain goût, une certaine perception, de la beauté, du pathétique, de l'unité de l'Être. C'est même probablement ce qui cause les incompréhensions que je rencontre. J'essaie de traduire l'espèce d'ivresse calme, que me cause la conscience de l'étoffe profonde des choses, en terme de théories (comme j'aimerais à le faire, si j'en étais capable, en morceaux de musique !) ; mais ces

1. Cité par G.-H. BAUDRY, *Dictionnaire des correspondants de Teilhard*, note biographique sur Joseph Teilhard de Chardin (Dic.).

théories ne valent pour moi, en réalité, que par leur résonance dans un domaine de l'âme qui n'est pas celui de l'intellectualisme. Ceux qui n'entendent pas l'harmonie fondamentale de l'univers, que j'essaie de transcrire, cherchent dans ce que j'écris je ne sais quel système étroitement logique, et ils sont déconcertés ou furieux. Au fond, il n'est pas possible de transmettre directement par des mots la perception d'une qualité, d'un goût. Encore une fois, il vaudrait mieux pour mon but que je fusse une ombre de Wagner qu'une ombre de Darwin. En me prenant comme je suis, je ne vois rien de mieux à faire que de m'obstiner, par tous les moyens, à révéler aux hommes l'Humanité [1]...

Teilhard percevait au fond de lui une représentation du monde, et il a voulu transmettre cette perception à la façon d'un artiste qui tente de transmettre sa vision par la réalisation de ses œuvres.

Teilhard s'est élevé vers ces sommets de l'âme humaine que peu d'hommes atteignent. En avant de nous, il a su apercevoir l'humanité unie. Résolument optimiste, il voyait le côté positif de toute chose, ce qui le rendait incapable de haïr, ou même de se quereller avec quiconque. Sa mauvaise humeur ne va jamais au-delà de l'agacement. Et, malgré des instants de découragement qu'il confia à quelques confidents, il n'a jamais perdu confiance. Il a réussi à donner une extraordinaire leçon d'espérance. Teilhard nous fait regarder vers le sens profond de notre existence. Cette disposition inscrite au fond de chacun pour œuvrer ensemble à l'achèvement d'une humanité unifiée. Un projet collectif qui dépasse les projets individuels.

1. Lettre à Ida Treat du 14 février 1927, Pierre TEILHARD DE CHARDIN, *Accomplir l'homme. Lettres inédites (1926-1952)*, première partie (AH).

CHAPITRE PREMIER

LES JEUNES ANNÉES

1881-1914

Enfance. La famille Teilhard de Chardin. Françoise Teilhard de Chardin, petite sœur des pauvres à Shanghai. La vocation religieuse et l'adolescence de Pierre. Jugements sur une éducation. Séjour au Caire. Un écrivain et un reporter de talent. La vie de famille par correspondance. La visite de l'Égypte. Premières observations et réflexions. Marguerite Teilhard de Chardin. L'appel du désert. Hastings et l'Angleterre. L'homme de Piltdown. Avant la guerre à Paris au Muséum. Un jésuite plongé dans la vie parisienne. Premières ébauches d'une pensée transformiste.

Pierre Teilhard de Chardin est né le 1er mai 1881 à Sarcenat, petit village perché dans la montagne au-dessus de Clermont-Ferrand. L'enfance est celle d'un jeune garçon élevé au sein d'une famille provinciale aisée, installée au milieu de ses terres, et catholique fervente. Pierre est le quatrième de onze enfants. La famille est soudée, consciente de son originalité. Albéric, le frère aîné de Pierre, gentiment ironique, disait de sa propre famille qu'elle méritait d'être mise sous globe ! Ce trait ne manque pas de justesse, il s'agit bien d'un monde à part. Est-ce un oubli si aucun élément biographique parcouru sur Teilhard ne mentionne l'affaire Dreyfus ?

Très tôt, cette nombreuse famille a été éprouvée par les décès. Pierre n'aura pas connu Marie-Gabrielle, morte à quatre ans, peu avant que lui-même ne vienne au monde. En 1902, c'est l'aîné, Albéric, officier de marine, qui revint chez lui pour y mourir de maladie et, en 1904, Louise qui disparut à l'âge de douze ans. En 1911, c'est Françoise, sœur aînée de Pierre, devenue religieuse, qui mourut loin des siens à Shanghai. Plus tard, la Grande Guerre emporta deux jeunes frères, Olivier et Gonzague.

L'éducation religieuse de Pierre déboucha rapidement sur une authentique vocation. Vocation ressentie dès l'âge de seize ans, selon une lettre à ses parents qui surprend par sa maturité :

> Vous serez peut-être étonnés de ne pas avoir plus vite reçu quelque chose de moi. C'est que, avant de vous écrire, j'ai encore voulu parler un peu avec le Père Desribes. Je vous dirai d'abord que rien n'est absolument décidé. Pourtant, et c'est l'avis de ceux que j'ai consultés, il semblerait que le bon Dieu m'offre de quitter le monde. Vous pensez bien que je répondrai à cette offre lorsque je me serai assuré que je ne me trompe pas ; d'autre part, je sais assez que ce n'est pas de vous que je peux m'attendre à des difficultés. La question est que Notre-Seigneur me fasse sentir clairement ce qu'il demande et me donne la générosité nécessaire [1].

Le jeune Pierre employait des mots sobres et sincères pour parler de son désir d'être prêtre ; la solennité d'une telle décision transparaît dans le ton grave de sa lettre qui ne laissait guère de place à la joie ni à l'enthousiasme et tristement s'annonçait comme un retrait du monde. Annonce enfermée dans une vision sinistre et dépassée du sacerdoce, de la part d'un homme qui allait, tout au contraire, vivre et travailler pour rester profondément immergé au sein de ce monde afin de le décrire et de l'expliquer. Les vieux clichés ont la vie dure.

Il y a peu d'éléments disponibles sur cette jeunesse qui fut sans histoire. Le père, Emmanuel Teilhard de Chardin, est reconnu comme un érudit local et a intéressé très tôt ses enfants à l'observation de la nature. Pierre dut à son père une bonne part de son goût pour les pierres, les plantes et les animaux. Quelques remarques dans ses lettres d'Égypte et d'Angleterre laissent entrevoir la vie réglée de ce père à l'esprit méthodique, sa femme tenant, à ses côtés, le rôle de la mère dévouée, soucieuse

1. Jeanne Mortier, *Images et paroles.*

de réparer, par de discrets secours, les petits dégâts survenant dans l'existence quotidienne de ses enfants.

Par mon père j'ai connu dès l'enfance le goût des choses et le sentiment de l'empreinte du temps sur elles. Oui, je dois également beaucoup à mon père : avec un certain équilibre fondamental sur lequel le reste est bâti, quelques aspirations précises avec un penchant particulier vers les sciences exactes [1].

Henri Bremond [2], professeur au collège jésuite de Mongré à côté de Villefranche-sur-Saône, où Pierre fit ses études secondaires, a donné plus tard cette description de son ancien élève : « J'ai eu, il y a trente ans, pour élève en Humanités, un petit Auvergnat, très intelligent, le premier en tout, mais d'une désespérante sagesse... Je n'ai su que longtemps après le secret de cette indifférence apparente. Il avait une autre passion, jalouse, absorbante, qui le faisait vivre loin de nous : les pierres [3]. »

Les rares lettres de Pierre adolescent qui nous sont parvenues, hormis celle où il annonçait sa décision d'entrer chez les Jésuites à ses parents, donnent peu d'éléments sur cette personnalité alors si discrète. Ainsi lorsque, âgé de quinze ans, il écrivait à sa sœur Françoise :

Ma chère Françoise,... Quelques mots seulement pour te raconter mon pèlerinage à Fourvière. Nous avons été dans la chapelle où j'ai bien prié pour vous tous. Un de ses désavantages est d'être atrocement chaude, à cause de tous les cierges qui brûlent. J'ai visité ensuite la nouvelle église que j'avais d'ailleurs déjà vue au mois de février avec papa. Tout à l'extérieur est en granit blanc, ou en marbre. Ils ont mis

1. Rapporté par Auguste DEMOMENT, *Françoise Teilhard de Chardin. Lettres et témoignages.*

2. Henri Bremond (1865-1933), prêtre, jésuite et académicien. Il fut pendant plusieurs années professeur au collège de Mongré. Compromis dans la crise du modernisme, notamment pour ses relations avec l'abbé Loisy (ce dernier, mis à l'index, fut excommunié en 1908), Bremond est l'auteur d'une œuvre importante. Réformiste prudent, il ne s'exposa pas, toutefois, aux condamnations du Vatican. Ni philosophe ni théologien, sa grande affaire était l'expression littéraire du sentiment religieux, cette notion de « sentiment » étant regardée avec suspicion par les autorités religieuses. Il se consacra à la rédaction d'un ouvrage monumental : *L'Histoire littéraire du sentiment religieux en France.*

3. Jeanne MORTIER, *Images et paroles.*

une grande porte de bronze splendide. La crypte n'a pas avancé. Ils continuent à travailler l'église supérieure qui est éblouissante, mais trop dorée. Toutes les colonnes sont en marbre vert, les autels également en marbre de toutes couleurs. L'église est aussi dallée de marbre qui alterne avec des mosaïques. Ce que je ne trouve pas joli, c'est une espèce de granit un peu de la couleur de la terre cuite mais plus rouge, dont ils ont un peu abusé. On inaugurera la basilique le 6 juin. Je pense qu'il y aura de grandes fêtes. On couvrira de tentures les parties qui ne sont pas encore décorées. Je suis même monté à la plate-forme qui est atrocement haute. On a une vue splendide, malheureusement il y avait de la brume. J'ai vu le bourdon qui est énorme. Je suis ensuite monté par un escalier en colimaçon indéfini jusqu'au sommet de la plus haute tour. Au-dessous de soi on voit Lyon comme à vol d'oiseau. Il y a une lunette. Tout autour de la plate-forme sur le parapet, il y a peints les endroits qu'on aperçoit, avec les noms. C'est assez curieux. On a une vue splendide. Nous sommes redescendus à la gare par des escaliers interminables et nous sommes revenus ici à midi. Ce n'a pas été bien long mais je me suis assez amusé. J'ai bien prié la Ste Vierge et le Sacré-Cœur pour toi et la famille. Je t'embrasse ainsi que papa, maman et la bande. Ton frère, Pierre [1].

Dans cette lettre, où perçaient déjà le talent du futur épistolier et le coup d'œil de l'homme de science sur le terrain, le jeune Pierre ne pensait guère à se confier.

Dans la courte biographie consacrée à Françoise Teilhard de Chardin par Auguste Demoment, on peut trouver quelques éléments sur l'enfance du grand jésuite. Éléments qui confirment le sérieux du personnage déjà absorbé par l'observation de la nature et l'étude des pierres. Face à un frère aîné, Albéric, vénéré par sa sœur et ses parents, Pierre apparaît un peu en retrait, presque comme un rêveur. Françoise, dont le caractère semble avoir été plutôt dominant, adoptait une attitude un peu condescendante, lorsqu'elle parlait du parfait jésuite ou du petit Père ! Toutefois, lorsqu'elle arriva en Chine, elle fut visiblement autant surprise que satisfaite de découvrir que la réputation que s'était déjà taillée son frère au sein de la Compagnie de Jésus était arrivée jusqu'en Chine. « J'ai déjà fait connaissance avec quelques bons pères jésuites habillés en Chinois, la natte sur le dos, dont un était camarade de Pierre à Jersey. Je ne

1. Auguste DEMOMENT, *Françoise Teilhard de Chardin. Lettres et témoignages.*

vous étonnerai pas en vous disant qu'en Chine comme en France, notre petit Père est connu par son entrain, sa science et ses collections [1]. »

Pierre Teilhard de Chardin a été un fils affectueux ainsi qu'un élève modèle, studieux et appliqué. Quel jugement porter sur cette formation à la dimension religieuse aussi affirmée ? On pressent que le choix des programmes devait être étroit. Lui-même a eu, bien plus tard, un jugement catégorique sur l'enseignement qu'il a reçu. Son frère Joseph raconta qu'un jour, lui ayant parlé d'une cérémonie qui devait se dérouler dans le cadre de l'école de son enfance, Mongré, Pierre répondit : « Pour moi, c'est la seule place au monde où je ne suis jamais retourné, où j'éprouverais de la répulsion à aller... J'ai le sentiment d'y avoir été (avec la meilleure volonté du monde) joué et trompé par mes éducateurs... Et pourtant, grâce aux conséquences de ces erreurs, Dieu sait combien j'ai eu une existence passionnément excitante et favorisée ! » Curieux mélange de reconnaissance et de ressentiment, qui atteste d'une grande lucidité et d'une vraie franchise [2]. Une autre confidence des dernières années, faite à des amis et rapportée par Claude Rivière donne le même éclairage sur le jugement que portait Teilhard sur la formation de ses jeunes années. À une interlocutrice qui lui demandait comment il pratiquait, il fit cette réponse : « "C'est très simple. Par toutes les actions, les pensées de ma vie. À chaque minute de cette vie." Et après un court silence, respecté par tous, le Père ajouta : "Je suis fidèle à tout ce qu'on m'a appris, tout en sachant que ceux qui m'apprenaient ne savaient peut-être pas tout le sens de ce qu'ils m'apprenaient. La fidélité et l'obéissance ont été et sont les impératifs majeurs de ma vie religieuse [3]..." »

Il faut bien sûr éviter tout jugement *a priori* sur l'enseignement religieux, mais nous sommes à la fin du XIXe siècle en France. Ce qui allait devenir l'affaire Dreyfus venait d'éclater. Quelques années plus tard, était votée la loi de séparation de l'Église et de l'État. Le collège de Mongré n'avait certainement pas adopté un ton moderniste. Une photographie de classe,

1. Lettre de Françoise à sa mère de septembre 1909, *ibid.*

2. Propos rapportés par Mary et Ellen LUKAS, *Teilhard, l'homme, le prêtre, le savant.*

3. Claude RIVIÈRE, *En Chine avec Teilhard.*

examinée attentivement, atteste d'un ancrage tenace dans un milieu respectueux des traditions. Une vingtaine d'élèves, sur trois rangs, pose de façon classique devant l'objectif. Aucun sourire, les visages sont fermés, le port d'un costume uniforme renforce l'impression de fermeté têtue. Une mise en scène très symbolique a précédé la fixation de l'image : un étendard est disposé à l'arrière, présenté par un élève, on y lit : « Cœur de Jésus, sauvez la France [1]. » Et ce n'est pas lorsqu'il séjournait chez lui que Pierre risquait de rencontrer des libres penseurs ; Emmanuel et Berthe Teilhard de Chardin veillaient soigneusement à préserver leurs enfants de fréquentations qu'ils ne jugeaient pas convenables pour eux : « Au temps des vacances à Murol sur les bords de l'Allier ou aux environs du château natal, les distractions de ces enfants ne diffèrent pas de celles des autres enfants de la campagne : on grimpe aux arbres, on gambade dans les prés, on court par monts et par vaux, on raffole en hiver de la neige et des glissades, on ne redoute ni les intempéries ni les longues marches. Mais, particularité à noter : les parents estiment la famille assez nombreuse pour se suffire à elle-même, aussi sont exclus avec circonspection cousins et cousines qui leur paraissent suspects. Souvent, beaucoup plus tard, ceux qui s'étaient sentis écartés, useront pour désigner la maison des Teilhard à Clermont d'un vocable claustral : “La Grande Grille [2].” » Était-il envisageable de garder ainsi Pierre Teilhard de Chardin à l'écart de la diversité du monde ? Lui, modèle de l'amitié, curieux du contact avec les autres, sachant s'enrichir auprès de tous ceux qu'il rencontrait, allait fréquenter, tout au long de sa vie, des personnages de tous les horizons et accepter qui venait vers lui, donnant totalement son sens à l'existence dans la relation avec autrui. Chez Teilhard, l'existence fut relation ; il pensait et réfléchissait en dialoguant, poussant son interlocuteur à s'exprimer et cherchant à comprendre son point de vue.

Il est remarquable que, dans un tel milieu, Pierre Teilhard de Chardin ait pu conserver intactes ses facultés de jugement sans pour autant rejeter en bloc tout cet enseignement fermement tourné vers le passé. Il en a suivi consciencieusement le cours et,

1. *Teilhard de Chardin*, ouvrage collectif.

2. Auguste DEMOMENT, *Françoise Teilhard de Chardin. Lettres et témoignages.*

plus tard, il a voulu et a su mettre en avant les aspects positifs. Admirable témoignage d'une de ses plus fortes qualités : voir le bon côté des choses. Il faut aussi remarquer que, sur la photo de classe, lui-même semblait indifférent, un peu ailleurs. Au collège, il est probable qu'il a étudié en marge de l'agitation, l'esprit plongé dans ses préoccupations, les pierres et leur histoire.

Après Mongré, ce furent les longues études pour devenir jésuite [1]. Trois années passées à Aix, Laval, Caen et Jersey,

1. La Compagnie de Jésus a été fondée en 1540 par un petit groupe de maîtres de l'université de Paris, rassemblés autour d'Ignace de Loyola. Mystique et homme d'action, Ignace de Loyola rédigea en premier lieu les *Exercices spirituels*, véritable voie d'accès à la Compagnie de Jésus, puis les *Constitutions*. Cet ouvrage décrit les longues années de formation du futur jésuite : deux ans de noviciat, suivis des vœux perpétuels (privés) ; dix ans de stages et d'études comprenant l'ordination sacerdotale pendant la troisième année de théologie ; une troisième année de noviciat, probation avant de prononcer les « vœux solennels » qui font du jésuite un « profès » ou les « vœux simples » publics qui en font un « coadjuteur temporel ou spirituel ». L'action des Jésuites est inspirée par la confiance dans l'homme (Dieu est présent dans l'homme par l'intelligence qui est don de Dieu), par l'éducation de la liberté (comment choisir et comment se libérer des « affections désordonnées »), par le respect des médiations (« les choses de la terre doivent aider l'homme dans la poursuite de la fin pour laquelle il est créé ») et enfin par la prise au sérieux du monde comme lieu de la présence de Dieu (« chercher en toutes choses Dieu notre Seigneur »). Les fondateurs de la Compagnie, missionnaires au service du pape, furent de grands enseignants (fondation du collège de Messine en 1548 et du célèbre collège de Rome en 1551). La Compagnie, qui devint la principale congrégation enseignante du monde catholique, ne cessa d'accomplir un travail apostolique efficace en dépit d'une évolution historique mouvementée. De 1 000 membres et 150 fondations à la mort d'Ignace de Loyola, elle passa, cent ans plus tard, à 15 000 membres et 550 fondations, réparties dans toute l'Europe, l'Extrême-Orient et les Amériques. La participation active des Jésuites à l'éveil de la conscience humaine, à l'essor de la libre pensée, aux découvertes scientifiques leur valut des persécutions et des expulsions : ainsi du Portugal, de France et d'Espagne. En 1773, c'est la Compagnie elle-même qui est supprimée par Clément XIV. Les Jésuites se maintinrent en Russie, grâce à Catherine II, jusqu'au rétablissement de leur Compagnie en 1814. Au XIXe siècle, la Compagnie reprend ses activités et connaît de nouvelles difficultés. Les Jésuites sont encore chassés, à diverses époques, de plusieurs pays (ainsi de France en 1880 et 1901). Événements qui n'empêchèrent pas le développement de la Compagnie au XXe siècle. La Compagnie est un ordre centralisé, gouverné par un préposé général élu à vie par la Congrégation générale, qui représente le pouvoir législatif de l'ordre. Des assistants auprès du préposé général sont également élus.

avant de partir, pour trois nouvelles années, enseigner au collège jésuite du Caire. À Jersey commencèrent les premières recherches géologiques sur le terrain. Pierre a aimé Jersey, cette île qui figure un monde en réduction ; il y est retourné plusieurs fois.

C'est surtout lors de son séjour de trois ans au Caire – d'août 1905 à août 1908 – que nous découvrons humainement Pierre Teilhard de Chardin. Il écrivit en effet régulièrement à ses parents et nous pouvons nous plonger dans ses lettres où parfois il se dévoile.

C'est pendant ce séjour que s'affirma cette habitude de correspondre avec ses proches, parents, amis et collègues – habitude qui ne le quitta jamais. Teilhard a aimé écrire et a énormément écrit tout au long de sa vie. L'ensemble de cette immense correspondance est loin d'être totalement connu. Le *Dictionnaire des correspondants de Teilhard de Chardin*, établi il y a une trentaine d'années par Gérard Baudry, dresse un répertoire de 1082 lettres publiées. Ce chiffre déjà important est très inférieur à la réalité. Ce sont plusieurs milliers de lettres qui ont été rédigées tout au long des soixante années d'études et d'activité de Teilhard ; deux mille, trois mille ? Très certainement plus. Beaucoup ont disparu. Aujourd'hui encore, des lettres ressurgissent de vieux cartons retrouvés par les héritiers des confidents de Teilhard. Celui-ci aimait écrire des lettres à ses familiers. Il y trouvait un réconfort, une détente. « Quand la nuit vient, j'écris

Aucune autre fonction n'est élective, c'est le préposé général qui nomme à tous les postes importants : supérieurs provinciaux et locaux avec lesquels il entretient une correspondance constante. Une des bases originales de la vie de la Compagnie est le compagnonnage entre ses membres. Cette vie commune faite d'amitié et d'échanges et entretenue, malgré l'éloignement, par la correspondance. Teilhard a apprécié le compagnonnage tout au long de sa vie de jésuite. Il a été aidé par ces échanges, par cette communauté qui résiste au temps et aux épreuves. Brimé par l'Église, Teilhard n'en a pas moins été un jésuite heureux. En France, l'activité des Jésuites est variée : enseignement, études et recherches en philosophie, théologie et sciences humaines, action sociale, missions ouvrières, publications de revues, aumôneries, prédications et missions dans le monde. On compte actuellement plus de 1 000 jésuites en France et plus de 20 000 dans le monde. Le préposé général actuel est le Père Peter-Hans Kolvenbach, depuis 1983 (encyclopédie Alpha, 1982 ; Grand Larousse universel, 1992 ; site Internet de la Compagnie).

des lettres, comme en ce moment[1]. » Cette manière de s'adresser à autrui, dans un tête-à-tête discret, fait partie du personnage. Un souvenir de famille fait état de matinées entières passées à rédiger sa correspondance lors de ses rares séjours chez les siens. Et c'est bien sûr à travers cette longue série de lettres que nous pouvons le mieux découvrir qui était Pierre Teilhard de Chardin.

Ce sont près de soixante-dix lettres envoyées d'Égypte qui ont été conservées et éditées[2]. Le jeune professeur débutant au collège de la Sainte-Famille du Caire écrivit fréquemment à sa famille. Il tint les siens informés de ses faits et gestes en même temps qu'il fut tenu au courant de la vie familiale. Il est attendrissant de le voir, au loin, se réjouir des bons moments familiaux ou se désoler des moins bons.

On voit se déployer les grandes qualités qui furent celles de Pierre Teilhard de Chardin durant sa vie. Le coup d'œil, le sens de l'observation, la clarté et la précision du compte rendu. Rien n'échappait à son regard : les paysages colorés, les animaux, les plantes et surtout les fossiles. Il voyait tout, saisissait tout, rapportait tout. Le style précis, le ton enjoué rendent la lecture attrayante. Attentif à ceux qui l'entourent, il a donné un incomparable témoignage de la société égyptienne au début du XXe siècle. Et si les importantes discussions qui font la vraie grandeur de sa correspondance sont absentes de ces lettres, leur lecture renouvelée révèle un jeune homme observateur des usages et des coutumes des populations, soulignant le cas échéant leur dimension religieuse.

Teilhard s'intéressait certes peu à la dimension esthétique des monuments de l'Égypte ancienne. Il était plus sensible à leur dimension humaine et historique. Il voyait d'abord dans les ruines une communication avec les hommes du passé mais, n'ayant pas eu de formation à l'art, et encore moins à l'histoire de l'art, il était plus à la recherche du curieux ou du significatif que du beau ou du laid dans les œuvres humaines, ne voulant observer que ce qu'elles pouvaient lui apprendre sur leur histoire. Il faut toutefois être nuancé sur le sujet des goûts artistiques de Teilhard ! Il a eu indéniablement un coup d'œil et a su faire, à l'occasion, des commentaires à propos d'esthétique.

1. Lettre à Ida Treat du 14 novembre 1926 (AH), première partie.
2. Pierre TEILHARD DE CHARDIN, *Lettres d'Égypte, 1905-1908.*

Avant de lui donner brièvement la parole, il est important de souligner la dimension altruiste qui s'exprime dans sa correspondance. Si ses lettres se lisent aussi facilement, c'est parce que Pierre pensait à son lecteur. Il en connaissait les goûts et les intérêts, il pénétrait avec lui dans son domaine. S'il parlait de sa personne, c'était pour en dire ce qui pouvait intéresser son correspondant. Avec le temps, une part plus grande a été faite aux réflexions et aux préoccupations, mais sans jamais totalement oublier les éléments descriptifs.

À sa sœur Marguerite il écrivait, évoquant des passions enfantines partagées : « Ma chère Guiguite, Cette lettre ira certainement te voir à Cannes. En attendant que je t'y écrive, sache que je pense toujours bien à toi. Mes grosses chenilles de phalène prospèrent : j'en ai 8 ! » (Lettre de décembre 1906). Tenu au courant des événements familiaux, il commentait ceux-ci avec ses parents, conscient de sa place de fils aîné depuis le décès d'Albéric : « Voilà donc Toto parti ; j'ai souri en apprenant sur quel format il vous avait écrit sa première lettre, se conformant ainsi aux traditions de ses frères… » (Lettre d'avril 1907). Il se réjouissait des photos qui lui étaient envoyées : « La photographie de Sarcenat au milieu des prés blancs, que j'ai reçue hier, m'a fait un singulier plaisir ; outre le charme de bien des souvenirs qu'elle m'a évoqués, je commençais à perdre l'idée d'une végétation aussi exubérante, et surtout aussi variée… » (Lettre de juin 1907). Il se maintenait présent, par l'écriture, au sein de sa famille tout en faisant participer celle-ci à ses excursions. Il suivait tout autant l'évolution de la vie politique en France qu'en Égypte : « Moins que vous encore, nous nous rendons compte ici de ce que valent en réalité les élections. Mais cela n'a pas l'air fameux. Je souhaite que le Puy de Dôme au moins ait gagné un bon représentant… » (Lettre de mai 1906). « Il est certain que les journaux arabes accusent de plus en plus l'Angleterre de faire servir à la colonisation du Soudan toutes les finances égyptiennes ; mais les lecteurs arabes de par ici m'ont l'air trop apathiques pour se soucier de dommages qui les atteignent en somme assez indirectement » (Lettre d'avril 1906). Il s'intéressait aux découvertes archéologiques en cours : « J'ai fait une seconde visite au musée d'égyptologie. Comme tout musée, c'est un monde et on en sort abasourdi : la grande nouveauté c'est la vache Hathor, dont

Maspero est enthousiasmé [1]. On l'a trouvée cet hiver du côté de Louqsor… » Voilà un jésuite en prise sur le monde qui l'entoure !

Il visita beaucoup. Ainsi la nécropole de Saqqarah, excursion qui lui donna l'occasion d'un récit vivant et détaillé à l'intention de ses parents : « Le plus curieux de beaucoup est la visite des nécropoles enfouies sous terre en plein sable, autour des pyramides. Il y a là quatre ou cinq tombeaux trouvés, dont chacun comprend une série de salles ornées de merveilleux hiéroglyphes, encore peints en bleu souvent, et très bien conservés… Il y a des scènes de chasse à l'hippopotame, de pêche. L'allure des bêtes et des poissons est fort bien rendue : il y a moins de finesse que dans les dessins japonais […] j'ai fort bien reconnu bon nombre des poissons que j'avais vus dans l'aquarium du Nil. On aperçoit un hippopotame happant à pleine gueule un malheureux crocodile qui se débat… » (Lettre de janvier 1906). Teilhard était sensible à la fraîcheur et au réalisme des scènes représentées, ainsi qu'au style des artistes, qu'il appréciait en le comparant à celui des artistes japonais [2]. Ce qui semble l'avoir beaucoup frappé, ce sont les scènes d'histoire naturelle. En naturaliste averti, il identifiait les différentes espèces de poissons !

Il y a également cette découverte de sa passion pour le désert, qui ne le quitta plus tout au long de son existence : « Toujours au désert, j'ai rencontré un bédouin, gardeur de chameaux, qui avait ceci de spécial d'être armé d'un vieux fusil arabe, long de près de deux mètres, mince, à crosse petite et triangulaire, comme en portent tous les Arabes d'Horace Vernet [3]. C'est le premier instrument de ce genre que je vois ici ; d'ordinaire les Arabes ont de vieux fusils à percussion centrale, ou à piston… »

1. Gaston Maspero (1846-1916), égyptologue français, successeur d'Auguste Mariette à la tête du service égyptien des fouilles et antiquités. Il contribua à former les Égyptiens pour leur faire jouer un rôle plus important dans la recherche et la conservation de leur patrimoine.

2. Cette lettre témoigne de la culture artistique de Teilhard à l'âge de vingt-cinq ans. Il est malheureusement impossible de savoir dans quelles circonstances il a pu découvrir et apprécier les artistes japonais.

3. Horace Vernet, peintre français (1789-1863). Il s'est rendu célèbre par ses représentations de batailles fameuses et de scènes aux thèmes arabes auxquelles Teilhard fait ici allusion.

(Lettre de mai 1907). Coups d'œil, sens du croquis, aperçus de la vie autour de lui, Pierre Teilhard de Chardin est un bon reporter.

Et si les grands débats sont encore absents, le coup d'œil religieux est bien là, la réflexion est en train de pousser. C'est bien en Égypte que commença à se bâtir cette grande pensée, plus sans doute en observant le monde qui l'entourait qu'en se plongeant dans l'étude de l'ancienne Égypte :

Pendant cette première journée, nous avons fait un certain nombre de visites, particulièrement à l'évêque copte orthodoxe, c'est-à-dire schismatique, vénérable vieillard (très ignorant, hélas ! Les coptes ne voulant pas d'évêques mariés, et leurs prêtres l'étant tous, ils vont tirer leurs évêques du fond des monastères) qui nous a reçus, accroupi sur un divan et fumant une pipe (chibouk) de 1 m 50 de long. Ces jours derniers, je crois avoir pris par jour une moyenne d'au moins dix tasses de café ; il faut dire que les tasses sont petites, et le café excellent : parfumé et épais comme de la crème. Notre hôte était encore en plein carême, la Pâque copte ne tombant que dans un mois ; et les coptes, orthodoxes surtout, ont des jeûnes d'une rigueur excessive ; ils durent près de la moitié de l'année, et pendant le carême de Pâques, œufs, beurre, poissons sont interdits. Il y a là de l'exagération, surtout dans la conception du jeûne comme principal acte de religion…

Et pour terminer ce voyage en Égypte sous la direction du jeune Pierre, il faut se laisser guider par son coup d'œil sur les pyramides :

Il y a trois pyramides à cet endroit : celle de Kheops, qui est gigantesque, une autre presque aussi grande, une troisième beaucoup plus petite. Elles sont bâties avec un calcaire extrait de Tourah qu'on amenait ainsi de l'autre côté du Nil sur des chaussées dont il reste encore des vestiges… Un peu au sud des pyramides est le Sphinx, taillé dans le roc même, et qu'on déblaie périodiquement… Le sable et le vent l'ont notablement détérioré, mais de loin il conserve de l'expression. À côté, est le temple du Sphinx, en très beau granit de Syène, et souterrain, en ce sens au moins qu'il l'a été, car maintenant il est mis au jour et on le voit de dessus. De fait, il y a là du colossal, mais, sauf la physionomie du Sphinx, rien d'esthétique, sinon la pensée que ce sont les pharaons qui ont fait cela ; je vous avoue que j'ai infiniment plus goûté le reste de la course, qui a été la partie principale de la journée. Dès qu'on arrive sur le plateau et au pied même des Pyramides, on tombe brusquement dans le désert, mais je l'ai constaté bien davantage en faisant une bonne boucle dans le désert libyque…

Voilà des lettres de voyage qui mériteraient de figurer dans un guide ! Au-delà de ce qu'elles racontent du personnage, elles proposent une vue originale sur l'Égypte avec un regard plein de charme sur la vie égyptienne.

Au bout de trois ans, Teilhard quitta l'Égypte, il n'y retourna jamais. On ne peut parler de voyages en Égypte lorsque, à bord des paquebots qui l'emmenaient en Chine, il naviguait au long du canal de Suez, apercevant de loin le désert égyptien.

Septembre 1908, il a vingt-sept ans, le voilà rendu en Angleterre, à Hastings, dans un établissement installé par les Jésuites qui n'eurent guère d'autre choix à l'époque que s'exiler du territoire de la République pour poursuivre leurs activités, compte tenu des mesures d'interdiction prises par le gouvernement français à l'encontre des congrégations religieuses. Il y resta quatre ans. C'est durant ce séjour qu'il acquit, avec d'autres enseignements, sa bonne connaissance de l'anglais – langue qu'il maîtrisa parfaitement et utilisa tout au long de sa carrière, conservant toutefois un fort accent français dont il ne chercha visiblement pas à se défaire.

D'Angleterre, comme il le fit d'Égypte, Pierre continua d'adresser des lettres régulières à ses parents. Une centaine de lettres anglaises ont été conservées. Nous y observons le même jeune étudiant, affectueux avec sa famille, curieux de son environnement. La quête des fossiles se fait toutefois plus précise, de même que le soin apporté à sa formation de prêtre. Le style est toujours agréable et le coup d'œil bien ajusté. Il donnait à sa famille de savoureuses descriptions d'une Angleterre paysanne sachant bien que cela devait intéresser son père : « Mon chemin m'a amené à traverser Battle, juste pour profiter de la foire, qui est certainement un beau spectacle. La route, le long de laquelle est bâti le bourg, était encombrée de bœufs et surtout de "bourets", presque tous roux, qui m'ont semblé jolis et bien tenus. La galerie des acheteurs, maquignons glabres, robustes, et fermiers un peu tors, avec barbe en collier, fournissait une série de types insulaires très accentués ; et à en juger par le vacarme qui sortait des bars, tout ce monde-là était très animé. Çà et là, des étalages se couvraient de soucoupes, renfermant chacune un petit tas d'escargots arrosés de whisky ; ce doit être une friandise traditionnelle, à en juger par la consommation » (Lettre de novembre 1910).

Au fil des lettres on relève quelques traits du savant et du penseur en train de surgir. Ainsi cette réflexion sur ses choix à faire entre théologie et science : « Croiriez-vous que je me demande si je fournirai jamais à la science beaucoup d'autres nouveautés de ce genre. La théologie fait penser à bien des choses, et je commence à entrevoir qu'il y a tant d'autres questions, peut-être moins agréables, mais plus vitales que les sciences, que je me demande si je ne dévierai pas un jour ou l'autre ; à moins qu'on me dise de ne pas le faire, ce qui est fort possible » (Lettre d'avril 1910). C'est sans doute le témoignage d'une hésitation, mais probablement s'agissait-il plus sûrement d'une première manifestation de sa grande préoccupation, alors naissante, ce besoin d'expliquer le monde.

Et toujours l'appel du désert. Il réagit avec émotion lorsqu'un correspondant lui rappelle ses courses dans le désert égyptien. Son goût pour le désert était cette fois bien enraciné. C'est bien dans le désert que l'on aperçoit le mieux les pierres, libres de toute végétation : « Mon ami le paléontologiste m'écrit au retour d'une course de 32 jours en chameau, en un lieu sis près de la mer Rouge où il n'a pas plu depuis sept ans. Il n'y a pas si longtemps cette perspective m'eût fait rêver, et je crois que je n'y serai jamais totalement insensible » (Lettre de décembre 1910). Sa sœur Françoise, franchissant le canal de Suez, évoquant dans une lettre à ses parents le séjour de son frère en Égypte, rappelait son attirance du désert : « Comme j'ai pensé à Pierre devant son cher désert ! J'ai salué le sémaphore d'Imaïhab qui l'a abrité. Là, du reste, nous changeons encore de pilote. Ce n'est pas une sinécure que de guider à travers le canal un paquebot comme le nôtre. On dirait à chaque minute que nous allons toucher tant le fond de sable semble près de nous. » Les parcours de la sœur et du frère, tous deux en route vers l'Orient à quatre ans d'intervalle, se sont curieusement mêlés.

Bien normalement, ce dernier éprouva la nostalgie de l'éloignement. Le sentiment de vivre au loin le marqua. Depuis l'âge de dix-huit ans, Teilhard a vécu au loin, ailleurs que chez lui. Ne finira-t-il pas par chercher un jour à retrouver une demeure à lui ? Sera-t-il d'ailleurs capable de la trouver cette demeure, ce perpétuel itinérant qui toujours aura le désir, sinon la hâte de partir ? Teilhard a des semelles de vent ! À trente ans passés, il écrivait à ses parents : « En vous écrivant ce soir, je ne saurais oublier que c'est il y a douze ans, heure pour heure, que nous nous sommes quittés » (Lettre de novembre 1911).

C'est en Angleterre vers la fin de son séjour qu'il se lia avec Charles Dawson, un Anglais passionné de paléontologie. Cette rencontre était inévitable. Pierre Teilhard, passant une bonne partie de ses loisirs à rechercher des fossiles dans les falaises du sud de l'Angleterre, devait croiser le chemin de ce paléontologue amateur. Celui-ci était à la recherche de fossiles humains. Il crut faire une découverte sensationnelle, « l'homme de Piltdown », qui aurait été le chaînon manquant entre l'homme et le singe et aurait vécu aux temps préhistoriques dans le sud de l'Angleterre. Cette découverte, qui se révéla être, longtemps après, une grossière supercherie, eut à l'époque un immense retentissement, malgré les réserves de plusieurs savants. Teilhard y fut associé, les hasards de la découverte lui ayant permis d'effectuer lui-même, avec enthousiasme, plusieurs trouvailles. Bien des années après, la supercherie ayant été découverte, et lui-même étant devenu un savant de renom, il reconnut volontiers son erreur : « Cela gâte pour moi certains jolis souvenirs de jeunesse. Mais c'est tellement plus satisfaisant ! Anatomiquement, comme ce cher Boule le répétait depuis 1913, l'Eoanthropus était un monstre. Et puis comment expliquer qu'une forme aussi étrangement "primitive" pût être rencontrée au sud de l'Angleterre… Rien ne collait dans l'affaire ! » (Lettre du 8 décembre 1953 au professeur Kenneth P. Oakley qui décela la supercherie).

⁂

À l'été 1912, commença alors ce qui ressemble au prélude de la grande existence de Teilhard, une période d'intense activité durant laquelle se mêlèrent travaux scientifiques, expéditions et recherches sur le terrain, en même temps que réflexions et actions religieuses. Il était alors attaché au Muséum d'histoire naturelle à Paris, sous l'autorité de Marcellin Boule qui fut son directeur de recherche pendant des années. C'est au Muséum qu'il fit la connaissance de plusieurs scientifiques avec lesquels il resta lié tout au long de sa vie (l'abbé Henri Breuil, parmi tant d'autres). En même temps, il enseigna la géologie à l'Institut catholique de Paris. Toute cette activité l'entraîna dans de multiples déplacements (Belgique, Espagne, Normandie, Alpes, Périgord, Angleterre...). Recherche, enseignement, voyages, ainsi se façonnait le citoyen du monde ! Teilhard avait alors trente ans. Il était au commencement d'une carrière scientifique qui s'annonçait riche et passionnante.

Tout au long de ces années d'études et de découverte, le jeune scolastique partagea avec équilibre son temps entre la préparation de son sacerdoce, qui restait au centre de ses préoccupations, et sa passion pour les pierres. Plus exactement, sa passion pour, à travers l'étude des pierres, la reconstitution de l'histoire de la croûte terrestre, afin de démêler au cœur de celle-ci, l'histoire de la vie. Une roche n'intéressait Teilhard que s'il pouvait y lire l'histoire de la vie à la surface de la Terre ou l'histoire de la vie de la Terre elle-même.

Plongé pour la première fois dans l'animation de Paris, il commença à observer plus à fond la vie politique et sociale française. Ses points de vue étaient certes, à ce moment, étroitement traditionnels, mais la vision s'était élargie par rapport à la simple observation des pierres, oiseaux, animaux ou populations locales. À trente-deux ans, il était temps ! Mais il s'agissait encore d'applaudir aux défilés de l'Action française : « Paris fêta Jeanne d'Arc, par un assez mauvais temps, mais très dignement, ainsi que les journaux vous l'ont appris. M'étant situé sur une grille en face de la statue des Pyramides, j'ai pu contempler la série des cortèges. Le défilé de l'Action Française fut de beaucoup le plus martial et le plus réussi [1]. » « Pendant que les socialistes fêtaient les Fédérés, nous autres, nous fêtions les fusillés de la rue Haxo [2], qui sont pour les pères de Paris un grand souvenir. Je n'ai pas eu le temps d'aller rue Haxo, mais

1. Action française : mouvement nationaliste, républicain à sa fondation (1898), qui devint monarchiste avec Charles Maurras. Celui-ci fonda avec Léon Daudet et Jacques Bainville un quotidien du même nom, pour soutenir le mouvement. Le journal, mis à l'index en 1926, fut supprimé en 1944.

2. Souvenirs des exactions commises sous la Commune : le 26 mai 1871, alors que les troupes versaillaises avancent dans Paris et que la fin de la Commune approche, cinquante prisonniers, dont plusieurs jésuites, sont extraits de la prison de la Roquette et traînés par une foule déchaînée en raison des violences des versaillais, jusqu'à la rue Haxo pour y être exécutés sommairement.

j'ai pu dire la messe dans la chapelle de la rue de Sèvres, là où sont les corps… » (Lettre de mai 1913).

Jeune et de surcroît prêtre, il était normal qu'il s'apitoie sur le sort des malheureuses victimes des violences de la Commune. Plus annonciateur de sa vocation est, dans la même lettre, cet autre témoignage de l'éveil de son intérêt pour ce qui était en train de devenir son sujet, sa grande passion : « Gabriel vous aura dit que j'avais conférencé sur le transformisme devant le corps professoral de Notre-Dame-des-Champs ; je vais recommencer mardi, sur un sujet connexe. » Si sa passion de la géologie remontait à l'enfance, sa découverte de l'évolution, ou transformisme, date de cette première période au Muséum durant les années qui précédèrent la Grande Guerre. Ce fut avec Marcellin Boule que Teilhard fit cette découverte préparée, selon ses dires, lors de ses études de théologie en Angleterre. Il commençait alors à prendre « conscience d'une Dérive profonde, ontologique, totale, de l'Univers autour de lui [1] ».

Et s'ébauchait également sa méthode, faite de réflexion, d'enseignement et d'explication plus que de polémique militante : « Somme toute, je pense que je me tire des sermons tout aussi bien qu'un autre ; mais cela ne me donne pas encore le goût de devenir prédicateur. Je ne sais pas ce qu'il faudrait faire pour que l'éloquence de la chaire devînt une chose moins factice ; apparemment, il suffirait d'être meilleur » (Lettre de mars 1914). Pierre Teilhard se découvrait un homme de conviction, voulant résolument, honnêtement, faire partager sa conception du monde. Aucune tentation d'obliger quiconque à quoi que ce soit, seulement une ardeur à faire partager une conviction en l'expliquant et en se donnant – par la qualité de son travail et la profondeur de sa réflexion – l'autorité nécessaire pour convaincre. « Apparemment, il suffirait d'être meilleur ! » La route était tracée !

Les idées étaient encore loin d'être arrivées à maturité. Sa perception de Dieu restait encore proche de ce qu'il avait appris, celle d'un « Dieu propriétaire » : « Ce matin m'est arrivée la

1. Pierre TEILHARD DE CHARDIN, *Le Cœur de la matière*, tome 13 des œuvres complètes. « Ontologique » signifie relatif à l'étude de l'existence des êtres en général. L'expression « dérive ontologique » exprime, au fond, une idée voisine de celle qu'exprime celle d'« évolution créatrice » employée par Bergson.

dernière lettre de papa, contenant la désagréable nouvelle que Guiguite avait dû ré-essayer la sonde ; je pense bien à elle et à vous, à la messe spécialement. Le bon dieu est le Maître, et Il sait ce qu'Il veut » (Lettre de mai 1913). On ne peut certes pas savoir quelle était à ce moment l'idée exacte de Dieu que Teilhard avait dans l'esprit, mais il fut amené par la suite à revoir cette image d'un Dieu maître et propriétaire, que plus tard il qualifia de « Dieu néolithique ». Il faut noter ici ce que Pierre Teilhard de Chardin dut à l'éducation de son enfance : cette foi vivace avec laquelle il était né. Sa foi a fait partie de son être, il a toujours eu le sentiment qu'elle était là, il n'a jamais eu de révélation. En revanche, durant cette période où commencèrent à s'exprimer ses grandes préoccupations, on le voit rarement évoquer cette part de ses réflexions avec ses parents. Il sentait sans doute que ce n'était pas de ce côté qu'il pouvait trouver une oreille compréhensive, à l'inverse de ses camarades d'étude avec lesquels les discussions furent sûrement approfondies.

Pierre Teilhard de Chardin venait d'arriver au meilleur moment de la vie. Il avait beaucoup étudié, il s'était donné les moyens de répondre à sa vocation de prêtre, il allait se lancer dans l'existence. Il avait trois passions dont il ne savait pas encore jusqu'où elles le tiendraient, l'accapareraient : la première était déjà bien établie avec l'étude des pierres par ce qu'elles lui apprenaient de l'histoire de la vie ; la deuxième, qu'il devinait et qui attendait les années de guerre pour naître entièrement, était l'étude de l'histoire de l'homme qu'il devait enchaîner avec une esquisse de son futur ; et la troisième était la volonté de moderniser le catéchisme de son enfance pour le rendre compatible avec l'histoire de l'humanité telle qu'il l'observait dans la terre par ce que lui expliquaient les fossiles qu'il y déterrait au cours de ses fouilles, inlassablement. La vision qui éclairait son intérieur ne pouvait pas aller à l'encontre de la joie que lui apportait la foi de son enfance. Les deux ne pouvaient s'opposer. Ce fut la grande affaire de sa vie que de tout rapprocher, tout expliquer.

Mais à l'été 1914, la vie scientifique va s'arrêter. Teilhard est mobilisé comme brancardier. Commence alors une longue période militaire qu'il met à profit pour méditer, lire et réfléchir.

CHAPITRE II

LES ANNÉES DE GUERRE

1915-1919

La famille décimée par la guerre. Marguerite Teillard-Chambon et la *Genèse d'une pensée*. Les lettres de guerre. *La Nostalgie du front*. Teilhard et la guerre. Idées encore vertes et premières mises en forme. Jean Boussac. *La Vie cosmique*. L'unité du monde. Marguerite et Pierre. Confirmation d'une vocation : expliquer le monde. Le milieu d'origine.

En décembre 1914, Pierre Teilhard de Chardin est mobilisé comme brancardier. Il arriva au front en janvier 1915. Pendant près de quatre ans il alla, souvent jusque sous le feu de l'ennemi, à la recherche des blessés. Cité plusieurs fois à l'ordre de son régiment pour bravoure, il reçut la légion d'honneur peu après la guerre. Il sortit indemne de cette tragédie, ce qui ne fut pas le cas de sa famille qui, déjà atteinte par la maladie, perdit deux fils dans les combats. Gonzague fut tué dès les premiers assauts en novembre 1914 et Olivier succomba en mai 1918.

Au lendemain de la guerre, des onze enfants de Berthe et Emmanuel Teilhard de Chardin, cinq seulement sont encore en vie. Et Marguerite – ou, comme on l'appelle familièrement, Guiguite –, la seule sœur survivante de Pierre, est depuis plusieurs années sujette à des crises qui la paralysent par intervalles, plus ou moins complètement.

Teilhard, lorsqu'il revint d'Angleterre, avait fini sa formation. La guerre allait l'écarter malgré lui des laboratoires de recherche et des fouilles sur le terrain.

Pendant la guerre, il continua d'écrire, mais les correspondants changèrent. Bizarrement, les lettres à ses parents cessent, ou plus vraisemblablement n'ont pas été publiées. On imagine mal qu'une fois mobilisé, sous le danger, Pierre n'ait pas continué à leur écrire.

C'est à sa cousine Marguerite qu'il se mit alors à écrire de façon très régulière et tout au long de la guerre. Marguerite conserva soigneusement les lettres reçues. Sa mort accidentelle, en 1959, ne lui laissa pas le temps de les publier elle-même. C'est sa sœur Alice qui le fit quelques années plus tard, sous forme d'un recueil, *Genèse d'une pensée* [1].

Marguerite Teillard-Chambon, ou Marg, plus qu'une lointaine cousine était surtout l'amie d'enfance de Pierre. Les deux familles habitaient Clermont et vivaient proches l'une de l'autre. Lorsqu'il arriva à Paris à l'automne 1912, Pierre retrouva l'oncle Cirice et sa famille venue s'installer à Paris. Marguerite, la fille aînée, légèrement plus âgée que son cousin, était devenue professeur de philosophie et dirigeait un pensionnat de jeunes filles à Paris, rue Notre-Dame-des-Champs. C'est en partie grâce à elle que Teilhard découvrit la vie intellectuelle parisienne. Il vint faire des conférences à ses élèves, il fit la connaissance par son intermédiaire de Léontine Zanta, philosophe, journaliste et essayiste en vogue à cette époque et dévouée à la cause féminine.

Marg et Pierre prirent l'habitude de débattre ensemble de sujets religieux et philosophiques. Lorsque Pierre fut mobilisé, leurs échanges se poursuivirent par écrit. C'est un minimum de cent trente lettres à Marguerite qui furent rédigées par Pierre durant sa vie au front. Nous ne connaissons pas les réponses de Marguerite, mais nous en entendons parler, ainsi que de ses colis soigneusement préparés avant d'être expédiés au soldat-brancardier qui les distribuait généreusement à ceux qui l'entouraient. Nous le voyons même demander l'envoi d'un ballon pour donner un peu de distraction aux soldats de son régiment durant les périodes de repos. Teilhard ne conservait pas les lettres qu'il recevait. Ce n'est qu'à la fin de sa vie, en exil à New York, qu'il jugea utile de ne pas jeter les lettres de ses correspondants. Durant toute son existence, il ne garda les lettres reçues que le temps d'y répondre.

1. *Genèse d'une pensée. Lettres 1914-1919.*

Pierre relatait le quotidien de son existence au front et faisait part de ses réflexions. Celles-ci dominent le contenu des lettres avec des développements philosophiques et religieux abondants, du moins de la part de Pierre car, pour les propos de Marguerite, il faut se contenter de quelques commentaires faits par Pierre.

Marguerite a grandement aidé son cousin en lui servant de réfléchissante, de critique et de soutien. Elle a encouragé et soutenu Pierre et lui-même a reconnu toute la valeur de cet appui : « J'ai été très sensible à ce que tu me dis d'affectueux et d'encourageant. Je te répète que tu peux beaucoup pour m'aider, il arrive toujours des moments où personne n'est fort pour soi. Je crois que tu as parfaitement raison en estimant que la sève de ma pensée et de mon action est encore plus sensible qu'intellectuelle. Encore que la distinction des deux puissances affective et appréhensive soit bien moins claire qu'il puisse sembler au premier abord, et que sentir intensément entraîne presque nécessairement une vision très intime de ce qui est éprouvé, il y a évidemment des tempéraments chez qui l'intuition naît d'un excès de tension ou ardeur vitale, bien plus que d'un effort méthodique ; et sans doute, je m'en rapproche. Je suis passionné beaucoup plus que savant (excuse le gros mot, démesuré pour ma valeur). Tu m'as bien jugé » (Lettre de juin 1916).

Ce sont ces réponses de Pierre qui permettent de se rendre compte de l'importance du rôle de Marguerite. Certainement une belle contribution, à en juger par la pertinence et la profondeur de cette analyse du penseur en herbe, partagée par lui-même et sa confidente. Pierre exprimait cette tendance de sa pensée, permanente chez lui, qui laissait d'abord apparaître les intuitions qu'il sentait s'agiter au fond de lui, pour ensuite les confirmer par ses réflexions. Marguerite a non seulement commenté auprès de Pierre les réflexions que celui-ci lui soumettait, mais tout autant elle semble l'avoir aidé dans l'organisation de sa manière de réfléchir. Ces passages où apparaît aussi nettement Marguerite ne sont pas fréquents et le lecteur de ces lettres a bien un peu le sentiment que c'est Pierre qui parle et que cela ne ressemble guère à un dialogue. Néanmoins, il est évident que la part de Marguerite fut plus grande que ce que nous apercevons.

Au-delà des courriers, il rédigea et adressa à sa cousine un grand nombre de notes ou d'essais qui furent publiés par celle-ci, beaucoup plus tard, dans un recueil : *Écrits du temps de la guerre*. Toutes les idées qui furent développées par Teilhard au long de son existence se trouvaient en germe dans ces écrits. Ils sont à lire en même temps que les lettres à Marguerite [1].

Mais cette correspondance à Marguerite est aussi un récit de guerre. Dans ses lettres, Teilhard a raconté à sa confidente la guerre telle qu'il la voyait avec ses mots à lui et ses impressions. Avec talent, il a décrit les scènes d'action auxquelles il a assisté. Ainsi le récit de sa première arrivée dans les tranchées :

Car, j'ai enfin fait une période de tranchées, – non pas encore dans les tranchées héroïques, où on se gèle les pieds et où pleuvent les balles, mais enfin dans de vraies tranchées de première ligne, tout près des Boches, où on entend siffler les obus et claquer les balles si une tête se montre trop longtemps aux créneaux [...] le colonel m'a fait revenir au cantonnement, pour que j'occupe une position plus centrale. À la réflexion, j'ai pensé que ce n'était pas là ma place, au moins au début, et qu'il valait mieux me faire voir le plus possible, un peu partout sur la ligne. L'expérience semble me prouver que c'est bien là la vraie marche à suivre [...] le poste de secours que j'ai occupé, durant cinq jours, est sis dans les caves d'une ferme, magnifiquement située sur un promontoire d'où on voit la ligne ennemie depuis Lassigny jusqu'à Soissons [...] De la ferme, il ne reste que des pans de murs et des squelettes de machines. Ce serait lugubre si le panorama était moins somptueux et la vie latente de la grande guerre moins intensément perçue. Mais tout cela, c'est le côté poétique. L'intérêt vrai, à mon point de vue, a été de constater que, dans ma cave et aux environs, les hommes étaient très abordables ; je n'ai sans doute fait aucune conversion ni donné aucune absolution ; mais j'ai pris contact avec beaucoup de bons enfants, d'autant plus facilement que dans un

1. C'est pendant la guerre, en tentant de faire publier un de ses premiers écrits, que Teilhard rencontra la première censure. *Études*, la célèbre revue jésuite, refusa de publier un article de lui : « Sache que mon article n'a pas passé aux *Études*. Au fond cela ne m'étonne pas. Sans parler de choses qui peut-être sont objectivement contestables, il est d'un ton qui eût déconcerté les sages et placides lecteurs de la Revue (c'est surtout ce que les réviseurs ont objecté). Je te montrerai la lettre, très gentille et très juste que m'a écrite Léonce de Grandmaison ; "Votre lecture, me dit-il, est *exciting* et intéressante à un haut degré. C'est un canevas à penser, semé de belles images. Mais pas de tout repos pour nos lecteurs, gens paisibles" » (Lettre de décembre 1916). Les attendus de la décision du rédacteur en chef de la revue sont un singulier présage de toutes les déconvenues qui attendaient Teilhard lorsque, plus tard, il chercha à faire publier ses textes de réflexion.

régiment indigène les Français saisissent avidement l'occasion de converser avec un semblable. [Lettre de février 1915.]

Aucune crainte ni angoisse de la part de Teilhard, pas de nostalgie de l'arrière, bien au contraire. Il témoignait d'une véritable satisfaction d'être plongé au cœur de l'action. C'est un grand moment d'excitation un peu euphorique qu'il voulait faire partager. Il masquait l'horreur de ces luttes sous la beauté d'une description qui éloigne le lecteur de la réalité insupportable des actes de guerre.

Voici deux croquis parmi d'autres :

Je ne sais si ce n'est à toi que j'ai raconté l'histoire d'une randonnée particulièrement mouvementée, dans les tranchées de première ligne. Cette nuit-là, plus encore que les autres, les Boches fusillaient le glacis qui nous sépare, et c'était, sur les levées de terre au-dessus de nos têtes, un crépitement continu de balles de mitrailleuses mêlé d'éclatements sourds de bombes. De minute en minute, des fusées éclairantes illuminaient la ligne, suivies de salves. [Lettre de mai 1915.]

Te figures-tu les immenses plateaux du Soissonnais, mouchetés d'hommes qui avancent par petits groupes, à la file, – puis s'arrêtent, et se terrent. Un peu partout, de gros flocons blancs, noirs, grisâtres, surgissent tout à coup, en l'air, ou sur le sol. Sur tout cela, tranche le son d'un petit crépitement continu. Et on est surpris de voir que, dans les moissons, de petites taches demeurent immobiles, définitivement. Çà et là un tank traverse lentement les grands blés, suivi de son groupe d'accompagnateurs, semblable à un vaisseau qui navigue. Trop souvent, atteint, il brûle au milieu d'une épaisse fumée noire. Dans notre coin, il y avait bien une dizaine de chars échoués au milieu des champs. Et puis, par-dessus toute cette agitation terrestre, les avions passent en bandes, souvent très bas, mitraillant un peu au hasard. Et il arrive pour eux, comme pour les tanks, comme pour les saucisses, que tout finit en une grande flamme fuligineuse. C'est implacable, et, par-dessus tout, cela paraît inanimé. Rien n'apparaît de l'angoisse et de la passion qui diversifie les petits points humains mouvants, et fait autant de mondes. On n'aperçoit que le développement matériel d'un choc entre deux grandes masses matérielles. [Lettre de juillet 1918].

On voit, dans ces pages, Teilhard mettre son talent d'écrivain au service de ce qu'il faut bien appeler son contentement d'être au front. Et le lecteur ne peut s'empêcher de s'interroger pour savoir si Teilhard était bien conscient que, dans ce tank, ce « vaisseau qui navigue » avant de brûler, il y a des hommes dont beaucoup vont connaître une fin horrible, seuls, loin de toute présence humaine. Les petites taches soudain immobiles sont des hommes et l'expression d'un peu de compassion pour leurs souffrances nous aurait rassurés. La beauté du texte ne peut faire oublier les terribles tragédies vécues par des milliers de fils, de pères ou de maris.

En découvrant cette correspondance exceptionnelle, le lecteur moderne est surpris par la position de Teilhard sur la guerre. En même temps qu'il en fait une trop belle description, il peut paraître en faire l'apologie. Pour lui, la guerre a ses mérites. Il souligne cette capacité de l'action guerrière à entraîner les hommes, malgré eux, à changer la mentalité du civil qui monte au front et à le transformer en combattant.

Dans *La Nostalgie du front*, Teilhard a exprimé de façon très complète sa compréhension de la lutte. Le titre de ce texte, presque provocateur, indique déjà assez clairement un attrait pour ce qui pour beaucoup fut un enfer effroyable : « Celui qui monte au front laisse d'abord choir, à l'entrée du premier boyau, le fardeau des conventions sociales... Qu'on ne s'y trompe pas. Le bonsoir un peu ironique adressé par le poilu à la sage ordonnance de l'arrière n'est pas seulement un congé signifié à la régularité. Il symbolise et il annonce un affranchissement beaucoup plus intime, celui de l'égoïsme mauvais et de l'étroite personnalité [1]. » Si cette description du changement d'attitude produite par l'approche du combat peut être comprise, il y a dans les lettres à Marguerite d'autres propos plus appuyés et moins compréhensibles pour nos mentalités d'aujourd'hui : « Le seul qui connaisse jusque dans son dernier fond le poids et la grandeur de la guerre, c'est l'homme qui monte à l'assaut, à la baïonnette et à la grenade. Évidemment, à cette heure-là, l'entraînement et une certaine griserie jouent un grand rôle ; il reste que le fantassin sortant des tranchées pour l'attaque est un homme à part, qui a vécu une minute que les autres ne soupçonnent pas... » (Lettre d'octobre 1915). Il faut certes replacer cette description de l'homme au combat dans le contexte politique de l'époque, avec l'existence d'un mouvement d'opinion favorable à la guerre. Mais Pierre Teilhard de Chardin eut une vision positive de la guerre, du conflit. Vision positive qui s'élargissait dans sa pensée. Il voyait dans la guerre une

1. *La Nostalgie du front*, dans *Écrits du temps de la guerre*.

manifestation de l'activité humaine, une étape dans sa marche en avant.

Il développa ce point de vue en même temps qu'il faisait le constat de la force que représente la concentration d'une troupe en vue de l'attaque. Teilhard a bien perçu tout ce qu'une offensive bien préparée pouvait réaliser au regard du peu de force entre les mains d'un homme isolé ; il a exalté l'effort, l'effort tenace et surtout l'effort commun : « C'est une de mes acquisitions de cette année que la conviction de l'effort nécessaire, de l'effort sans lequel une certaine portion d'être ne se réalisera pas. Il y a quinze jours encore, à Verdun, en observant et en expérimentant l'extraordinaire effort donné par des milliers d'activités pour monter une attaque dont le succès était encore en suspens, j'ai eu une impression profonde de la contingence des réussites dans le monde, et de leur subordination à notre ténacité, à notre industrie » (Lettre de décembre 1916).

Là non plus, Teilhard ne disait pas un mot des destructions qui sont non seulement le résultat mais bel et bien le but affiché de cet effort ! On comprend qu'il ait pu exalter l'effort mais on a du mal à admettre que l'absurdité du but qui est au bout de cet effort et qui est bien de détruire les acquis de l'effort humain n'ait pas soulevé son indignation. On voit déjà, dans ce passage, cette façon de considérer les choses de très haut qui correspondait à son désir de voir l'humanité comme un ensemble, comme un phénomène. Et il faut, à cet instant, faire un effort pour accepter que sa vision de l'histoire humaine soit une vision optimiste ou simplement réaliste. Pour Teilhard la guerre n'est qu'une étape regrettable mais inévitable pour l'humanité en évolution, tant que celle-ci n'aura pas atteint la sagesse suffisante et la maturité nécessaire pour empêcher la guerre.

Et sa réflexion s'est poursuivie, s'élevant jusqu'à la vision grandiose du choc de deux armées, de deux nations : « Il me semble qu'on pourrait montrer que le front n'est pas seulement la ligne de feu, la surface de corrosion des peuples qui s'attaquent, mais aussi, en quelque façon, le front de “la vague” qui porte le monde humain vers ses destinées nouvelles. Quand on regarde dans la nuit, à la lumière des fusées, après quelque journée plus agitée, il semble qu'on se trouve à l'extrême limite de ce qui est réalisé et de ce qui tend à se faire » (Lettre de septembre 1917). Teilhard voyait le monde bouger et la ligne de feu où s'affrontaient deux armées était présentée comme le point de friction des mouvements désordonnés de deux masses humaines, chacune à la recherche de son monde meilleur. Le conflit était la conséquence de la rencontre de ces deux masses, comparable aux séismes créés par le heurt des plaques continentales à la recherche d'un ajustement lors de leur dérive à la surface du globe. Teilhard pensait la guerre inévitable, qu'elle était un sous-produit de l'activité humaine, un tâtonnement malheureux au milieu des efforts de recherche du progrès. Il utilisa, plus tard, l'expression «coût de l'arrangement ».

Dans une lettre de juillet 1916, il a approfondi cette idée. Il reproduisait pour Marg les termes d'une discussion tenue avec un autre de ses confidents, Jean Boussac :

> Donc, j'ai trouvé Boussac toujours un peu assombri par la guerre. Comme dernièrement j'essayais de lui prouver qu'en travaillant à la bataille il coopérait en somme au progrès de la Nature qu'il aime tant, il m'a répondu que « jamais il ne confondrait, jamais même il ne pourrait comparer les œuvres brutales des militaires et les palabres insincères des diplomates avec les nobles et silencieuses transformations de la Nature ». Et pourtant ne faut-il pas établir cette comparaison, opérer cette fusion ? J'éprouve souvent l'impression de révolte de Boussac, mais je crois qu'elle repose sur une illusion... Oui, le développement moral et social de l'Humanité est bien la suite authentique et « naturelle » de l'évolution organique. Il nous apparaît laid ce développement, parce que nous le voyons de trop près, et que le libre arbitre a ses corruptions particulières et exquises, mais, en fait, il est l'aboutissement normal d'un travail qui n'est sans doute si « noble et silencieux » que parce que nous le voyons de très loin. – comme les obus éclatant autour d'un avion semblent être, vus à grande distance, une scène d'agrément, purement ornementale. Toutes les perversités morales sont en germe dans l'activité la plus « naturelle », la plus passive (en apparence) entre les mains de la cause première ; elles y sont assoupies mais point encore traversées, surmontées ni vaincues. [Lettre de juillet 1916.]

Il y avait là une première mise au net d'une réflexion sur le travail de l'évolution. Le regard de Teilhard sur la guerre ressemblait à celui de l'astronome observant d'un œil froid, à travers son télescope, l'explosion d'une lointaine étoile. Cette attitude détachée vis-à-vis des catastrophes le poursuivit toute sa vie et entraîna bien des incompréhensions. Car elle ne signifiait pas pour autant que Teilhard fût indifférent aux malheurs des gens. Il est dommage, malgré tout, qu'il n'ait pas exprimé, à cet instant, plus fortement son indignation vis-à-vis des souffrances subies par les victimes de cette guerre désastreuse.

Jean Boussac, qui fut tué quelques mois plus tard, tenait sa femme, Jeanne, au courant de ses échanges avec Teilhard. Cette correspondance a été publiée avec quelques lettres de Jeanne à son mari :

> J'ai reçu ce matin ta chère lettre qui contenait celle du Père Teilhard. Je le trouve un peu bavard ce père, et ses vues me semblent, quelquefois bien superficielles. C'est toujours mon petit Jeannot qui est du côté de la vérité, de la profondeur, et qui tient le langage vraiment scientifique. Et puis c'est naïf de parler de renouvellements inter et intra nationaux ; je crois, moi, qu'il y aura toujours la même bêtise uniforme, la même passivité des peuples sous des gouvernements de néant, le même verbiage journalistique ou parlementaire. Quant aux quelques provinces qui passeront d'un pays à l'autre, je ne comprends pas bien qu'il attende et contemple ces changements-là en ami et en voyant « de la vie » ; ce ne sont pas des transformations de la Vie et c'est blasphème, au point de vue naturaliste comme au point de vue surnaturel, que d'assimiler des clauses de traités aux belles transformations silencieuses et non sanglantes que regardent avec émerveillement les savants dignes de ce nom. Tu ne trouves pas petit enfant sans phrases ? Mais ne dis pas au père Teilhard tout cela, car il est tout de même bien chic [1].

L'optimisme général de Teilhard avait du mal à être compris par ceux qui, regardant autour d'eux, voyaient surtout les misères humaines et s'exaspéraient des lenteurs et des insuffisances de l'action politique. Jeanne Boussac traitait Teilhard de bavard et jugeait ses idées superficielles ! Sachant son mari exposé au fond des tranchées, elle devait vivre un cauchemar et ne pouvait comprendre qu'on puisse disserter froidement sur le sens positif de la guerre sans beaucoup d'égards pour les souffrances des combattants. Il est étrange que Jean Boussac ait, dans ces conditions, fait passer de telles lettres à sa femme.

« Tout de même » ! Jeanne Boussac trouvait le « père Teilhard bien chic ».

Double langage ? Non pas, car l'attitude de Teilhard au

1. Lettre de Jeanne Boussac à son mari, *Lettres de guerre inédites. Pierre Teilhard de Chardin et Jean Boussac.*

quotidien était courageuse et attentive aux souffrances des victimes. Sa réflexion se situait sur un autre niveau. La conduite de Teilhard au cœur des combats ne manqua pas de grandeur. Il fut un soldat et un vrai, même s'il ne porta pas les armes. Le soldat-brancardier Teilhard fut totalement plongé au milieu des désespoirs et des souffrances du conflit, au point que le Teilhard penseur n'éprouva pas le besoin d'en « rajouter » sur ces souffrances pour accompagner sa réflexion lorsqu'il la laissait s'envoler vers des sommets. Teilhard s'est tellement occupé du combattant qu'il n'a pas éprouvé le besoin de réaffirmer sa compassion pour ses souffrances. Gérard-Henri Baudry a récemment analysé la vie militaire de Teilhard dont le comportement au front s'inscrit dans la logique même de son engagement apostolique dans le monde. « Notre homme se pose d'emblée comme un marginal par rapport à son milieu ou mieux comme un "pionnier". Alors que ses frères feront la guerre comme officiers, alors que de nombreux séminaristes, religieux et prêtres deviendront sous-officiers ou officiers, il refusera toute promotion restant un simple caporal jusqu'à la fin des hostilités. Tout militaire sait qu'un caporal n'est pas un gradé, mais un homme de troupe. Cependant, son action dans un poste aussi modeste sera telle au sein de son régiment qu'elle suscitera un étonnement admiratif qui lui vaudra citations et décorations exceptionnelles pour un homme de troupe. Croix de guerre en 1915, médaille militaire en 1917, légion d'honneur en 1920 [1]. »

Le comportement de Teilhard dans les tranchées fut exceptionnel. Cela lui donnait le droit de porter son jugement sur cette tragédie. Et ce jugement s'inscrivait dans une logique de pensée favorable à la guerre, pensée à l'époque largement partagée.

1916 fut l'année de Verdun. Ce fut également l'année de la mise au point du premier de ses grands textes, *La Vie cosmique*.

« La Vie cosmique. »

Dans les notes qu'il adressait à Marguerite, Teilhard donnait une forme plus achevée à ses réflexions que dans ses lettres dont le discours était plus libre. *La Vie cosmique* date de 1916 mais

1. Gérard-Henri Baudry, « Teilhard à Verdun », *Teilhard aujourd'hui* nº 18, juin 2006.

n'a été publiée par Marguerite que bien des années plus tard dans le recueil des *Écrits du temps de la guerre*.

En introduction Teilhard affichait ses ambitions. Elles étaient vastes : « Faire regarder, faire sentir – me venger, par une profession de foi enflammée en la fécondité et le prix du Monde, de ceux qui sourient et hochent la tête quand on leur parle de vague nostalgie pour quelque chose de caché en nous qui nous dépasse et nous achève, triompher de ces hommes, encore, en leur montrant à satiété que leur suffisante individualité n'est qu'un fétu de paille au sein des énergies qu'ils veulent ignorer, ou dont ils plaisantent si nous parlons de leur élever un temple : voilà mon premier but. » Teilhard se voyait dans les pas d'un prophète. Il se sentait investi d'une mission d'explication du monde auprès de ses semblables.

« Je pars de ce *fait initial*, fondamental, que chacun de nous, qu'il le veuille ou non, tient par toutes ses fibres matérielles, organiques, psychiques, à tout ce qui l'entoure. Non seulement il est lié dans un réseau, mais il est entraîné par un fleuve. Tout autour de nous, partout, des liaisons et des courants. »

Déjà s'exprimait ce qui allait être un des piliers de sa pensée. Le sentiment de la profonde unité du monde, unité matérielle, biologique et spirituelle. Non seulement les existences humaines sont liées et interdépendantes, mais elles vont s'animer, elles s'animent, ensemble, d'une flamme commune. Et c'était cela qu'il fallait expliquer pour convaincre ! Cette ambition l'a travaillé tout au long de son existence. Expliquer et convaincre autour de lui, faire partager sa foi en cette vie supérieure des hommes capables de construire et achever ce monde unifié qui est à leur portée s'ils en font l'effort, pourvu que cet effort soit collectif, unitif ! « Comme les molécules dont le rapprochement fait jaillir des propriétés assoupies, les humains, par leur rencontre, se fécondent, s'achèvent, et l'association nécessaire à la multiplication de leur race n'est que l'ébauche inférieure et très pauvre des épanouissements qu'engendre le commerce de leurs âmes. » Ce corps des humains conçu comme un ensemble n'a de vie que parce qu'il s'organise. Et ce sont les hommes qui, en se mêlant, s'associant, s'appuyant, œuvrent ensemble en vue d'atteindre à un état supérieur. La pensée de Teilhard se développe ici à un niveau élevé. Ultérieurement, il développa cette vision d'une marche ou plus exactement d'une montée de l'humanité tout entière en route vers son unité, véritable « convergence » de la masse aujourd'hui désordonnée des humains.

Sa réponse au grand scandale de la guerre était cohérente avec son ambition d'expliquer le monde à ses semblables : « Quand régnera, partout, l'harmonie finale, supprimant les heurts et les déchirements, corrigeant les pentes néfastes et les contacts interdits, portant au fond de tout la lumière, alors ni douleur, ni méchanceté, ni ténèbres, ne défigureront plus le Cosmos régénéré. Tout ce qui était encroûtement secondaire, liaisons fausses ou coupables, tout le mal physique et moral, toute la mauvaise partie du Monde aura disparu ; le reste aura refleuri, l'esprit aura absorbé la Matière. » Lorsque l'homme aura achevé le monde, ce sera un monde sans guerre. Réponse qu'il est certes facile de caricaturer.

Et sans mesurer suffisamment que ses propos s'adressaient aussi à l'attention du malheureux qui montait à l'assaut et allait se faire faucher par les mitrailleuses au bout de quelques pas, il rédigea cette phrase, écrite plus avec le cerveau qu'avec le cœur : « Dans la religion de l'Évolution divine, la personne ne compte pour rien. Tourbillon fugitif aussitôt évanoui dans le courant total, burin soigneusement aiguisé d'abord, mais rejeté dès qu'il est émoussé, l'individu n'a d'importance et d'avenir que relativement au progrès général. Il ne peut se considérer que comme une valeur éphémère ; et l'amour qu'il dérobe pour son usage et son bonheur personnels est une sorte de dissipation de l'Énergie principale. » Dans son désir d'exprimer la force du collectif face à l'individu, Teilhard en arrivait à le rapetisser au point de le faire disparaître, cet individu. Élan de jeunesse ! Il y a là la trace de cet idéal du renoncement qui fit qualifier, durement mais avec pertinence, la religion d'opium du peuple.

Teilhard a été heureusement amené à corriger ce point [1]. Il prit

1. Teilhard fut lui-même conscient de cet excès. Durant sa retraite de mars 1919, il note : « Noter combien, pendant la guerre, j'ai tenu peu compte (exagérément !) de l'individu (par ex. soin à enterrer, à panser...). » Lucide autocritique, mais que curieusement il semble plus appliquer aux soins matériels qu'il aurait accomplis « à la va-vite » qu'aux réflexions notées dans ses écrits. Comme le souligne Gérard Baudry, l'autocritique sur les soins aux blessés est à nuancer des distinctions reçues par Teilhard. Mais il est évident que Teilhard était bien conscient ici d'un excès de sa réflexion et quelque part, sans avoir mauvaise conscience, il se sentait au moins capable de prendre un

soin de souligner par la suite que cette nécessaire unité devait soutenir et valoriser chaque humain. Les premiers écrits de cette période ont parfois ce ton radical que, plus tard, il réserva pour ses commentaires sur l'Église, auprès de ses confidents.

Sa pensée, encore naissante, était un mélange d'intuitions géniales (la nécessaire unité du monde et sa montée inéluctable vers un état supérieur), d'options radicales (le peu de chose qu'est l'individu) et d'aspirations prophétiques (apôtre du monde). Apparue au sein d'une effroyable mêlée, elle avait besoin de reposer et d'être approfondie, mais les grandes lignes étaient déjà tracées. Il s'agissait bien de la *Genèse d'une pensée* !

Teilhard a eu plusieurs amies féminines qui furent ses confidentes, chacune aura sa place. Il a eu une affection fraternelle pour Marguerite, l'amie d'enfance. Cette affection fut plus que partagée, car Marguerite, certainement amoureuse de son cousin, n'osa envisager un timide aveu que bien des années plus tard. Par de longues phrases de remerciements et de déclarations d'amitié fraternelle, Pierre ajustait ses réponses aux propos de Marguerite qui, en femme consciente de son pouvoir de séduction, entendait bien maintenir, avec un loyal dévouement, la chaleur de leur amitié à la température voulue. Les deux camarades d'enfance échangèrent des confidences amicales et non des sentiments amoureux. Chez Marguerite pesaient sûrement le poids des souvenirs et encore plus sûrement celui de la vocation de Pierre. Marguerite, catholique pratiquante, ne pouvait envisager l'idée même d'une rupture de ses engagements par son ami d'enfance devenu prêtre. Pierre s'adressait à elle pour élaborer une pensée de grande ampleur et, conscient de son exigence d'écoute, il s'en excusait : « Excuse-moi si je t'écris, cette fois-ci, comme un "fâcheux", qui abuse d'une oreille complaisante pour causer interminablement de choses égoïstes et creuses. Je sentais, ce soir, le besoin de m'extérioriser, de me préciser un peu à moi-même ; j'ai eu recours à ton indulgente amitié. Tu vois que j'ai confiance en toi » (Lettre de janvier 1916).

Marguerite a bien observé la façon de réfléchir de Pierre et a

peu de distance par rapport à sa façon de présenter certaines de ses idées les plus tranchées (Pierre TEILHARD DE CHARDIN, *Notes de retraite*).

bien compris quelle était sa personnalité. Et Pierre, de son côté, n'a pas hésité à s'appuyer sur – on peut même dire à se servir de – Marguerite. On peut se demander là aussi s'il était bien conscient de la charge d'émotion que contenaient ses propos. Marguerite devait aimer lire de telles lettres.

Seulement pour se convaincre de la dimension strictement fraternelle de l'affection de Pierre, il suffit de lire ce qu'il lui écrivit au lendemain de sa démobilisation, alors qu'il était en séjour à Jersey et elle en vacances chez les Polignac dans leur château de Lavoûte-sur-Loire près du Puy-en-Velay. Après avoir échangé pendant plus de quatre ans des lettres aussi belles que passionnantes, il prenait le ton d'un directeur de conscience : « J'ai reçu, depuis ma dernière lettre, la tienne du 18, et puis ta carte du 21. La fatigue de Robert m'a un peu ennuyé, – et puis je me réjouis de te savoir à la Voûte, entourée de fidèles amitiés. Ainsi le Seigneur te mène, au jour le jour, par les ennuis et les douceurs. Laisse-toi faire, de plus en plus, avec confiance, – et, comme dit l'*Imitation*, aime la main divine à travers tout ce qu'elle te donne. Ta lettre du 18 est venue, comme par hasard, répondre au souhait que je formulais, la veille, en t'écrivant : que la paix s'établisse, au fond même de toi, par la conviction que rien ne peut qu'accroître en toi la Présence uniquement désirable. Les nouvelles que tu me donneras de ton séjour parmi tes amis me feront beaucoup plaisir ; mais avant tout, je désire que tu te reposes tranquillement. Je sais que tu es bien. C'est tout ce que je désire » (Lettre d'août 1919). Que pouvait envisager Marguerite à la lecture de cette lettre au ton bien banal, presque froid ? Pas grand-chose ? Son éducation, sa nature, sa famille, tout cela avait contribué à dresser une barrière sentimentale entre elle et son cousin. Et son affection pour ce dernier, pourtant vive, était bien incapable de lui souffler le désir de franchir cette barrière imposante.

Les deux biographes américaines de Teilhard se sont penchées sur l'attitude de Marguerite Teillard-Chambon. Elles laissent entendre que Marg se serait volontairement sacrifiée pour son cousin. Elles font ce commentaire à la lumière de leur lecture du roman de Marguerite, *La Loi du faible.* Ce roman édité, sous le pseudonyme de Claude Aragonnès, avec un certain succès au lendemain de la guerre est « l'histoire pleine de mélancolie d'une belle et brillante jeune fille qui se sacrifie pour le cousin égoïste et aveugle qu'elle aime depuis l'adolescence [1] ». Telle qu'elle s'est déroulée, la première approche du féminin par Teilhard ne pouvait guère s'engager dans des chemins bien passionnés. Cette entente très proche pendant la guerre se relâcha par la suite sans jamais cesser. Marg reçut tout au long de sa vie des lettres de son cousin qui ne cessa jamais totalement de se confier à elle. Toutefois, il est difficile de suivre le détail des raisons du relâchement de leurs liens dans les années qui suivirent la guerre. Lassitude de Marguerite, éloignement de Pierre ?

En même temps qu'il se livrait à toutes ces réflexions, Teilhard se penchait sur ses aspirations. Quelle était la tâche à laquelle il souhaitait, au fond de lui, se consacrer ? Plusieurs fois, tout au long de ces années de guerre, Teilhard allait revenir sur ce qu'il pensait être un choix à faire : recherche scientifique ou réflexions religieuses ? « Or depuis quelques mois déjà, je commençais à me demander s'il était vraiment trop tard dans ma vie pour aborder quelque voie nouvelle, plus riche d'interrogations et d'espoirs que l'Histoire de la Vie sur la terre. Cette Histoire a donné, dans ses grandes lignes, tout ce qu'on attendait d'elle. Il me semble qu'il y a d'autres directions de recherches, plus agressives, plus synthétiques du réel » (Lettre de septembre 1916).

À cette époque, Teilhard qui venait d'apprendre la mort de son ami Boussac se demandait s'il avait encore le temps d'achever ses études de géologie – il avait trente-cinq ans et la guerre s'éternisait. Il comptait de plus sur Boussac, géologue, pour l'aider dans l'approfondissement de cette discipline. Plus tard, lorsqu'il rédigea *Le Cœur de la matière*, Teilhard fit également allusion à des encouragements reçus de la part d'anciens maîtres, pour poursuivre sur la voie de la connaissance scientifique. Il y fut sensible car, dans le même temps où se précisait chez lui ce besoin de réfléchir sur la place et le rôle de l'homme sur la Terre, il s'interrogeait sur l'utilité de poursuivre des études scientifiques, semblant leur préférer une recherche spirituelle. Finalement, il a privilégié la recherche scientifique. Pouvait-il d'ailleurs choisir ? Sa réflexion ne devait-elle pas s'appuyer sur ses travaux de recherche, sur un accroissement de ses connaissances ? Il devait affirmer avec

1. Mary et Ellen LUKAS, *Teilhard*.

force que c'était l'étude du passé qui lui donnerait l'autorité suffisante pour parler de l'avenir.

Si elle surprend par ce regard détaché jeté sur la guerre, la correspondance avec Marguerite offre malgré tout un témoignage intéressant sur la Grande Guerre, même si la relation des péripéties des combats tient assez peu de place.

Mais l'intérêt premier de ces lettres est de faire découvrir un Teilhard cherchant à exprimer la tension qu'il sent croître au fond de lui. Elles donnent la chance de suivre les premières étapes d'un grand parcours intellectuel et spirituel. La vision d'un monde en marche vers plus d'union et plus d'esprit est déjà là, qui cherche à s'exprimer. Teilhard était encore, à ce moment, marqué par ses années d'éducation et il y avait chez lui des traits de l'aristocrate s'appuyant sur une conception autoritaire de l'organisation sociale. Il n'avait pas encore suffisamment développé ce désir d'expliquer pour convaincre. Il prenait part à la guerre avec entrain et même enthousiasme. Il considérait encore la société du perron de son château. Un passage d'une lettre est révélateur de la tenace survivance chez lui d'un fort moulage social : « En lisant l'article sur l'alcoolisme, j'ai été frappé de cette nécessité qu'il y a, pour beaucoup de gens, d'être maintenus ou remis par force dans les conditions et les voies de la santé et du bien. Évidemment, dans le cas de la religion, où est requis un acquiescement intérieur, et où les certitudes ne sont pas d'ordre expérimental, l'usage de la contrainte est infiniment délicat ; mais enfin, on comprend mieux, par comparaison avec l'abus des poisons savoureux, la légitimité des mesures préventives (Index, éducation agencée pour donner un « pli »...) qui révoltent au premier abord, mais qui rentrent parmi les privilèges de la vérité et de la lumière. Je suis en tout cas de plus en plus convaincu que l'humanité n'est pas mûre (si jamais !) pour être conduite par la raison, et que la masse a besoin d'être, longtemps encore, tenue en lisière » (Lettre de juillet 1916). Propos surprenant d'un homme qui a cherché toute sa vie à faire partager ses idées par l'explication et la diffusion et qui a été à l'opposé d'imposer par une contrainte, si faible soit-elle, quoi que ce soit à quiconque. Propos qui surprend aussi par son pessimisme et son autoritarisme. La « masse » qu'il faut « tenir en lisière », l'éducation qui doit « être agencée pour donner un pli » !

De tels propos furent rares et surtout notre jésuite a évolué et heureusement adopté, par la suite, cette méthode qui a toujours été la sienne, expliquer et communiquer ses idées pour convaincre, bien loin de vouloir obliger. Et, triste ironie du sort, il a connu l'échec dans son entreprise, du moins de son vivant, du fait de gens qui se comportèrent à son égard en invoquant « la légitimité de mesures préventives qui révoltent au premier abord, mais qui rentrent parmi les privilèges de la vérité et de la lumière ». On a le droit d'être jeune et d'emprunter maladroitement et temporairement un mauvais chemin. Teilhard sut en trouver rapidement un bon !

CHAPITRE III

GÉOLOGIE OU THÉOLOGIE ?

1920-1926

Les années d'après-guerre au Muséum avec Marcellin Boule. La fin de la formation scientifique. Le premier séjour en Chine (mai 1923-octobre 1924) avec Émile Licent et l'exploration des Ordos. Les lettres de voyage. Les correspondants de Teilhard. Léontine Zanta. *La Messe sur le monde*. Teilhard écrivain et épistolier. *La Note sur quelques représentations possibles du péché originel* et le début des tracas avec l'Église. L'obéissance de Teilhard envers l'Église. Ida Treat, la rencontre avec la femme et l'amitié exceptionnelle. Deuxième départ pour la Chine, avril 1926.

Démobilisé en mars 1919, Teilhard retrouva sa place au « labo » du Muséum. Pendant quatre ans, jusqu'à son premier départ pour la Chine, il travailla d'arrache-pied. Il acheva ses études : géologie, botanique et zoologie. Il prépara et soutint sa thèse de docteur ès sciences [1]. Il enseigna la géologie à l'Institut catholique. Il poursuivit des fouilles sur le terrain en France et à Jersey. Il publia des notes sur des sujets scientifiques en même

1. Thèse sur les mammifères de l'éocène inférieur français. L'éocène, première période de l'ère tertiaire (de moins 65 millions à moins 45 millions d'années), est une période particulièrement intéressante pour l'étude de l'évolution. Car la flore et la faune commencent à partir de cette date à annoncer les genres actuels. En analysant les fossiles, situés dans des couches d'âges géologiques différents, Teilhard mit en évidence les modifications morphologiques de plusieurs espèces.

temps qu'il commençait à rédiger et diffuser autour de lui, auprès de ses proches et familiers, des textes de réflexion sur des sujets religieux et spirituels. Comme pour rattraper le temps perdu pendant la guerre, ce sont plusieurs dizaines d'études d'importances diverses qui furent élaborées au cours de ces quatre années. C'est l'époque où s'est décidé son envoi pour une première mission de fouilles en Chine.

Au Muséum, Teilhard s'était vu confier par Marcellin Boule l'étude des fossiles envoyés depuis la Chine par Émile Licent. Celui-ci, jésuite et homme de science, faisait partie des quelques savants d'origine étrangère à l'origine du développement de l'étude de la préhistoire en Chine. Installé depuis près de dix ans à Tien Tsin [1], à proximité de Pékin, il avait récolté par ses propres moyens, au cours de fouilles sur le terrain, une quantité importante de fossiles. Son énergie avait réuni les moyens nécessaires à la construction d'un musée pour y conserver ses trouvailles. Cherchant de l'aide pour inventorier et cataloguer cette masse de fossiles, il avait réussi à intéresser Marcellin Boule à ses recherches en le tenant informé de ses découvertes et en lui envoyant des pièces à étudier. Boule avait rapidement compris l'intérêt du travail de Licent. Il confia l'étude des fossiles à Teilhard.

Les deux jésuites entamèrent alors une collaboration par correspondance :

J'ai reçu avant-hier vos envois. – Laissez-moi vous dire mon admiration. Nous sommes des enfants, en Europe, – et qui piétinons sur place. Vous avez pris le bon moyen pour avancer vite : chercher des documents, toujours plus de documents. En paléontologie plus qu'en toute autre science, nous manquons de documents.

Vous avez tout avantage à expédier le plus tôt possible, à un laboratoire européen, une série, aussi typique que possible, de vos échantillons. Aucune bibliothèque ne pourrait vous suffire pour l'étude de ceux que vous avez récoltés. Il faut des pièces de comparaison nombreuses... Le Muséum est particulièrement outillé pour vous servir. L'essentiel est de débrouiller la faune que vous avez rencontrée.

1. Tien Tsin, aujourd'hui Tianjin, est situé au sud-ouest de Pékin. Bâti à l'embouchure d'un fleuve, Tien Tsin est en fait le port maritime de Pékin. La République française s'y était fait attribuer une concession territoriale. C'est là qu'Émile Licent avait installé son musée préhistorique ; le musée Hoang-Ho - Péi-Ho, du nom des deux fleuves de la région de Pékin.

Quand cette orientation aura été prise, vous pourrez continuer à fouiller avec beaucoup plus de méthode, et, probablement, de fruit. Vous devez sentir vous-même qu'au milieu du monde de choses où vous vous mouvez, vous serez forcé de choisir quelques lignes principales...

Il est difficile, tout seul, de tout bien récolter. – Personnellement, je serais très heureux qu'un concours quelconque de circonstances me permette d'aller vous rejoindre. – En attendant, je suis à votre disposition pour tout ce qui est paléontologique. Surtout les mammifères [1].

Teilhard était ravi de l'aubaine et dans un grand élan d'enthousiasme brossait avec toute sa fougue son confrère dans le sens de son poil scientifique pour l'inciter à poursuivre ses envois de fossiles au Muséum. Les deux jésuites firent alors assaut d'amabilité, Licent entreprenant de convaincre son jeune collègue de venir l'aider :

Si vous pouviez venir ici même ! Je crois que vous auriez de quoi faire une œuvre magnifique ! Vous verrez dans ma lettre à M. Boule que je fais reprendre les fouilles à Tchaokiatch'a. Mais il y a d'autres endroits encore où l'on pourrait travailler... Nous arriverions bien ainsi à trouver, un jour ou l'autre, de l'Homme.

Qu'en dites-vous ? Voyez donc ce qu'en diraient les Supérieurs. Songez qu'il s'agit de la Chine, c'est-à-dire d'un pays neuf au point de vue spécial qui nous occupe, et surtout au point de vue de beaucoup d'idées. Vous n'arriveriez pas tout à fait en rase campagne, puisqu'il y a déjà un commencement de Musée. De plus, quand vous aurez passé votre thèse, il est très possible que vous soyez le bienvenu, et le très bienvenu à Pékin...

En deux ou trois ans, vous pourriez faire une œuvre prestigieuse, toujours sous le patronage de M. Boule et du Muséum [2].

Licent, à son tour, brossait le poil scientifique de Teilhard. Il déployait tous les charmes d'un succès scientifique facile et spectaculaire en Chine, dans son effort pour y attirer Teilhard : « Nous arriverions bien ainsi à trouver, un jour ou l'autre, de l'Homme ». Celui-ci, dans un premier temps, hésita :

Vos invitations à aller vous retrouver ne me laissent pas insensible. Mais comment me dépêtrer de ma Province et de l'Institut catholique ?

1. Lettre à Émile Licent du jour de Pâques 1921, citée par Louis BARJON dans *Le Combat de Pierre Teilhard de Chardin*.

2. Lettre d'Émile Licent à Teilhard datée du 4 juillet 1921, *ibid.*

[...] En ce dernier lieu, je ne fais presque rien comme enseignement, mais j'occupe une position stratégique, qui me permet d'agir assez efficacement dans plusieurs directions. Au point de vue strictement scientifique, je n'aurai jamais une meilleure situation que Paris pour travailler les mammifères... Tout cela me lie assez impérieusement aux bords de la Seine, encore que la moitié de mes goûts et de mes aptitudes m'appelleraient plutôt vers le fleuve Jaune. – Je ne vois pas, en ce moment, de possibilité de m'évader, – à moins de prendre un congé de dix-huit mois, pour mission. – [...] Soyez très sûr qu'au moins je ferai tout mon possible pour vous aider et vous appuyer autant que je pourrai [1].

Nouvel et vigoureux effort de Licent fin 1922 :

Dans votre lettre du 6, vous semblez suggérer l'idée et insinuer la possibilité d'une Mission scientifique en Chine sur le terrain paléontologique. Je vous avoue que j'ai trépigné d'aise en vous lisant. Le terrain est magnifique et vaste. Je vous donnerai du travail pour deux ans, ou bien je vous condenserai en six mois une besogne à grand rendement. Or, dans cette besogne, ne pourrait-on pas faire rentrer l'examen, sur place, des fossiles déjà en possession du musée ? Vous comprenez, dès lors, que l'envoi à Paris de ces pièces, s'il n'est pas rendu inutile, serait singulièrement facilité et adapté et simplifié [2].

On peut deviner à la lecture de cette lettre que Licent n'avouait pas tous ses motifs pour désirer la venue de Teilhard en Chine. Expédier une partie de ses trouvailles à Paris était un crève-cœur pour lui qui ne pensait qu'à son musée. Il comptait bien cesser les envois de fossiles à Paris, une fois Teilhard sur place à Tien Tsin.

Cette fois, Teilhard finit par accepter de partir. Et le 28 février 1923, ce fut l'échange de télégrammes : « Viens pour un an – Quand partir ? – Teilhard » fut l'offre ! « Arriver 15 mai – Licent » fut la réponse !

Le premier voyage était loin de ressembler à une mesure de mise à l'écart de Teilhard par son ordre. Il était envoyé en

1. Lettre de Teilhard à Émile Licent datée du 12 octobre 1921. Lettre instructive : en 1922, Teilhard, bien loin de se sentir « poussé à l'exil », avait plutôt le sentiment d'être tenu par ses engagements parisiens vis-à-vis de l'Institut catholique où il enseignait la géologie et de son ordre, « sa province », dont il dépendait, et il ne voyait pas « comment s'en dépêtrer ». Les choses allaient vite changer.

2. Lettre d'Émile Licent à Teilhard, datée du 22 décembre 1922.

mission par le Muséum qui fournissait les financements nécessaires. Les premières expéditions de Teilhard en Chine ont été décidées par lui, financées par les autorités françaises et autorisées par son ordre. Par la suite, celui-ci fut plus directif.

Mai 1923, Teilhard arrivait pour la première fois en terre chinoise. Il était aussitôt emmené par Licent dans une expédition au cœur des Ordos, plateau qui occupe la grande boucle du fleuve Jaune au nord-ouest de Pékin. Les premières lettres écrites sur le bateau ou dans les jours qui suivaient l'arrivée à Tien Tsin laissaient percevoir une vague interrogation sur l'intérêt de ce voyage en Chine :

Mes impressions, à moi, sur le pays (Chine du Nord) sont encore presque inexistantes. Elles se ramènent à ceci : la Chine, au nord du Yang Tsé Kiang, est une région où il y a de puissantes sources d'intérêt pour quiconque veut chercher et travailler. Mais c'est le dernier pays du monde où je viendrais chercher le repos et le confort. Autant la Malaisie m'a paru ensorcelante, sous ses fleurs flamboyantes et ses forêts épaisses, autant les vallées du Fleuve bleu et du fleuve Jaune me semblent des régions austères et désolées, où l'esprit, autant que le corps sont livrés, sans défense, à tous les grands vents de la terre. Ces immenses étendues, grises et plates, disproportionnées avec nos plaines d'Europe occidentale, ces montagnes rocheuses, complètement dénudées, ne donnent aucune prise où on puisse, moralement, s'accrocher. On doit se sentir perdu, dans ce pays sans barrières. Peut-être parlerai-je autrement en revenant de Mongolie [1].

En revanche, les lettres rédigées quelques semaines plus tard, en pleine expédition au cœur du désert des Ordos, voyaient éclater la satisfaction d'être à l'œuvre sur le terrain. Le désert avait retrouvé son pouvoir de séduction.

Merci de votre lettre du 13 mai, qui m'a atteint il y a une semaine seulement. Je vous écris sous la tente (par la pluie !), du lieu le plus pittoresque qui soit : un fond d'un ravin profond, auprès d'une habitation mongole creusée au cœur d'une table de terre durcie (découpée jadis par le Chara-Ousso-Gol). Tout autour, des dunes et des steppes, où les chevaux et les moutons paissent auprès des gazelles, sous la surveillance lointaine de mongols à longs cheveux et à larges bottes. Je

1. Lettre à l'abbé Breuil de mai 1923, *Lettres inédites à l'abbé Gaudefroy et à l'abbé Breuil* (L. Inéd.).

suis arrivé ici, objectif de mon voyage, après un long circuit, obligés que nous fûmes, par la sécheresse et les bandits, à contourner par le nord toute la grande boucle du Hoang-Ho. Je pensais, en venant en Chine, ne dépasser que de peu la Grande Muraille. Voici que je connais maintenant un grand pan de Mongolie occidentale. Je ne regrette pas ces six semaines de pérégrination à mulet, à travers les montagnes et les déserts. Outre que le pittoresque n'a pas manqué, nous avons trouvé, chemin faisant, de sérieuses nouveautés géologiques et paléontologiques, sur lesquelles nous ne comptions pas, et qui valent probablement mieux que tous les os de rhinocéros, de chevaux, et de bêtes diverses, que nous sommes présentement en train d'extraire des falaises du Chara-Ousso-Gol. Donc cela marche, et je ne suis pas venu ici pour rien, scientifiquement parlant. C'est le principal [1].

Voilà un chercheur heureux, doublé d'un reporter talentueux. Ce voyage en Chine était pour Teilhard l'occasion de reprendre sa plume de reporter. Grâce à ses lettres, nous pouvons le suivre dans le détail de ses voyages, d'autant que l'ingénieux Licent ayant tout disposé pour que le courrier suive les deux explorateurs, ceux-ci recevaient et pouvaient expédier des lettres des endroits les plus éloignés. Beaucoup de lettres de Teilhard séduisent par le pittoresque des descriptions autant que par l'inattendu des situations, ajoutant souvent une touche de nostalgie avec le rappel des paysages de son enfance :

Je vous écris du milieu du Hoang-Ho, sous une tente assez confortable, dressée au milieu d'une barque profonde et carrée, laquelle dérive en tournoyant au fil de l'eau, à peu près comme un baquet. C'est sur cet esquif que nous descendons de Ning-Hia à Pao-Téou (terminus du chemin de fer), trajet qui va nous demander une dizaine de jours, s'il n'y a pas d'échouages ni de mauvais temps. À bord, est entassé notre butin (soixante caisses de 50 kg). Le trajet ne manque pas de pittoresque : à gauche, défile lentement la haute barrière bleue de l'Ala-Chan, frontière des grandes solitudes de l'Asie Centrale. À droite, se profile le plateau roux et gris des Ordos, que nous venons d'explorer. Les rives sont vertes de roseaux, et les oies sauvages s'agitent par centaines sur les bas-fonds bourbeux. Sur tout cela, un ciel quelque peu froid et brumeux, comme celui qui se voit en automne sur les hauts plateaux d'Auvergne [2].

1. Lettre d'août 1923 des bords du Chara-Ousso-Gol (le fleuve aux eaux jaunes), *Lettres à Léontine Zanta* (LZ).

2. Lettre d'octobre 1923 (LZ).

Et toujours ce coup d'œil, cette description complète qui se voulait compte rendu fidèle à l'attention de Marcellin Boule, le maître de recherche qui était aussi le dispensateur des ressources financières :

Je vous écris d'une chrétienté fortifiée, comme il y en a plusieurs dans le pays : l'église, la résidence, le village sont entourés d'une haute enceinte en pisé, avec bastion et meurtrières, tout à fait efficace contre les brigands. Tout autour, la plaine s'étend grise et poussiéreuse, semée de villages construits en terre, qu'habite une population primitive de Chinois portant la queue, et à demi vêtus. Au nord, une muraille rocheuse déchiquetée représente le bord méridional du haut plateau mongol et du Gobi. Je suis allé hier dans une gorge de ces montagnes, peuplées, paraît-il, d'argalis et de chèvres bleues : elles sont formées d'un socle de vieilles roches, redressées presque jusqu'à la verticale (marbres, quartzites, gneiss, amphibolites), sur la tranche desquelles se sont déposés des grès rouges, analogues à notre permien ou à notre stephanien ; si je ne me trompe, les Ordos sont un compartiment effondré du même système. Pendant le voyage de Pékin jusqu'ici, j'ai été frappé de l'effroyable érosion qui est partout en train de se faire. Il faut évidemment des réserves privilégiées, comme celle de l'Ordos, pour que le quaternaire chinois puisse s'étudier : dans presque toutes les régions que j'ai traversées on ne voit que des surfaces récentes, roches fraîchement décapées ou amoncellements de dépôts modernes [1].

Cette première expédition chinoise de Teilhard fut un succès scientifique, ce qui ne fut pas sans conséquence sur le jugement favorable qu'il porta peu après sur les riches perspectives de la recherche préhistorique en Chine. L'érosion aux résultats si désastreux pour l'agriculture chinoise se révélait une bénédiction pour le chercheur en dégageant les roches et leurs fossiles.

À peine revenus à Tien Tsin, les deux hommes repartirent battre la campagne, et pendant quinze mois Teilhard participa ainsi aux expéditions menées par l'intrépide Licent, avant de reprendre le bateau pour la France à l'automne 1924.

À ce moment, la carrière et l'existence de Teilhard étaient à la veille d'un grand tournant. Ce voyage en Chine avait été une mission ponctuelle, mais Licent lui avait clairement fait des

1. Lettre à Boule, juin 1923, *Teilhard de Chardin en Chine, correspondance inédite. Lettres à Marcellin Boule.*

avances pour une prolongation de leur collaboration et, à bord du bateau qui le ramenait à Paris, ses intentions n'étaient pas établies. De retour à Paris, Teilhard allait découvrir que la vie pouvait être bien mouvementée pour un jésuite en mal d'explication du monde.

Les voyages de Teilhard apparaissent comme les temps forts de son existence. Il est évident que ces expéditions sont essentielles pour le chercheur et le penseur mais surtout, par la lecture de ses lettres, nous pouvons en suivre le déroulement. Quel que soit l'endroit où il se trouve, Teilhard écrit. À bord du vapeur qui l'emmène au loin, de l'infâme auberge chinoise au fond d'une province reculée, sous une tente au cours d'une expédition, à bord d'un radeau dérivant sur le fleuve Jaune, partout il trouve le temps d'écrire pour le plus grand bonheur du lecteur. L'ensemble de ces lettres est loin d'être complètement connu. Récemment, viennent d'être publiées les lettres rédigées à l'attention de Marcellin Boule. Une centaine de lettres, certaines fort longues, toujours précises avec un ton déférent qui devient de plus en plus amical avec le temps. Nous y suivons pas à pas les recherches et démarches de Teilhard. Il faisait un compte rendu régulier et précis de ses activités à celui qui était alors son directeur scientifique.

Remarquables lettres professionnelles où se confirmaient les dons d'observation et de synthèse déjà décelés chez Pierre Teilhard de Chardin. Ces lettres nous offrent aussi de découvrir un dessinateur de talent. À main levée, sont réalisés plusieurs croquis. Le trait de plume est précis, pédagogique, avec le souci de rendre l'image attrayante. « Les dessins faits au laboratoire en vue d'illustrer des descriptions destinées à la publication, qu'il s'agisse d'une dent de rongeur ou de la mâchoire d'une antilope, étaient exacts et mettaient en relief mieux qu'une photographie les traits distinctifs de l'espèce [1]. » Teilhard n'était peut-être pas un spécialiste de l'histoire de l'art, mais il savait dessiner.

Les correspondants étaient nombreux et là encore nous retrouvons cette qualité remarquable, intéresser son interlocuteur en mentionnant les sujets qui lui sont familiers. Teilhard parlait de lui ou de ses activités et réflexions, et il le faisait avec le désir de marquer son intérêt pour autrui. Parmi les grands correspondants familiers de cette époque figure l'abbé Henri Breuil, collègue préhistorien célèbre, rencontré au Muséum avant la guerre, qui se surnommait lui-même le pape de la préhistoire.

1. George BARBOUR, *Teilhard de Chardin sur le terrain*.

C'était un ami de toujours, scientifique solide, qui fournit à Teilhard des conseils précieux et lui voua une grande estime.

Il y eut aussi Auguste Valensin, le condisciple jésuite, l'homme des grandes confidences spirituelles, et encore l'abbé Christophe Gaudefroy, prêtre comme Breuil, savant géologue et confident lui aussi qui sut conseiller et apprécier le grand jésuite. Et toujours Marg !

Ce furent les correspondants les plus proches. Parmi eux figurait également, à cette époque, la belle Léontine Zanta. C'est par Marguerite que Teilhard avait fait la connaissance de Mlle Zanta vers la fin de la guerre et il avait apprécié la douceur de son amitié. Reprenant ses activités scientifiques parisiennes au lendemain de la paix, il prit l'habitude d'aller la voir à Neuilly dans son appartement de l'avenue de Madrid où il rencontra de nombreux intellectuels et philosophes. Mais surtout, il se laissa bercer par le charme de cette femme chaleureuse et accueillante. Et lorsqu'il partit pour la Chine en 1923, ce ne fut pas sans regret qu'il s'éloigna de cette grande amie qui lui écrivit dès son départ et que, lui-même, il tint au courant de ses déplacements.

Vingt-six lettres ont été adressées par Teilhard à Léontine Zanta, la plupart lors des premiers séjours en Chine. Il y évoquait avec nostalgie leurs entretiens : « Adieu, je pense souvent au petit salon près du balcon d'où on voit descendre le soleil sur la vallée de Seine. J'ai pris là plus de forces peut-être que vous ne pensez. Merci et fidèlement vôtre in Christo » (Lettre de mai 1923).

Léontine Zanta avait neuf ans de plus que Teilhard et celui-ci se laissa d'autant plus charmer par sa compagnie que le tour intellectuel donné à leurs échanges l'aidait à se sentir en sécurité. Avec Marguerite, il était resté au stade de la camaraderie, avec la « Chère Mademoiselle » qui se transforma au bout de quelques lettres en « Très chère Amie », il s'est essayé à la galanterie avec beaucoup de tact et de plume, cherchant surtout à effacer l'éloignement entre lui et sa confidente :

Une pluie tenace, la terreur du voyageur à mules, me retient dans une innommable petite auberge du Shansi. Sur les collines coniques de terre jaune (lœss) qui nous encerclent, les nuées s'écoulent lentement, inondant à l'excès les champs, à pente presque verticale, où croissent le millet et le sorgho. Que faire de mieux, sinon transformer cet ennui universel des choses en une délicieuse causerie lointaine avec vous ? [...] Bien souvent, depuis quinze jours, je me reporte par la pensée au mois d'août de l'année dernière : le Lioran, le Puy Mary, Salers. Puissions-nous toujours, amie, monter des sommets, appuyés l'un sur l'autre ! [...] Ce furent de délicieuses journées. [Lettre d'août 1929.]

Teilhard exprimait plus clairement que dans ses lettres à Marguerite son bien-être en compagnie d'une femme qui savait tout autant l'écouter que le rassurer. Les échanges de ces lettres en termes choisis et familiers témoignaient de la profondeur de leur entente intellectuelle, simplement amicale, sans détour sentimental affirmé. Avec Léontine, Teilhard a découvert la puissance de réconfort du féminin, mélangée avec le plaisir d'une complicité, sans être face à une demande d'affection qu'à la fois sa position et sa réserve naturelle l'auraient mis dans l'embarras d'écouter. Il a senti tout ce que cette présence pouvait lui apporter comme soutien dans son effort de réflexion. De son côté, il est probable que Léontine Zanta, flattée de l'admiration du jeune jésuite et charmée par la fraîcheur de ses idées, a dû être ravie de le placer au milieu de ses relations peut-être un peu compassées. Leurs lettres furent une poursuite de leurs échanges :

Soit avec Béchamp, soit avec d'autres amis du bord j'ai constaté que pour les meilleurs des incroyants toute la morale se ramène au précepte : « ne faites pas aux autres ce que vous ne voudriez pas qu'ils vous fissent. » Mais cette morale est purement lénitive et stationnaire. Elle lubrifie les rouages. Ce n'est pas assez. La machine humaine ne doit pas seulement ne pas grincer, elle doit avancer. Elle demande de l'énergie, de « l'essence ». Cette énergie, cette essence (c'est-à-dire l'obligation d'agir, et le goût de l'action), c'est tout le problème moral de les fournir. Or je n'en vois pas d'autre source possible que la soumission à un terme universel idéal (*cru et espéré*, – non tangible – puisqu'il est universel et futur, alors que nous sommes dans l'individuel et le présent).

Vous voyez que je me laisse encore aller à faire le pédant avec vous. Vous savez que je le fais sans « suffisance », uniquement pour parler avec vous, et vous dire ce que je pense, ce que je me rabâche quotidiennement... [Lettre de mai 1923.]

« Vous dire ce que je pense, ce que je me rabâche quotidiennement » ! Aveu sincère de Teilhard de son désir de soumettre ses réflexions à la critique d'autrui. Teilhard avait besoin d'un auditoire qui puisse l'écouter, le comprendre et le critiquer et c'était encore plus enrichissant, plus savoureux, moins contraint pour lui, si cet auditoire était féminin. Avec Léontine, il élargissait et élevait le débat, il confiait son désir religieux, son besoin d'adoration, ce besoin d'adoration qui devenait pour lui une adoration de l'humain et plus exactement de l'humain en progrès et en achèvement. Avec Léontine, Teilhard excellait à trouver les mots pour exprimer le cœur de sa pensée et de sa foi, cette « soumission à ce terme universel idéal, cru et espéré, – non tangible – puisqu'il est universel et futur, alors que nous sommes dans l'individuel et le présent ».

Et il n'oubliait pas les préoccupations de sa correspondante, militante féministe :

> Je pense souvent à vous – par amitié, d'abord, mais aussi par « féminisme », en voyant les femmes de par ici. Les Chinoises sont au-dessous de tout. Dans ces provinces éloignées, elles ont presque toutes encore les petits pieds, et c'est pitié de les voir s'avancer sur ces moignons (les jambes sont tout atrophiées) comme sur deux piquets : au moral, il semble que ce soient de parfaites esclaves, aussi soigneusement étouffées dans leurs facultés de penser que dans leur puissance de marcher. Les Mongoles, c'est tout autre chose : elles vous regardent franc dans les yeux, de dessous leurs diadèmes en perles de corail, et elles montent à cheval comme des hommes… Cela, c'est une belle race. Quel dommage qu'elle s'éteigne lentement, – faute d'enfants (les aînés sont voués aux lamaseries, et l'habitude est d'adopter des Chinois) et parce que, comme partout, le pasteur (le Mongol) cède devant l'agriculteur (le Chinois). – Je me souviens avoir croisé une famille en voyage : c'étaient évidemment des notables, à en juger par les broderies, les bijoux, et la couleur rouge du chapeau pointu des hommes : il y avait une femme, deux hommes, et un charmant petit de douze à quinze ans, qui s'avançaient au pas balancé de leurs chameaux, dans la steppe. Eh bien, c'était la femme qui passait devant, comme une reine. Je me suis dit que vous auriez voulu voir cela. [Lettre d'août 1923.]

Auditrice intelligente et réservée, Léontine Zanta a représenté pour Teilhard le modèle de la relation féminine amie dont il avait besoin pour l'aider et l'encourager dans son effort. Il en fit le constat avec elle, des années plus tard. Ce fut une de ses dernières confidences à l'« amie bien chère » qui devait décéder durant l'occupation allemande. Entre-temps, il avait découvert que son approche du féminin pouvait se révéler plus passionnée, et que d'autres femmes, moins réservées, pouvaient réclamer un tout autre engagement en réponse à des manifestations d'aussi forte amitié : « Avant la bousculade qui m'attend à mon arrivée en Chine, demain, je veux vous envoyer, avec des vœux trop tardifs de bonne année, quelques nouvelles, afin que le bienfaisant contact se maintienne entre nous deux. Je vous dois *tant*, amie, et ce m'est une telle douceur, d'esprit et de cœur, de vous retrouver, toujours sage, sûre, et affectueuse, à chacun de mes retours en Europe. Ah ! S'il n'y avait que des femmes comme vous » (Lettre de janvier 1936).

Leurs relations s'arrêtèrent avec l'interruption des communications après la déclaration de guerre. Grâce à Léontine Zanta et à son souci de conserver les lettres reçues, nous avons un témoignage de grande valeur sur Teilhard, mais il est difficile de mesurer son apport dans l'œuvre de ce dernier au-delà de son amitié et de ses encouragements. Il a dû certainement puiser dans les connaissances et l'expérience de cette grande philosophe spécialiste de l'histoire du stoïcisme, mais les témoignages manquent ; ce n'est pas celui de l'abbé Mugnier, autre familier du salon de Mlle Zanta, qui peut nous éclairer beaucoup.

À la date du 6 juillet 1928, celui-ci notait dans son journal : « Été dîner à Neuilly chez Mademoiselle Zanta où j'ai revu le Père Teilhard, Lucie Delarue-Mardrus. Le Père Teilhard, grand, petit-neveu de Voltaire, large d'esprit, comprenant la nécessité de rendre la religion plus vivante, plus belle. Je suis rentré à Paris avec lui. Madame Lucie Delarue-Mardrus lui a demandé : "Vous êtes jésuite ?" Il a répondu : "Hélas !" [1]. » L'abbé Mugnier, grand modeste au milieu de ses amis, restait éberlué devant les ambitions de Teilhard qui, en 1928, était au cœur de ses tracas avec l'Église. Saisissant au vol une expression de mauvaise humeur de Teilhard, il en profitait pour donner un coup de griffe contre les Jésuites qu'il ne devait guère apprécier. Paradoxal Teilhard, qui, tout en multipliant les affirmations de fidélité à son ordre auprès de ses amis jésuites, ne pouvait se retenir de laisser entendre à ses familiers combien il était exaspéré d'être aussi peu entendu chez lui.

Léontine Zanta apporta son amitié à Teilhard et, l'introduisant dans les cercles intellectuels parisiens lui fit partager un peu de cette vie parisienne qu'il aimait tant et vers laquelle tout le rappelait lorsqu'il en était loin. Chez elle, comme auprès de beaucoup de ses amies, il sentait s'alléger la pression que lui

1. Abbé MUGNIER, *Journal*.

faisait subir son engagement dans sa réflexion sur un christianisme « plus vivant et plus beau ».

Dans le même temps où il réalisait ses fouilles sur le terrain, Teilhard méditait sur l'autre versant de ses préoccupations. Menant, d'un même élan, réflexion et observation scientifique, il continuait de réfléchir sur la place et l'avenir de l'homme sur la Terre. C'est lors de sa première expédition dans le désert des Ordos qu'il rédigea *La Messe sur le monde*[1]. Texte immense, d'une grande qualité littéraire, exprimant sa foi en l'homme et en son action. Ce texte est dans la ligne de ses précédents écrits mais on sent une plus grande mesure, une plus grande humanité. Sa rédaction s'est faite une fois sorti du désastre de la guerre, même si les souvenirs de la vie du front étaient encore très présents. À cette époque, Teilhard était au sommet de ses capacités de préhistorien et de penseur chrétien ; c'est durant ces années que s'approfondirent et s'exprimèrent les grandes lignes de cette pensée qui connurent leur aboutissement dans la composition du *Phénomène humain*, rédigé à Pékin pendant la guerre.

La Messe sur le monde est une grandiose fresque de sa vision du monde, reprise élargie et amplifiée de *La Vie cosmique*, sous forme d'une prière.

De cette époque, le début des années 20, avant le départ pour la Chine, date un autre texte de Teilhard, également remarquable, *La Note sur quelques représentations historiques possibles du péché originel*. Mais, cette fois, c'est plus spécialement parce qu'il eut le trait d'attirer sur lui l'attention de Rome – attention autant chargée d'hostilité que d'incompréhension.

« La Messe sur le monde. »

Désert des Ordos, été 1923, Teilhard chemine dans d'immenses solitudes encore inconnues de lui. Il a comme compagnons des Chinois engagés pour les besoins de l'expédition. Émile Licent, certes bavard, n'offre pas à Teilhard un interlocuteur séduisant. Surveillant la bonne marche de l'expédition, il a l'œil sur la roue du chariot transportant les bagages

1. *La Messe sur le monde*, dans *Le Cœur de la matière*, tome 13 des œuvres complètes.

– roue dont il se sert ingénieusement pour évaluer la distance parcourue en comptant les tours.

Teilhard a sous les yeux un paysage qui, sans être aride, lui rappelle les solitudes désertiques qui agissent si fort sur ses sentiments. Les souvenirs de guerre sont encore vifs. Il nous place, pour sa messe, au lever du soleil dans la plaine chinoise : « Le soleil vient d'illuminer, là-bas, la frange extrême du premier Orient. Une fois de plus, sous la nappe mouvante de ses feux, la surface vivante de la Terre s'éveille, frémit, et recommence son effrayant labeur. »

Couchant sous la tente sans confort, il se lève avant le soleil. Il dit la messe, comme tout prêtre, et la dit avec les moyens du bord. Conscient de ce dénuement, il rebondit sur le sens qu'il lui donne. Il développe le thème de la valeur de l'effort collectif. « Plus confusément, mais tous sans exception, je les évoque, ceux dont la troupe anonyme forme la masse innombrable des vivants : ceux qui m'entourent et me supportent sans que je les connaisse ; ceux qui viennent et ceux qui s'en vont, ceux-là surtout qui, dans la vérité ou à travers l'erreur, à leur bureau, à leur laboratoire ou à l'usine, croient au progrès des Choses, et poursuivront passionnément aujourd'hui la lumière. »

Alors qu'il est dans un lieu à l'écart de l'agitation du monde, à l'écart de toute cette énergie en marche, il conçoit et voit l'humanité comme un tout, et il la voit tendue dans un effort commun, œuvrant pour un même but. Sa vision de l'unité du monde, déjà évoquée dans *La Vie cosmique*, se précise. Il voit toute la masse humaine concentrée dans une action collective et, en même temps, il communie avec « cette multitude agitée, trouble ou distincte, dont l'immensité nous épouvante, cet Océan humain, dont les lentes et monotones oscillations jettent le trouble dans les cœurs les plus croyants, je veux qu'en ce moment mon être résonne à son murmure profond. Tout ce qui va augmenter dans le Monde, au cours de cette journée, tout ce qui va diminuer, – tout ce qui va mourir, aussi, – voilà, Seigneur, ce que je m'efforce de ramasser en moi pour vous le tendre ; voilà la matière de mon sacrifice, le seul dont vous ayez envie. »

Pour Teilhard, et ce point est essentiel pour bien cerner l'ensemble de sa pensée, l'humanité n'est plus une multitude, il la conçoit comme une personne. Il voit, entend et adore cette personne agissante. Cet effort réalisé par toute cette masse humaine recherchant l'achèvement de son unité, il le donne en offrande. Offrande d'un immense labeur en face d'une immense attente d'unification.

« Recevez, Seigneur, cette Hostie totale que la Création, mue par votre attrait, vous présente à l'aube nouvelle. Ce pain, notre effort, il n'est de lui-même, je le sais, qu'une désagrégation immense. Ce vin, notre douleur, il n'est encore, hélas ! qu'un dissolvant breuvage. Mais, au fond de cette masse informe, vous avez mis – j'en suis sûr, parce que je le sens – un irrésistible et sanctifiant désir qui nous fait tous crier, depuis l'impie jusqu'au fidèle : Seigneur, faites-nous un ! »

Il n'y a pas un paysan en train de faucher son champ, ni davantage un maçon levant son mur, ni une mère nourrissant son enfant, il y a une humanité se créant par l'effort de tous ses composants humains. Et Teilhard souligne combien cette vision n'est pas spontanée pour nous qui sommes centrés sur notre personne et qui devons faire un effort pour apercevoir cette humanité personnalisée. Cet « effort, qui n'est de lui-même qu'une désagrégation immense », il faut lui donner un sens plus grand, plus fort, un sens divin. Cette humanité vit et progresse d'une vie qui ne cessera pas, au contraire des éléments qui la composent, parce qu'au fond de cette masse informe, il y a ce désir ressenti, cet irrésistible désir d'unité. Et c'est cette humanité vivante, en train de peiner sur sa route, qu'il faut aimer.

« Parce que, à défaut du zèle spirituel et de la sublime pureté de vos Saints, vous m'avez donné, mon Dieu, une sympathie irrésistible pour tout ce qui se meut dans la matière obscure, – parce que, irrémédiablement, je reconnais en moi, bien plus qu'un enfant du Ciel, un fils de la Terre, – je monterai, ce matin, en pensée, sur les hauts lieux, chargé des espérances et des misères de ma mère ; et là, – fort d'un sacerdoce que vous seul, je le crois, m'avez donné, – sur tout ce qui, dans la Chair humaine, s'apprête à naître ou à périr sous le soleil qui monte, j'appellerai le Feu. » L'appel du Feu, l'appel de l'Esprit. Teilhard a aimé utiliser l'image du feu pour marquer plus fortement le principe de la vie, lorsque l'Esprit monte en son sein.

« Le Feu, ce principe de l'être, nous sommes dominés par l'illusion tenace qu'il sort des profondeurs de la Terre, et que sa flamme s'allume progressivement le long du brillant sillage de la Vie. Vous m'avez fait la grâce, Seigneur, de comprendre que cette vision était fausse, et que, pour vous apercevoir, je devais la renverser. Au commencement, il y avait la puissance intelligente, aimante et active. Au commencement, il y avait le Verbe souverainement capable de s'assujettir et de pétrir toute Matière qui naîtrait. Au commencement, il n'y avait pas le froid et les ténèbres ; il y avait le Feu. Voilà la Vérité. » Le Feu de Teilhard, c'est la vie de l'Esprit et plus encore l'éveil à la vie de l'Esprit, présent de tout temps au cœur de la matière et éveillé avec la mise en ordre de cette matière. Au fond de la matière, il y avait quelque chose qui luisait, a-t-il écrit dans *Le Cœur de la matière*. Luisait ou rougeoyait, comme le feu qui s'anime.

Par son immersion totale dans la matière du monde, par sa prise à bras-le-corps de cette matière qu'il maîtrise, l'individu accède à Dieu : « Et je ne saurais dire, perdu dans le mystère de la Chair divine, quelle est la plus radieuse de ces deux béatitudes : avoir trouvé le Verbe pour dominer la Matière, ou posséder la Matière pour atteindre et subir la lumière de Dieu. » « Celui qui aimera passionnément Jésus caché dans les forces qui font grandir la Terre, la Terre, maternellement, le soulèvera dans ses bras géants, et elle lui fera contempler le visage de Dieu. » Belle expression de la foi de Teilhard qui s'élève jusqu'à Dieu à travers la matière, la divine Matière selon son expression. Au rebours des exercices spirituels, Teilhard a bien compris que c'est en se plongeant dans les contingences du monde que les hommes vont le changer, ce monde encore imparfait.

La Messe sur le monde est un texte énergique par sa simplicité ; l'ensemble des humains, issu de la matière, se comporte comme une personne, personne agrégée de toutes les personnes humaines et les efforts quotidiens de celles-ci, avec leurs joies et leurs peines, leurs augmentations et leurs diminutions, sont tendus vers ce grand but : s'unir. Et cette action de rassemblement, que Teilhard nomme convergence, les rapproche, les fond dans la personne divine. Ainsi s'exprimait la foi de Pierre Teilhard de Chardin en l'homme et en son immense labeur. La vie s'organise et progresse. Progression qui n'est possible que parce qu'elle est dirigée vers quelque chose qui l'attire. Quelque chose qui deviendra quelqu'un, lorsque l'humanité achèvera son développement. Achèvement dans le personnel, dans la personne du Christ, ce quelqu'un ! On mesure la différence de ton par rapport à celui de *La Vie cosmique*. Le texte est plus généreux, moins terne, moins technique, plus humain. Ce grand texte a été rédigé par Teilhard au cours de sa première expédition en Chine, en parcourant le désert des Ordos.

Absorbés par l'étude de sa pensée, la plupart des teilhardiens se sont insuffisamment intéressés aux talents d'écrivain de Teilhard. Gérard Baudry est un de ceux qui se sont penchés sur les qualités de cette plume :

Écrivain né, Teilhard semble possédé par la passion de l'écriture et s'enchante visiblement de sa plume. Le tour de la phrase est souvent oratoire, ordonnant majestueusement les idées secondaires au service de l'idée principale, et épousant la démarche de la pensée... La maîtrise de son style éclate dans la parfaite adaptation de la langue à l'idée développée, fond et forme restant chez lui étroitement solidaires. Il en résulte une grande clarté, quoi qu'en pense le profane suivant un préjugé tenace, qui ne résiste pas à une lecture des textes... Ce n'est pas le moindre de ses charmes, avec le souffle poétique, lyrique parfois, qui anime certaines de ses pages, avec cette façon de faire corps avec ce qu'il écrit, parce qu'il le pense et qu'il en vit.

À mon sens, c'est dans sa correspondance que se manifestent le mieux ses talents naturels d'écrivain. Là surtout le style ne fait qu'un avec l'homme. Teilhard est un merveilleux épistolier, jamais ennuyeux, s'adaptant au niveau de ses correspondants, parlant de tout sans banalité, avec aisance et chaleur, sans recherche mais avec une grande maîtrise de la langue et avec cette puissance de sympathie et de communication, qui fait d'une lettre le signe d'une présence [1].

Claude Cuénot, le biographe des débuts, a su, lui aussi, faire part de la richesse du style de Teilhard, de la beauté des images où dominent ces évocations de feu et d'étoffe, cette étoffe dont il se sert pour nous faire découvrir sa vision d'une humanité unie éclairée du feu qui l'anime :

On est frappé par une relative pauvreté des images auditives et par la grande richesse des images visuelles – colorées et surtout lumineuses. Les deux éléments préférés de Teilhard sont l'eau et le feu – l'imagerie du feu étant vue à la fois comme extérieure et intérieure aux choses, transcendante et immanente. On y trouve aussi des images empruntées aux tissus (fibres, franges, nappes, voiles) ; puis celles de chair, de mère, de sein, enfin celles de sève et de fleur. Teilhard semble aimer les étoffes, symbole de la façon dont, dans son univers, tous les fils sont entrecroisés et dont tout se tient. À travers les somptueuses draperies des phrases, les images s'enchaînent subtilement. Par

1. Gérard-Henri BAUDRY, *Qui était Teilhard de Chardin ?*

exemple, l'élément liquide peut devenir tour à tour mer, boisson, symbole sacramentel, flot qui berce et flot qui porte. Teilhard est amoureux d'une nature, qui vaut par elle-même, par ses qualités intrinsèques, et non par concordance avec des états subjectifs, comme chez les romantiques [1].

Après un premier séjour de quinze mois en Chine, c'est le retour en France. Lorsque Teilhard revint à Paris, en septembre 1924, il ne savait pas s'il repartirait ou non pour la Chine. Il ignorait qu'il allait se trouver confronté à l'hostilité aussi forte que soudaine de sa hiérarchie. En son absence, le deuxième de ses textes que nous venons d'évoquer, d'une dimension moindre, mais dont la diffusion eut des conséquences inattendues et déterminantes pour la poursuite de sa carrière, trouva, certainement poussé par des mains chagrines, le chemin de Rome. Il y provoqua un scandale et valut au Père Général des Jésuites une injonction d'avoir à remettre de l'ordre dans sa Compagnie.

Ce texte qui date de 1922, c'est la *Note sur quelques représentations historiques possibles du péché originel.* La diffusion de ce document étant le point de départ des tracas de Teilhard avec la hiérarchie catholique, il est indispensable d'en prendre connaissance [2].

« Note sur quelques représentations historiques possibles du péché originel. »

La teneur du débat surprend vivement le lecteur moderne. Teilhard, qui mettait son intelligence au service de ses intuitions, essayait dans cette note de trouver une explication raisonnable au dogme du péché originel. Force était de constater, en effet, que l'explication apportée par le catéchisme traditionnel n'était

1. Claude CUÉNOT, art. « Teilhard » de l'*Encyclopedia Universalis.*

2. La *Note sur quelques représentations historiques possibles du péché originel*, a été rédigée en 1922 par Teilhard à la demande du Père Riedenger, jésuite, professeur de théologie au scolasticat d'Enghien, pour servir de document de réflexion. Cédant, comme il le fit toujours, à son désir de faire partager ses convictions, Teilhard réalisa et distribua autour de lui plusieurs copies de cette note, dont une arriva à Rome ! La *Note sur quelques représentations historiques possibles du péché originel* figure dans *Comment je crois*, tome 10 des œuvres complètes.

plus acceptable au regard des connaissances modernes : « En vérité, l'impossibilité de faire entrer Adam et le Paradis terrestre (imaginés littéralement) dans nos perspectives scientifiques est telle que je me demande si un seul homme, aujourd'hui, est capable d'accommoder simultanément son regard sur le Monde géologique évoqué par la Science et sur le Monde communément raconté par l'Histoire Sainte. » Réflexion saine, avisée, pleine de bon sens, d'un jeune prêtre qui, constatant qu'il avait été en toute bonne foi « joué et trompé par ses éducateurs » selon la confidence tardive à son frère, osait se servir de son intelligence pour mettre de l'ordre dans ce qu'on lui avait appris et concilier sa foi avec sa raison. Et, tout à sa recherche, il proposait la compréhension suivante de l'existence du mal : « Le péché originel exprime, traduit, personnifie, dans un acte instantané et localisé, la loi pérenne et universelle de faute qui est en l'Humanité en vertu de sa situation d'être *en devenir*. On oserait dire, peut-être, que l'acte créateur faisant remonter l'Être à Dieu des frontières du néant (c'est-à-dire des profondeurs du multiple, c'est-à-dire de quelque matière), toute création entraîne, comme son risque et son ombre, quelque faute, c'est-à-dire se double inévitablement de quelque Rédemption. » Expression claire, compréhensible, ne faisant pas appel à du merveilleux et qui illustre la pensée de Teilhard. Dans sa marche en avant, l'humanité tâtonne, s'essaie, se découvre, et des faux pas, des erreurs, des échecs ponctuent, émaillent ce cheminement. Échecs que vus de près nous appelons fautes et qui vus de loin sont le risque, l'ombre de toute création.

C'est à cause de ce texte que Rome s'acharna contre Teilhard. Il fut humilié, critiqué, condamné au silence par ceux que lui-même, dans un moment d'agacement, nomma sots et ignorants.

Le lecteur reste confondu devant une telle aberration. Nous avons tous, un jour ou l'autre, assisté au spectacle de la bêtise s'épanouissant. Nos cours d'histoire nous ont dit que l'entourage de l'empereur d'Orient débattait du sexe des anges, alors que l'armée turque était aux portes de sa capitale. Galilée fut contraint de prétendre, contre sa conviction, que la Terre était fixe. Nous assistons encore une fois à un spasme spectaculaire de la grande ignorance. Il est extraordinaire de constater qu'en ce début du XXe siècle, il y avait, à Rome, des clercs suffisamment imbus de leur pouvoir de décider des affaires humaines pour se croire capables d'empêcher la vérité de surgir. Au lieu de suivre le scientifique qui, arrivé au même constat, ne va pas hésiter à jeter par-dessus bord l'ensemble de la foi chrétienne en décriant des croyances qui se veulent pauvrement intangibles, Teilhard eut la démarche inverse, se refusant à l'élimination de la foi en Dieu car il avait foi en le monde. Et c'est cette ambition que l'Église juge audacieuse et quelque peu hérétique. En langage populaire, c'est ce qu'on appelle se tirer dans le pied !

Il faut imaginer ce qu'a dû endurer Teilhard lorsque, convoqué par son supérieur, il fut amené à signer un document de soumission. Sa fameuse lettre à son fidèle confident Auguste Valensin n'est sans doute qu'un pâle reflet de son grand désarroi : « Cher ami, aidez-moi un peu. J'ai fait bonne figure ; mais intérieurement, c'est quelque chose qui ressemble à l'agonie ou à la tempête [1]. »

C'est à cet instant que se situe le drame de la vie de Teilhard. Pour en comprendre l'étendue, et tenter de se mettre dans son personnage, il faut surtout ne pas perdre de vue la pureté et l'intensité de la foi de Teilhard. Une foi qui grandissait et se renforçait par les apports de la science. Il a senti naître en lui, au fur et à mesure de l'élargissement de son horizon de connaissance, la capacité de tout concilier, de tout joindre. Confronté à l'invraisemblance des enseignements du catéchisme, au lieu de rejeter ceux-ci et de tourner le dos à la foi de son enfance, Teilhard a compris qu'en modernisant le christianisme, il pouvait compléter son enseignement avec les découvertes scientifiques. Nous ne parlerons pas de révélation, mais cela s'en rapproche et à ce moment, pour lui, ce fut un épanouissement, la satisfaction d'y voir clair. Sincère et enthousiaste, il se sentit obligé de faire partager le fruit de sa réflexion et soudain, brutalement, sauvagement, il se fit morigéner comme un enfant – il a 44 ans ! Tout son travail de réflexion intelligente fut rejeté, effacé, réduit à néant. Ordre lui était donné de cesser de parler de ses idées et sans doute de n'y plus réfléchir. Horrible instant, où l'intelligence sonde la profondeur du gouffre de l'ignorance.

Et – ce qui fut soit le sommet de l'admirable, soit le sommet de l'incompréhensible – il se soumit. Cette soumission n'est guère compréhensible si elle n'est reliée à la foi solide de

1. Lettre de mai 1925 (L. Int.).

Teilhard. Sa foi et sa conviction étaient telles que, se renforçant l'une par l'autre, elles résistèrent !

Si nous ne voulons pas de la lecture de cet épisode absurde à la lumière de cette foi inébranlable, c'est alors une lecture à la lumière d'un solide bon sens, tel celui d'un Paul Rivet [1], qu'il faut faire. Paul Rivet reçut, comme plusieurs à cette époque, les confidences de Teilhard et s'en fit indirectement l'écho beaucoup plus tard, dans un discours à l'Assemblée nationale. Discours prononcé en 1946 et rapporté par Jean Lacouture dans sa multi-biographie sur les Jésuites :

> À la tribune du Palais-Bourbon où siège l'assemblée constituante de la IVe république, le nom de Pierre Teilhard de Chardin retentit soudain, le 15 mars 1946. Celui qui le prononce, au cours d'un débat sur l'école confessionnelle, est un homme de science lui aussi, Paul Rivet, fondateur du musée de l'Homme, naguère inspirateur du Front populaire, incarnation vivante de la démocratie révolutionnaire en France : « malgré l'estime que j'avais et que je garde à ce grand prêtre et à ce grand savant qu'est le père Teilhard, je ne voterais plus pour lui s'il était candidat à une charge publique, parce qu'il m'est impossible d'admettre qu'un homme de science obéisse à des injonctions qui lui sont données par des sots et par des ignorants... ». Paul Rivet n'eut-il jamais affaire lui-même qu'à des sages compétents [2] ?

N'en déplaise aux hommes de science et de raison, Teilhard décida de se soumettre à ces sots et à ces ignorants ! Et cette soumission concourt à la grandeur du personnage, même si elle déroute. Mais plus que le mot « soumission », il faut davantage retenir le mot « conviction ». Si, par tempérament et par son éducation, Teilhard fut un enfant sage et discipliné, cette habitude d'obéissance ne suffit pas pour comprendre sa décision. Il y eut quelque chose de plus profond. Il a perçu que l'Église chrétienne n'était pas réductible à l'état qu'il avait sous les yeux et dont il percevait toutes les lacunes et les insuffisances. Il voyait au-delà des querelles. Pour lui, l'évolution s'achevait chrétienne et l'Église était l'ossature du christianisme. En affirmant sa fidélité à l'Église, il exprimait sa

1. Paul Rivet (1876-1958), anthropologue et ethnologue, fondateur du musée de l'Homme à Paris, député socialiste de 1946 à 1951. Teilhard avait fait sa connaissance lorsqu'il travaillait au Muséum.

2. Jean LACOUTURE, *Les Jésuites*.

conviction que le « phylum » chrétien était « le » phylum de l'évolution [1]. Il ne pouvait s'imaginer hors de l'Église, puisque l'Église était le couloir du christianisme et que le christianisme était le couloir de l'histoire du monde.

Géologie ou théologie ? Rome a répondu ! Mais Teilhard, s'il sembla plier, ne rompit pas et plus que jamais persévéra. Jusqu'au bout ce fut science et foi, raison et conviction. Officiellement, il affichait son obéissance et son respect de la discipline ecclésiastique, mais il était bien décidé à poursuivre ses efforts pour diffuser sa pensée. Il ne se priva pas de donner de nombreux coups de canif à ce devoir d'obéissance ! Paradoxe, déjà aperçu, de l'homme, disant qu'il se soumet, protestant de son obéissance, mais continuant de rédiger des notes qu'il faisait recopier et diffusait autour de lui et ne se retenant pas davantage lorsqu'il pouvait parler en public. Malgré Rome ce fut, et obstinément, géologie *et* théologie ! Et ce n'est pas parce que Teilhard soutenait que l'homme descendait de préhominiens qu'il fut brimé par Rome, c'est parce qu'il se livrait à une redéfinition du péché originel. Rome n'osait quand même pas attaquer de front les découvertes des paléontologues qui avaient établi l'évolution comme un fait et préférait se tenir sur le terrain de la théologie et du péché originel pour discréditer Teilhard, en prenant soin de rappeler qu'il n'était pas un théologien.

Cela eut comme conséquence un nouveau départ pour la Chine. Licent ayant proposé à Teilhard la poursuite de leur travail commun et Boule offrant de financer de nouvelles expéditions, une opportunité s'offrait ainsi qui allait arranger tout le monde. Teilhard pensa qu'un nouvel éloignement d'un an allait permettre aux esprits de se calmer, et ses supérieurs espérèrent de leur côté qu'il se ferait ainsi oublier. En outre, Teilhard sentait croître en lui l'attrait de la Chine, entrevoyant l'opportunité d'y accomplir une grande œuvre scientifique. Mais avant d'évoquer ce deuxième séjour en Chine, il faut terminer le récit de ce premier retour à Paris de l'automne 1924 au printemps 1926.

Teilhard avait repris, dès son retour, ses activités d'enseignant en géologie à l'Institut catholique et de chercheur au Muséum – activités qu'il considérait comme ses tâches habituelles. Et

1. Phylum : souche primitive d'où est issue une série généalogique. Par dérivée, suite des formes revêtues par les ascendants d'une espèce. C'est dans ce deuxième sens que Teilhard emploie fréquemment ce mot.

c'est au Muséum, dans ce milieu qu'il aimait tant, qu'eut lieu, peu après son retour, cette rencontre inattendue avec une femme passionnée. Cette rencontre laissa une marque aussi profonde que discrète dans sa vie d'homme et de penseur. Avec Marguerite un peu, puis Léontine Zanta davantage, Teilhard avait connu le féminin et son charme policé. Avec Ida Treat, il découvrit la femme et sa passion exigeante !

Ida Treat avait alors trente-cinq ans, Teilhard en avait quarante-deux. Elle venait de se découvrir, initiée par son mari Paul Vaillant-Couturier [1], une passion pour la préhistoire. Ayant effectué des fouilles, durant l'été 1924, dans une grotte du sud-ouest de la France, elle en avait apporté les résultats au Muséum pour qu'ils soient examinés. Il était inévitable que Boule confiât cette tâche à Teilhard, fraîchement rentré de Chine. Le premier contact entre la sympathisante communiste et le prêtre paléontologue fut rude. Sans que les circonstances de ce choc aient été clairement rapportées, on peut, sans trop de risque, tenter de les reconstituer. Ida Treat, qui avait lu et admiré Barbusse [2], avait

1. Paul Vaillant-Couturier est né à Paris en 1892. C'est au cours de la guerre qu'il devint militant d'extrême gauche. En 1917, avec Henri Barbusse et d'autres, il fonda l'Association républicaine des anciens combattants, un mouvement contre la guerre, dont les membres étaient ou avaient été soldats. En 1917, il accueillit favorablement la Révolution russe, convaincu que le communisme, étant supra-national, pourrait supprimer la guerre entre les nations. En 1920, il participa à la fondation du Parti communiste français et devint un des vingt-quatre membres du comité directeur. En 1919, Vaillant rencontra Ida Treat qu'il épousa en octobre 1923. Élu député en novembre 1919, il siégea à la Chambre jusqu'à sa mort. En avril 1926, il devint le rédacteur en chef de *L'Humanité*. Ida Treat écrivit pour *L'Humanité* plusieurs articles sur la préhistoire. Ida et lui divorcèrent en 1934. Il se remaria peu après avec Marie-Claude Vogel, sa deuxième femme, grande résistante déportée à Auschwitz et dont la notoriété en France, rehaussée par son témoignage au procès de Nuremberg, éclipsa l'existence de la première. Paul Vaillant-Couturier est mort en 1937.

2. Henri Barbusse (1873-1935) s'est rendu célèbre par son roman *Le Feu*, publié en 1916 et qui fit sensation. Barbusse y décrit la vie du soldat dans les tranchées. Ce roman eut un immense succès et obtint le prix Goncourt. Barbusse se penchait sur les conditions de vie du poilu au fond des tranchées. La crasse, la boue, le danger et la promiscuité y sont le lot quotidien de chaque individu qui, obsédé par son bien-être et sa survie, est tenté par l'égoïsme et le repli sur soi. Le récit de Barbusse est descriptif et ne cherche pas à expliquer ni à démontrer. Il expose que la guerre est sale, triste et inhumaine. Ayant eu deux regards sur l'homme en guerre totalement à l'opposé, Teilhard et

le cœur à gauche par tempérament et par son mariage avec Paul Vaillant-Couturier. Et un cœur à gauche était, à cet instant, un cœur nourri d'anticléricalisme. Ida se voyait proposé de collaborer avec un prêtre qui était en outre jésuite et aristocrate, qui avait gardé la nostalgie du front et trouvé dans *Le Feu* de Barbusse des scènes d'une réalité impressionnante mais d'une désespérante incompréhension du christianisme [1]. Le choc entre ces deux personnalités n'était guère évitable ; il fut violent selon le récit qu'en fit Teilhard à Auguste Valensin : « Mais nous étions exactement, – nous les deux termes en présence – aux antipodes, quand nous nous sommes rencontrés, – avec une violence qui me paraît encore incompréhensible [2]. »

Mais cette inimitié fut aussi brève que la rencontre fut violente. Peu après, le pouvoir de séduction de Teilhard fit son œuvre et il accueillit puis laissa croître une passion qui devint si ardente qu'il dut la contrarier. Cela se fit dans les larmes, et le nouveau départ pour la Chine en avril 1926 fut sur ce point un soulagement : « Pour cela aussi le départ en Chine sera sans doute une Providence (malgré que, de ce point de vue, il me

Barbusse ne pouvaient pas se comprendre. L'un se concentrait sur la réaction individuelle de dégoût et de découragement qui saisit le combattant en jetant à la face du monde un cri d'épouvante ; l'autre, sans pour autant ignorer les souffrances du soldat, tentait de trouver une explication au défi qu'est la guerre pour la civilisation et la décrit comme contrepartie des efforts de l'humanité pour la mise en place d'un monde plus humain. Fondateur de l'Association républicaine des anciens combattants et inscrit au Parti communiste comme Paul Vaillant-Couturier, Barbusse eut certainement l'occasion de rencontrer la femme de celui-ci.

1. « Sur le chemin du retour, j'ai lu *le Feu*. Il y a des scènes d'une réalité impressionnante (le bombardement...) ; d'autres m'ont l'air un peu forcées (par accumulation d'horreurs rarement aussi réunies) (par ex. l'attaque, les scènes au poste de secours). À côté de cela, beaucoup d'idées à demi fausses, mais ardentes, et "inquiétantes", qui, jointes à une désespérante incompréhension du christianisme (naïveté, résignation béate, etc.) te détourneront sans doute de mettre le livre à ta bibliothèque commune. Je crois que c'est par ces erreurs passionnées, justement, que l'ouvrage est expression vraie et réaliste, d'une mentalité très répandue, et très ancrée, au cœur des poilus. La lecture de ces pages, tombant sur les dispositions que tu sais, m'a été comme un coup de fouet. Que Dieu nous les donne, et les multiplie, enfin, ces chrétiens qui, de par leur religion, porteront, plus que tout autre humain, le poids des aspirations et des labeurs de leur temps ! Ah ! si seulement nous savions mettre la passion égalitaire du peuple dans notre charité ! (Lettre à Marg de février 1917) (GP).

2. Lettre de janvier 1926. (L. Int.).

paraisse moins nécessaire qu'il y a quelque temps). Mais je ne pourrais vous expliquer cela qu'oralement. – J'ai revu Charles à Bruxelles [1], il y a dix jours. – Pour cette affaire, comme pour les affaires d'idées, il m'a donné le seul conseil que je puisse comprendre, mais qu'il faudrait que je mérite, par plus de fidélité, de pouvoir appliquer : Il faut noyer cela dans plus de lumière [2]. »

Teilhard, habitué aux amitiés féminines sages avec Marguerite et Léontine, ne prenait sans doute pas garde aux effets de son pouvoir de séduction. Cherchant à convaincre et faire adhérer autrui à ses idées, il n'hésitait pas à user de séduction amicale. Il se rendait compte qu'il plaisait et aimait cela. De plus, une certaine réserve et une grande timidité à l'égard des femmes, que son éducation ne pouvait avoir dissipées, le laissaient un peu sans armes face à une femme lui avouant son amour. Quelques lettres à des familiers, dont Valensin et Breuil, font état de son trouble et de sa gêne. Acculé par Ida, mis au pied du mur selon ses propres termes [3], il dut être franc avec elle et lui expliquer ce que représentait pour lui sa vocation de prêtre. Ida accepta cette mise au point, ce qui permit de maintenir intacte leur entente, même si cela prit du temps et s'il y eut des scènes sans doute pénibles. De son côté, entre un Pierre Charles qui lui conseillait de noyer cela dans la lumière et un Breuil qui le poussait à rompre net, Teilhard choisit, ce qui ne surprend pas, le chemin de la lumière. Cette attitude contribua à sauver, puis à enrichir, une belle amitié qui se maintint jusqu'à la mort de Teilhard [4].

1. Pierre Charles, Bruxellois (1883-1954), jésuite, il avait fait une partie de ses études à Hastings, en compagnie de Teilhard. Il fut professeur de dogme à Louvain à partir de 1914.

2. Lettre de janvier 1926 (L. Int.).

3. Voir sa lettre à Auguste Valensin du mois d'août 1934 : « Ce que j'ai écrit là, c'est le meilleur de ce que j'ai trouvé à répondre (à moi, et à l'autre) lorsque, à trois ou quatre reprises dans ma vie, j'ai été mis, de longues périodes durant, "au pied du mur". Vous trouverez peut-être que c'est faible, comme triomphe. Mais c'est que, réellement, je n'arrive à rien voir de plus. Sur cette question de la Chair ("climax" de la question de la Matière), je suis "aveuglément" l'Église sans bien comprendre ce qu'elle me dit (ou même en croyant voir autre chose). Croyez bien que je donnerais cher pour me sentir une conviction plus personnelle. Et faites-moi voir, si vous pouvez » (L. Int.).

4. Ida Treat, de son vivant, n'a jamais voulu laisser paraître au grand jour la réalité de ses sentiments pour Teilhard et de ceux de Teilhard à son égard. Ses

C'est de cette période, avril 1926, que datent leurs premières lettres. De 1926 à 1952, ce sont plus de quatre-vingts lettres qui furent adressées par Teilhard à Ida Treat. Le très grand nombre de lettres dans les mois qui suivirent son départ au printemps 1926, tous les quinze jours, voire toutes les semaines, donne bien à penser que cette séparation pesa lourdement sur lui. Ces échanges étaient le témoignage du désarroi de Teilhard qui devait, à ce moment, lutter contre deux tempêtes intérieures : une crise de fidélité à l'égard de son Église – conséquence de la réprimande qu'il venait de subir – et une lutte sentimentale pour éviter un conflit avec une femme qu'il appréciait et qu'il souhaitait garder comme confidente, tout en respectant les limites qu'il imposait à leurs relations.

Mise au point sans doute, mais dans quel sens ? Teilhard a

écrits autobiographiques, s'ils détaillent, de façon romancée, les nombreux épisodes de sa vie mouvementée, sont silencieux pour ce qui concerne sa relation avec Teilhard. Les textes publiés par ses soins et sous sa signature et où elle parle de son grand ami, sont extrêmement rares. Ainsi un article publié dans le numéro de mars 1965 de la revue *Europe* et dans lequel elle raconte ses années d'étude au Muséum. Voici ce qu'elle a écrit, quarante et quelques années plus tard, à propos de Teilhard et de leur rencontre au Muséum : « C'est là que, des jours durant, M. Boule surveilla mon travail, s'approchant de temps à autre de ma table, la pipe à la main. Un jour il me demanda à brûle-pourpoint : « Faites-vous ce travail en dilettante » ? Et il me fixait sévèrement à travers ses lunettes.

Ce mot me fit bondir, ce qui sembla lui plaire. « Il va falloir que je vous prenne en main, Madame. Vous avez besoin d'une méthode et de directives. Nous pouvons commencer par vos mammifères. Monsieur l'Abbé... (il se tourna vers une silhouette sombre, vêtue d'une soutane, penchée au-dessus de sa table de travail, près de l'autre fenêtre) vous aidera à parfaire vos connaissances géologiques. À nous deux, nous arriverons bien à faire de vous une préhistorienne ! » Il étouffa un petit rire. Monsieur l'Abbé était le Père Teilhard de Chardin, Président, à cette époque, de la Société Géologique de France. Il venait de rentrer de sa première expédition dans le désert de Gobi. Avec deux jeunes scientifiques préparant leur thèse de doctorat, il faisait partie des "permanents", qui n'appartenaient pas aux membres du personnel. La face finement burinée, grand, un peu incliné dans sa soutane sombre, il était le seul dont M. Boule aimait à dire qu'ils représentaient ensemble les deux types classiques d'Auvergnats : le long mince et aristocratique, et le gros, épais et plébéien. C'était une façon de mettre l'accent sur son origine paysanne. » Étrange récit qu'il faut lire avec circonspection ; la description d'un Teilhard en soutane, avec d'autres inexactitudes, est le signe d'une réécriture assez large par Ida des circonstances de sa rencontre avec celui qui allait devenir une des grandes amitiés de sa vie.

autant senti le besoin de réconforter Ida que celui d'être rassuré par elle. De sa cabine de l'*Angkor* qui l'emmenait pour la deuxième fois vers la Chine, il écrivit : « Que puis-je vous rendre pour tout ce que vous me donnez ? Amie, j'ai confiance, nous ferons ce prodige de transformer, par l'eau et par le feu, toute cette grande énergie que Dieu a mise entre nous[1]. » À plusieurs reprises, au cours de ce printemps 1926, il est revenu sur cette force de leur relation – force affective autant que spirituelle. Cette grande énergie que Dieu avait mise entre Ida et lui : « Chère amie, vous êtes devenue pour moi un des plus actifs éléments de cette terre. Je vous l'ai dit : je crois que vous marchez vers Dieu. Mais moi, comme il faudrait donc que je devienne “saint” pour vous ! » « Soyez bien sûre que vous êtes une grande force et une grande douceur dans ma vie. » « Je crois que notre amitié peut aller de richesse en richesse » (Lettres d'avril à août 1926).

Teilhard va aussi loin par écrit que sa plume l'y autorise. Le chemin était bien étroit. Sous leurs termes choisis ces confidences en disent long sur les sentiments de Teilhard envers Ida. L'amour n'était pas loin, avec ses exigences mais aussi ses espérances. Teilhard luttait contre son propre chagrin en même temps qu'il consolait sa correspondante, cherchant à atténuer les effets de la séparation par le récit détaillé et suivi de son voyage :

> Après avoir pendant une journée entière traversé les sables blancs de l'isthme de Suez, nous sommes entrés dans la mer Rouge. Le soir souvent, la mer devient lisse, huileuse, et sa surface paraît blanche et opaque, comme du lait. D'autres fois, les gros orages, qui éclatent sur la montagne d'Afrique, forment d'épais nuages où le soleil couchant

1. Lettre d'avril 1926. Manuscrits conservés au Vassar College à Poughkeepsie, État de New York. Un peu plus de dix ans après la mort de Teilhard, Ida Treat publia les lettres reçues de lui. Elle organisa cette publication avec une autre des grandes correspondantes de Teilhard, Rhoda de Terra, qu'elle connaissait bien. Toutes les deux prirent soin de retirer tous les passages permettant d'identifier les destinataires et de se rendre compte de la nature de leur relation avec le grand jésuite. Souci de discrétion compréhensible dans les années qui suivirent la mort de Teilhard, mais qui aujourd'hui déroute le lecteur car l'absence de cadre et de références rend ces correspondances impersonnelles. Les lettres d'Ida ont été déposées par ses soins à la bibliothèque de l'université de Poughkeepsie où elle travailla à la fin de sa vie. Les lettres telles que corrigées par leurs destinataires ont été publiées en français sous le titre *Accomplir l'homme*.

pose des couleurs de gloire. Tout cela est magnifique, parce que cela fournit une sorte d'expression nouvelle et sans cesse renouvelée aux aspirations et aux attentes de l'esprit et du cœur. Et tout cela, par suite, est quelque chose où vous passez et qui passe en vous... Cette escale de Djibouti a été aussi manquée que celle de Port-Saïd. Nous sommes entrés en rade à la nuit close, et sous une petite pluie chaude, pour repartir à l'aube. Pas moyen, donc, d'aller prendre le café traditionnel, sur la place éblouissante de soleil, au milieu des Somalis au torse de bronze et de Juifs pâles, vendeurs de plumes d'autruche. J'aurais surtout voulu faire une promenade sur un des récifs de coraux qui encombrent la baie, afin d'en cueillir (par l'esprit, bien plus que par les mains) la vie. [Lettres de mai 1926.]

Teilhard tentait de communiquer à sa correspondante un peu de cet enchantement qui saisit le voyageur découvrant de nouveaux horizons qui l'éloignent de ses soucis quotidiens, pour lui faire partager cet instant de légère griserie où l'esprit se met à flotter librement, un peu au loin, comme soulagé de sa propre vie. Il est bien dommage que les retranchements effectués des lettres de Teilhard, joints à l'absence des lettres d'Ida, nous empêchent de suivre la totalité de leurs échanges. Teilhard s'est appuyé sur Ida, lui apportant en retour son soutien :

Vous vous méfiez de l'acte qui consiste à croire parce que nous avons besoin de croire. Il me semble que tout dépend du sens donné au mot besoin. S'il s'agit d'un besoin accessoire, secondaire, discutable, vous avez raison. Mais s'il s'agit d'un besoin tellement fondamental et général qu'il se confond avec l'essence même de la vie « qui est en nous, sans nous », alors, je pense que de ce besoin on peut conclure qu'il y a un objet qui lui répond. Autrement le Monde est stupide, destructif de lui-même, incapable de nourrir ce qu'il a enfanté de plus achevé à notre connaissance : à savoir une conscience réfléchie. Il se peut que chez certains la foi s'accompagne de quelque entraînante adhésion, d'évidence, de pure joie. Je la comprends plutôt comme une sorte de calme *Weltanschauung*, à partir de laquelle tout s'éclaire et devient vivable, indéfiniment, toujours plus. À cet acte, il faut à la fois une sensibilisation subie de l'esprit pour voir, – et un choix positif de la volonté pour essayer de se mettre au point de vue. Pratiquement, je pense que tout homme fidèle à son idéal arrive, équivalemment, à la même adoration de Ce qui mène et unifie le Monde [1]...

1. Lettre de juin 1926 (AH, première partie). *Weltanschauung* : Teilhard emploie souvent ce mot pour parler de la synthèse de sa pensée. Ce mot

Impressionnée par la foi robuste de Pierre, Ida a dû l'interroger sur les origines de ses convictions en lui faisant part de ses propres interrogations, ce qui permet de lire cette réponse en forme de clarification de la part de Teilhard où il exprimait cette tranquille conviction que tous ceux qui sont « fidèle[s] à [leur] idéal arrive[nt], équivalemment, à la même adoration de Ce qui mène et unifie le Monde ». Le mot « équivalemment », forgé par Teilhard, souligne par sa nouveauté la hardiesse de l'idée d'un accès à la foi autant par la conviction que par la raison.

Cette amitié associant deux personnalités aussi radicalement différentes – un prêtre profondément croyant et une intellectuelle athée à la sensibilité communiste et en proie aux questionnements – a quelque chose d'insolite. Cela montre pleinement le pouvoir de séduction de Teilhard en même temps que son attitude positive à l'égard d'autrui. Ida Treat fut une grande confidente de Teilhard. Son rôle fut sûrement décisif vis-à-vis de Teilhard durant cette période difficile où il dut lutter contre le découragement. Quoi de plus doux pour un homme qui lutte que de pouvoir se reposer auprès d'une amie chère, elle-même à la recherche d'un réconfort ? « Comme tout homme, et peut-être plus que beaucoup d'hommes, parce que je suis possédé d'un certain démon, ou ange, du Tout et de l'Universel, j'ai besoin d'un contact riche et permanent avec le concret individuel » (Lettre d'août 1926). Et ajoutons, sans risque de se tromper, que ce concret individuel était d'autant plus riche qu'il était femme !

La lecture, ou relecture, de quelques passages donne la mesure de l'élévation de leurs échanges : « Ceux qui n'entendent pas l'harmonie fondamentale de l'univers, que j'essaie de transcrire (beaucoup l'entendent aussi heureusement), cherchent dans ce que j'écris je ne sais quel système étroitement logique, et ils sont déconcertés ou furieux. Au fond, il n'est pas possible de transmettre directement par des mots la perception d'une qualité, d'un goût. Encore une fois, il vaudrait mieux pour mon but, que je fusse une ombre de Wagner qu'une ombre de Darwin. En me prenant comme je suis, je ne vois rien de mieux à faire que de m'obstiner, par tous les moyens, à révéler aux hommes l'Humanité » (Lettre de

allemand signifie une vue intuitive du monde. En philosophie, il définit la conception globale du monde, qui apparaît chez un individu, un écrivain, un penseur, etc. et ne correspondant pas à une doctrine ou à un système explicite de philosophie (*Dictionnaire de philosophie*, Bordas, 2004).

février 1927, déjà citée). Teilhard évoque le risque d'être compris comme le créateur d'un système dont il faut chercher la clé. Alors qu'il cherche au contraire à faire partager sa compréhension du monde en évolution – compréhension qui était pour lui comme une sensation qu'il tentait d'exprimer ainsi que l'artiste le fait à travers sa création. L'œuvre de Teilhard apparaît bien comme « l'expression scientifique de l'entreprise du poète, qui est de pénétrer la matière jusqu'à ce que l'esprit s'y révèle [1] ». Ida fut une correspondante privilégiée de Teilhard et les lettres que ce dernier lui adressa sont parmi les plus belles et les plus extraordinaires. Avec Ida, Teilhard s'est senti en communion autant affective que spirituelle, malgré des points de départ si opposés.

Il devait quand même demeurer dans le cœur de Teilhard une certaine gêne, qui troublait la limpidité de cette chaude amitié. En avril 1927, il écrivait à Auguste Valensin : « La communiste m'écrit souvent, et je suis étonné, sans cesse, de l'exubérante richesse de ce tempérament. Que de forces, encore, en dehors de l'Église ! Il me semble que nous sommes arrivés à une amitié calme. L'éventualité de mon retour en Europe n'a provoqué aucune crise. – Personnellement, il me semble que “I got it over”. – C'est un précieux élément dans ma vie [2]. » Trouble confession où figuraient pêle-mêle la fascination devant la richesse du caractère de la personne, l'émotion devant la force de cette affection, pour ne pas dire amour, et un coup de griffe contre les sympathies militantes ! Cette amitié exceptionnelle devait durer jusqu'à la fin.

Après un long voyage de près deux mois, Teilhard débarquait pour la deuxième fois à Tien Tsin en juin 1926.

Progressivement, au fur et à mesure que les années passaient, Teilhard qui était arrivé en Chine comme attaché au Muséum de Paris se retrouvait de plus en plus mêlé au milieu scientifique international et en particulier américain, présent dans ce pays. Cela fait également partie des mérites de ce grand savant d'avoir su donner à ses travaux en particulier, et à l'étude de la préhistoire en général, une vraie dimension internationale.

1. Jugement exprimé par l'auteur américain Flannery O'Connor, et rapporté par Marie Liénard dans un article paru dans *Études*, 2005.

2. Lettre d'avril 1927 (L. Int.). *I got it over* : il semble qu'il faille lire : *I got over it* qui se traduit par : « Je l'ai surmonté » ou « J'en suis venu à bout ». *I got it over* a un sens différent, à traduire par : « Je l'ai supprimé ».

CHAPITRE IV

GÉOLOGIE ET THÉOLOGIE

1926-1928

Deuxième séjour en Chine (juin 1926-août 1927). Le soutien des amitiés. Marg et Ida. La fidélité à la Compagnie. Teilhard entre la Chine et Paris. Importance grandissante de la Chine. La multiplication des contacts scientifiques internationaux. Le rôle de la Chine. *Le Milieu divin*, Dieu dans le monde et Dieu par le monde. Retour et dernier long séjour en France (octobre 1927-novembre 1928). Troisième départ pour la Chine. Rencontre avec Henri de Monfreid. Teilhard scientifique. George Barbour.

Lors de son premier retour à Paris, après une absence qui n'avait été, à ce moment, dans son esprit, que temporaire, Teilhard s'attendait à reprendre sa vie de chercheur et d'enseignant. Nous avons vu comment il fut rattrapé et secoué par l'onde du choc ressenti à Rome après la lecture de sa note sur le péché originel. Ses supérieurs, soumis à des instructions et voulant éviter de se trouver eux-mêmes en porte à faux, firent pression sur lui. Ils l'interdirent d'enseignement, lui firent quitter sa chaire de professeur de géologie à l'Institut catholique et, pire, lui enjoignirent de se taire, de se consacrer à des tâches strictement scientifiques [1]. Et, au même moment, la Chine relançait Teilhard.

1. De 1907 à 1932, le recteur de l'Institut catholique de Paris qui eut à gérer le « cas » Teilhard était le futur cardinal Alfred Baudrillart. En raison de l'étendue de ses titres (normalien agrégé d'histoire, docteur ès lettres, docteur

Bien préparé et activement accompli, le premier séjour en Chine était en fait loin d'avoir été un simple intermède. Il avait

en théologie) et des responsabilités officielles (membre de l'Académie française en 1918, archevêque en 1928, cardinal en 1935, fondateur du Comité catholique de propagande française à l'étranger) et officieuses (en particulier en matière de diplomatie vaticane) qui ont été les siennes, Alfred Baudrillart (1859-1942) occupe une place particulière dans la vie de l'Église tout au long de la première moitié du XXe siècle. Lui et Teilhard se sont connus et appréciés lors du passage de Teilhard à l'Institut catholique comme professeur de géologie. Teilhard a toujours considéré Baudrillart comme son protecteur. Jean Lacouture, dans sa multibiographie sur les Jésuites, en fait, à l'opposé, un des principaux responsables de son éviction de l'Institut catholique, se laissant visiblement influencer par l'engagement complet de Baudrillart derrière le régime de Vichy, engagement qui ternit la fin de sa carrière d'homme d'Église.

Voici ce que Baudrillart a noté dans ses carnets, à la date du 8 juillet 1925 : « Chez nous [l'Institut catholique] le père Teilhard de Chardin est rappelé par le général des Jésuites, parce qu'il a laissé entendre dans une lettre privée à un de ses confrères que les théologiens seraient peut-être obligés de trouver une explication plus large du péché originel, la science tendant à prouver que l'humanité n'est pas sortie tout entière d'un seul groupe » (*Les Carnets d'Alfred Baudrillart*). Au mois de juillet 1925, Teilhard était de retour à Paris depuis un an. L'année scolaire s'achevait et l'entrevue « dramatique » entre Teilhard et son provincial avait eu lieu quelques semaines auparavant. Les choses traînèrent en longueur et c'est seulement en octobre 1926 que l'on trouve une nouvelle mention au sujet de Teilhard dans les carnets : « Avant et après le dîner, je cause avec le RP Ledochowski, général des Jésuites. Je traite à fond avec lui du père Teilhard ; il est persuadé que jamais ce père ne voudra se taire sur les questions brûlantes qui le préoccupent. Quand il est intervenu, la dénonciation au Saint-Office était imminente et l'Institut Catholique en eût gravement pâti ! Le mieux paraît être de le maintenir le plus longtemps possible dans les fouilles scientifiques. » Baudrillart cherchait lui aussi une issue honorable pour tout le monde. Dans une lettre adressée plusieurs mois auparavant au père provincial, Jean-Baptiste Costa de Beauregard, il avait écrit au sujet de Teilhard et de ses idées : « plus d'une fois je lui ai dit que je regrettais qu'il [Teilhard] se lançât dans des considérations spéculatives sur l'évolution » (Alfred Baudrillart à Jean-Baptiste Costa de Beauregard, le 18 juin 1925, Archives de la fondation Teilhard).

Baudrillart a apprécié Teilhard comme homme et comme enseignant et a indubitablement cherché à le protéger. En fin diplomate, il essaya de défendre Teilhard en mettant en avant les risques de trouble que pouvait entraîner son éviction de l'Institut catholique. Mais Ledochowski sut le faire céder en lui faisant craindre le scandale encore plus grand qu'une sanction publique à l'encontre de Teilhard aurait représenté pour ce même Institut. Ce n'est donc pas sur le plan des idées que Baudrillart essaya de défendre Teilhard. Il ne lui vint pas à l'esprit de chercher à comprendre et encore moins à défendre les idées de Teilhard. Le soutien de Teilhard de la part de Baudrillart, s'il fut réel, laissé entrevoir un champ d'investigations prometteur. Les résultats obtenus au cours des premières expéditions avaient été d'un grand intérêt car, même si les fouilles ne purent mettre au jour aucun fossile humain, en revanche la découverte de nombreux outils et traces de probable vie humaine raffermissait la conviction que là-bas, en Chine, il y avait encore à faire. Le besoin de renfort sur place offrit l'opportunité, ou la tentation, d'un nouveau départ. Teilhard entrevit des promesses de grandes découvertes, ses premières trouvailles ayant confirmé les intuitions de Licent qui sentait qu'il y avait de l'homme à découvrir. En même temps, entrait en ligne de compte l'attrait des voyages. Teilhard a toujours chaussé des semelles de vent. C'était un passionné de la découverte, un aventurier de l'esprit, mais aussi un aventurier de la terre qui aima voyager dans le blanc de la carte. Le premier contact avec la Chine lui avait plu, malgré le pessimisme de certains constats sur les conditions d'existence de la population. La marche à la découverte de la terre chinoise l'avait enchanté. Les lettres adressées à Marg dès les premières semaines d'exploration à l'été 1923 avaient témoigné de son enthousiasme, une fois surmontées les premières impressions négatives : « Je ne remarque même plus le parfait exotisme du milieu et il me semble naturel, le soir, de boire mon thé dans la chambre d'une maison chinoise, devant la cour carrée et fermée où se vautrent les cochons noirs, sous le regard étonné des grands gaillards à longs cheveux ou des femmes aux petits pieds difformes. En revanche, je goûte sincèrement le plaisir de me trouver au milieu des grands espaces de la Mongolie, et je regarde le soir se profiler en bleu perle à l'Ouest et en violet à l'Est au-dessus de l'océan des herbes

plia devant les contraintes de la politique vaticane. Baudrillart était un politique, ce que n'était pas Teilhard. Celui-ci s'en rendit bien compte ainsi qu'il le dit à Gaudefroy dans sa lettre du 16 janvier 1927 : « J'attends un mot de Mgr Baudrillart pour lui dire ma reconnaissance, qui est très vraie. Dans cette affaire, il voit un peu trop le côté politique ; mais il a tout de même été constamment très chic avec moi. » Si la protection de Baudrillart fut bien réelle à l'égard de Teilhard, il chercha à lui éviter une sanction brutale, il est quand même navrant de constater qu'à aucun moment il ne s'est interrogé sur l'intérêt que pouvait présenter la réflexion de Teilhard pour l'Église. Quant au Père Général des Jésuites, Wladimir Ledochowski, il est surtout obsédé par l'idée qu'il est impossible de maîtriser Teilhard. Les deux hommes se retrouvaient tous les deux d'accord sur le même mot d'ordre : « pas de vagues ».

jaunes, des chaînes aux noms barbares que j'avais à peine, jadis, entrevues sur les atlas [1]. » Teilhard accomplissait ainsi le rêve merveilleux qui saisit l'enfant penché sur un atlas : aller fouler du pied des contrées aux noms barbares après y avoir cheminé de l'œil.

Cet éloignement allait contenter ses supérieurs et rassurer ses amis religieux. Car au milieu de cette tempête qui faisait s'envoler les soutanes, Teilhard savait qu'il pouvait compter sur ses amis – beaucoup d'amis, et notamment des religieux qui pensaient comme lui et qui essayaient eux aussi de faire bouger les choses, de faire prendre conscience à Rome que l'humanité, qui venait de perdre vingt millions des siens dans la première tuerie à l'échelle mondiale, avait besoin d'une espérance renouvelée, fondée sur autre chose que la soumission à de vieilles idées déjugées. Si Teilhard persévéra, tint bon, c'est bien sûr grâce à la force de ses convictions, mais – sans ignorer le rôle des nombreux soutiens individuels qu'il trouva autour de lui, y compris auprès de ses supérieurs immédiats –, c'est surtout grâce à cet élan de sympathie qu'il attira autour de lui, et auquel les amitiés féminines prirent la belle part. Au moment où les contrariétés, les oppositions rendent la solitude insupportable, parce que, à cet instant, la pensée s'enfonce comme dans un puits sans fond, ces multiples manifestations d'amitié, en offrant autant de points d'appui, apportèrent à Teilhard le réconfort dont il avait besoin : le sentiment de pouvoir s'appuyer, se reposer sur une présence. Il n'était pas seul ! Assuré d'être compris, il sentait se raffermir ses convictions. Il savait bien qu'il était périlleux d'avoir raison seul.

Tous se retrouvèrent alors, amis confiants et hiérarchie méfiante, pour espérer qu'avec le temps et l'éloignement les choses s'arrangeraient. Il était permis à tous de se bercer d'illusions !

En juin 1926, eut lieu le deuxième débarquement sur le quai de Tien Tsin, en compagnie cette fois d'Émile Licent qui, rentrant lui aussi d'un séjour en France, faisait partie du voyage. À ce moment, Teilhard était en pleine incertitude sur son avenir, il ne savait pas encore que son destin allait le maintenir si

1. Lettre de juillet 1923 (LV).

longuement en Chine. C'était un homme désabusé, mais non découragé, qui s'en était allé une nouvelle fois au loin.

Et de sa cabine de l'*Angkor*, entre deux lettres à Ida, il écrivait à celle qui avait été sa confidente depuis la guerre, Marg. Celle-ci devait tout ignorer de la tempête féminine apparue si soudainement au sein de l'intimité de Teilhard et paraît être restée en retrait de la crise déclenchée par ses positions à l'intérieur de l'Église. En l'absence de commentaires de sa part, il est difficile de connaître ce qu'elle savait et pensait des chemins qu'empruntait son cousin si affectionné.

Pour la troisième fois depuis 1906 je passe devant Bonifacio. Aujourd'hui la mer est grise et mauvaise, au lieu d'être le lac d'indigo que j'ai traversé en allant vers l'Égypte, là où m'attendait mon premier éveil. Mais mon navire est plus fort et il va plus loin que celui qui me portait alors vers le même Orient. J'ai certainement vieilli, même depuis trois ans, même depuis dix-huit mois. Les idées ne naissent plus en moi avec la même exubérance, avec la même ivresse pérenne qu'autrefois. Ces naissances-là, cette fécondité ne durent qu'un temps dans une vie humaine. En revanche, au fond, je ne crois pas avoir changé. Plus froidement, presque sans joie, c'est bien la même possession du Monde que je cherche. Vingt-cinq ans d'expérience m'ont appris à mieux définir la nature et le sens du charme que je sentais confusément flotter dans la Matière. Je vois plus clair, j'adhère plus ferme. Seulement je sens moins… Le vieillissement de nos corps coïnciderait-il à un détachement naturel de nos âmes [1] ?

Dans son besoin de se confier, Teilhard rassemblait Marg et Ida, certainement à leur insu. Marg la première confidente, Ida l'amie apparue si soudainement dans la vie du chercheur alors en pleine tempête ecclésiastique. Alliant mélancolie et détermination, il mêlait dans les lettres à ses deux correspondantes sa pensée au paysage qu'il avait sous les yeux. Ces deux lettres nous montrent combien il observait et surtout vivait le spectacle du monde autour de lui :

Je vous écris ces premières lignes du détroit de Bonifacio, entre la bande plate du sud de la Corse et les pointes rocheuses du Nord de la Sardaigne. La mer est grise et agitée, et nous avons été secoués

1. Lettre d'avril 1926, adressée à Marguerite Teillard-Chambon, à bord de l'*Angkor* en route pour la Chine (LV).

fortement depuis le départ de Marseille. Mais nous allons vers le pays de la chaleur et les beaux jours. Cette année-ci je ne pars pas, me semble-t-il, avec le même enthousiasme juvénile que celui qui me possédait quand j'ai passé en vue de ces mêmes côtes, d'abord pour aller en Égypte (quand j'avais vingt-quatre ans), puis pour aller en Chine il y a trois ans. Mais au fond, j'ai conscience d'être possédé par le même ange ou démon tenace qui me souffle que je ne serai moi-même qu'en essayant de posséder la Terre… [Lettre à Ida avril 1926.]

Désillusion, découragement, plutôt désenchantement. C'est un homme froissé, touché dans ce qu'il a de plus pur, de plus droit en lui. Il a eu sans aucun doute, à ce moment, des envies de contestation, et peut-être même de révolte. Mais sa détermination reste intacte, être lui-même en essayant de posséder la Terre…

Peu après son arrivée à Tien Tsin, il fit avec Auguste Valensin l'analyse de son état d'esprit :

Après une traversée qui a été agitée (non par des regrets, mais par une sorte de révolte prolongée contre tout ce qu'il y a de fixé dans l'Église), j'ai retrouvé ici cette espèce d'ivresse précise, lucide et pérenne, qui se dégage si curieusement pour moi du fond, – ou plus exactement du Terme à venir, – de tout ce qui est. Il me semble qu'après les multiples expériences des derniers mois, je retrouve le « Christ universel » enrichi, et « densifié » de tout ce qui a passé à travers moi, depuis deux ans, de désirs, de révoltes et de passions. Et dans cette atmosphère, il me semble que toute colère et toute rancune tombent, désarmées ou évaporées. Je crois donc, Dieu aidant, être toujours sur l'axe chrétien profond ; et comme je suis pénétré de la vanité qu'il y aurait à appuyer une attitude religieuse sur autre chose qu'un courant largement collectif et humain, garanti par quelqu'une de ces « réponses » d'en haut que nous appelons Révélation, je ne pense pas que jamais je sois vraiment tenté de m'émanciper. [Lettre de juin 1926.]

La crise fut longue à s'apaiser, mais Teilhard savait qu'elle ne pouvait entamer sa foi et que celle-ci trouvait un regain de nourriture dans le déroulement même de cette crise. Il se savait debout, en marche sur « l'axe chrétien ».

Trois ans plus tard, dans une lettre à Léontine Zanta, il alla jusqu'à écrire : « Tout va bien. Cet hiver, j'ai passé par une crise assez forte d'anti-ecclésiastisme, pour ne pas dire d'anti-christianisme » (avril 1929). Mais que pouvait-il faire ? Plusieurs fois, il a évoqué la possibilité de quitter la Compagnie de Jésus. Propos destinés à repousser la tentation ? Breuil, de tempérament plus vif, ne cessait de lui dire et redire : « Vous êtes mal marié, divorcez ! » C'était sans doute, à ce moment, difficile. Teilhard n'était pas encore celui qui, des années plus tard, deviendra un savant de renommée internationale. Et puis, par son éducation, Teilhard n'était pas un contestataire, il était habitué depuis l'enfance à respecter l'ordre, à se conduire comme il faut. Cet homme, capable de grandes audaces intellectuelles, avait du mal à rejeter l'autorité dont il avait l'habitude de dépendre. Mais tout cela n'était que l'agitation d'une âme face aux incompréhensions. Et certainement était-il plus perturbé par le constat qu'il faisait lui-même de l'incapacité où il se trouvait de se faire comprendre que par les rebuffades endurées. Nous avons dit comment il se sentait en appui sur sa fidélité à l'Église. Pour rester ferme, il se laissait guider par ses convictions.

Et progressivement, la tempête soulevée s'était calmée ; il se livra alors avec Auguste Valensin à une analyse de sa tentation de tout quitter :

> Une fois encore, par la bonté de Dieu et les prières amies sans doute, je suis forcé de reconnaître que, quelque envie instinctive que j'éprouve souvent de rompre (de me sentir le devoir de rompre) ce que j'appelle la « carapace » chrétienne, je me sens de moins en moins le droit intérieur de le faire. Je n'éprouve plus, depuis longtemps, en fait, ni pour l'Église, ni pour la Cie, cette sorte d'attachement naïf et filial (l'ai-je jamais éprouvé en fait ? [...]) qui est sans doute le trésor de beaucoup. Mais j'ai conscience de me sentir foncièrement lié à l'une et à l'autre pour des raisons supérieures et nouvelles, en ce sens que je croirais trahir « le Monde », en m'évadant de la place qui m'a été assignée. En ce sens, je les aime l'une et l'autre, et je veux travailler, atomiquement, à les parfaire, du dedans, sans antagonisme. Soyez donc très sûr que l'idée même d'une démarche pour quitter l'ordre ne m'a jamais traversé l'esprit. [Lettre de juillet 1929.]

Encore une fois, Teilhard était un homme qui suivait autant ses convictions que ses penchants profonds. La fidélité à son ordre et à son Église était inséparable de sa fermeté pour défendre et pousser en avant ses idées, et cette fermeté s'appuyait sur sa nature méthodique, tenace et raisonnable. Pour lui, l'issue était dans la force et la justesse de sa conviction qui lui donnaient l'énergie démesurée de vouloir rénover l'Église. Il ne pouvait accepter l'idée du renoncement, véritable déchirement, qu'aurait représenté son départ de la Compagnie. Le monde était chrétien.

Le voici à nouveau en Chine, pour y reprendre ses explorations sur le terrain, qu'il aimait tant. On ne peut pas parler d'exil mais plutôt d'éloignement car, au printemps 1926, il s'agissait encore d'un séjour que Teilhard hésitait à envisager pour une longue durée. Expliquant qu'il avait besoin pour ses travaux scientifiques de maintenir des relations étroites avec le Muséum à Paris, il avait obtenu de ses supérieurs de pouvoir partager son temps entre Paris et Tien Tsin. Et c'est à l'abbé Gaudefroy, son collègue à l'Institut catholique, qu'il explique :

> Je commence à penser que, si on me débarque définitivement de l'Institut Catholique, je pourrais essayer de continuer pendant encore 6 ou 8 ans au moins (c'est-à-dire tant que j'aurai la capacité de mener la vie d'exploration) le régime de ces dernières années : la Chine et Paris alternativement. Le Transsibérien va incessamment redevenir pratique, ce qui facilitera beaucoup le trajet. Voyez-vous, je désire essentiellement garder mes racines à Paris, où j'ai toute ma vraie vie, ma meilleure puissance d'action, et les moyens indispensables à l'achèvement de mes travaux. Mais, en même temps, je me chinoise inévitablement. Le temps n'est plus où on allait en Extrême-Orient pour tout ramener en Europe, comme au seul centre de recherches scientifiques. – Pékin devient rapidement lui aussi un centre de plus en plus individualisé des travaux géologiques ; – et je travaille maintenant pour ce centre, au moins autant que pour Paris, où l'importance réelle de certains de mes travaux ici en Chine échappe presque complètement. À Paris, on n'est que très vaguement au courant des questions qui sont devenues mon occupation quotidienne [1].

Confidence intéressante qui offre un curieux mélange de regret de Paris et d'attirance pour la Chine. Elle résume le changement en train de s'opérer dans l'esprit de Teilhard quant à l'organisation de ses travaux de paléontologue. Il était à cette époque tiraillé entre ses racines parisiennes et ses branches chinoises en pleine croissance. Le virage qui allait s'accomplir

1. Lettre à l'abbé Gaudefroy de novembre 1926 (L. inéd.).

peu après dans sa carrière scientifique était en train de s'amorcer.

Pourtant, ce deuxième séjour commença mal. La première expédition, contrariée par les troubles politiques, fut sans grands résultats : « Cette lettre, comme la précédente, est de Tangkwan ! Nous y sommes revenus. Mercredi, nous sommes arrivés sous les murs de Sianfou, la ville assiégée. Et là nous avons constaté que le passage du front, c'est-à-dire l'accès au Kan-sou, était impossible. Il a fallu refaire en sens inverse les 150 km. C'est un sérieux échec et une déception. Cette histoire met le désarroi dans tous mes plans de travail en Chine » (Lettre à Ida, de juin 1926). Nous sommes loin de l'enthousiasme ressenti au cœur du désert des Ordos. Heureusement, les expéditions suivantes furent plus fructueuses.

Au cours de ce deuxième séjour, Teilhard approfondit ses relations avec les milieux scientifiques pékinois où cohabitaient savants internationaux et chinois. À plusieurs reprises, il évoqua dans ses lettres sa satisfaction à rencontrer des scientifiques de toutes nationalités : « Je vous laisse pour aller chez les Américains. Je vais m'y rendre à pied, lentement, au soleil couchant. Je suivrai les petites rues *(hutungs)* qui zigzaguent entre les maisons, à forme de tentes, qu'ombragent de gros arbres peuplés de corbeaux familiers. » « Je cherche à multiplier mes contacts avec les gens de Pékin, autant que me le permet cette funeste pluralité des langues, et je ne manque pas une occasion d'insinuer mes idées "humanitaires" » (Lettre à Ida, de juillet, décembre 1926).

Enthousiasme de la découverte, joie des rencontres nouvelles et toujours le désir de répandre ses idées, bizarrement qualifiées ici d'« humanitaires ». Noués lors du premier séjour, ces contacts se développèrent et se renforcèrent. Teilhard, participant à des expéditions toujours nombreuses, menant à bien des travaux scientifiques de première importance, avait réussi son intégration au sein de la communauté scientifique internationale présente en Chine. Il était devenu un homme des nations ou plus simplement du monde ! Teilhard a aimé cette société d'hommes de haut niveau, ouverts comme lui aux échanges, ignorant les frontières, ne s'embarrassant pas des différences de langues et insensibles aux rivalités.

Au début de 1927, la liste de ces amitiés scientifiques était déjà longue, selon l'énumération qu'il en faisait à la fidèle Marguerite :

Je t'ai souvent vanté la cordialité de ces réunions pékinoises. Nous étions là une dizaine d'amis, presque d'intimes. Quatre Chinois : Ting, Wong, directeur du Survey, Lee, professeur de l'Université, King, gentilhomme naturaliste, plusieurs Américains : le Dr Grabau, mon grand ami le paléontologue, le Dr Black, de l'Université de médecine américaine, Granger, le paléontologue de l'expédition américaine. Deux Suédois : Andersson, Sven Hedin et moi. Comme d'habitude, il y avait sur nous le triomphe plus ou moins distinctement perçu de se rencontrer sur le palier humain, entre hommes, au-dessus de toutes barrières nationales, raciales et même « confessionnelles ». Mais ce jour-là, dans cette réunion qui précédait beaucoup de départs, dans cette atmosphère d'Extrême-Orient, si chargée de passions et de haines, il a certainement passé à travers nous quelque chose de pathétique. La table était jonchée de fleurs de pommiers, signe de printemps et de tempêtes. On a parlé chacun à son tour d'amitié, de collaboration, d'espoirs plus ou moins vastes. J'en suis sûr, parce que je le sens ou l'expérimente sur les autres à chaque instant, le monde est plein de forces, mais il se débat et il étouffe, parce que personne, même le chrétien, ne vient donner l'exemple et tracer la voie d'une action et d'une vie pleinement humaine, ouverte passionnément et activement à tout bien et à toute beauté et à toute vérité. Il n'y a qu'un seul contact irrésistible pour attirer et pour unir, c'est celui de tout l'homme avec tout l'homme. [Lettre de février 1927.]

Ce fut la chance de Teilhard de pouvoir côtoyer de tels hommes. En leur compagnie il était heureux et savait, en les observant, que les capacités humaines étaient assez fortes pour réaliser de grandes choses lorsqu'elles avaient décidé d'un effort commun. L'achèvement du monde lui semblait alors à portée de main.

Débats avec Paris, contacts scientifiques à Pékin, fouilles sur le terrain, réflexions sur l'homme, nous avons vu Teilhard mener tout de front, et ce fut en Chine pendant les mois de cet hiver 1926-1927, alors que la mauvaise saison interdisait toute expédition sur le terrain, qu'il utilisa ses longues heures libres à la mise au point d'un autre de ses textes importants : *Le Milieu divin*. Il évoque ce projet avec ses correspondants : « Et puis je rédige un travail qui va vous étonner : je me mets à écrire, sous une forme aussi simple que possible, avec l'idée de tenter sérieusement la publication, mon point de vue religieux, pas dans ses constructions systématiques, mais dans son attitude pratique. J'intitule cela *Le Milieu Divin*, et j'essaie de montrer comment le christianisme peut et doit remplir de Dieu la vie humaine sans la déshumaniser. Voilà une occupation que je ne puis me permettre que dans le calme et avec les loisirs de Tien Tsin [1]. »

En Chine, non seulement Teilhard voyait s'ouvrir de larges perspectives scientifiques mais, vivant dans une société plus calme que le monde parisien, il disposait de temps pour écrire et surtout pour composer ses grands textes. Le séjour en Chine, le travail d'écriture réalisé avec les correspondants, le soutien de la relation maintenue avec Ida, étroitement associée aux réflexions du penseur, tout cela stimulait et entretenait le besoin ressenti de faire partager cette compréhension du monde en forme de vision.

« Le Milieu divin [2]. »

Le Milieu divin est le complément de *La Messe sur le monde*. Dans *La Messe sur le monde*, Teilhard dévoilait sa vision du monde formant un tout, comme une personne vivant à travers les millions d'individus qui la composent. Dans *Le Milieu divin*, le point de vue est à l'autre extrémité, il est au niveau de chaque parcelle de ce tout.

Des deux moitiés, ou composantes, en lesquelles peut se partager notre vie, la première, par son importance apparente, et par le prix que nous lui attachons, est le domaine de l'activité, de l'effort, du développement. Bien entendu, il n'est pas d'action sans réaction. Bien entendu aussi, il n'est rien en nous qui, à son origine première et dans ses couches profondes, ne soit, comme dit saint Augustin, « *in nobis sine nobis* [3]. » Quand nous agissons, semble-t-il, avec le plus de spontanéité

1. Lettre à Ida Treat, novembre 1926 (AH). À la même époque Teilhard fit aussi part de son projet à Marguerite, à l'abbé Gaudefroy ainsi qu'à Léontine Zanta.

2. *Le Milieu divin*, tome 4 des œuvres complètes.

3. *In nobis, sine nobis*, littéralement traduisible par « en nous, sans nous ». Par cette citation, Teilhard veut souligner combien nous sommes tributaires

et de vigueur, nous sommes en partie menés par les choses que nous croyons dominer. En outre, l'expansion même de notre énergie (par où se trahit le noyau de notre personne autonome) n'est au fond que l'obéissance à une volonté d'être et de grandir dont nous ne maîtrisons ni les variations d'intensité, ni les infinies modalités. Nous reviendrons, au début de la deuxième partie, sur ces passivités essentielles, les unes mêlées aux moelles de notre substance, les autres diffuses dans le jeu d'ensemble des causes universelles, que nous appelons « notre nature », ou « notre caractère », ou « notre bonne et mauvaise fortune ». Pour le moment, prenons notre vie avec ses catégories et ses dénominations les plus immédiates et les plus communes. Tout homme distingue parfaitement les moments où il agit de ceux où il est agi. Considérons-nous dans l'une de ces pauses d'activité dominante. Et cherchons à voir comment, à la faveur et par l'extension totale de notre action, le Divin fait pression sur nous, cherche à entrer dans notre vie.

Ce texte est une bonne illustration de la largeur de la démarche de Teilhard qui savait appuyer ses réflexions sur des analyses psychologiques.

Quelque chose pousse chacun à agir pour faire grandir cette humanité à laquelle il appartient. Un désir d'agir qui donne une dimension divine aux activités humaines et un sens à l'existence.

La divinisation des activités ! Peu importe le vocabulaire ; il s'agit de renouveler l'explication de la valeur de l'effort, de l'utilité d'une part d'action, si infime soit-elle : « Plus je m'analyse, plus je découvre cette vérité psychologique que nul homme ne lève le petit doigt pour le moindre ouvrage sans être mû par la conviction, plus ou moins obscure, qu'il travaille infinitésimalement (au moins d'une manière détournée) pour l'édification de quelque Définitif, c'est-à-dire à l'œuvre de Vous-même, mon Dieu. »

La création, bien loin d'être un acte passé et achevé, est en déroulement sous nos yeux et chacun est appelé à apporter sa pierre, si infime soit-elle, à l'édifice en construction : « Par notre collaboration qu'il suscite, le Christ se consomme, atteint sa plénitude, à partir de toute créature. C'est saint Paul qui nous le dit. Nous nous imaginons peut-être que la Création est depuis

des différents éléments qui nous composent et combien il est impossible de séparer nos forces de nos faiblesses. Nous ne pouvons par être *nous-même*, sans assumer tout ce qui vient de *nous*.

longtemps finie. Erreur, elle se poursuit de plus belle, et dans les zones les plus élevées du Monde. Et c'est à l'achever que nous servons, même par le travail le plus humble de nos mains. Tels sont, en définitive, le sens et le prix de nos actes. En vertu de l'inter liaison Matière-Âme-Christ, quoi que nous fassions, nous ramenons à Dieu une parcelle de l'être qu'il désire. Par chacune de nos œuvres, nous travaillons, atomiquement mais réellement, à construire le Plérôme [1], c'est-à-dire à apporter au Christ un peu d'achèvement. »

Aucun cloisonnement dans nos existences entre vie religieuse et vie active ; tout effort, parce qu'il participe à l'œuvre de création, est divin. Bien loin d'être un pensum, une punition, le travail est œuvre religieuse, il a un sens plus fort, plus profond que la peine engagée pour l'accomplir, il se rattache à quelque chose de grand qui l'attire et l'inclut :

> Je ne pense pas exagérer en affirmant que, pour les neuf dixièmes des chrétiens pratiquants, le travail humain reste à l'état d'« encombrement spirituel ». Malgré la pratique de l'intention droite et de la journée quotidiennement offerte à Dieu, la masse des fidèles garde obscurément l'idée que le temps passé au bureau, au studio, aux champs ou à l'usine, est quelque chose de distrait à l'adoration.
>
> Répétons-le : en vertu de la Création, et, plus encore, de l'Incarnation, rien n'est profane, ici-bas, à qui sait voir. Tout est sacré, au contraire, pour qui distingue, en chaque créature, la parcelle de l'être élu soumise à l'attraction du Christ en voie de consommation. Reconnaissez, Dieu aidant, la connexion, même physique et naturelle, qui relie votre labeur à l'édification du Royaume céleste, voyez le Ciel lui-même vous sourire et vous attirer à travers vos œuvres : et vous n'aurez plus, en quittant l'Église pour la cité bruyante, que le sentiment de continuer à vous immerger en Dieu.

Mais l'œuvre de création n'est pas entreprise aisée, car le travail, victoire sur l'inertie, suscite mouvement et changement qui sont en même temps sources d'appréhension et de crainte. L'œuvre de création, en se heurtant à elles, bouscule les passivités.

1. Le plérôme : mot grec signifiant la plénitude. Teilhard utilise souvent ce terme repris des épîtres de saint Paul. Il lui donne le sens du monde achevé, monde plein de Dieu, arrivé totalement en Dieu et investi pleinement par Dieu. Pour Teilhard, le plérôme se confond, à l'horizon, avec le point Oméga.

Et si, par nature, le travail est un facteur multiple de détachement pour tous ceux qui s'y livrent sans révolte, avec fidélité. D'abord, il implique l'effort, la victoire sur l'inertie. Si intéressant et spirituel soit-il (plus spirituel est-il, pourrait-on dire), le travail est un douloureux enfantement. L'homme n'échappe au terrible ennui du devoir monotone et banal que pour faire face aux anxiétés et à la tension intérieure de la « création »... Non seulement, pour être un bon ouvrier de la Terre, l'homme doit quitter une première fois sa tranquillité et son repos ; mais il lui faut savoir abandonner sans cesse, pour des formes meilleures, les formes premières de son industrie, de son art, de sa pensée. S'arrêter à jouir, à posséder, serait une faute contre l'action. Encore et encore, il faut se surpasser, s'arracher à soi-même, laisser à chaque instant derrière soi les ébauches les plus aimées.

Belle exhortation à accepter le changement et plus encore la remise en cause de sa propre action ! L'arrachement à ses habitudes et à son cadre qu'a représenté le départ en Chine pour Teilhard a pesé de son poids dans la rédaction de cette page.

Les passivités, d'abord, accompagnent sans cesse nos opérations conscientes à titre de réactions dirigeant, soutenant, ou contrecarrant nos efforts. Et, de ce seul chef déjà, elles doublent nécessairement et exactement l'étendue de notre activité [1]. Mais leur zone d'influence s'étend bien au-delà de ces étroites limites. Si nous y prenons garde, en effet, nous nous apercevons avec une sorte d'effroi que nous n'émergeons dans la réflexion et la liberté que par la fine pointe de nous-mêmes. Nous nous connaissons et nous nous dirigeons, mais dans un rayon incroyablement faible.

Je me reçois bien plus que je ne me fais [...]

À ce moment, j'ai senti planer sur moi la détresse essentielle de l'atome perdu dans l'Univers, la détresse qui fait journellement sombrer des volontés humaines sous le nombre accablant des vivants et des astres. Et si quelque chose m'a sauvé, c'est d'entendre la voix évangélique, garantie par des succès divins, qui disait, du plus profond de la nuit : « Ego sum, noli timere » (C'est moi, ne craignez point).

1. Teilhard emploie ici « doubler » dans le sens d'accompagner (comme une ombre double son sujet !). Les passivités à soutenir sont le contrepoids des entreprises humaines, la part d'ombre de tout effort. Elles sont toujours présentes, « nécessairement et exactement », obligatoirement et ponctuellement.

Alors que l'individu, égocentrique de naissance, estime être le centre du monde et pouvoir contrôler et maîtriser l'organisation de son existence, il découvre que bien loin de dominer le monde, c'est le monde qui le domine. Et cette impression de petitesse, de faiblesse face aux éléments disparates du monde, est bien à la base du sentiment de mal-être de celui qui se trouve soumis aux aléas ou se dégoûte de ses insuffisances ou, l'esprit infecté, se perd dans des impasses.

Les puissances de diminution sont nos véritables passivités. Leur nombre est immense, leurs formes infiniment variées, leur influence continuelle. Les passivités de diminution externes, ce sont toutes nos mauvaises chances. Suivons en pensée le cours de notre vie : nous les verrons de partout surgir. Voici la barrière qui arrête, ou la muraille qui borne. Voici le caillou qui fait dévier ou l'obstacle qui brise. Voici le microbe ou le mot imperceptible par qui le corps est tué ou l'esprit infecté. Incidents, accidents, de toutes gravités et de toutes espèces, que d'interférences douloureuses entre le Monde des autres choses et le Monde qui rayonne à partir de nous [...]

C'est peu, en un sens, que les choses nous échappent car nous pouvons nous figurer toujours qu'elles nous reviendront. Le terrible pour nous est d'échapper aux choses par un intérieur et irréversible amoindrissement.

Humainement parlant, les passivités de diminution internes forment le résidu le plus noir, et le plus désespérément inutilisable de nos années. Les unes nous ont guettés et saisis à notre premier éveil : défauts naturels, infériorités physiques, intellectuelles ou morales, par qui s'est trouvé impitoyablement limité, dès la naissance et pour toute la vie, le champ de notre activité, de nos jouissances, de notre vision. Les autres nous ont attendus plus tard, brutales, comme un accident, sournoises comme une maladie. Tous, un jour ou l'autre, nous avons pris, ou nous prendrons conscience que l'un quelconque de ces processus de désorganisation s'est installé au cœur même de notre vie... Il est une altération, lente et essentielle, à laquelle nous ne saurions échapper : l'âge, la vieillesse, qui, d'instant en instant, nous enlèvent à nous-mêmes pour nous pousser vers la fin. Durée qui retarde la possession, durée qui arrache à la jouissance, durée qui fait de nous tous des condamnés à mort, formidable passivité que l'écoulement de la durée...

Mais il faut faire face : « Dieu veut que je l'aide à éloigner de moi ce calice... C'est Dieu vraiment qui suscite, le long des siècles, conformément au rythme général du progrès, les grands bienfaiteurs et les grands médecins ; c'est lui qui anime, même chez les plus incroyants, la recherche de tout ce qui soulage et de tout ce qui guérit… »

Ce devoir de recherche pour trouver ce qui peut soulager, réduire, supprimer les peines et les souffrances est une véritable mission divine. Divinisation des activités, divinisation des passivités. Teilhard rejette toute attitude résignée face aux diminutions : « À la première approche des diminutions, nous ne saurions trouver Dieu autrement qu'en détestant ce qui fond sur nous, et en faisant notre possible pour l'esquiver. Plus nous repousserons la souffrance, à ce moment, de tout notre cœur et de tous nos bras, plus nous adhérerons, alors, au cœur et à l'action de Dieu. » Il y a contresens à présenter la résignation vis-à-vis de la souffrance comme une tentation de solution. « La résignation chrétienne est sincèrement considérée et blâmée par beaucoup d'honnêtes gens comme un des éléments les plus dangereusement assoupissants de « l'opium religieux ». Après le dégoût de la Terre, il n'y a pas d'attitude qu'on reproche avec plus de rancune à l'Évangile d'avoir répandue, que la passivité devant le mal. Une passivité qui peut aller jusqu'à la culture perverse de la diminution et de la souffrance… » Il faut refuser de magnifier la souffrance, c'est l'autre direction qu'il faut prendre, celle de la lutte contre la souffrance qui est une lutte contre la diminution en même temps qu'œuvre de création.

« Non, le chrétien n'a pas, pour pratiquer intégralement la perfection de son christianisme, à déserter devant le devoir de la résistance au Mal. Dans un premier temps, au contraire, nous l'avons vu, il doit lutter sincèrement et de toutes ses forces, en union avec la puissance créatrice du Monde, pour que tout mal rétrograde, pour que rien ne diminue, ni en lui, ni autour de lui. »

La vision de Teilhard est une vision élevée. Il nous renvoie, comme pour la fin de la guerre, à l'achèvement du monde. Achevons le monde pour qu'il soit meilleur. Perspective lointaine à faire entrer dans une mentalité individuelle, ancrée dans l'instant, afin qu'elle lui serve de stimulant et de guide.

Et Teilhard rappelle le poids de la charité dans cette construction du monde : « La charité chrétienne, si solennellement prêchée par l'Évangile, n'est pas autre chose que la cohésion plus ou moins consciente des âmes, engendrée par leur convergence commune *in Christo Jesu*. Impossible d'aimer le Christ sans aimer les autres (dans la mesure où ces autres vont vers le Christ) ; et impossible d'aimer les autres (dans un esprit de large communion humaine) sans se rapprocher du Christ par le même mouvement. Automatiquement, donc, par une sorte de déterminisme vivant, les Milieux Divins individuels, dans la mesure où ils se constituent, tendent à se souder les uns aux autres ; et dans leur association, ils trouvent une augmentation illimitée de leurs ardeurs. »

Et il s'attarde sur le sens et le rôle du surnaturel dans l'orientation, l'animation, du milieu divin : « Nous l'oublions sans cesse. Le surnaturel est un ferment, une âme, non un organisme complet. Il vient transformer “la nature” ; mais il ne saurait se passer de la matière que celle-ci lui présente [1]… » Le surnaturel n'est pas un échafaudage merveilleux ne tenant sur rien ! Le surnaturel, c'est ce qui nous fait agir pour la construction et lutter contre la diminution. Le surnaturel est une essence, un principe auquel le monde adhère par un sens, un instinct. Le surnaturel est un meilleur naturel, comme le surhumain est un meilleur humain. Le surnaturel s'insère, ou plutôt est inséré dans le monde. Représentation éloignée de la figuration imagée d'un pouvoir nébuleux qui serait à la fois présent et caché. Teilhard a toujours repoussé toute idée d'existence ou de manifestation d'un pouvoir surnaturel.

Et *Le Milieu divin* se termine en exhortation :

Nous nous sommes pénétrés longuement de ces perspectives : le progrès de l'Univers, et spécialement de l'Univers humain, n'est pas une concurrence faite à Dieu, ni une déperdition vaine des énergies que nous lui devons. Plus l'Homme sera grand, plus l'Humanité sera unie, consciente et maîtresse de sa force, plus aussi la Création sera belle, plus l'adoration sera parfaite, plus le Christ trouvera, pour des extensions mystiques, un Corps digne de résurrection… L'Astre que le

1. Cette remarque sur le surnaturel est à rapprocher d'une note de retraite de Teilhard au sujet de la superfétation : « La “superfétation” théologique : surnaturel, originairement “supra-terrestre” transformé en “ultra-cosmique” ! » Teilhard s'opposait à la superfétation théologique, doctrine qui consiste à considérer le surnaturel comme totalement étranger à notre monde, comme supra-terrestre uniquement, suivant un dualisme ontologique étranger à la relation d'incarnation qu'est le christianisme. D'après la note de Gérard Baudry (*Notes de retraite*, p. 159), dualisme ontologique : cette expression fait référence à la coexistence de deux mondes distincts, le premier monde perceptible, le second monde insaisissable et merveilleux supposé agir sur le premier.

Monde attend, sans savoir encore prononcer son nom, sans apprécier exactement sa vraie transcendance, sans pouvoir même distinguer les plus spirituels, les plus divins de ses rayons, c'est forcément le Christ même que nous espérons. Pour désirer la Parousie [1], nous n'avons qu'à laisser battre en nous, en le Christianisant, le cœur même de la Terre.

Pourquoi donc, hommes de peu de foi, craindre ou bouder les progrès du Monde ? Pourquoi multiplier imprudemment les prophéties et les défenses : « N'allez pas… n'essayez pas… tout est connu : la Terre est vide et vieille : il n'y a plus rien à trouver… »

Tout essayer pour le Christ ! Tout espérer pour le Christ ! « *Nihil intentatum* [2] ! » Voilà, juste au contraire, la véritable attitude chrétienne. Diviniser n'est pas détruire, mais surcréer. Nous ne saurons jamais tout ce que l'Incarnation attend encore des puissances du Monde ; Nous n'espérerons jamais assez de l'unité humaine croissante.

Lève la tête, Jérusalem. Regarde la foule immense de ceux qui construisent et de ceux qui cherchent ? Dans les laboratoires, dans les studios, dans les déserts, dans les usines, dans l'énorme creuset social, les vois-tu, tous ces hommes qui peinent ? Eh bien ! Tout ce qui fermente par eux, d'art, de science, de pensée, tout cela c'est pour toi. Allons, ouvre tes bras, ton cœur, et accueille, comme ton Seigneur Jésus, le flot, l'inondation, de la sève humaine. Reçois-la, cette sève, car sans son baptême, tu t'étioleras sans désir, comme une fleur sans eau ; et sauve-la, puisque, sans ton soleil, elle se dispersera follement en tiges stériles.

La tentation du Monde trop grand, la séduction du Monde trop beau, où est-elle maintenant ?

Il n'y en a plus.

La Terre peut bien, cette fois, me saisir de ses bras géants. Elle peut me gonfler de sa vie ou me reprendre dans sa poussière. Elle peut se parer à mes yeux de tous les charmes, de toutes les horreurs, de tous les mystères. Elle peut me griser par son parfum de tangibilité et d'unité. Elle peut me jeter à genoux dans l'attente de ce qui mûrit dans son sein.

Ses ensorcellements ne sauraient plus me nuire, depuis qu'elle est

1. *La parousie* : terme théologique signifiant l'avènement du Royaume de Dieu avec le retour du Christ. Là encore, *la parousie* comme *le plérôme* se confond avec le *point Oméga.*

2. *Nihil intentatum*, « ne repousser aucune tentative ». Par cette citation latine, Teilhard résume un point essentiel de sa réflexion. Pour être pleinement homme, l'homme doit avoir tout essayé et n'avoir repoussé aucune tentative. Toute tentative doit être d'abord poursuivie, pour ensuite être soit menée à son terme, soit éliminée si sans issue. Teilhard ne s'est pas étendu sur les conditions d'élimination d'une mauvaise tentative. Il faisait confiance à la sagesse humaine !

devenue pour moi, par-delà elle-même, le Corps de Celui qui est et de Celui qui vient !

Le Milieu divin rassure. Il dit la part qui revient à l'homme dans l'achèvement de ce monde. Il confie à l'homme l'espoir de pouvoir corriger et embellir ce monde par son action.

En rédigeant ce texte, Teilhard poursuivait un double objectif. C'était d'abord donner une forme écrite à ses réflexions pour en assurer la diffusion. C'était une défense et une illustration du christianisme en termes simples, comme il l'avait écrit à Ida. Et de plus, par ce texte, facilement accessible et sans trop d'audaces, il espérait retrouver une crédibilité auprès de ses censeurs. Ce « petit traité de vie intérieure » était conçu comme un guide de vie pratique et chrétienne. Il ne devait pas inquiéter les gardiens de l'orthodoxie. Teilhard espérait que le lecteur pourrait accéder de lui-même aux idées qu'il savait être les conditions nécessaires pour rendre acceptables les attitudes que la religion impose mais qu'il se gardait d'exposer ouvertement dans ce texte. En somme, il espérait qu'en dissimulant plus ou moins ses idées entre les lignes, il pourrait obtenir l'autorisation de publier son texte. Peine perdue, ce texte fut refusé, les censeurs étaient devenus de toute façon irrémédiablement prédisposés contre lui et toute réflexion religieuse lui était refusée. Son entêtement se heurtait à l'immobilisme des réviseurs. Jamais Teilhard n'a cessé d'espérer les convaincre. Toute sa vie il a maintenu cette pression sur sa hiérarchie, il ne recula jamais. Le succès fut à l'inverse de sa ténacité [1].

1. Malgré tous ses efforts, Teilhard n'obtint jamais l'accord de ses supérieurs pour publier *Le Milieu divin.* Dans son livre *Le Phénomène Teilhard*, Hai-Yan Wang a retracé dans le détail les vains efforts de Teilhard pour obtenir l'autorisation de publier *Le Milieu divin.* S'appuyant sur la lecture des articles de *L'Osservatore Romano*, articles directement inspirés par les réviseurs, il a mis en évidence la raison essentielle de leur opposition : « Cependant, le même problème est mentionné, visant la totalité de l'œuvre de Teilhard. En lui reprochant de ne pas faire clairement la différence entre l'ordre naturel et l'ordre surnaturel, la critique du théologien du Saint-Office est allée plus loin : "Pour terminer cet examen critique qui, pour des raisons évidentes, ne peut pas être complet, il nous semble devoir indiquer encore une fois que le fait de naturaliser, ou presque, le surnaturel, est le propre du système de Teilhard." *(L'Osservatore romano* du 13 juillet 1962). Ce n'est plus un simple problème de clarté d'expression, qui pourrait se rattraper avec quelques remaniements, mais tout le système qui est à condamner. S'agit-il là

Octobre 1927, retour en France après ce deuxième séjour en Chine. Teilhard resta un an, ce fut son dernier long séjour en France jusqu'au lendemain de la guerre. Entre 1928 et 1946, il revint en France à cinq reprises seulement et un seul séjour dura plus de trois mois, à la veille de la guerre, entre décembre 1938 et juin 1939, date à laquelle il repartit vers la Chine pour y rester bloqué jusqu'au printemps 1946.

Il y a peu de chose à dire sur cette année 1928, dernière année française, passée à rencontrer ses amis et à séjourner dans sa famille. Au Muséum, il expliqua à Valensin qu'il avait retrouvé Ida qui avait accepté l'amitié telle qu'il la lui proposait :

« I. [Ida] est revenue au Muséum. Extraordinairement calme, bien que toujours amie. Elle ne m'a rien demandé comme entrevue. On dirait qu'elle a compris. J'attribue en partie cette évolution (définitive ??) au fait qu'elle s'est éveillée à la passion des Causes, et, comme on dit, un peu emphatiquement, dans son parti "au sentiment mondial". – ceci est l'effet des dernières "persécutions." – Je considère ce changement comme un grand progrès pour elle. – Mais si vous saviez combien, en l'écoutant me parler de son parti (avec une sincérité indubitable), je me sens désorienté, – c'est-à-dire incapable de porter un jugement sur un mouvement, que trop de choses rendent haïssable du dehors, et qui se révèle tout fervent au-dedans ». [Lettre à Ida de novembre 1927.]

d'une divergence fondamentale ou d'une interprétation simpliste de la pensée de Teilhard, comme on a souvent tendance à faire dans une polémique ? Quelle que soit la réponse, le rapport entre le monde naturel et le surnaturel demeure un problème très complexe. » C'était bien là le reproche des théologiens romains fait à la pensée de Teilhard : ne pas mettre en valeur le surnaturel. Teilhard l'avait lui-même bien compris : « Au fond, la source commune de vos critiques est que je ne fais pas une part assez claire au surnaturel et à la grâce. Ceci me paraît tenir (je m'en expliquerai dans une addition à l'Introduction) au fait que vous cherchez dans ces pages ce que je n'ai pas voulu y mettre. Je n'ai voulu présenter, ni un traité complet de vie intérieure, ni un ouvrage théologique, ni même catéchistique. Il s'agit simplement d'une analyse d'un développement d'état d'âme, dans le domaine psychologique expérimental, pour une âme prise dans un courant (modeste) de vie "illuminative" (voilà pourquoi, soit dit en passant, le péché tient explicitement peu de place, puisqu'il est à l'inverse du point de vue étudié) », Lettre de Teilhard à un réviseur ami du 2 mars 1932 [L. Int. p. 478].

Teilhard s'émerveillait de l'ardeur militante d'Ida et cherchait, comme toujours chez lui, à voir le côté positif des choses et en l'espèce les aspirations généreuses des poussées communistes.

Pour ce qui concernait ses relations au sein de l'Église, chez lui, il s'aperçut vite qu'il n'y avait rien à espérer et qu'il valait mieux se tourner durablement vers la Chine.

En novembre 1928 eut lieu le troisième embarquement pour la Chine et, cette fois, Teilhard savait bien que c'était pour longtemps, même s'il gardait l'idée de faire la navette de temps à autre.

Ce fut au cours de ce voyage que Teilhard s'arrêta à Djibouti pour séjourner plus de deux mois chez celui qui n'était pas encore le célèbre écrivain Henri de Monfreid.

Henri de Monfreid ! Rencontre imprévisible et amitié surprenante !

C'était à bord de l'*Angkor*, deux ans auparavant, au printemps 1926, alors qu'il voguait pour la deuxième fois vers la Chine, que Pierre Teilhard de Chardin, le jésuite fidèle à son ordre, l'ancien écolier modèle, s'était lié d'amitié avec l'aventurier Henri de Monfreid qui, installé depuis une quinzaine d'années en Somalie française, s'y livrait à toutes sortes de trafics plus ou moins louches.

Amitié surprenante née en mer, d'une rencontre due au hasard. Henri de Monfreid a raconté la scène :

> Ce paquebot revenait de Chine [en fait il allait vers la Chine…] et j'avais remarqué sur le pont des secondes, où abondent les ecclésiastiques et les bonnes sœurs, un grand diable d'abbé, maigre et vigoureux, dont les allures avaient quelque chose de trop viril et de trop libre pour ne pas faire un singulier contraste avec la componction et les gestes onctueux laissés par le séminaire comme la marque indélébile du sacerdoce. J'avais regardé avec sympathie cette longue figure énergique et fine où les traits, accentués de rides précoces, semblaient taillés dans le bois dur. L'œil pétillant et vif avait quelque chose de rieur sans être ironique ; il exprimait l'indulgence et la bonté. Ce prêtre ne portait point de soutane, mais ce costume civil qui distingue les jésuites [1].

1. Teilhard et le port de la soutane : Monfreid fait une confusion entre les prêtres anglo-saxons qui portaient un costume aux allures civiles et les

> Toujours entouré, et le plus souvent de femmes jeunes, il parlait avec la vivacité et l'animation de ceux qui se passionnent ; sa parole était prenante, elle allait jusqu'à l'âme, avec cette puissance persuasive, de celle des apôtres [1].

Voilà un portrait qui ne manque pas de couleurs. Teilhard n'ignora rien des affaires douteuses de Monfreid qu'amicalement il nommait le pirate, mais il préféra voir l'enthousiasme et la vaillance de l'homme. Toujours cette façon caractéristique de considérer le bon côté des hommes et des choses. Pierre Leroy, s'agaçant de cette persévérance à tout voir du bon côté, lui dit un jour : « Vous rencontreriez le diable dans la rue, vous seriez capable de lui trouver des bons côtés ! – Peut-être, répondit Teilhard, si c'est un bon diable ! »

En novembre 1928, Teilhard se rendit chez Monfreid, à Obock, au nord de Djibouti. Il passa là trois mois merveilleux à explorer la région à la recherche de traces de vie préhistorique tout en jouant à cache-cache avec les pandores de la République lancés aux trousses de Monfreid par un gouverneur sourcilleux. Il navigua à bord du boutre de Monfreid, couchant à la belle étoile en pleine mer. Ce fut un grand moment de détente pour un homme accaparé par ses recherches et sa quête d'un meilleur lendemain de l'humanité. Monfreid afficha sans réserve sa quasi-dévotion pour Teilhard. Étonnante rencontre d'un homme dur envers les autres jusqu'au mépris avec un véritable apôtre préoccupé du sort de ses semblables.

Au début de février, Teilhard reprit le bateau pour la Chine et débarqua à Tien Tsin au début du mois de mars 1929. De grandes tâches l'attendaient.

Jésuites qui, à cette époque, étaient tenus au port de la soutane. Teilhard réserva le port de la soutane pour ses apparitions « officielles », la plupart du temps en France. Hors de France, il portait des costumes divers plutôt décontractés. Lorsqu'il « s'habillait », il revêtait un costume sombre avec un col rond, le costume du *clergyman* décrit par Monfreid. Teilhard a sûrement pris le goût de ce costume lors de son séjour à Hasting. Son « refus » de la soutane ressemble à un « espace de liberté » servant à alléger le poids de son devoir d'obéissance.

1. Henri DE MONFREID, *Charras* et *Le Feu de Saint-Elme*.

Teilhard homme de science ! Son œuvre scientifique fut immense. Elle se situait dans deux domaines qui allaient se renforcer l'un par l'autre : paléontologie et géologie.

Le point de départ des connaissances de Teilhard est la géologie. Nous avons entendu son professeur des premières années parler de sa passion d'enfant pour les pierres – passion transformée en science. En Chine, par ses observations sur le terrain et les déductions qu'il en retira, Teilhard devint un spécialiste complet de la géologie de ce pays qu'en outre il relia à celles des pays voisins. Et, point capital, cette connaissance il la bâtit pour ainsi dire dynamique. Il l'articula aux grands mouvements de l'écorce terrestre et à l'échelle du temps. Son coup d'œil exercé sur le terrain lui permettait de donner un âge aux pierres de ce sol. Compétence formidable à une époque où les méthodes modernes de datation de la matière n'existaient pas encore. L'apport scientifique de Pierre Teilhard de Chardin était devenu essentiel pour faire avancer les travaux sur les chantiers de fouilles à la recherche de fossiles. Il fallait dater ces fossiles. Comme ces compétences se doublaient, se triplaient, se multipliaient par ses connaissances en zoologie et en botanique ainsi que par ses remarquables dons de synthèse et de déduction, avec une aptitude pour la rédaction des comptes rendus, on comprend sans peine la valeur de la collaboration de ce savant. Et ce fut chez Boule que Teilhard acheva le développement de cette vaste érudition par l'apprentissage de la paléontologie humaine.

Et toujours, il prenait soin de compléter ce travail en salle par des parcours sur le terrain. Inlassablement Teilhard a sillonné la terre à la recherche de sites géologiques porteurs de traces de la vie passée.

Son ami George Barbour qui l'a bien connu a laissé un croquis minutieusement colorié d'un Teilhard sur le terrain :

> Quand il allait sur le terrain, Teilhard changeait sa soutane et son col dur contre une tenue d'exercice kaki à coupe militaire, dont la veste était garnie de quatre grandes poches extérieures. Dans celles de son pantalon il avait un canif, une loupe, une boussole, de la monnaie en vrac. La clef du cadenas de sa cantine, enfilée sur une ficelle formant collier, se trouvait dans sa poche de montre. Les billets de banque et le passeport allaient dans une poche intérieure de la veste, car celle de l'extérieur en haut et à gauche contenait toujours son bréviaire, tandis

que dans celle de droite se trouvaient les allumettes et un paquet à moitié écrasé de cigarettes Job ou Macédoine. Dans la poche inférieure du côté droit, il y avait son carnet noir et brillant aux pages quadrillées. Le contenu de la poche gauche variait selon les occasions ; une carte pliée, un morceau de ficelle, un éclat de lave, un fossile empaqueté dans du papier journal, ou même un bout de chocolat enveloppé de papier d'argent.

Alors que dans la rédaction de mes notes et pour mes croquis j'utilisais des crayons de couleur pour distinguer les formations géologiques différentes, Teilhard insistait toujours sur le fait que son stylo ou un bout de crayon – souvent émoussé et fréquemment léché – constituaient une aide suffisante. À son avis, il fallait emmagasiner dans sa tête ce que l'on n'écrivait pas. Il transportait toujours avec lui un léger marteau de minéralogiste à tête courte, et un ciseau pratique pour détacher les fossiles.

Je ne l'ai jamais vu porter un sac à dos ou une gourde et il n'utilisait une musette militaire que lorsqu'il cherchait des fossiles ou voulait déjeuner en plein air.

Quand Teilhard se joignit à l'expédition Andrews, on lui donna une large veste de mouton avec un épais col de fourrure qu'il porta sur le plateau mongol balayé en hiver par un vent glacial, à la place de la pèlerine noire qu'il préférait mettre à plus basse altitude. Assorti à la veste, il y avait aussi un bonnet bordé de fourrure avec de grandes pattes pour les oreilles semblable à ceux que portent les chameliers. Par ailleurs, en guise de couvre-chef, il portait généralement un chapeau de feutre gris-noir très usagé, remplacé en saison chaude par un béret bleu ou un casque colonial brun. »

Voilà le portrait d'un homme à l'esprit pratique habitué aux déplacements dans des conditions souvent rudimentaires. L'inventaire hétéroclite fait par un Barbour, sans doute un peu surpris et peut-être même agacé de voir son ami se déplacer aussi légèrement équipé, ne doit pas faire croire à une certaine insouciance de celui-ci. Il est important de relever combien Teilhard utilisait sa mémoire en y emmagasinant ce qu'il n'écrivait pas sur le lieu de ses recherches. Son coup d'œil, son sens de l'observation et son extraordinaire capacité de faire immédiatement la synthèse de tout ce qu'il voyait lui évitaient de s'encombrer de documents. Il fallut qu'il atteigne ses dernières années pour accumuler des papiers, et encore délégua-t-il ce soin à Jeanne Mortier.

Une œuvre scientifique de qualité incontestable et accomplie au sein d'une équipe internationale laissant une place essentielle à la science chinoise. Cette dimension chinoise de Teilhard, déjà mentionnée – et contrebalançant l'image d'un homme peu intéressé par la culture de ce pays –, doit être bien soulignée.

CHAPITRE V

LE PASSAGE AUX CHINOIS

1929

Teilhard et la Chine. L'ignorance de la langue. Les premières impressions défavorables. Les amitiés chinoises. Évolution des idées de Teilhard sur la Chine. Le passage aux Chinois. L'amitié avec Ting. Le développement des liens avec les milieux scientifiques internationaux. La détérioration des relations avec Licent. Teilhard et l'Église catholique en Chine. *Choses mongoles*. Situation politique intérieure chinoise. Les relations avec Marcellin Boule. Découverte à Choukoutien. Joie de Teilhard après l'annonce de la découverte. Controverse sur le sinanthrope. Importance des travaux scientifiques de Teilhard. Causeries avec Barbour.

Teilhard et la Chine ! De mai 1923 à mars 1946, il y passa un total de plus de dix-sept années, réparties en dix séjours de durées variables, dont six ans et demi pour le dernier entre 1939 et 1946. Ce qui frappe au regard de la durée, c'est que Teilhard n'apprit jamais le chinois. George Barbour a évoqué, parmi ses souvenirs, cette lacune de Teilhard :

La raison pour laquelle Teilhard ne fit jamais aucune tentative sérieuse pour apprendre la langue du pays, je ne la sais pas au juste. La connaissance du français, du latin et de l'anglais lui semblait peut-être un assez lourd bagage à porter. Alors que ceux d'entre nous qui étudiaient à l'École des Langues espéraient s'installer en Chine assez longtemps pour justifier le temps et l'effort de se battre avec la langue, Teilhard, lui, n'avait pas ce sentiment de permanence. Je lui disais souvent que la devise gravée au-dessus de la cheminée dans le bureau de mon père lui convenait mieux qu'à moi : *ut migraturus habita* (Vis comme si tu allais partir). Ce qui est certain, c'est que, comme tous les grands hommes, Teilhard était passionnément fier de son pays et de sa langue, et voyait tout avec un regard bien français. N'étant pas un linguiste né, il ne s'intéressait pas aux autres langues, si utiles qu'elles puissent être parfois ! En outre, il y avait toujours un interprète à portée de la main. Et heureusement les Chinois évolués avec qui il était en contact quotidien parlaient français ou anglais. Il faut rendre hommage aux dons de sympathie et de compréhension humaine de Teilhard, dont l'influence ne semble pas avoir été diminuée par la barrière des langues. Son sourire rayonnant en était en partie responsable ; il n'avait pas besoin de mots pour être compris [1].

Il est certain que Teilhard ne ressentit jamais le besoin de savoir le chinois, ce qui peut sembler manifester une indifférence vis-à-vis du pays. Il ne fit jamais aucune allusion à un quelconque regret de ne pas avoir su parler cette langue. Jamais cela ne lui causa la moindre difficulté dans ses déplacements ou ses rapports avec les individus.

Ses premières impressions sur la société chinoise furent négatives. Il constata la misère et l'abrutissement des masses paysannes rencontrées lors de ses expéditions. Il est certain que la formation reçue, les mentalités de l'époque poussaient au mépris de l'indigène. Teilhard ne pouvait être complètement libéré de ses préjugés d'Occidental lorsqu'il observait la misère et le dénuement autour de lui ainsi qu'il le rapportait à l'abbé Gaudefroy : « Enfin dans les villages, une fourmilière de Chinois, pas méchants, mais primitifs, inertes, terre à terre, vivant dans la routine et la pénombre intellectuelle, et instinctivement hostiles aux Occidentaux dont ils utilisent les bienfaits, mais qu'ils regardent au fond comme des indésirables et des fâcheux… Notez bien que je n'ai nullement pris ces gens-là en grippe… Chez ces derniers (les Chinois éduqués et européanisés), le flou de l'esprit chinois, et son incompréhensibilité pour l'Occidental, sont fortement diminués. On se heurte alors, il est vrai, à un agnosticisme, non plus instinctif, mais organisé » (Lettre de mars 1924).

1. George BARBOUR, *Teilhard de Chardin sur le terrain.*

Pour Breuil, il eut un constat encore plus dur : « En somme, parmi les paysans du Tcheli, on est au moins autant parmi les sauvages que si on se trouvait au cœur de l'Afrique. Plus je vois les Chinois, plus je les comprends comme une branche autre, et attardée, de l'arbre humain. Je ne parle, notez bien, que des Chinois non touchés par la civilisation. Chez les autres (minorité d'intellectuels, mais qui fermentera vite), la civilisation provoque en ce moment "sa crise originelle". Mais je ne désespère pas du résultat. J'ai vu cet hiver plusieurs Chinois, formés en Occident avec qui j'ai pleinement sympathisé. Ils sont en phase agnostique » (Lettre de février 1924).

Quant à l'art chinois, il fit part à Marguerite de son total désintérêt : « En revanche, j'ai vu beaucoup de chinoiseries, mais je n'arrive pas à m'y intéresser. Les grandes créations des Chinois (palais, portes, murailles) sont faites de poussière, et leurs seules solides substances (jade, bronze, porcelaine) ne peuvent guère servir qu'à des bibelots. Les plus massives et les plus ciselées des statues présentent des proportions anatomiques choquantes… Les lions grimaçants et terribles qui commandent les entrées des palais ont un nombre effarant de dents et ils portent tous au cou un grelot. J'ai l'impression qu'on voit et entend partout ce grelot en ancienne Chine » (Lettre de décembre 1926).

Attitude d'incompréhension qui ne dura pas. Amené par son travail à fréquenter les scientifiques chinois, géologues et paléontologues formés en Occident, cultivés et parlant soit le français soit l'anglais, Teilhard noua vite de solides amitiés. Dès 1926, dans une lettre à Ida Treat, il parlait de son « ami Ting », ancien directeur du service géologique chinois : « J'ai eu la surprise de voir sur les journaux que le gouvernement de Shanghai avait pris, comme bras droit, mon ami Ting, directeur (honoraire, maintenant) du Service géologique de Pékin. Je n'ai pas pu le joindre, mais du moins lui ai-je envoyé un mot de félicitations… À plusieurs comme lui, je crois qu'ils amélioreraient singulièrement la Chine… Ce qui m'a frappé, c'est l'aveu que j'ai entendu faire (par des hommes hostiles à Sun Yat-sen et à Moscou) que, soit à Canton, soit dans l'Ouest, on travaillait et on organisait » (Lettre de juin 1926). Les amitiés chinoises ne manquèrent pas à Teilhard et, si elles furent majoritairement parmi les scientifiques, elles furent assez larges pour que soit levé tout soupçon de réel dédain de sa part vis-à-vis de la Chine.

Il eut énormément de contacts, sûrement plus que ne le révèlent ses lettres où ne sont mentionnées que les personnalités les plus fréquentées.

Au-delà de leur nombre, apparaît bien l'estime mutuelle que se portaient entre eux ces savants. Teilhard a su gagner la considération et surtout la confiance de ces hommes à une époque où beaucoup de Chinois considéraient les Occidentaux avec méfiance. La personnalité chaleureuse de Teilhard a certes joué, mais c'est son attitude envers la Chine et les Chinois qui lui valut cette confiance.

Éduqué par une Europe en pleine expansion coloniale, il était normal pour Teilhard de trouver ces pays lointains en retard et en situation de dépendance par rapport aux grandes puissances. Pour un Occidental, influencé par l'enseignement reçu à l'école, la situation d'États arriérés des pays d'outre-mer était un fait auquel seule l'aide occidentale était susceptible d'apporter une solution. Mais Teilhard va vite se convaincre qu'une attitude coloniale pouvait se révéler désastreuse. À l'écoute de ses amis chinois, il a vu qu'il y avait une Chine au travail, peinant pour se moderniser. Et il s'est bien rendu compte que le nationalisme, éveillé par les excès des Occidentaux puis exacerbé par la brutalité des Japonais, conduisait les Chinois à la haine des étrangers.

Assez rapidement il a compris qu'il fallait siniser les recherches géologiques et paléontologiques, qu'en Chine, il fallait s'en remettre aux Chinois ! C'est à cette époque qu'eut lieu ce qu'il a appelé son « passage aux Chinois » ! Ainsi qu'il l'a raconté à Marguerite dans une lettre d'avril 1929 : « Et moi aussi (comme l'Église, du reste...) je passe aux Chinois. Mon ami Wong, actuellement à Nankin, négocie la forme de mon agrégation officielle au National Survey. Est-ce un petit sentier sans importance qui s'ouvre devant moi, est-ce une grand-route ? Je n'en ai encore aucune idée. Tout ce que je vois clairement, c'est qu'il me faut avancer par là pour essayer [1]. »

1. « Et moi aussi (comme l'Église, du reste...) je passe aux Chinois... » (LV). Teilhard fait ici allusion « au passage aux barbares » accompli par les évêques de l'Antiquité tardive qui abandonnèrent la cour de l'empereur d'Occident pour se rapprocher des souverains des royaumes barbares, convertis au christianisme. En rajoutant entre parenthèses « comme l'Église, du reste... », il fait allusion à la situation de l'Église en Chine. Voir un peu plus loin les observations et analyses que faisait alors Teilhard à propos de la

À Auguste Valensin, il exposa plus longuement ses idées sur ce sujet :

La Chine, je ne sais pourquoi, m'est géographiquement tonique ; et, aux Hautes Études, j'éprouve toujours une espèce de renouveau spirituel, l'assimilation *in Deo* de l'énorme provision de sève brute que j'accumule durant mes séjours, si tendus, à Paris... La difficulté présente est que les Chinois sont devenus tellement ombrageux vis-à-vis des recherches étrangères chez eux que tout organisme non national (même fixé en Chine, comme le Musée Licent) leur est une gêne. Les individus comme moi par contre sont les bienvenus. Licent me dit que les Chinois feront de moi leur « coolie ». Dans ce cas, je les lâcherais, voilà tout. Mais je suis sûr que cela n'arrivera pas. En fait, Licent met pratiquement son Musée avant la Recherche. Moi je mets la Recherche à cent pas au-dessus du Musée. Plus profond encore, Licent est en réalité un « clérical », se plaisant à faire une œuvre de missionnaire avec les missionnaires. Et moi, vous savez ce que je suis. [Lettre d'avril 1929.]

Allant jusqu'au bout de son idée, il se mettait au service du gouvernement chinois, le geste ne manquait pas d'intelligence. Il allait au-devant de l'histoire et, plus immédiatement, il facilitait grandement ses déplacements à l'intérieur de la Chine. Au début de 1929, l'ancrage chinois de Teilhard était acquis et consommé, en attendant sa complète « planétisation » avec son premier voyage aux États-Unis en janvier 1931 [1]. Dans son esprit tout se mêlait : recherche sur le passé de l'homme, réflexion sur son avenir et progrès vers la planétisation de ses activités ; sa façon de concevoir son travail était une mise en application de ses idées.

Ce passage aux Chinois ne se fit pas sans quelques grincements de la part de ses collègues et amis. La méthode Teilhard avait ses exigences ; ce besoin de travailler en groupe, cette volonté de partager poussèrent Teilhard à s'écarter d'Émile Licent dont les ambitions étaient à l'opposé des siennes. George Barbour a bien résumé cette fracture entre les deux hommes, nous donnant en même temps une belle description de l'attitude

situation de l'Église en Chine et ses relations avec Mgr Costantini, délégué apostolique en Chine.

1. Planétisation : mot forgé par Teilhard. De nos jours, nous disons « mondialisation ».

de Teilhard et de sa façon de mener sa réflexion. Cette formidable capacité de voir l'ensemble, de faire la synthèse des observations de détail : « Teilhard avait enfin compris que Licent était un collectionneur né, aimant davantage nommer et étiqueter les outils de pierre et les fossiles qu'il trouvait plutôt que leur chercher une signification plus large qui pût servir de clef à l'histoire du monde. Consigner minutieusement la banalité des incidents quotidiens se produisant le long de la route représentait pour Teilhard une perte d'énergie, à moins que ce ne fût pour aboutir, par un effort organisé, à tirer des conclusions scientifiques de plus grande portée sur les affleurements de roche, ou bien sur l'âge et la succession des formations géologiques. En outre, Licent était devenu jaloux jusqu'à l'obsessionnel du prestige de son musée et quelque peu envieux de la place donnée à Teilhard par le groupe scientifique de la capitale. » Licent voyait l'objet et prenait plaisir à l'accumulation, Teilhard voyait le tout dont faisait partie l'objet, objet qui ne l'intéressait que s'il lui permettait de déchiffrer un peu plus l'histoire du monde. Points de vue on ne peut plus différents. Le mauvais caractère de Licent a poussé à l'éloignement des deux hommes ; mais plus certainement a joué cette profonde divergence de pensée. Teilhard était capable de supporter un caractère ombrageux s'il sentait une possibilité de coopération. De plus, le succès de Teilhard auprès du « groupe scientifique de la capitale » n'arrangeait pas les choses.

L'incompréhension grandit entre les deux hommes. Licent prenait la Chine pour une réserve de fossiles qu'il mettait beaucoup d'énergie à aller ramasser aux fins d'enrichir une collection qu'il considérait comme sa propriété, sans grands égards pour les Chinois qui l'entouraient et lui fournissaient l'aide matérielle dont il avait besoin. Teilhard se servait des fossiles pour les étudier et enrichir ses connaissances. Il souhaitait associer les Chinois à ses travaux et, pour lui, c'était à eux que devait être confiée la conservation des collections.

« Les Chinois voudraient m'associer à eux, sans Licent… En soi, je suppose que ces offres doivent être acceptées, non seulement du point de vue général humain, mais du point de vue spécifiquement chrétien. Nous arrivons, en Chine, à un point où les organismes européens (tant laïques que religieux) ne sont plus tolérés, ni utiles. C'est le moment de s'insérer individuellement dans le nouveau corps chinois. Mon jeu, dès lors (parallèle à celui de la Propagande en matière de clergé chinois), doit être de quitter l'Institut catholique qu'est le Musée Licent, pour entrer à la Sorbonne que représente le Geological Survey [1]. »

L'Institut catholique assimilé au Musée Licent et la Sorbonne au *Geological Survey* ! Ces rapprochements ont pour Teilhard une petite saveur de revanche à l'encontre de ses supérieurs parisiens qui l'avaient contraint à cesser son enseignement à l'Institut catholique de Paris, quelques années plus tôt.

« Comme l'Église, du reste... » Il faut s'attarder sur cette affaire qui en recouvre une autre. En prenant le parti des Chinois, Teilhard se trouvait à contre-courant de l'opinion européenne alors dominante en Chine. Les entreprises occidentales étaient à cette époque dans le sillage de leurs gouvernements qui, s'étant fait octroyer, au siècle précédent, de larges concessions dans le pays, s'en servaient pour exploiter le pays au mieux de leurs intérêts. Et les entreprises des missionnaires, comme les autres, partageaient cette idée d'une Chine incapable de se mouvoir toute seule. Teilhard s'est donc inscrit à rebours de cette vision coloniale.

Il n'était pas seul. De manière inattendue, il se trouvait sur ce point en accord avec les représentants de l'Église officielle en Chine. Le délégué apostolique en Chine, Mgr Costantini, partageait les mêmes idées et avait entrepris de « siniser » l'Église chinoise. Approuvé par Rome, il avait fait ordonner en 1926 les six premiers évêques chinois. Teilhard a été en relation avec Costantini et a trouvé auprès de lui un soutien, si rare de la part de l'Église officielle qu'il est important de le souligner ici. À la demande du prélat, il a rédigé à cette époque un document sur les *Tendances intellectuelles de la Chine moderne*. Ce document qui analyse la situation politique de la Chine est intéressant. Il permet de se rendre compte de l'exacte perception qu'avait Teilhard de la situation et témoigne d'une grande clairvoyance de sa part sur l'évolution prévisible de la Chine de cette époque : « Dans une masse plastique, en formation, comme la Chine actuelle ; les moindres germes peuvent avoir une extrême puissance pour modifier l'organisation en cours. Plus j'observe l'évolution des groupements scientifiques en Chine, et les personnalités qui les composent, plus je me persuade qu'ils

1. Lettre à Marguerite de mars 1929 (L. Int.).

renferment des hommes et un esprit capables d'imposer les directives psychologiques salutaires et définitives à la Chine qui naît [1]. »

Cette phrase résume bien l'évolution des idées de Teilhard sur la Chine, plus en accord avec sa pensée. C'est par l'effort, et notamment par l'effort scientifique, que ce pays pourra sortir de sa léthargie. Nous sommes loin des premières impressions teintées de préjugés coloniaux.

Deux textes vont permettre de résumer le chemin parcouru par Teilhard en quelques années dans sa perception des choses chinoises. Le premier, *Choses mongoles*, est écrit dans les derniers jours de sa première expédition dans le désert des Ordos en octobre 1923. Le second, d'un style fort différent, date de 1926 : il s'agit d'une lettre à Ida Treat.

« Choses mongoles [2]. *»*

À nouveau le désert des Ordos :

Pèlerin de l'Avenir, je reviens d'un voyage entièrement accompli dans le Passé.

Mais est-ce que le passé, vu d'une certaine manière, n'est pas transformable en avenir ? Est-ce que la conscience plus étendue de ce qui est et de ce qui fut n'est pas la base essentielle de tout progrès spirituel ? Est-ce que toute ma vie de paléontologue n'est pas soutenue par l'unique espoir de coopérer à une marche en avant ? La Mongolie m'a paru assoupie, morte peut-être. Est-ce qu'il n'y a pas un moyen de faire parler même les morts ?

Le mot secret que j'attendais de la Chine, je l'ai entendu, peut-être, la veille de mon départ, alors que, accoudé aux créneaux de la petite chrétienté fortifiée de Belgaçoum, je regardais le soleil descendre dans le ciel ardent de la steppe.

À ma gauche, lisses et crevassées, les montagnes de lœss s'arrondissaient au frôlement des rayons obliques.

À droite, parmi les champs de sarrasin encore roses, on devinait les

1. Cité par Gérard-Henri Baudry dans son livre *Teilhard de Chardin et l'appel de l'Orient*. On ne peut que recommander la lecture de ce petit livre, aussi original qu'intéressant. L'auteur expose avec beaucoup de pertinence la connaissance qu'avait Teilhard des cultures et sociétés orientales.

2. *Choses mongoles* (LV).

ruines d'une ancienne ville Si-Hia, rasée autrefois par les hordes mongoles.

Ainsi donc, pensais-je, un effort désespéré pour vivre a été donné en ces lieux. Dans un cadre à peine différent de celui que je vois, des troupes magnifiques d'animaux ont cherché avidement l'herbe et la lumière. L'homme, ensuite, un homme dont les débris gisent par soixante mètres de fond sous les sables, tout proches du Chara-Ousso-Gol, a lutté contre des éléments encore incompréhensibles et sauvages. Beaucoup plus tard, Gengis Khan a traversé cette plaine dans tout l'orgueil de ses victoires.

Et aujourd'hui, de toute cette immense poussée vers un peu plus d'être, il ne reste rien, rien que de pauvres cultures qui se défendent péniblement contre l'envahissement du sable…

Rien ?…

Je fixai l'astre d'or, qui baissait, entraînant avec soi, derrière les dunes, l'innombrable coloris des choses. Et alors, il me sembla que, devant moi, il n'y avait plus le soleil de feu, mais le foyer même de la Vie Terrestre, qui se couchait sur le désert mongol, pour se lever chez nous. Et de toute l'Asie qui s'endormait dans la nuit, je crus entendre monter une voix qui murmurait : « Maintenant, frères de l'Ouest, à votre tour ! »

À notre tour. Oui, repose-toi, vieille Asie, aussi lasse dans tes peuples que ruinée dans ton sol. À l'heure qu'il est, la nuit tombe, et la lumière a passé en d'autres mains. Mais, cette lumière, c'est encore toi qui l'as allumée et qui nous l'as donnée. Sois tranquille : nous ne laisserons pas défaillir. Tu n'auras pas travaillé en vain. Du reste, abritée au cœur de quelques sages, ta vie (ta vie propre, pas celle que nous voudrions t'imposer) n'est pas éteinte. Elle brillera encore demain, peut-être, sur tes plateaux démantelés.

À notre tour. Oui je crois plus que jamais !

Les sceptiques, les agnostiques, les faux positivistes se trompent. À travers les civilisations qui se déplacent, le Monde ne va pas au hasard ni ne piétine, mais sous l'universelle agitation des êtres, quelque chose se fait, quelque chose de céleste sans doute, mais de temporel d'abord. Rien n'est perdu dès ici-bas pour l'Homme, de la peine de l'Homme. Persuadé que la seule science est de découvrir la croissance de l'Univers, je m'inquiétais de n'avoir vu au cours de ce voyage que les traces d'un monde évanoui. Et pourquoi donc cet émoi ? Le sillage laissé derrière elle par l'humanité en marche nous révèle-t-il moins bien son mouvement que l'écume jaillie, ailleurs, sous l'étrave des peuples ?

Je me redis ce soir, en suivant, au-dessus du fleuve, le jeu des nuages d'or et rouges, que barre, en noir foncé, un vol tendu d'oies sauvages : l'heure à laquelle il faut regarder l'Extrême-Orient, si on veut le comprendre, ce n'est pas à l'aurore, ni au grand midi ; c'est au crépuscule, quand le soleil, emportant dans sa gloire les dépouilles de l'Asie, se lève, en plein triomphe, sur le ciel d'Europe.

Ce texte séduit autant par sa bizarrerie un peu surannée que parce qu'il exprime avec poésie les ambitions profondes de son rédacteur. On retrouve le ton de *La Messe sur le monde*. Teilhard nous donne un récit qui est autant un ressenti qu'un aperçu. Plaisir d'écrire qui rejoint le plaisir de lire.

Et il apparaît bien une certaine condescendance vis-à-vis de l'Asie. L'Asie en général, la Chine en particulier sont jugées inaptes à toute maîtrise du progrès moderne. La vision est un peu teintée de suffisance occidentale. C'est un *a priori* superficiel masqué par la beauté du style et la richesse des images. Absorbé par ses pensées et tout à la satisfaction de laisser courir sa plume, Teilhard finit par nous donner un texte un peu à l'écart des réalités, ce qui n'est pas un mince paradoxe chez ce penseur. Le plus curieux est cette façon de concevoir les différentes civilisations sinon comme inégales, mais du moins comme se succédant, avec des chances diverses, dans le déroulement de l'histoire de l'humanité. Il a été marqué par la découverte du long déroulement de l'évolution au cours de laquelle, comme paléontologue, il a noté les passages de relais dans le développement de la vie et de l'intelligence, d'une forme de vie à une autre, d'un phylum à un autre phylum. Il va pousser l'assimilation jusqu'à supposer que le processus ait été le même pour l'espèce humaine, le développement de l'intelligence passant d'un groupe humain à un autre groupe humain. À ce moment, il semble envisager des possibilités de rupture dans l'histoire de l'espèce humaine, alors que celle-ci est bien unique et que le métissage est appelé à jouer un rôle essentiel pour réaliser cette unification. On décèle, à cet instant, comme une tentation d'envisager une fragmentation dans le déroulement de l'évolution humaine, ce qui ne correspond pas à la réalité qui est l'unicité du genre humain ni au fond de la pensée de Teilhard qui a bien aperçu et affirmé cette unicité [1].

1. La pensée de Teilhard sur ce point se précisera. Dans un texte de 1949, *Le Sens de l'espèce*, il a décrit sa vision d'une humanité qui ferait fausse route

La Lettre à Ida Treat du 12 octobre 1926.

Quoi qu'il en soit, trois ans plus tard, sa connaissance des affaires chinoises s'était considérablement accrue et son jugement enrichi ainsi qu'en témoigne un passage de la longue lettre à Ida du 12 octobre 1926 :

La plaie militaire en Chine (et les bandits sont d'anciens soldats, et réciproquement, et il n'y a pratiquement ni intendance, ni solde régulière) dépasse tout ce qu'on peut imaginer... Les paysans du Sang-Kan-Ho, après avoir été réquisitionnés par deux armées en guerre, sont maintenant tondus par les garnisons « de paix » ; et quand celles-ci restent dans leurs murs, ce sont les bandits qui sortent des montagnes. Pauvres gens, résignés et passifs, à moins qu'ils ne fassent du contre-brigandage. Les Kuominchuns ont laissé, eux, une bonne impression. Mais ils sont terriblement xénophobes. Je commence à croire que la Chine ne se réorganisera que par le succès des Cantonnais du sud et les Kuominchuns de l'Ouest : mais ce sera un coup dur pour les installations américano-européennes. Peut-être cette table rase est-elle nécessaire. Ce qui fait la force des bolchévisants chinois, c'est d'avoir une sorte de foi et d'idéal. En face d'eux, ils ne trouvent que des chefs et des armées grossièrement égoïstes, de vulgaires appétits [1].

si les individus devaient se séparer. Pas d'autre issue qu'un regroupement au sein du courant général qui est celui de l'espèce humaine : « Qu'est-ce à dire, dans ce cas, sinon que, rappelé brutalement au sens de la réalité par la soudaine poussée autour de lui des forces de totalisation, l'Homme moderne se doit de rejeter comme une illusion l'idée qu'il puisse culminer isolément, égoïstement, « individualistiquement », au fond de lui-même. Non, pas d'autre bout à chacun de nous, au sein d'un Univers en voie d'enroulement générateur d'esprit, que le Bout de l'Humanité elle-même. Pas d'autre issue, dès lors, ouverte à notre élan individuel de survie et de super-vie, que de nous replonger résolument dans le courant général auquel nous avions pensé, un instant, pouvoir échapper. Et, pour réaliser ce geste, pas d'autre moyen possible (de nécessité psychologique) que de ranimer et de renouveler en nous-mêmes, à la mesure des temps nouveaux, le Sens de l'Espèce » (*Le Sens de l'espèce*, dans *L'Activation de l'Énergie*, tome 7 des œuvres complètes).

1. (AH). Cette lettre de Teilhard à Ida Treat d'octobre 1926 est citée par Gérard BAUDRY dans *Teilhard de Chardin et l'appel de l'Orient*. Baudry insiste sur l'esprit d'ouverture de Teilhard à l'égard du marxisme : « Comme bien des gens de son milieu, il connaissait peu le marxisme, bien qu'il ait été frappé par la révolution soviétique de 1917. Cependant, on ne trouve pas chez lui l'attitude d'hostilité inconditionnelle de la bourgeoisie française et des milieux catholiques en particulier. Selon son habitude, il préfère voir le côté positif de ce qui existe, au lieu de condamner en bloc et *a priori*. Attentif aux

Le coup d'œil de Teilhard frappe par sa justesse et par sa valeur prédictive. Il avait bien perçu la force de l'élan communiste parce que celui-ci offrait aux paysans chinois une foi et un idéal avec la perspective d'une société plus juste. En trois ans, les idées de Teilhard sur la Chine ont quitté le domaine du récit teinté de poésie pour venir sur le terrain de la réflexion politique. Il avait su regarder et observer. Il avait pris conscience de la capacité des Chinois à se tirer d'affaire eux-mêmes. Trois ans plus tard, il « passait aux Chinois », moment si important pour la suite de ses travaux et réflexions.

En même temps, son regard sur l'art chinois s'était enrichi. Une confidence de janvier 1927 à Léontine Zanta montrait un plus grand intérêt. Son coup d'œil restait sévère mais plus averti, il avait goûté aux charmes des paysages chinois :

> Le séjour à Pékin dont je viens de vous parler a été pour moi une occasion excellente de resserrer les amitiés que j'ai là-bas, et aussi de visiter les palais, pagodes, etc..., dans le sillage des « grands hommes » que j'étais venu rencontrer. Ces visites ne m'ont pas enthousiasmé. Ce que j'aime le plus, en Chine, c'est la géométrie des enceintes, la courbure des toits, les multiples étages des tours, la poésie des vieux arbres chargés de corbeaux, le profil désolé des montagnes. Le bibelot, les cloisonnés, les porcelaines, les jades m'horripilent. Je ne fais exception que pour les jades de deux mille ans avant le Christ, où les lignes sont aussi pures que sur des bijoux égyptiens. On dirait qu'à partir d'une certaine époque les Chinois se sont recroquevillés et compliqués sur place.

Le regard de Teilhard sur la Chine avait changé, en même temps que le retournement de ses priorités scientifiques. Retournement du scientifique qui, en parallèle avec la quasi-rupture avec Licent, eut comme autre conséquence le relâchement de ses liens avec le Muséum. Boule, personnage autoritaire et chauvin, supportait mal que les résultats des recherches qu'il faisait financer par le Muséum ne soient pas réservés exclusivement à ce même Muséum. L'allongement de la durée des séjours de Teilhard en Chine, le développement de ses relations internationales et la place donnée aux scientifiques chinois ne

signes des temps nouveaux, il est intéressé par le côté humaniste et universaliste de la Révolution d'octobre. Quelques années plus tard, nous retrouvons cette même attitude en Chine. »

pouvaient qu'irriter Boule. De plus, étant totalement incroyant et parfaitement anticlérical, il ne pouvait comprendre l'importance que Teilhard attachait au respect de la discipline au sein de son ordre. Teilhard, son proche collaborateur, ne pouvait obéir à d'autres qu'à lui. En janvier 1927, il décida de cesser de financer les expéditions en Chine :

> Un autre nuage à dissiper s'amasse sur le Muséum. Boule m'a écrit dernièrement, – fort affectueusement du reste – que, pour cette année, il me coupait les fonds... Or par une source sûre du Laboratoire j'ai appris qu'il est mécontent :
> que je sois parti contre son avis (comme si c'était de ma faute !)
> que je travaille pour d'autres fins que son Muséum ! J'ai compris que tout ce que je lui racontais sur mes trouvailles ici (résultats plus intéressants pour Pékin et la géologie générale que pour ses galeries) l'agaçait plus que cela ne le satisfaisait. Comme je l'aimerai toujours presque filialement, je lui ai répondu, autant que possible, dans le sens du poil. Mais vous comprenez qu'en ce qui me concerne je ne changerai pas d'une ligne ma manière d'agir. Avant tout, la grande recherche, le service de la Vérité. Après le Muséum. Il est parfaitement clair que le Muséum n'a qu'à gagner à cet état de choses... J'aime toujours autant Paris, voyez-vous. Mais il me semble que je respire encore mieux dans les groupements internationaux, si vivants, du Pacifique... C'est si libre, si large, si cordial [1] !

Cette décision de Boule, qui trahissait un chauvinisme mesquin, n'empêcha pas Teilhard, qui voyait plus large, de rester en très bons termes avec lui. Leurs relations se maintinrent chaleureuses, mais moins étroites. L'affection mutuelle des deux hommes était réelle et Teilhard continua de tenir son ancien maître au courant de ses travaux et de ses déplacements en Chine. Au fond, ce regret de Boule de voir Teilhard lui échapper trouvait sa raison dans l'estime qu'il avait pour les grandes qualités professionnelles de son élève. Les lettres sont moins fréquentes mais toujours pleines d'attention à l'égard de Boule qui avait connu la mauvaise fortune de perdre son épouse peu de temps auparavant :

> Le voyage est un peu monotone, parmi cet uniforme paysage de grand lœss, dessiqué, crevassé, dont vous connaissez maintenant

1. Lettre à l'abbé Gaudefroy de février 1927 (L. inéd.).

l'aspect ; mais le travail occupe. Tout de même, je pense que, dans un mois et demi, nous aurons une indigestion de lœss et de Red clays [1]. Pluie torrentielle, il y a quinze jours (succédant à 2 ans de sécheresse), à croire que toute la couverture du pays s'en allait. Les pistes sont en partie détruites ; les champs (souvent inclinés à plus de 45° !) zébrés de rigoles atteignant un mètre de profondeur ; les maïs des vallées enterrés jusqu'aux épis ! Tout de même, les gens sont contents. La famine a été redoutable ces dernières années, par ici. On vendait les femmes, et les gens émigraient. Typhus, etc. Doux pays !

La qualité d'*Honorary adviser* du National Geological Survey, et mon association avec Young a de grands avantages. Sans perdre le bénéfice de l'accueil des missionnaires (rares ici), je suis admirablement reçu par les autorités civiles et militaires chinoises : on nous héberge, on nous donne de la farine, des confitures, du sirop... Il semble que le gouvernement de Nanking représente un sérieux progrès, tous les Chinois veulent la paix et le progrès de type occidental. Pourvu que l'orage n'éclate pas en Mandchourie ! [Lettre de juillet 1929.]

Teilhard poursuivait ses récits détaillés et très vivants à l'attention de l'irascible Boule, mais au passage, habilement, il en profitait pour souligner la pertinence de son rapprochement avec les services officiels chinois. On décèle même dans ses propos une lueur d'optimisme pour l'avenir de la Chine, tempéré par la crainte d'une intervention du remuant voisin japonais. Teilhard était bien « passé aux Chinois » et son enthousiasme pour la Chine devenait communicatif.

Boule fut un des premiers Européens à être informé, directement par Teilhard, des trouvailles sur le site de Choukoutien :

En fait de cadeau de nouvel an, je vous annoncerai que l'on vient de trouver à Choukoutien la plus grande partie du crâne « cérébral » d'un Sinanthropus, non déformé, et presque entièrement dégagée du travertin. La pièce vient d'être découverte dans les parties les plus basses du gisement, au point indiqué sur la coupe schématique que je vous envoie sur une feuille à part. Elle n'est pas encore complètement dégagée, mais on voit déjà toute la partie supérieure, depuis les orbites jusqu'à l'occiput. Les mâchoires manquent. Telle quelle, la pièce est saisissante. Taille du Pithécanthrope, sensiblement – mais bosses frontales et pariétales distinctes (à peu près comme sur la calotte de Neandertal). En somme, le Sinanthropus se présente, en ce moment,

1. *Red clays* ou terres argileuses rouges, terrains riches en fossiles.

comme faisant une transition morphologique extrêmement précise entre le Pithécanthrope et Neandertal. On peut espérer de nouvelles trouvailles. Les fouilles sont arrêtées par l'hiver.

Et quelques mois plus tard, ce fut une demande d'aide pour la publication d'une brochure sur ce fameux crâne que l'on venait de découvrir. Ce geste était destiné à montrer à Boule qu'il n'était pas tenu à l'écart :

« J'imagine que vous aimerez à donner ce coup de main à la Préhistoire, lequel associera en quelque façon le Labo à une publication "historique". Répondez-moi sans tarder, ou mieux encore, envoyez un mot (en français, mais dactylographié), au Dr Davidson Black, Pekin Union Medical College, Peiping (East). Je serai sans doute en Mandchourie fin avril, tandis que Black ne quitte pas Pékin [1]. »

Richesse du caractère de Teilhard qui voyait le bon côté des choses et savait protéger ses amitiés par égard pour elles et par souci de bonne coopération. Il est important de noter combien il s'était immergé dans la Chine et sa préhistoire. Il n'a pas eu besoin de beaucoup plus de temps que les quelques mois de ses premiers séjours pour effectuer ce retournement intellectuel vis-à-vis de ce pays. Rapidement conscient de l'ampleur des enjeux scientifiques, il a été bien loin de s'en considérer comme un dépositaire exclusif pour le compte d'une institution ou d'un pays. Il a compris son rôle comme celui d'un scientifique « planétaire ». Il s'est enrichi scientifiquement, intellectuellement et spirituellement lors de ses séjours en Asie et sa rapide adhésion à la Chine est passionnante à suivre. Teilhard y a trouvé un terrain où il a pu laisser se déployer sa riche personnalité. Sans oublier Paris, il s'est trouvé pris dans un si grand courant que ses tracas parisiens se sont estompés dans la poussière de ses marches à la découverte dans la campagne chinoise. Vu de Chine, les tracas que lui faisait subir son Église lui paraissaient bien misérables.

Avec sa troisième arrivée en Chine, au printemps 1929, s'était ouverte la grande période de la vie scientifique de Teilhard, dont

1. Lettres à Marcellin Boule de juillet, décembre 1929 et mars 1930. *Teilhard de Chardin en Chine*. Peiping : orthographe alors habituelle pour désigner Pékin.

le début fut marqué par le succès des fouilles de Choukoutien. Ce succès fut réellement important pour lui parce qu'il y vit la confirmation de ses idées sur le transformisme. En même temps, 1929 voyait la fin d'une période difficile. Les années 1925 et 1926 avaient été pénibles ; il y avait eu cette brutale réprimande à propos de ses idées, tourment auquel s'était ajouté le choc de sa relation avec Ida. Il fallut que l'horizon scientifique s'ouvre suffisamment clairement devant lui en Chine pour qu'il se sentît l'esprit plus libre. Mais ce ne fut pas sans peine ni tempête intérieure. Ce qu'il reconnaît auprès de deux fidèles, Marguerite encore et l'abbé Gaudefroy :

Je suis physiquement très bien. Ce n'est pas de la fatigue physique que j'avais éprouvée au début de mon voyage de juin, mais une espèce de lassitude morale et comme un vieillissement de toutes choses (qui me surexcitaient curieusement en même temps qu'ils m'assombrissaient certains horizons du Monde)... À certains moments, vois-tu, il faut être sourd et aveugle sur ce qui se passe en soi et va se perdre dans l'action, les courants de la vie, aveuglément et passionnément suivis. [Lettre d'octobre 1929.]

Intérieurement, j'ai l'impression que cela va. Mon voyage d'été a fini de me pacifier. Il me semble que, si profondément attaché que je sois (et de plus en plus) à tant de choses et de personnes, je ne me suis jamais trouvé dans une plus grande liberté intérieure. C'est comme si j'avais passé tout entier dans une grande Force, au sein de laquelle il m'est indifférent de réussir ou de ne pas réussir, d'être ici ou là, pourvu que j'agisse (ou du moins que je cherche à agir). « Le sens de la jouissance personnelle » a en quelque manière disparu en moi, pour devenir quelque chose de difficilement définissable, mais de très réel. Est-ce l'âge ? Est-ce la sagesse ? [Lettre d'octobre 1929.]

Après le séjour si réussi en Somalie chez Monfreid, Teilhard retrouvait la Chine et ses expéditions. Ce retour sur le terrain achevait de le remettre d'aplomb dès avant les découvertes de fin d'année à Choukoutien qui furent un grand moment de sa vie de chercheur et de penseur.

Choukoutien[1].

« Nous arriverions bien ainsi à trouver, un jour ou l'autre, de l'Homme ! » avait prédit Émile Licent. Avec Teilhard, ils avaient mis au jour des traces de la présence de l'homme préhistorique en Chine. Il ne restait plus qu'à fouiller un site où vécurent des hommes. Et ce fut l'aventure exaltante des découvertes de Choukoutien.

Ce petit village proche de Pékin, inscrit aujourd'hui au patrimoine mondial de l'UNESCO, est indissociable du nom de Teilhard, bien que ce dernier ne soit pas directement l'auteur des découvertes. Il faisait partie des équipes qui suivirent les recherches et étudièrent les trouvailles. Nous avons vu sa capacité à étudier l'environnement d'un fossile pour en déterminer l'âge et le mode de vie. Avec l'examen attentif des vestiges entourant les crânes fossiles, Teilhard a pu affirmer que des hommes avaient vécu dans la caverne de Choukoutien : « Nous avons trouvé le vieil homme au gîte ! » aimait-il répéter.

Le site a été identifié dès 1918. Les fouilles systématiques furent longues à se mettre en route. Les premiers témoignages humains ont été découverts en 1926. En 1927, une nouvelle dent soumise à l'examen de Davy Black est déclarée humaine. La créature est baptisée *Sinanthropus pekinensis*, terme qui signifiait simplement qu'elle venait de Pékin et qu'étant du pays de Sinim, elle parlait probablement chinois, si elle pouvait parler ! Curieux baptême d'une créature qui demeurait encore inconnue.

La découverte proprement dite survint le 2 décembre 1929, à la veille de la fermeture du chantier pendant la saison d'hiver. C'est le Chinois Wen-Chung Pei, responsable direct des fouilles, qui mit la main, lors d'une ultime inspection du chantier, sur le premier crâne. Il amena aussitôt sa trouvaille à Black qui dégagea le fossile de sa gangue rocheuse, en fit la description scientifique en même temps que des moulages. Ce fut une nouvelle sensationnelle dans le monde de la préhistoire dont Teilhard saisit immédiatement toute l'importance scientifique et surtout l'enjeu pour la défense et l'illustration du transformisme.

1. Choukoutien est l'orthographe la plus utilisée par Teilhard (CKT en abrégé). C'était le nom du village le plus proche du chantier des fouilles. La Chine moderne parle de Zhoukoudian, site de l'homme de Pékin et patrimoine mondial de la civilisation à Beijing (Pékin).

À Boule, il avait fait part d'une grande découverte. À son amie Léontine, il fit partager sa joie, mêlée de jubilation : « On vient justement de trouver, près de Pékin, dans de grandes fouilles auxquelles je suis mêlé de près, la plus grande partie d'un crâne qui paraît faire juste la transition entre le Pithécanthrope et les Hommes de Neandertal. Vous verrez sûrement la nouvelle passer dans les journaux et les revues. Cela, c'est un bon pavé dans la mare aux Théologiens » (Lettre de décembre 1929).

Nous ne connaissons pas les commentaires qu'il dut faire à Ida, la série des lettres conservées et publiées par elle présentant un blanc entre octobre 1927 et juillet 1933.

Teilhard a lui-même raconté cette découverte quelques années plus tard dans un article de juillet 1937 publié dans la revue *Études* :

À l'origine de la découverte du Sinanthrope se place comme toujours en paléontologie, un hasard méthodiquement exploité. Énumérons les faits.

Vers 1921, le docteur J. G. Andersson, conseiller au Service géologique de Chine, a l'attention attirée sur une fissure fossilifère à Choukoutien, près de Pékin, et la fait fouiller quelque temps par son collaborateur, le docteur Zdansky. Parmi les ossements recueillis (ils indiquaient pour le remplissage de la fissure un âge très ancien), Zdansky remarque deux dents d'apparence humaine et les signale en 1926 ; saisissant immédiatement l'intérêt de la trouvaille, le regretté docteur Davidson Black, professeur d'anatomie au Collège médical de Pékin (Fondation Rockefeller), décide, d'accord avec le docteur W. H. Wong directeur du Service géologique de Chine, une fouille exhaustive du site. Et le travail, royalement subventionné par la Fondation Rockefeller, commence immédiatement (1927).

Tels sont les débuts de l'entreprise qui se poursuit sans arrêt depuis dix ans, avec une ampleur unique dans les fastes de la recherche préhistorique, aboutissant à faire émerger peu à peu des profondeurs du passé l'étonnante figure du Sinanthrope…

L'intérêt exceptionnel présenté par un gisement en caverne pour la préhistoire tient au fait qu'un tel gisement permet de saisir l'homme au gîte, c'est-à-dire, en quelque manière, à l'état concentré. Il faut un hasard extraordinaire pour que dans les vieux graviers d'une rivière apparaissent des ossements humains. Dans un ancien lieu d'habitation, au contraire, les chances pour une pareille découverte se trouvent naturellement très accrues. Ces conditions favorables permettent d'expliquer le nombre important des restes du Sinanthrope recueillis depuis dix ans dans la fissure de Choukoutien…

Grâce au nombre considérable des spécimens, jeunes et vieux, que nous possédons maintenant, le Sinanthrope est (au moins en ce qui concerne le crâne), un des hommes fossiles les mieux identifiés aujourd'hui par la paléontologie humaine.

[...]

À première vue, le problème de savoir si le Sinanthrope était un être pensant semble immédiatement et positivement résolu par les conditions mêmes de son « environnement ». Le feu, les outils, d'une part ; et d'autre part, la sélection manifestement intentionnelle des crânes que nous retrouvons. Les preuves d'intelligence n'abondent-elles pas dans le gisement de Choukoutien ?

Bien entendu, observent, à la suite du professeur Boule, un certain nombre de paléontologistes, il y a eu parmi les hôtes de la vieille caverne un être intelligent, un homme au sens le plus complet du terme. Nous ne le contestons pas. Mais êtes-vous bien sûrs que cet homme fut le Sinanthrope lui-même, et non pas un autre beaucoup plus perfectionné que lui ?...

Reste – et c'est ainsi qu'après Davidson Black, pensent le docteur Weidenreich, l'abbé Breuil et bien d'autres –, reste que, admettre cette intelligence, en dépit des subtiles suggestions de M. Boule, apparaît comme l'hypothèse la plus simple et la plus vraisemblable, la plus en accord avec l'ensemble des faits constatés. Le Sinanthrope se place décidément, par ses caractères anatomiques, sur le versant humain...

Et voilà, brièvement raconté, ce que nous savons en ce moment du Sinanthrope. Pendant plusieurs années, les fouilles de Choukoutien vont continuer. Elles apporteront sans doute du nouveau. Inutile, en attendant, d'insister sur l'intérêt définitif des résultats d'ores et déjà obtenus.

Ces résultats favorisent évidemment, au moins d'une manière générale, les vues du transformisme sur les origines du type humain. Mais, par ailleurs, affirmons-le avec insistance, ils ne menacent en rien (bien au contraire) une conception spiritualiste de l'humanité. En même temps que, sous les efforts de la préhistoire, il s'enracine davantage dans le grand passé, l'Homme tend à prendre, par ses propriétés uniques, une place prépondérante dans les constructions de la science moderne : de plus en plus, les énergies psychiques, individuelles et sociales apparaissent, au physicien aussi bien qu'au biologiste, comme complémentaires pour l'esprit de tout dominer et de tout remplir. La pensée ne serait pas la reine du monde si elle ne tenait à lui par toutes les fibres, même les plus humbles de la matière.

Pour qui sait voir, la découverte du Sinanthrope, en reliant plus intimement l'Homme à la terre, n'est rien moins qu'un trait nouveau qui vient amplifier l'importance suprême prise à nos yeux, dans la nature, par le phénomène humain.

Cette chronique des fouilles de Choukoutien est pleine de l'enthousiasme du paléontologue.

Dans un style clair et enjoué, Teilhard racontait ce qui fut pour lui un événement majeur. Il n'est pas besoin d'être un scientifique averti pour le suivre. Il avait le talent du pédagogue.

Et Teilhard n'hésitait pas à élargir le sujet, c'était même le but de son exposé. Tout se complète et se coordonne dans sa pensée. S'il prend soin dans beaucoup de ses publications de bien séparer ce qui est travail de recherche paléontologique de ce qui est réflexion de penseur, on voit nettement ici que dans ses préoccupations il n'existe pas de séparation entre domaines de recherche et domaines de réflexion. Lorsqu'il observe le crâne fossilisé du sinanthrope, se retrouvent en lui le préhistorien heureux d'étudier un vestige humain à situer dans l'histoire de l'homme et le penseur chrétien attentif aux conclusions à formuler à partir d'un témoignage remarquable de l'évolution.

Avec prudence il utilise, dans ce texte destiné à un public averti mais assez large, la découverte du sinanthrope comme preuve du transformisme. Il s'agit, non pas de mettre à bas les croyances chrétiennes, mais au contraire de leur donner une consistance rationnelle, de rassembler la foi en l'esprit et la foi en la matière telle que Teilhard le comprend et l'exprime : ces découvertes « ne menacent en rien (bien au contraire) une conception spiritualiste de l'humanité ». Il prend soin de préciser qu'il ne s'agit pas d'une vision matérialiste et que l'esprit, ou la pensée, repose sur la matière, qu'il n'y a pas opposition entre les deux mais bien au contraire entrelacement, tissage formant une étoffe : « La pensée ne serait pas la reine du monde si elle ne tenait à lui par toutes les fibres, même les plus humbles de la matière. » Et cette étoffe intelligente et ordonnée est en train de se placer au centre de la création ; enseignement essentiel de Teilhard, l'évolution après avoir mené une démarche tâtonnante, multipliant à l'infini les tentatives, devient capable d'organiser, de systématiser et demain d'orienter sa propre progression. Nous voyons ici combien Teilhard prend soin de répéter ses idées avec toute la prévenance dont il est capable afin de ne pas heurter le lecteur. Il cherche plus à entraîner celui-ci par la clarté et la précision de son exposé que par une affirmation péremptoire.

Mais cette démonstration, qui résumée ici d'une façon attrayante entraîne l'adhésion du lecteur, fut contestée à l'époque et connut quelques vicissitudes réduites ici à une controverse d'apparence technique. Cette controverse prit la forme d'une polémique entre spécialistes et Teilhard dut batailler ferme pour que la rigueur d'une démarche scientifique l'emporte.

Une polémique sur les capacités intellectuelles du sinanthrope surgit en effet, peu après la découverte de son crâne. L'enjeu de la controverse était important. Le sinanthrope était-il un ancêtre de l'homme, un *Homo faber*, précédant l'*Homo sapiens* ? Une réponse positive permettait de soutenir que l'évolution aboutissait à l'homme à partir d'êtres qui n'étaient plus des animaux sans être encore des hommes. La controverse s'appuyait sur l'interprétation des preuves de cette intelligence que fournissaient les nombreux outils découverts autour des restes du sinanthrope dans la grotte de Choukoutien. Ou bien ces outils étaient son œuvre, mais pour cela, compte tenu de son niveau préhominien, ces outils ne pouvaient être que rudimentaires, ou bien ces outils étaient jugés perfectionnés et étaient à ce moment l'œuvre de l'*Homo sapiens* et les restes du sinanthrope n'étaient plus que les restes d'un grand singe contemporain de l'*Homo sapiens* et lui ayant peut-être servi de gibier. Et si les outils étaient la trace du séjour de l'*Homo sapiens* dans la grotte de Choukoutien il y a plusieurs centaines de milliers d'années, la preuve de l'évolution s'évanouissait.

À l'époque, Teilhard comprit la difficulté et s'efforça de laisser toute sa place à la rigueur scientifique. Comble de malchance, son ami Breuil s'enthousiasma excessivement sur le fini des outils découverts lorsqu'il vint visiter Choukoutien une première fois en 1931. Breuil affirma que ces outils étaient comparables à des outils humains, affirmation qui contrait les observations de Teilhard. Dans plusieurs lettres, nous assistons aux efforts qu'il déploie pour que seule soit prise en compte l'observation scientifique.

La première lettre est pour Boule, le maître incontesté qu'il est urgent de convaincre :

En arrivant à Pékin, j'ai donc vu le nouveau matériel (industrie) trouvé pendant mon absence, matériel comprenant de très nombreuses pièces recueillies ou déballées depuis le départ de Breuil. Mes impressions sont les suivantes :

Le travail humain est indéniable. En plus des éclats de quartz, nous avons maintenant une grande série de blocs (galets) éclatés par percussion, ou même dessinant de grossiers grattoirs. La physionomie de l'industrie s'en trouve un peu modifiée.

Je n'ai pas la pratique des gisements moustériens à quartz. Mais, si je me souviens bien des récoltes de Bouyssonie, même avec ce matériel défavorable, les Néandertaliens arrivaient à faire, de-ci, de-là des pièces typiques. – Or, à CKT, je n'arrive (jusqu'ici) à rien trouver de semblable. Les « pointes » en cristal de roche qui ont frappé Breuil ne me paraissent belles qu'à cause de la beauté de leur substance. Un très grand nombre d'éclats dont les « retouches » sont des fissurations de la pierre au voisinage du point d'impact. Si on élimine les ressemblances fortuites inévitables avec des instruments paléolithiques de type connu, je ne vois encore à CKT que des racloirs et des grattoirs rudimentaires, – c'est-à-dire ce qu'on obtient fatalement en utilisant une pierre, ou en la cassant, de la manière la plus simple possible. – Je dirais volontiers que l'ouvrier de CKT était dominé par la forme et la nature des pierres qu'il utilisait, plus qu'il ne la maîtrisait. – Pas d'outillage offrant des types nettement définis.

Concernant l'outillage en os, je « ne marche pas ». Breuil est d'une sagacité qui le mène trop loin, à mon avis. Il y a des os cassés et striés (restes de cuisine). Mais l'utilisation systématique des bois de cerf, de leurs crânes, de leurs mâchoires, etc. ne me paraît pas prouvée du tout. On trouve (et pour des raisons mécaniques simples) les mêmes apparences dans tous les gisements de mammifères.

Vous comprendrez pourquoi je vous écris ceci : absolument pas pour m'amuser à critiquer mon vieil ami Breuil, mais parce que, épiés comme nous le sommes, de droite et de gauche, dans le travail en cours, il faut que nous ne prêtions le flanc à aucune attaque trop facile. Il ne faut pas que personne puisse nous soupçonner de crédulité et d'imagination. Je compte reprendre, avec Pei, une description sommaire du matériel complet, en donnant, à la fin, mon opinion personnelle telle que je viens de vous l'exprimer (si rien ne vient la changer d'ici-là). En attendant, la note laissée par Breuil pour le Bulletin va paraître, mais avec une note où le Survey dit que, concernant le travail de l'os et le degré de culture du Sinanthropus, il garde encore (lui le Survey) « *much more conservative views* ».

Encore une fois, n'utilisez cette lettre que très discrètement avec Breuil. Cela me ferait une peine très grande qu'il puisse penser que je le dessers [1].

1. Lettre à Marcellin Boule de février 1932. *(Teilhard de Chardin en Chine)* ; « *much more conservative views* », « une position beaucoup plus réservée ».

Cette lettre fut rédigée avec un soin qui témoignait de l'embarras de Teilhard, que l'on mesure mieux lorsqu'on connaît la forte mésentente qui régnait entre Breuil et Boule, tous deux caractères susceptibles et facilement emportés. On voit les efforts de Teilhard pour tenter de convaincre son ancien maître, il s'entoure de preuves qui complètent ses propres observations. Si l'on en juge d'après l'article de Teilhard de 1937, on peut conclure que Boule ne fut pas convaincu et continua d'affirmer que la grotte de Choukoutien fut fréquentée par des hommes.

Teilhard prit également soin d'informer Gunnar Andersson du différend. Gunnar Andersson, à l'origine des fouilles sur le site de Choukoutien, avait quitté Pékin en 1927 pour retourner chez lui en Suède. Il avait conservé des relations assez étroites avec Teilhard, pour qui il apparaissait alors comme le garant de l'authenticité des travaux sur ce site. La lettre que lui adressa Teilhard résumait clairement la position de ce dernier :

Au sujet de Choukoutien, vous avez reçu l'article de Pei (et probablement celui de Breuil) sur l'industrie nouvellement découverte. Depuis ces deux publications, nous avons récolté ou extrait de nos caisses un grand nombre d'échantillons nouveaux, comprenant une série de grosses pierres taillées. Je regrette de ne pas être en parfait accord avec mon cher ami Breuil. Voici ce que je pense pour le moment :

1 – les pierres sont sûrement taillées par l'homme,

2 – même dans les cas des plus beaux échantillons de cristal de quartz, l'industrie paraît très primitive. Je n'arrive pas, par exemple, à reconnaître de vraies pointes du Moustérien en cristal de quartz trouvées en France,

3 – l'industrie des os et des bois me semble plus que douteuse. Je pense que Breuil a été trompé par les apparences de ce que l'on trouve dans n'importe quel dépôt d'ossements. Logiquement il est conduit à reconnaître une industrie pareille dans les couches du Sanmenien du Nihowan, hypothèse qui jusqu'à présent ne peut être admise.

Je déteste ce désaccord avec Breuil, car je l'aime beaucoup et je suis en partie responsable de sa venue à Péiping, mais que puis-je faire ?

Le point le plus critique est d'affirmer que, sans aucun doute l'artisan est le Sinanthrope lui-même. Cependant le fait que les mâchoires et une partie du crâne du Sinanthrope ont été trouvées en association avec les outils paraît aussi convaincant que possible.

Je prépare avec Pei un nouvel article sur la question. Quel dommage que vous ne puissiez pas venir ici au moins quelques semaines, nous avons besoin de vous [1].

Teilhard aurait bien aimé avoir l'avis d'Andersson. Mais à distance, il était pour celui-ci difficile de prendre position. Gunnar Andersson ne devait plus revenir à Pékin.

Puis – plus délicat –, il fallut écrire une lettre à Breuil, l'ami de toujours, et tenter de le convaincre sans le froisser. Teilhard déploya des prodiges d'habileté, mêlant compliments et argumentations :

Concernant l'industrie de l'os, nous nous sommes décidés, au Survey, à ne pas nous engager encore sur ce terrain qui nous paraît glissant. Vous aurez peut-être raison d'ici quelques mois, ou quelques années. Mais, ici, nous sommes obligés de n'avancer que du sûr (ou du moins de l'aussi sûr que possible), sous peine de nuire à la réputation de l'entreprise (vous, vous êtes un homme indépendant, qui n'engagez que vous-même, et pouvez aller beaucoup plus hardiment). Or en matière d'os cassés et utilisés pour outils, les indices sont beaucoup plus fallacieux que dans le cas de la pierre. Bien plus, la présence de l'Homme à Nihowan (que vous êtes logiquement amené à reconnaître) serait un énorme fait que nous ne pouvons envisager que sur preuves positives indiscutables. Nous sommes donc forcés, ici, de vous laisser aller seul « en franc-tireur », – sans pouvoir vous suivre. L'avenir décidera où est la vérité. – Je reconnais, en d'autres termes que certains détails des gisements de Nihowan pourraient s'expliquer par l'Homme. Mais ils peuvent aussi s'interpréter autrement. Et, pour une chose aussi nouvelle, nous ne saurions nous engager sur de l'« équivoque ». – Il reste, bien entendu, que le Survey reste « illuminé » et excité par votre passage ; et que nous ne demandons qu'à vous voir revenir. [Lettre de mars 1932.]

L'article des *Études* laisse-t-il entendre que Breuil fut sensible aux arguments de son ami ? En tout cas, leur amitié sortit victorieuse de ce pas délicat et Boule joua sans doute le jeu en restant discret vis-à-vis de Breuil.

Néanmoins Breuil semble bien avoir maintenu sa position.

1. Lettre adressée de Chine à Johan Gunnar Andersson à Stockholm (20 mars 1932). « Sanmenien du Nihowan » : le sanmenien est une période géologique avec un type de roches défini. Nihowan est un site préhistorique proche de Pékin et qui offre de grandes similitudes avec le site de Choukoutien.

Après la mort de Teilhard, il fit un commentaire sur son ami qui, laissant entendre qu'il n'était pas un bon technicien de la préhistoire, confirmait, indirectement, qu'il conservait le même point de vue sur la qualité de ces outils : « Il s'est à mon vif regret cantonné dans sa réserve originelle. C'est que Teilhard, merveilleux voyant sur le terrain, en géologie, et admirable paléontologiste, n'était pas rompu aux études de technique préhistorique, les caractères industriels lui échappant en partie [1]. » Ce coup de griffe paraît bien injuste vis-à-vis de ce qu'il a été possible de voir de la rigueur scientifique et des larges connaissances de Teilhard. Breuil semble avoir été une personnalité fort susceptible.

Et pour finir, ce sont les confidences à Gaudefroy comme pour écarter le risque de voir se perdre l'amitié de l'irascible et susceptible Breuil :

D'un autre côté, Choukoutien est très absorbant. Je suis en train de préparer, avec l'illustre Péi, une description du matériel complet des pierres taillées (bien plus abondant que ce que Breuil a pu voir). À ce propos, figurez-vous que je me trouve dans une situation un peu délicate vis-à-vis de ce cher Breuil. Mon impression (pour ne pas dire ma certitude) est qu'il s'est emballé :

En voyant dans les outils une perfection qu'ils ne me paraissent pas du tout avoir (je suis persuadé qu'il n'y a que des grattoirs, d'un type très élémentaire).

Et surtout en imaginant tout un attirail compliqué d'industrie osseuse d'après des pièces à caractères si équivoques qu'ils se retrouvent dans tous les gisements de mammifères que j'ai fouillés. Entraîné par la logique, Breuil parle de la présence de l'Homme dans des gisements Pliocène-supérieurs chinois (où les mêmes apparences se retrouvent sur les bois de Cerfs, etc.), ce qui me paraît un défi à l'esprit scientifique. J'ai fait faire à temps machine en arrière au Geological Survey de Pékin. Mais Breuil publie de son côté. Je ne sais comment l'arrêter, et j'ai une peur horrible de lui faire de la peine, – non moins que de porter atteinte à son prestige scientifique, fâcheusement engagé. Mais je dois intervenir, afin de sauvegarder, intacte, la réputation des recherches faites à Pékin. Breuil aura peut-être raison dans un an. Pour le moment, il me paraît devancer de beaucoup les faits. [Lettre de mars 1932.]

1. Cité par Nicolas CORTE, *La Vie et l'Âme de Teilhard de Chardin*.

Choukoutien fut pour le développement de la préhistoire en général et pour Teilhard en particulier un événement majeur. Teilhard y vit la confirmation de toute sa réflexion entamée depuis des années. C'était pour lui plus qu'une consécration, c'était un confort, une assurance. Il se trouvait encore un peu plus raffermi dans ses convictions déjà si fortes.

En outre, le débat brièvement retracé rend compte des qualités de Teilhard homme de science, déjà mentionnées. Une grande rigueur scientifique, un travail considérable en direct sur le terrain, une mémoire très sûre. Teilhard observe et retient l'essentiel ; il n'avance rien qu'il n'ait pu constater ou ne se soit assuré que d'autres, dignes de confiance, aient pu directement constater.

Et, complément d'information caractéristique, on relève l'attention que porte Teilhard à ne pas froisser ses amis tout en veillant à la crédibilité scientifique du Geological Survey, qui était un service officiel chinois et que les hommes de science occidentaux auraient promptement catalogué parmi les organismes à la réputation douteuse s'il avait fait le moindre faux pas.

Teilhard a été un grand scientifique et a consacré – et en Chine plus qu'ailleurs –, l'essentiel de son temps à l'exploration et à la recherche. Une lecture trop exclusive de ses ouvrages de penseur laisse trop facilement au lecteur l'image d'un homme longuement occupé à la mise en forme de sa pensée. Or, son travail d'homme de science a été considérable et lui a laissé peu de loisir. Sans doute utilisait-il tous les moments libres, tous ces vides de l'existence, attentes lors des escales, cheminements à dos de mulet, traversées en mer, heures disputées au sommeil le soir après une rude journée sur le terrain, pour mettre en ordre ses réflexions. George Barbour qui a bien connu Teilhard a eu la chance de partager plusieurs de ses soirées :

> Le travail de la journée accompli, Teilhard se mettait à parler, dans le noir, des idées qui lui tenaient le plus à cœur. J'ai souvent regretté de n'avoir pas pu prendre note de ce qu'il disait. J'étais trop peu versé dans la théologie et dans la philosophie pour saisir tout ce qu'impliquaient certaines de ses pensées les plus élevées. Beaucoup d'entre elles devaient réapparaître sous une forme plus développée dans ses essais, publiés après sa mort… Certaines de ses déclarations ne me

paraissaient pas tellement révolutionnaires, bien que ma propre formation ne me permît pas de suivre sa pensée la plus profonde, surtout quand il cherchait à voir dans l'avenir.

De toute évidence, il s'efforçait de rassembler dans une nouvelle perspective des idées venant d'un large éventail de sources diverses qui lui donnaient une vision renouvelée de la science et de la religion. Il était clair aussi que la plupart de ses idées étaient neuves pour la pensée catholique et qu'il se sentait en train de fouler des terres inconnues. Ce qui importait, c'était que Teilhard énonçât à la génération venant après lui une nouvelle interprétation de la vie et de l'existence humaines.

La conversation avait tendance à ressembler à un dialogue socratique. Si mes souvenirs sont exacts, elle prit un soir cette tournure :

– George, avez-vous remarqué cet après-midi ces pitoyables vieillards en haillons, au dernier village traversé, portant tous à la main une petite branche de saule ?

– Oui, je pense qu'ils allaient à ce petit sanctuaire qui se trouvait dans un champ, où nous avons vu se rassembler toute une foule de gens.

– Qu'est-ce qu'ils faisaient ?

– Oh ! J'imagine qu'ils priaient comme ils le font d'ordinaire pour obtenir la pluie, en portant une petite statue tout autour des champs dans une chaise à porteurs, pour qu'elle voie le terrible état de sécheresse de leur terre.

– Que pourrait-on bien dire pour apporter un réconfort, si léger soit-il, à ces pauvres gens ? Ne pensez-vous pas que, si nous étions moins égoïstes, nous pourrions sentir aussi les besoins des autres, et vivre en paix avec eux dans l'amour, et peut-être nous élever ainsi à un degré supérieur de vie spirituelle ? J'en viens à penser que c'est là la clef des problèmes des nations. Les communistes voient seulement les besoins matériels des gens et veulent améliorer les conditions d'existence des masses. Mais ils ne voient pas combien importe pour l'individu le besoin d'une croissance spirituelle. Et peut-être que les gens d'église eux-mêmes ne se rendent pas toujours compte de la faim et des souffrances physiques qu'endurent ces paysans rien que pour rester en vie. La voie d'un développement futur doit résulter d'une progression dans deux directions à la fois, vers l'avant et vers le haut.

George Barbour a bien observé Teilhard, sa façon de réfléchir en regroupant des idées cueillies au fil de ses pensées pour en faire une synthèse, son coup d'œil qui lui faisait apercevoir ce qui se passait autour de lui. Il nous restitue Teilhard, le soir, faisant le bilan de sa journée et éprouvant le besoin, par des échanges, de renouer les fils de sa réflexion pour la prolonger et la mettre en forme, la rendre plus claire et plus précise.

Néanmoins, même si le soir il reprenait ainsi un peu de temps au sommeil pour réfléchir, quand on feuillette la liste de ses publications scientifiques et celle de ses ouvrages de réflexion, on se demande comment il a pu mener de front toutes ces tâches. L'attrait de son œuvre de penseur ne doit pas faire oublier la dimension de son œuvre de paléontologue.

À la fin de 1929, la vie souriait à Teilhard. La découverte du sinanthrope lui donnait un regain de vigueur pour mener ses recherches et ses réflexions, le succès de son installation comme conseiller officiel au service des autorités chinoises lui ouvrait toutes les portes, ses relations dans les milieux scientifiques internationaux assuraient sa notoriété. Paris et ses soucis semblaient bien loin. C'est à cet instant que s'introduisit dans sa vie celle qui fut pendant des années une confidente exceptionnelle : Lucile Swan.

CHAPITRE VI

LUCILE SWAN

1930-1933

La rencontre avec Lucile Swan. Genèse du *Phénomène humain*. La multiplication des voyages et déplacements. La découverte de l'Amérique. La croisière Citroën. Nirgidma de Torhout. Pékin et les relations avec Lucile. Visite d'Ida Treat à Pékin. La mort de Davidson Black. Black et Choukoutien. Les épreuves de Lucile.

À la fin de 1929, peu de temps après son arrivée à Pékin, Lucile Swan rencontra Pierre Teilhard de Chardin à l'occasion d'un dîner chez Amadeus Grabau. Les circonstances de la première rencontre entre Lucile et Pierre ont été racontées par Lucile. Elles débutèrent avec l'interpellation du voisin de table – « quelle sorte d'ologue êtes-vous ? » – pour se poursuivre par une discussion sur les relations entre science et christianisme. Lucile apprit avec intérêt que Pierre Teilhard de Chardin était à la fois prêtre et scientifique et que sa foi faisait bon ménage avec son savoir.

Foi qui venait de connaître de sombres instants de trouble : à cette époque, Teilhard était encore affecté par l'incompréhension rencontrée au sein de l'Église, même s'il avait surmonté le choc de la réprimande.

Par la suite, Lucile proposa à Pierre de sculpter son buste, sans doute après son retour de la croisière Citroën. Ils prirent ainsi l'habitude de se voir et de bavarder après les séances de pose. Lucile, dont la foi était inquiète, fut fascinée par ce prêtre paléontologue qui expliquait que la sienne se renforçait au rythme de la progression de ses connaissances.

La première lettre connue de Teilhard à Lucile date d'août 1932, après son départ de Pékin pour un aller-retour en France. Elle est déjà empreinte d'une grande intimité.

Lucile Swan était née à Sioux City dans l'Iowa le 10 mai 1890. Elle se consacra à des études sur l'art et devint sculpteur. Mariée en 1912 à un artiste, son mariage dura peu et elle était divorcée depuis plusieurs années lorsqu'elle arriva en Chine. Durant les années d'après-guerre, elle avait beaucoup voyagé et réalisé quelques expositions de ses œuvres.

En s'installant à Pékin avec une amie, en septembre 1929, elle prévoyait un séjour de quelques mois. Sa rencontre avec Teilhard lui fit prolonger son séjour jusqu'à la veille de l'entrée en guerre des États-Unis en 1941.

De cette rencontre découla une amitié exceptionnelle – par son intensité et par les échanges qu'elle provoqua. Lucile a aimé Pierre Teilhard de Chardin et s'est dévouée à cet amour. Il l'accepta et y répondit à sa façon, refusant de céder aux rêves de Lucile qui espéra longtemps et en vain un renoncement à ses vœux. Lucile, qui ne chercha certainement pas à séduire Pierre au sens commun de ce terme, ne voyait pas pourquoi cette attirance mutuelle entre deux personnes n'aurait pas été jusqu'à son parfait accomplissement. Lorsque Pierre prit conscience du sérieux de la situation, il essaya de trouver une issue, bien embrouillée, en esquissant les lignes de ce que pourrait être une troisième voie, une sorte de passion en blanc !

Extraordinaire relation entre deux êtres qui allèrent jusqu'au bout d'un chemin bien ardu. Lucile sut autant se plier aux exigences de Teilhard que lui apporter par son amour le soutien et les encouragements qui lui furent si nécessaires.

Les lettres, plus de deux cents, que Teilhard écrivit à Lucile tout au long des vingt-cinq années que dura leur relation ont été confiées par elle à sa nièce à la fin de sa vie, parce que « *I want my side known* », « Je veux que soit connue ma part », lui dit-elle en les lui remettant. Sa nièce attendit trente ans pour les publier [1].

Ainsi, en cette fin de 1929, l'avenir s'annonçait prometteur

1. *The Letters of Teilhard de Chardin et Lucile Swan*, éditées par la nièce de cette dernière, Mary Wood Gilbert (Letters).

pour Teilhard. Il y eut d'une part les sensationnelles découvertes de Choukoutien et, en même temps, grâce aux hasards de la vie, la rencontre avec Lucile. Deux événements majeurs dans la vie de Teilhard. Choukoutien dont on a vu le retentissement sur sa réflexion et Lucile qui fut le ferment de cette réflexion. C'est elle qui, par ses interrogations, ses encouragements, ses relances, sut à la fois pousser et entraîner le penseur qui sentait mûrir le projet d'un livre au fond de lui. Il est frappant de noter que Teilhard, toujours débordant d'activité et ayant toujours une idée, une réflexion à mettre au net par écrit, n'avait rédigé jusque-là, par manque de temps, que des essais assez courts. Plusieurs fois il a évoqué auprès de ses correspondants ce besoin d'écrire un livre faisant la synthèse de sa pensée. Longtemps, cela resta un projet.

Dès 1926, c'est à Ida Treat, qui avait été la grande confidente du deuxième séjour en Chine, qu'il détaillait sa grande ambition :

Le seul livre que je voudrais écrire, que j'ai besoin d'écrire, ce ne serait pas le livre de la Chine, mais le « livre de la Terre ». Je voudrais, enfin, parler comme je pense, sans souci de ce qui est admis, avec la préoccupation exclusive de traduire le plus fidèlement possible ce que j'entends bruire en moi comme une voix ou un chant qui ne sont pas de moi, mais du Monde en moi. Je voudrais exprimer ce que pense un homme, qui ayant enfin percé les cloisons et les plafonds des petits pays, des petites coteries, des petites sectes, émerge au-dessus de toutes ces catégories, et se découvre enfant et citoyen de la Terre... Il y a d'abord la joie profonde de sentir, grâce à nos perspectives nouvelles sur la Vie, notre être se dilater à la mesure de tout le passé, de tout l'avenir, de tout l'espace : l'enracinement dans la matière, qui nous enveloppe, nous tisse, nous réunit, et se spiritualise en nous. C'est la note Yu chinoise, la note du Tout, éclatante et magnifique... Sentiments de glorieuse unité et de profonde lassitude, rêves de maîtrise et d'évasion, confiance agressive et angoisse, comment se fait-il que cet énorme domaine psychologique soit encore comme fermé aux hommes qui pensent, désirent, aiment, comme des Français, des Américains, des Chinois, jamais comme des hommes, – c'est-à-dire comme des « terrestres ». Je sais que je passerai pour un fou si j'écris ces choses-là. Mais pourquoi donc ? Ne sont-ce pas les sages et les modérés qui sont des aveugles ? Vraiment, nous menons une existence de bornés dans un milieu qui demanderait une respiration immense. Voilà ce que, sous une forme quelconque, je voudrai faire passer dans un livre de la Terre. Qu'en dites-vous ? Je voudrais que ce soit une œuvre d'art autant que de pensée. [Lettre d'octobre 1926.]

Cette lettre exceptionnelle nous confirme combien Ida Treat, elle aussi, a su écouter Teilhard et sans doute déjà le guider et l'encourager dans ses ambitions. Vision encore plus démesurée que celle du poète qui entrevoit, dans un rêve, la muraille grouillante de l'histoire du monde. Teilhard a voulu exprimer une conviction qu'il sentait naître au fond de lui. Il y a bien autre chose qu'une image à décrire, il y a une éthique à faire surgir pour guider l'humanité. Au passage, on note que Teilhard s'est certainement penché suffisamment sur la pensée chinoise pour être ainsi à même d'en évoquer les symboles.

Et il est intéressant de comparer cette grande confidence avec la description du même projet faite, à la même époque en des termes plus réducteurs, à l'abbé Gaudefroy : « J'ai en projet un travail sur l'Homme regardé comme le plus grand événement tellurique et biologique de notre planète. Je suis de plus en plus persuadé que nous sommes aussi aveugles sur la couche terrestre humaine que nos aïeux l'étaient sur les montagnes et les océans » (Lettre de janvier 1927).

La comparaison de ces deux textes est éloquente, elle montre combien Teilhard était capable d'adhérer à l'état d'esprit de son interlocuteur. Avec Ida, aussi passionnée que lui et tout autant aventurière de l'esprit qu'il l'était, nous assistons au jaillissement d'une flamme destinée à embraser les esprits. Avec l'abbé Gaudefroy, le collègue géologue, la description se limite à ce qui caractérise le projet de Teilhard, décrire l'homme comme un événement, le plus grand « événement tellurique et biologique ». Ici c'est le sens de la formule qui l'emporte chez Teilhard, capable de résumer en trois mots sa grande ambition. L'homme à la fois « événement tellurique » pour bien souligner sa totale insertion dans la matière et également « événement biologique » pour introduire le surgissement de la vie et de la pensée hors de cette matière. Et pour mieux se faire comprendre, Teilhard utilisait avec Gaudefroy une seule image, une image qu'il affectionnait et reprenait souvent. Il imaginait les premiers hommes pour qui le monde connu s'arrêtait au sommet de la montagne voisine et par comparaison invitait à réfléchir sur la vision que l'homme moderne devrait avoir de son avenir s'il prenait conscience que ce qu'il connaît de l'évolution du monde vue du bord de sa planète ressemble à ce que l'homme néolithique connaissait de la terre vue du fond de sa vallée.

Pendant des années, Teilhard garda en tête ce projet de livre.

Et ce fut la part de Lucile Swan qui sut prendre le relais pour orienter et cristalliser l'énergie du penseur alors entraîné dans des explorations aux quatre coins de l'Asie, sinon du monde : « Et bien sûr, étant pratiquement seul à bord, et me sachant en route pour retrouver le terrain, cela me met au milieu d'une atmosphère favorable pour percevoir le meilleur de Dieu. Beaucoup de points semblent apparaître plus simplement et plus distinctement dans mon esprit. Et, du coup, j'en profite pour ajouter, chaque jour, quelques touches à mon projet sur “L'Homme”. Probablement en faites-vous autant avec “La dame au chien”. Et ainsi, allons-nous, vous et moi, si proches en dépit de la distance croissante [1]. »

Nous comprenons bien qu'ici Lucile a remplacé Ida et a offert à Teilhard, non seulement une écoute mais surtout une aide pour sa recherche par ses questions et interrogations. Teilhard est sensible à la présence de Lucile, à cet appel à l'accompagner d'une artiste plongée dans une œuvre de création autant qu'à sa présence apaisante de femme affectueuse. « Et ainsi, allons-nous, vous et moi ! »

Cette grande ambition de Teilhard, la rédaction de ce qu'il appelait alors *L'Homme*, revint plusieurs fois à cette époque, au fil de ses lettres à Lucile. « En attendant, “l'Homme” n'a pas fait beaucoup de progrès. Mais j'ai l'impression que toute la chose commence à bien se mettre en place dans mon esprit. Je manque seulement de la flamme qui illuminera le tout lorsque sera atteint un niveau suffisant de maturation. Simplement l'étincelle finale. Et vous savez que c'est cela qui fait toute la différence » (Lettre du 20 décembre 1937). Bel appel à l'appui de Lucile qui, recevant de telles confidences, ne pouvait que redoubler d'efforts et d'attentions pour provoquer cette étincelle.

Il fallut, néanmoins, les longs mois d'immobilité forcée à Pékin pendant les premières années de la guerre pour que la rédaction avançât enfin. Mais avant d'en venir à l'ouvrage majeur de Teilhard, il faut évoquer l'existence qu'il mena pendant ces dix ans. Son énergie inépuisable, sa curiosité, jamais éteinte, pour tout étudier par lui-même le firent participer à de multiples expéditions et rencontres internationales, et en même

1. Lettre du 10 décembre 1937 (Letters). *L'Homme* deviendra *Le Phénomène humain*. *La Dame au chien* est très certainement le sujet d'une sculpture en cours de Lucile.

temps il mettait au point sa réflexion, rédigeant des essais courts chaque fois qu'il voulait éclaircir une idée ou plus simplement répondre à l'interrogation d'un ami. Tout cela sous le regard vivifiant de Lucile Swan.

La multiplication des voyages et déplacements !

Il serait fastidieux d'énumérer dans le détail la longue série des expéditions auxquelles participa Teilhard ainsi que tous ses voyages. De mars 1929, début de son troisième séjour en Chine, à septembre 1939, début du dernier séjour qui dura six ans et demi, Teilhard a participé à sept expéditions majeures sur le terrain (désert de Gobi, croisière Citroën, croisière sur le Yang-tse, Chine du Sud, Indes, Birmanie, Java...), a accompli cinq voyages aux États-Unis et est retourné cinq fois en France. Ces décomptes laissent de côté les nombreux déplacements plus courts en France ou en Angleterre lorsqu'il était à Paris (ainsi Londres-Cambridge, l'Auvergne-Les Moulins ou Toulouse...) et ignorent également les courtes missions effectuées en Chine entre deux expéditions. Si l'on tient compte des moyens de transport encore relativement rudimentaires à l'époque, on est bien obligé de reconnaître l'extraordinaire endurance de cet homme qui accomplissait des allers-retours Pékin-Paris aussi bien par l'ouest que par l'est, traversant plusieurs fois les États-Unis en train. Et il trouvait encore du temps pour rédiger les rapports consignant les résultats obtenus lors de ses fouilles sur le terrain, sans compter les mises au point de plusieurs textes de réflexion spirituelle. C'est par sa correspondance que nous pouvons suivre tous ces déplacements et travaux. Et au milieu de cette correspondance, rayonnent les lettres à Lucile Swan.

Il y aura toujours, pour le lecteur qui aborde ces lettres pour la première fois, la surprise d'une découverte – celle d'un itinéraire inimaginable emprunté par deux âmes ardentes. Par rapport aux autres correspondances, et en deçà de l'intensité des sentiments qu'elles font apparaître, elles présentent un attrait particulier car ici, à l'inverse de la plupart de ses destinataires, Teilhard s'adressait à une personne qui résidait à Pékin. Plusieurs fois, il écrit de France, à Lucile alors à Pékin et ses lettres fourmillent de détails inconnus des autres correspondances (un entretien avec Alexis Carrel, un bref commentaire après la lecture d'un article de Carl Gustav Jung...). Nous suivons mieux son parcours pendant cette période d'un peu plus de dix années, qui va de 1930 jusqu'aux premières années de la guerre. Ces dix années qui furent la période la plus intense et la plus riche d'une vie déjà si remplie. Et puis, grande chance, nous pouvons également lire des lettres de Lucile à Pierre. Nous découvrons la part de Lucile, le côté de Lucile. Elle avait réalisé des doubles au carbone de certaines lettres et tenu plus ou moins régulièrement un journal, ce qui fait que nous la voyons et l'entendons en réponse aux lettres de Pierre. Il ne faut pas se méprendre en ce qui concerne les doubles de lettres conservés par Lucile. Les services postaux n'étaient pas sûrs et des lettres pouvaient se perdre et, surtout, certaines de ses lettres ayant pour but de relancer Pierre sur l'étendue de leur relation, elle souhaitait certainement conserver le texte de ses écrits, lorsque plusieurs jours, ou même plusieurs semaines plus tard, Pierre reprenait la discussion à partir de ses lettres.

La découverte de l'Amérique !

C'est à cinquante ans que Teilhard découvrit l'Amérique. Ses premiers contacts avec ce pays remontaient à ses rencontres avec les scientifiques américains dès 1923, lors de ses premiers séjours à Pékin. Nous avons vu avec quel plaisir il s'était plongé au milieu des savants de toute nationalité. À l'été 1930, il fit un pas de plus vers les États-Unis en participant à la Central Asiatic Expedition, organisée par deux Américains, qui explora le désert de Gobi. Il fit alors à Boule un compte rendu précis et coloré de cette expédition :

> Je vous écris aujourd'hui (profitant d'un courrier exceptionnel pour Kalgan) de la pleine Mongolie, à quelques trois ou quatre cents kilomètres au N-W de Kalgan. Nos huit tentes bleues sont plantées au bord d'une falaise fossilifère. En arrière, les 4 moto-cars, auprès desquels, parmi les caisses de fossiles, s'ébattent nos différents « pets » (corbeaux, faucons, syrrhaptes). Tout autour, les immenses surfaces plates, étagées, du Gobi s'étendent à perte de vue, sans un arbre, sans un champ, presque sans yourtes. C'est grand et uniforme comme la mer et, glissant sur ces plateaux et ces bassins, la lumière du soir est incomparable. Compagnons charmants, et organisation supérieure, vous vous en doutez. Seul le temps est souvent dur. Presque toujours du vent ; et, avant hier, après une nuit où nos tentes avaient été en

partie déracinées par la bourrasque sous une pluie glaciale, nous étions tous en fourrure [1] !

Teilhard découvrait avec plaisir les grands moyens dont disposaient les Américains pour monter leurs expéditions. « Les facilités et les agréments sont bien ce que je prévoyais » (Lettre de juin 1930 à Marg). La banquette des *moto-cars* le changeait du banc des chars chinois ou de l'échine des mules !

Et, en janvier 1931, c'est le premier voyage aux États-Unis pour préparer l'expédition Citroën, plus connue sous le nom de « Croisière jaune ». Teilhard a aimé les États-Unis, il fit part de son enthousiasme communicatif à Marg :

Exagérément choyé à l'American Museum, j'ai donné deux « lectures », l'une au personnel du Musée, l'autre à Columbia University, aux étudiants de Géologie, et j'ai eu avec les géologues de Mongolie la conférence pour laquelle j'étais venu en Amérique. Je me sentais tellement *at home* à l'American Museum, au moins autant que chez Boule.

Embarqué ensuite pour Chicago, vingt-quatre heures durant, j'ai fait connaissance avec le pullman ; Chicago (ou du moins Michigan Avenue et les quartiers voisins au bord du lac, car je n'ai guère vu autre chose), quoi qu'ait pu dire Duhamel est une splendeur. Par beau temps, ces gratte-ciel, ces immenses et larges avenues bordant une vraie mer intérieure sont d'une nouveauté et d'une désinvolture fascinantes. Les honneurs m'ont été faits et un charmant dîner en famille offert par le jeune Field, un ami de Breuil, avec qui j'avais dîné en compagnie des Bégouën, en novembre. Ce Field est le petit-fils du milliardaire fondateur du musée Field à Chicago (le rival de l'American Museum de New York). Il a eu l'air ravi de me faire les honneurs de cette chose immense où j'ai beaucoup appris et beaucoup rencontré de gens.

Le soir même, un pullman du Californian limited m'emmenait par Santa Fe à San Francisco (trois jours et trois nuits). J'avais pris cette route pour voir le désert du Colorado : dire que j'ai passé, faute de temps, sans le voir, à 60 miles de Grand Cañon ! […]

J'ai beaucoup joui des Hawaï qui sont un véritable petit paradis malgré l'afflux des Américains qui ont établi là un de leurs plus beaux *centers of resort*. Doux climat et luxuriance des Tropiques : la verdure,

1. Lettre de juin 1930 *(Teilhard de Chardin en Chine)*. Syrrhaptes : espèce d'oiseaux habitant les steppes d'Asie centrale et ressemblant à nos pigeons. Avec Boule, Teilhard ne peut que se servir des appellations réservées aux zoologues ! *Pets* : animaux familiers.

les parfums, les fleurs. Des fleurs extraordinaires couvrant les plus grands arbres qui forment d'énormes bouquets.

Pour m'initier à ces merveilles, un géologue, directeur des Services du Pacifique, le Dr Gregory, a mis à mon service son auto, sa société et celle de sa femme, ce qui m'a valu une journée charmante. Guirlandes de fleurs à l'arrivée (c'est le rite universel). Déjeuner à leur club d'Honolulu, excursion dans les montagnes de lave toutes couvertes de forêts à essences étranges. Thé tout à fait « social », dans une villa où se retirent loin de la ville tous les heureux citoyens de ces îles. J'ai pu en peu d'heures prendre un vrai contact, non seulement avec les sites, mais avec les gens de ce curieux petit pays perdu au milieu du Pacifique [1].

À cinquante ans, l'enthousiasme de Teilhard restait intact. Ce récit est tonique, plus attirant que les lettres du brancardier dans ses tranchées, avec leur étrange regard sur la guerre, alourdi par le silence sur l'horreur des destructions. La vue de Teilhard sur les États-Unis n'était pas naïve, elle correspondait à son coup d'œil et à sa façon de voir et de penser. Les États-Unis, bien qu'encore sous le coup de la grande crise économique de 1929, étaient un pays riche et surtout actif. Et au-delà des paysages, Teilhard a été sensible à cet enthousiasme qui faisait agir les citoyens américains. Il garda toujours une bonne image de ce pays. En 1933, revenu en Chine *via* les États-Unis et l'océan Pacifique, il écrivait à ses amis Max et Simone Bégouën : « L'Amérique est un pays de fraîcheur et d'épanouissement. J'y ai respiré positivement un air qui manque à la France. De l'expérience Roosevelt, je n'ai rien pu distinguer clairement, sinon la puissance et la science des moyens employés pour bourrer le crâne populaire. J'emporte l'impression d'un bel effort qui a beaucoup de chances de réussir. Quelque chose est certainement en branle, comme une force commune, aux États-Unis. Le travail reprend. Et en janvier on boira du vin… En attendant,

1. Lettres à Marg de février et mars 1931 (LV). Georges Duhamel (1884-1966), biologiste, médecin et écrivain. L'expérience de la souffrance humaine, acquise durant la Grande Guerre qu'il fit comme chirurgien militaire, lui dicta plusieurs récits dans lesquels il témoigne de l'horreur de la guerre et plaide pour un humanisme moderne, fondé sur la compassion et la tolérance. Inquiet devant les conséquences du progrès scientifique, il prend partie contre la vie moderne américaine dans *Scènes de la vie future*, livre que Teilhard a lu sans avoir eu l'occasion de rencontrer son auteur. Georges Duhamel fut élu à l'Académie française en 1935.

rien n'est drôle comme de voir l'air moitié boudeur, moitié riant des libres yankees en se réveillant sous une dictature[1]. » Coup d'œil incisif sur les mœurs politiques américaines faisant déjà un appel lourd aux médias « pour bourrer le crâne populaire » !

1931 est l'année de la participation au raid Citroën Beyrouth-Pékin. Ce raid automobile, décidé à des fins commerciales – de réclame comme on disait alors –, était destiné à démontrer la solidité du matériel Citroën. Il s'agissait, à bord d'une flotte de véhicules spécialement équipés, d'atteindre Pékin au départ de Beyrouth en suivant l'ancienne route des caravaniers de la soie. Une seconde flotte devait partir de Pékin à la rencontre de la première. C'est à ce second groupe que se joignit Teilhard. Un des points d'intérêt de cette équipée fut de plonger Teilhard dans un milieu athée qui le poussa à faire de nouveaux efforts pour aller à la rencontre des membres de l'expédition.

Je me trouve dans un milieu extrêmement intéressant, où je découvre un sérieux rôle à remplir, en même temps que toutes sortes de réactions salutaires à subir pour mon esprit. Nous avons avec l'ingénieur chef et Point des conversations interminables sur des « sujets basiques »... J'ai été frappé de la difficulté à faire comprendre certaines perspectives universalistes à des hommes qui n'avaient jamais été chrétiens, ou qui avaient fondamentalement échappé à l'influence chrétienne (le Christianisme se manifestant comme le seul courant spirituel susceptible de développer dans les âmes le sens de l'Absolu et de l'Universel, surtout Personnel, c'est-à-dire le véritable sens mystique). [Lettre à Marg de mai 1931.]

L'apôtre des gentils sur le terrain[2] ! Teilhard, qui ne s'est jamais senti un goût marqué pour la prédication, se retrouvait sur

1. Lettre à Max et Simone Bégouën de novembre 1933 (LV). Revenu à Pékin, Teilhard, lorsqu'il parlait de yankees se réveillant sous une dictature, jouait sur le contraste entre les États-Unis, pays libre, et la Chine, mosaïque de dictatures, au milieu desquelles les scientifiques américains se trouvaient plongés brutalement, à leur arrivée dans ce pays. « En janvier on boira du vin ! » Franklin D. Roosevelt avait été élu le premier mardi de novembre 1932 et devait donc prendre ses fonctions au mois de janvier 1933.

2. Allusion au rôle qu'amicalement ses amis séminaristes lui avaient confié durant leur séjour à Jersey. Teilhard s'était vu attribuer le rôle de saint Paul, l'apôtre qui devait évangéliser les gentils, c'est-à-dire les non-juifs qu'étaient les Gréco-Romains. Les juifs pratiquants appellent « gentils », les non-juifs.

son domaine, la discussion amicale. Il est certain que son influence apaisante lors des tensions vécues au cours de l'expédition fut bénéfique.

Cette aventure offre au lecteur des lettres le plaisir émerveillé de découvrir des récits pittoresques, rédigés lors de la période d'immobilité forcée au cœur de la Chine musulmane.

Par 40°, le torse nu, j'écris, face à une vue bien émouvante : Au premier plan, des rangées de peupliers effilés, en arrière, une enceinte de côtes rouges et grises, encerclant la dépression au-dessous du niveau de la mer où nous nous trouvons. Au-delà, une longue barrière frangée de neige, le Bogdo-Ula, suite du Tian-Shan. Nous voici à Turfan au cœur du Turkestan chinois. C'est un grand chemin parcouru depuis Suchow. Franchi des déserts plus déserts que ceux que je connaissais. Le pays devient plus grandiose dans toutes ses lignes. En parvenant, au terme de cette randonnée, aux oasis du Sinkiang, c'est la surprise de se trouver parmi des gens qui rappellent infiniment plus le Proche que l'Extrême-Orient. Infime minorité de Chinois et prédominance de types arabes, turcs et persans. Presque tout ce monde est mahométan ; il y a des mosquées et minarets, on entend le muezzin. Hommes majestueux, solennels et barbus. Les femmes ont sur la tête une petite calotte ronde et de longs cheveux tombant en deux nattes sur leurs longues robes voyantes. Figures de bohémiennes, absolument [1].

Lettre écrite de Turfan, au cœur du Sin-kiang. Le coup d'œil, le sens du croquis sont là, il n'est pas besoin de pinceau, la plume suffit. Et tout cela sans jamais relâcher son effort pour réfléchir à son explication du monde.

Officiellement, Teilhard avait été invité à participer à l'expédition comme géologue, mais il semble bien que la vraie raison ait été d'offrir une référence vis-à-vis des autorités chinoises. Nous avons expliqué plus haut comment Teilhard s'était introduit dans les milieux scientifiques officiels chinois. Selon son expression, il était « passé aux Chinois » et avait obtenu leur confiance. Les organisateurs de l'expédition, s'attendant à subir le mauvais vouloir des fonctionnaires chinois dans un pays en pleine anarchie, faisaient un choix avisé en invitant Teilhard [2].

1. Lettre à Marg de juillet 1931 (LV). Le mauvais vouloir d'un chef de guerre avait bloqué l'expédition à Urumchi, capitale du Sin-kiang.

2. « Teilhard explique à son ami Valensin qu'il se prête à Citroën sur demande formelle du gouvernement français et en vue d'un travail sérieux. En fait, on avait besoin de lui : il était le seul Français de renom qui connût bien

Plus inattendu, cette expédition donna à Teilhard l'opportunité d'accrocher un portrait de plus dans la galerie de portraits féminins qu'il affectionnait et que domine celui de Lucile Swan. Il y eut auparavant celui de Marg, l'amie d'enfance et la confidente du brancardier. Puis ceux de Léontine Zanta l'amie sage et d'Ida Treat l'amie enflammée. Il reste plusieurs portraits de styles très différents à accrocher mais, à l'instant, c'est une petite figurine un peu à part, alliant Orient et Occident, que nous avons entre les mains : Nirgidma de Torhout, princesse mongole élevée en France et rencontrée à Urumchi, au cœur du Sin-kiang, au cours de la croisière Citroën.

C'est George Barbour qui en donne l'esquisse la plus précise :

> Teilhard m'a demandé, pendant mon séjour à Pékin, de rendre visite à l'une de ses amies, Nirgidma de Torhout, princesse mongole qu'il a rencontrée au Sin-Kiang, quand l'expédition Citroën fut retenue à Ouroumtsi. Elle veut s'informer des possibilités de faire des conférences en Amérique et vient de recevoir une proposition du précédent ambassadeur américain lui offrant d'organiser pour elle une tournée aux USA... Elle est l'unique cas de femme mongole cultivée dont la culture soit internationale. Elle parle l'anglais de façon très nuancée et, ayant étudié dans un couvent français, parle le français avec une perfection qui, selon Teilhard, pourrait la faire donner en modèle par l'école de Paris la plus exigeante en matière de français. Elle sait aussi de naissance le mongol et le chinois. Elle est maintenant en train d'écrire une histoire de la rébellion mongole de 1912. Pendant le dîner, la conversation s'est étendue au monde entier. Le plus intéressant a été son analyse lucide des vertus et des défauts de sa propre race ; elle est très fière d'être mongole et critique de façon acerbe les Chinois, en tant

la Chine du Nord au point de vue géologique. Il y a plus important encore, à mon avis. En raison des problèmes politiques avec la Chine, on savait qu'il était membre officiel du Service Géologique de Chine et *persona grata* auprès des nationalistes. C'était un atout non négligeable dans le contexte politique. Personnellement je pense qu'il a aussi accepté dans l'idée que cette expédition spectaculaire lui donnerait l'occasion de se faire mieux connaître en France. À cette époque, il croyait toujours que sa situation en Chine était provisoire et que ses supérieurs ecclésiastiques lui donneraient un jour l'autorisation de revenir définitivement en France où le Muséum était prêt à lui offrir une chaire d'enseignement. Enfin l'intérêt scientifique n'était quand même pas négligeable, puisque le parcours lui permettait d'étudier la structure géologique de l'Asie centrale et de la relier à la structure générale de l'Extrême-Orient. "Tout compte fait, constate-t-il à son retour, j'ai doublé mes connaissances sur l'Asie". » (Gérard BAUDRY, *Teilhard de Chardin et l'appel de l'Orient*, p. 50).

que race et en tant qu'individus ; et elle fait tout ceci avec une légèreté de touche bien française qui ne cesse de surprendre. On la croirait sortie d'un roman. Teilhard a influencé sa vie, comme il a influencé celle de beaucoup d'autres, et leurs conversations dans les plaines de Mongolie extérieure sur le sens de la vie et le rôle de Dieu dans l'Univers doivent avoir été des moments mémorables.

Teilhard resta lié avec « la curieuse Princesse Palta », ainsi nommée dans une lettre à Marg. Il la revit plusieurs fois, en Chine et en Europe, et fut tenu au courant de ses déboires sentimentaux. Sans doute lui apporta-t-il alors aide et réconfort. S'il lui adressa des lettres, elles sont à ce jour inconnues. Fascinante image d'un personnage atypique que l'on aperçoit dans la vie de Teilhard où l'on rencontre tant de monde, Nirgidma apparaît ainsi de temps à autre, furtivement, entre deux portes. À peine le temps de la reconnaître ! Il faut feuilleter *La Croisière jaune* de Georges Le Fèvre pour trouver son image, due au crayon d'Alexandre Iacovleff[1]. Et plus inattendue encore, cette rapide apparition dans les archives filmées de l'expédition où nous pouvons l'entendre chanter un air mongol mélancolique[2].

En mars 1932, eut lieu le retour à Pékin pour quelques mois. Les déplacements s'enchaînèrent. En août 1932, à bord du *Porthos* en route pour Paris, il écrivait à Lucile : « Voyage jusque là parfaitement tranquille. Nous venons d'éviter un typhon qui laisse dans son sillage une mer calme et une légère brise. Je m'efforce de me reprendre, de penser un minimum et d'écrire. Mais qui est réellement vivant au fond de moi ? Le chrétien, le païen ou l'homme ? » (Lettre du 30 août 1932).

Avec Lucile, ce sont les premières lettres, les premiers questionnements et les premières découvertes. Cette première confidence en forme d'interrogation est redoutable, « qui est réellement vivant au fond de moi ? Le chrétien, le païen ou l'homme » ! Que pouvait conclure Lucile en lisant ces lignes ? Qu'il y avait bien un homme en face d'elle ! De Paris, Teilhard lui écrivait : « Trouver, hier, au muséum, votre lettre du 10 septembre fut une grande joie pour moi ; cela a tant de

1. Georges Le Fèvre, *La Croisière jaune. Lucile Swan réalisa également une sculpture de Nirgidma.*

2. Séquence reprise dans le film sur Teilhard réalisé pour l'émission *Le Jour du Seigneur* et projeté sur France 2 en janvier 2005.

signification pour moi, de sentir votre amitié franche et solide m'accompagner dans ma vie ; j'aime tant vous entendre raconter ce que vous faites et ce que vous pensez, du fond de votre petit temple si tranquille ! » (Lettre de Paris d'octobre 1932). On se rend compte que l'appel était fort et que déjà l'affection dépassait la simple amitié.

Après le retour de Pierre à Pékin, les lettres furent moins fréquentes. Peut-être certaines ont-elles été égarées par Lucile ou plus simplement le fait de vivre proches l'un de l'autre est-il responsable de l'absence de lettres ?

Avec un nouveau départ pour les États-Unis à l'été 1933, le nombre de lettres s'accrut : « J'ai trouvé vos parents en bonne forme, tels que vous me les aviez décrits, votre mère si jeune avec sa chevelure blanche et votre père si plein de vie. Je me suis efforcé de leur décrire, autant que possible, votre vie actuelle, vos travaux et vos amitiés. Puis, je les ai quittés avec le désir absurde de trouver dans la rue un rickshaw* qui aurait pu me conduire tout droit chez vous » (Lettre de New York de juillet 1933). Encore une fois, que pouvait ressentir Lucile à la lecture d'une telle lettre, si pleine de charmantes attentions ? Pierre, tout à la joie de sentir la chaleur de l'affection de Lucile, se laissait porter par son bonheur.

Néanmoins, conscient du chemin où tous les deux s'étaient engagés, il essayait de placer des garde-fous. À la fin de 1933, revenu à Pékin, il rédigea une longue mise au point :

Mais c'est parce que votre ami, Lucile, appartient à quelque chose d'autre, qu'il ne peut être vôtre simplement pour que vous soyez heureuse avec lui. D'ailleurs s'il essayait d'être vôtre, vous ne trouveriez chez lui plus grand chose de ce qui vous attirait en lui.

Vous rappelez-vous la pensée que j'exprimais dans le bref document que je vous ai remis à mon retour d'Amérique : « nous devons conquérir les choses, et non simplement pour en jouir mais pour converger avec elles vers quelque chose ou quelqu'un de plus haut » ?

Je sais que je dois paraître étrange, ou illogique quelquefois. Pourquoi prendre ceci et non cela ? Et si je ne prends pas cela, pourquoi ne pas rester comme d'autres, confiné dans une cellule ? Mais c'est parce que je suis assez fou pour vouloir rechercher une nouvelle voie, le long de laquelle le Monde puisse respirer. Bien pour

* Un *rickshaw* est un pousse-pousse.

moi. Mais qu'en sera-t-il pour l'autre ? L'autre qui peut-être ne voit ni ne sent la même Étoile que moi. Ne suis-je pas en train de la faire souffrir avec quelque sournoise suffisance de ma part ? Suis-je réellement capable de l'aider (comme je le voudrais tant) à être encore plus pleinement libre et heureuse ?

Un jour vous me répondrez… [Lettre de Pékin de novembre 1933.]

Que penser de ces mises en garde ? Teilhard qui avait vu s'apaiser la passion soulevée chez Ida était-il en passe d'espérer retrouver le même équilibre avec Lucile ? Somme toute, son premier contact avec la femme, à travers Ida Treat, s'il avait été une réelle préoccupation, avait trouvé une issue amicale satisfaisante, n'excluant aucune amitié. Mais était-il conscient de laisser la maîtrise de la relation davantage entre les mains de sa correspondante qu'il ne l'imaginait ? C'est plus sûrement Ida que lui qui avait accepté et établi le niveau de leur relation. Il faut prendre garde à ne pas trop pousser le rapprochement entre la vive passion affichée par Ida et l'amour dévoué construit patiemment par Lucile. Elles furent toutes les deux sincères, mais leurs personnalités différentes interdisent une assimilation.

Teilhard, goûtant le plaisir de la compagnie d'une femme et se rendant compte de ce que cela lui apportait comme soutien dans l'effort où il s'était engagé, avait sans doute un peu de mal à se mettre complètement à la place de l'autre. Quant à Lucile, sous le charme d'une personnalité aussi rayonnante et fascinée par la recherche religieuse de Teilhard, il n'est pas étonnant qu'elle se soit laissé complètement séduire. À la différence d'Ida, elle n'avait guère connu d'hommes dans sa vie et son mariage raté ne pouvait lui avoir laissé qu'un souvenir douloureux. De plus, de religion protestante, elle ne connaissait pas l'interdit du mariage pour un prêtre.

Teilhard était conscient du péril et s'était bien efforcé de rester prudent mais, pour quelqu'un qui soulignait la force de l'amour dans les relations humaines vues de haut, il a sous-estimé jusqu'où pouvait aller l'amour entre deux êtres. Il a espéré que le meilleur se dégagerait de cette relation. Et au final, il a été surpris par la puissance de l'amour d'une femme. À la fois heureux d'y répondre et soucieux de le contenir, il s'aventurait dans l'inconnu.

Car, maladroitement, Teilhard, en même temps qu'il adressait ses mises en garde, s'enlisait dans des phrases compliquées dont certaines étaient de vraies déclarations d'amour courtois. Mary et Ellen Lukas parlent du style de troubadour de Teilhard [1], peut-être, mais on ne peut s'empêcher d'être ému par cette façon d'écrire si belle et si prenante. Pierre ne cessait de rédiger des phrases aimables pleines de poésie. « Je mets dans cette lettre une fleur d'iris qui était si jolie quand je l'ai cueillie pour vous, sur les contreforts du Mao-Shan » (avril 1934). Venaient aussi des allusions à leurs moments d'intimité complice : « Dans le train, j'ai épuisé les ressources offertes par le *New-Yorker*. Mais je n'ai pu vraiment me réjouir de "*little King* dans l'ascenseur", car nous ne pouvions en rire ensemble ». On comprend qu'ils avaient pris l'habitude, tous les deux, de plaisanter en commentant les croquis satiriques périodiques d'un journal américain. Lucile ne pouvait être que comblée de bonheur de recevoir ainsi de tels témoignages d'attention venant d'un homme avec lequel elle se sentait parfaitement heureuse.

Tout cela allait fort loin, du moins par écrit. Pierre se laissait porter par les charmes de la passion humaine. Dans *Le Cœur de la matière*, il fit allusion à sa découverte tardive du féminin et reconnut tout ce qu'il devait à la fréquentation des femmes. Mais cette fois une limite était franchie et spontanément, sans réelle expérience sentimentale, il se livrait aux joies de la glissade vers l'être aimé.

En automne 1933, après un séjour de quelques mois aux États-Unis, qu'il parcourut largement, il était de retour à Pékin pour l'hiver.

L'année 1933 s'acheva avec la venue d'Ida Treat à Pékin. Elle accompagnait son mari Paul Vaillant-Couturier dans un grand voyage d'études en Chine et en URSS.

Il y a hélas un blanc dans la suite des lettres de Teilhard à Ida entre octobre 1927 et juillet 1933. Jusqu'au mois de novembre 1928, Teilhard étant à Paris cela se comprend. Mais, à partir de cette date, il n'y a pas d'explication sûre. Ida, lorsqu'elle légua ses lettres à la bibliothèque de son collège, n'a rien précisé. L'hypothèse la plus simple est d'admettre que des lettres aient été égarées. Mais même en acceptant l'idée d'une perte, on devine que les échanges se ralentirent. Le contenu de la lettre de juillet 1933 va dans ce sens en commençant par un « si

1. Mary et Ellen LUKAS, *Teilhard, l'homme, le prêtre, le savant.*

longtemps que je ne vous ai écrit », même si la suite de la lettre montre que ce furent de longs mois de silence plutôt que de longues années. La venue d'Ida à Pékin, où elle resta trois semaines en novembre 1933, relança leur correspondance.

C'est le journal tenu par Ida au cours de son séjour qui nous renseigne. Elle et Teilhard se retrouvèrent un matin (elle précise l'heure : neuf heures !) pour une promenade suivie d'un déjeuner à deux. Puis : « Thé chez une charmante compatriote, Lucile Swan, amie d'Ernestine et de Charmion. Très amie d'ailleurs du père. Hm. Il est l'enfant gâté de Pékin. Il connaît tout le monde [1]. »

Le lendemain, réception chez Amadeus Grabau ; nous avons vu que c'est chez lui que Teilhard avait rencontré Lucile quatre ans plus tôt. « Et tous adorent Teilhard. C'est assez compréhensible du reste. Et le surlendemain : Déjeuner chez Miss Swan avec Teilhard. À force de le voir chez les gens, il me semble que je ne le vois pas. » Après le déjeuner, ce jour-là, Lucile emmena Ida faire des emplettes chez un marchand de soieries pour y acquérir de quoi se faire tailler un vêtement. Elles prirent le thé ensemble. Le soir, Teilhard et Ida dînèrent avec Edgar et Helen Foster Snow [2].

1. Journal d'Ida Treat. Ernestine Evans était une amie d'Ida qu'elle présenta à Lucile et à Teilhard et que ce dernier mentionne plusieurs fois dans ses lettres. Charmion, ou Charmian, une autre amie sans doute, n'a pas laissé de trace.

2. Journaliste et reporter américain né à Kansas City (Missouri) en 1905, décédé en 1972. Après des reportages en Amérique centrale, il est à Shanghai en 1928, rédacteur au *Weekly Review*. Il s'intéresse tellement à la Chine qu'il y demeure douze ans, la parcourant du nord au sud. Mais ce qui le rendit célèbre, c'est surtout son reportage dans les zones contrôlées par les communistes chinois. Durant plusieurs mois, il côtoie Mao et les principaux chefs du parti. Son enquête parut sous le titre *Red Star over China* en 1937 (traduction française : *Étoile rouge sur la Chine*). Le succès de ce livre fut d'autant plus considérable qu'on savait très peu de chose sur l'aventure communiste. En 1941, il publia *Battle for Asia*. Après la guerre, considéré comme sympathisant communiste, il est inquiété lors de la campagne maccarthyste. Il se retire alors en Suisse. Par la suite, il plaide pour la reconnaissance par les États-Unis de la République populaire de Chine. De retour à Pékin en1960, il est reçu par Mao, Chou En-lai, etc. Nouveaux séjours en 1964, 1965 et 1970 : il joue alors un rôle de négociateur entre Pékin et Washington, préparant la reprise des relations diplomatiques entre les deux pays. Teilhard a rencontré plusieurs fois les Snow au cours des années 30 et notamment avec Ida lors de sa venue à Pékin ; il est d'ailleurs probable que c'est avec Ida que Teilhard fait

La fin du séjour arriva trop vite : « Et puis le départ. Teilhard avec des larmes aux yeux. C'était navrant de l'avoir quitté. Mais j'ai si peu l'impression de l'avoir quitté. Au fond de moi, une sorte de calme. Je me fie au destin » (Journal d'Ida Treat).

Lors du départ, Teilhard lui écrivit une lettre, remise au moment des adieux et à ouvrir au loin :

Grande amie, vous venez de partir, emportant avec vous une partie de mon soleil de Péking. Mais il me reste surtout une force et allégresse de vie pour la lutte, que vous m'avez communiquée. Pendant ces trois semaines, j'ai bu à longs traits votre présence. Et je suis heureux, profondément, parce que j'ai compris que vous êtes devenue pour moi la vraie camarade de combat, avec tout ce qu'une pareille association peut avoir de riche et de profond entre un homme et une femme qui ne s'appuient l'un sur l'autre que pour avancer. Un des rêves de ma vie.

Mon souhait le plus ardent, pour vous, est que se dégagent graduellement en face de vous les lignes de l'idéal d'action que vous pressentez, en même temps que les possibilités pratiques de vous y donner. Je vous répète ce que je vous disais, il y a quelques jours : les hommes et les événements ne résistent pas à une pression continue que nous exerçons sur eux. Une « foi » a toujours raison de ce qui ne croit à rien. Allez donc de l'avant ; et dites-vous bien que plus vous vous perdrez pour le Monde et ce qui se dissimule derrière le Monde, plus le Monde vous recevra et vous sauvera, à travers tout ce qui nous effraie.

Plus que jamais, je vous tiendrai au courant de ce qui m'arrive, *outside and inside. Good luck ! And yours ever.* Pierre.

Elle confia à son journal qu'elle avait reçu « une lettre adorable de Pierre. À porter comme talisman ».

Petite bouffée de bonheur pour Ida d'avoir ainsi apporté un instant d'affection à Pierre, toujours heureux dans ces rencontres qu'il savait rendre si riches parce qu'il y mettait toujours en valeur la part de l'autre. Ces confidences sont un plaisir à lire.

leur connaissance. Plusieurs fois, il parle à Ida de ses rencontres avec les Snow. Dans une lettre à Ida de 1937, on trouve ce commentaire de Teilhard : « Oui, il y a des trésors en Chine : vous l'avez senti plus vite que moi. Je serais curieux de voir le dernier livre de Snow. Il m'avait montré des liasses de photos ahurissantes, et dit tant de choses surprenantes, quand Peggy le laissait parler… » (Lettre à Ida du 28 juin 1937, fragment inédit, Vassar College). Teilhard lira *Red Star over China*, lorsque le livre sera publié peu de temps après (d'après Gérard-Henri Baudry).

Ida découvrit l'existence de Lucile et saisit immédiatement la profondeur de cette relation sans pour autant ressentir une diminution de sa propre place dans l'affection de Pierre. L'amertume apparue à la première rencontre s'estompa vite. Elle se réjouit du succès en société de celui qu'elle admirait et de sa popularité au sein de la communauté européenne de Pékin.

Un an plus tard, au printemps 1935, Teilhard reçut une lettre d'Ida envoyée de Tahiti, où elle était allée rejoindre son nouveau compagnon en poste en Polynésie. Il fit part de cette lettre à Lucile : « Reçu, avant-hier, une très bonne lettre d'Ida Treat : elle a passé 5 semaines avec son ami (allant avec lui en Nouvelle Calédonie, et retour à Tahiti) et envisage de rentrer à Paris à l'automne.

Elle a reçu votre lettre (avec ma photo), et dit : "je crois que votre amitié avec Lucile Swan est une excellente chose. Ce genre d'amitié aide à vous maintenir attentif aux choses les plus tendres de ce monde" » (Lettre d'avril 1935).

Pierre essayait de présenter Ida comme un modèle à Lucile – Ida qui aima passionnément Pierre et qui accepta de l'aimer comme il le souhaitait. Pierre la voyait comme une référence, comme une solide amie modèle, ayant le droit de commenter sa vie privée à lui. Il semble que Lucile s'efforça de partager cette façon de voir car elle resta toujours en bons termes avec Ida. Mais ce désir de rapprochement de l'histoire de Lucile avec celle d'Ida était excessif. Ida avait été heureuse dans ses deux mariages, heureuse avec Paul Vaillant-Couturier et heureuse avec André Bergeret. Teilhard était une affection qui s'établissait au milieu de ses mariages. Lucile en revanche était seule et son mariage avait été un échec. Teilhard prit dans son cœur toute la place disponible.

Anticipons rapidement sur l'histoire, en signalant que, peu de temps après son séjour pékinois, Ida avait annoncé à Paul Vaillant-Couturier qu'elle voulait divorcer pour aller vivre avec André Bergeret, un officier de marine qu'elle venait de rencontrer (au cours de la traversée qui l'amena de Marseille à Shanghai ?) et qui avait quinze ans de moins qu'elle. Après son divorce, ne reculant pas devant l'effort, elle était partie rejoindre son nouvel amour lorsqu'il dut aller s'installer en Polynésie française pour son travail. Teilhard fut mis au courant et approuva. Plus tard, à la veille de la guerre, Ida épousa André.

Au début de 1934, un coup dur frappa l'équipe de Choukoutien, ces hommes qui avaient mis en commun leur passion pour la découverte et l'étude du sinanthrope : Davidson Black, Wen-Chung Pei, Chung Chien Yang (appelé Young), Eddie Bien, George Barbour et Pierre Teilhard de Chardin.

Davidson Black mourut brutalement d'une crise cardiaque au début du mois de mars. Teilhard avait apprécié ce savant canadien de grande envergure. Sa mort lui causa un vrai choc. Black était celui à qui, le 2 décembre 1929 au soir, Pei avait amené sa trouvaille, le premier crâne de sinanthrope. George Barbour a raconté ce que furent alors les nuits de Davy Black :

Il semblait que toute la vie de Black eût convergé vers ce moment. La découverte du premier crâne en bon état de conservation justifiait largement la lutte qu'il menait en faveur de la reconnaissance du nouveau genre d'hominien, lutte dont il devait être le champion.

Avec un soin méticuleux, il sépara la fragile boîte crânienne de la dure gangue de carbonate qui l'entourait et la reconstitua dans sa forme originale. Black effectuait ce délicat travail dans son laboratoire, seul et tard le soir, quand, disait-il, « son cerveau d'oiseau de nuit travaillait avec le plus de clarté » et que sa main était la plus sûre. Les couloirs du bâtiment étaient vides et tranquilles. La porte était fermée aussi bien aux amis qu'aux importuns. Travaillant avec des instruments de dentiste, Black détacha grain après grain la gangue incrustée aux os du crâne avant de rassembler ceux-ci de nouveau. Le crâne était remis dans son coffre-fort toutes les nuits. Pour qu'ils puissent servir de documents, on prenait de temps à autre des moulages en plâtre, d'abord des os séparés ; puis du crâne complet quand les os furent ré-assemblés. À partir d'un moulage réussi, trois reproductions étaient réalisées, teintées exactement comme l'original, par un habile artisan en poterie qui travaillait sous la surveillance directe de Black.

Teilhard lui-même venait rendre visite à Black et assister aux différentes étapes de ce travail délicat comme il le raconta à Boule : « Je termine cette lettre après avoir revu Black dans son laboratoire. Le dégagement du Sinanthropus n'a pas avancé, parce que Black vient de faire un excellent moulage de la partie préparée. On va maintenant remettre cette partie sous plâtre et travailler les côtés et le dessous du spécimen sans risques de casse. Le travertin adhérent est excessivement dur. Black est adroit comme un singe. C'est une grande chance de l'avoir ici » (Lettre de décembre 1929).

On imagine sans peine ce petit groupe de savants venant quotidiennement aux nouvelles. Heureux comme de jeunes pères à la sortie d'une maternité ! Et c'est le plus engagé de tous dans l'étude du célèbre fossile qui disparaît brutalement. Le coup fut pénible pour tous et en particulier pour Teilhard qui appréciait le savant et l'ami. Il confia à Lucile un chagrin mêlé d'inquiétude : « Vous savez déjà que le Dr Black est mort il y a deux jours. L'absurdité apparente de cette fin prématurée, l'accueil stoïque, mais aveugle de ce coup du sort par ses amis, l'absence complète de flamme sur la pauvre dépouille gisant dans la chambre froide de l'hôpital ont accru mon chagrin, et révolté mon intelligence. Soit il y a une issue, quelque part, pour la pensée et la personnalité, soit le monde est une monstrueuse erreur et nous devons l'arrêter. Mais, comme personne ne voudra admettre que nous devrions nous arrêter, alors, il faut croire. Et éveiller cette foi sera, plus que jamais, ma tâche. Je me le suis juré, en présence des restes de Davy, qui fut plus qu'un frère pour moi » (Lettre du 18 mars 1934).

Cette disparition laissait l'équipe de Choukoutien en désarroi et Teilhard sentit monter en lui une poussée de révolte devant le scandale de la mort. Mais, se ressaisissant et restant obstinément à la poursuite de son étoile, il se replongea dans les expéditions sur le terrain qui furent toujours un ferment pour le développement de sa réflexion. Deux mois plus tard, il remontait le cours du Yang Tse avec George Barbour et des collègues chinois.

Et ce furent à nouveau de longs bavardages et confidences par écrit à Lucile. « Mais, ainsi que je vous l'ai dit, cette étude du Yangtse est probablement la part essentielle de mon travail de cette année. Je dois la réaliser proprement, pour moi, et pour vous. Je me sentirai bien plus heureux et enthousiaste, sachant votre approbation sur moi » (Lettre du 29 mars 1934). L'approbation de Lucile ! Pour ses recherches sur le terrain, autant que pour sa réflexion sur le devenir de l'homme, voilà crûment avoué par Teilhard auprès de Lucile le désir d'avoir son adhésion, de connaître son point de vue, sa part. Et, sans hésitation, Pierre traçait pour elle le chemin qu'empruntent les couples qui achèvent leur union.

Ma chère Lucile, C'était bien un peu triste pour moi aussi, il y a deux jours, de vous avoir quittée. Je suis parti, emportant avec moi votre précieuse lettre, et maintenant je veux y répondre, d'un mauvais hôtel chinois, où nous sommes échoués depuis hier soir, un peu par notre propre faute. Votre éventail est à côté de moi (très utile), et je suis en train de fumer une Chesterfield. L'ambiance n'est-elle pas complète ? Une petite touche extérieure de ce que vous me donnez si complètement « à l'intérieur » Lucile ? Et pourtant, durant tout ce temps – et même plus longtemps – je le sais, je sens, malgré la distance entre nous, votre présence à mes côtés, ou encore plus réellement, au fond de moi. [Lettre du 16 mai 1934.]

Et c'est peu après, sans doute à la suite d'une relance de la part de Lucile, que Pierre entreprit de confirmer encore une fois son point de vue, sa vision du chemin qu'il proposait à son amie – chemin qui s'arrêtait avant l'achèvement qu'elle attendait :

Oui, Lucile, j'ai soif de votre présence féminine. Et toute la question pour moi, est de savoir comment je peux l'obtenir, sans que je sois, en aucune façon, une source de troubles dans votre existence. Dieu (je rêve que vous allez le découvrir pas à pas) nous aidera à trouver le chemin que nous recherchons au final pour lui.

Quand nous nous reverrons, nous aurons à discuter de votre conception « triplaire » de l'amour parfait [1]. Le problème, je vous l'ai dit, existe autant pour moi que pour vous, bien que, pour une raison complexe, je crois que je dois m'en tenir de toute façon à l'observance d'une vieille solution. Ma ligne de réponse, si vous me permettez, ne rejette pas l'élément physique, car il n'est aucunement une abstraction, mais la « femme », que j'ai découverte en vous. Toute la question est de décider si, parmi les effets naturels auxquels vous vous référez, certains doivent être évités (dans certains cas) précisément parce qu'ils ont, en eux-mêmes, quelque chose d'une fin, ou d'un achèvement, ou d'un accomplissement interne, ce qui en fait un état final plus qu'une étape en direction d'une complète union spirituelle. N'importe comment, vous avez raison lorsque vous faites observer que la vie avance en s'appuyant sur des compromis. Mais, alors, nous devons comprendre qu'obéir à ces contingences n'est pas une simple affaire de « bon sens ». Cette obéissance exprime notre conviction que la plus belle chose que nous ayons à réaliser par notre vie soit de tenir, aussi parfaitement que nous le pouvons, la place qui nous est attribuée au sein de l'Univers. Dans notre cas particulier,

1. « Triplaire » : traduction d'un mot forgé en anglais par Teilhard ou plus vraisemblablement par Lucile : « *Trinal* ». Cette phrase fait certainement référence à une tentative de l'amie de Teilhard de construire une vie « à trois » : Lucile, Pierre et Dieu, en donnant à Pierre la place souhaitée par Lucile.

également, nous pouvons trouver une forme de bonheur en nous rappelant que nos souffrances et nos défaillances expriment (et nous coûtent pour cela même) l'effort pour aller à la découverte de quelque chose de grand et nouveau, la « découverte du Feu ». [Lettre du 18 juillet 1934.]

Lorsque était abordé le sujet de l'étendue de leur relation, le style de Teilhard devenait plus austère, plus lourd, presque maladroit. Peut-on y voir une preuve de son embarras ? Ce schéma proposé à Lucile paraît bien ardu pour une femme d'esprit aussi pratique qu'elle. Car Teilhard, au fond, d'après ce qu'il lui écrivait, cherchait à pérenniser le provisoire. Il souhaitait rester indéfiniment au stade de la découverte, comme s'il craignait un affaissement de leur relation.

La position de Lucile n'était évidemment pas la même. À cette époque, elle écrivait dans son journal :

Peut-être est-ce parce que j'avais essayé de méditer et écrire au sujet de l'esprit du monde, Dieu, et peut-être aussi parce que j'avais lu votre manuel et réalisé combien une part de vous est détachée de ce monde. Et je vous ai écrit une lettre juste avant votre départ, dans laquelle je parlais du « physique ». Je vous en prie, ne croyez pas que je veuille parler seulement de sexe, quoique ce soit quand même important. Cela établirait un lien entre nous qui se renforcerait d'une façon que rien ne pourrait égaler. Mais, ce n'est qu'un élément. Je veux être avec vous et quand vous allez bien et quand vous allez mal. Aller voir de belles choses avec vous, me promener avec vous à travers le pays. En d'autres termes, je veux être toujours à vos côtés, rire et jouer et prier avec vous. Ne voyez-vous pas quelle part de vie cela représente, et combien cela est juste et normal et don de Dieu ? Mais je ne peux pas. Ne puis pas [1].

Bien qu'il s'agisse ici d'une confidence à un journal intime, il n'y a aucune raison de penser que Lucile ait tenu un discours différent à Pierre. Les lettres de celui-ci confirmaient bien l'évocation de ce sujet dans leurs discussions. Lucile a eu la fermeté de pousser Pierre dans ses retranchements. Ses aspirations n'avaient rien d'anormal pour une femme qui souhaitait partager sa vie avec un homme qu'elle aimait. Seulement,

1. « Ne puis pas » a été écrit en français par Lucile. Extrait du journal intime de Lucile Swan, à la date du 27 juillet 1934 (Letters).

comme elle le disait dans son journal, avec une pointe d'humour : « Dieu a eu la malice d'en faire un prêtre ! » Pauvre et heureuse Lucile à la fois. Pauvre pour avoir été refrénée dans son amour et heureuse d'avoir finalement su accepter la situation qui la laissait présente auprès d'un homme de génie, suffisamment attentionnée pour lui faire exprimer ce qu'il sentait naître en lui. Parfois, cela lui sembla bien pénible et elle laissa échapper quelques plaintes : « Ne puis pas » ! Moments de découragement qui lui faisait craindre de ne plus pouvoir suivre ce chemin semé d'épines que lui traçait Teilhard.

Leurs existences continuèrent ainsi, faites d'éloignements et de rapprochements mais de plus en plus mêlées.

Pendant toutes ces années, Teilhard maintint des contacts assez étroits avec Paris, autant par ses lettres que par ses brefs séjours.

CHAPITRE VII

« COMMENT JE CROIS »

1934

Endurance et ténacité de Teilhard. Le maintien de ses liens avec la France. Bruno de Solages. La diffusion privée des textes de Teilhard. Simone et Max Bégouën. *Comment je crois.* Le fait religieux. Le Christ de l'histoire et le Christ Fils de Dieu. Jugement de Teilhard sur l'Église.

Bien que consacrant beaucoup de son énergie et beaucoup de son temps à ses activités scientifiques, Teilhard était constamment à l'écoute de Paris et de la France où demeuraient nombre de ses amitiés. Établi à Pékin et vivant rapproché d'un cercle de fidèles, il restait résolument mêlé aux remous du grand brassage qu'a toujours été la vie parisienne, ce qui n'était pas si aisé avec les moyens de communication dont il disposait.

Il faut se rendre compte, encore une fois, de l'effort que demandait cette vie. Un effort exceptionnel d'endurance pour mener à bien ces déplacements réalisés souvent avec des moyens de transport rudimentaires ainsi que des trésors d'ingéniosité pour tirer le meilleur parti de toutes les opportunités qui s'offrirent alors. Discret sur les difficultés rencontrées, Teilhard fit parfois allusion à des contre-temps ou à des incidents techniques tel celui où une fausse manœuvre lui fit perdre toute une série de photos. Soucieux d'équilibre et d'entente, il parlait peu des petits différends qui souvent opposent les hommes entre eux – différends avivés par les conditions de vie, parfois rudes, rencontrées lors des expéditions. Et surtout, il ne disait rien de ce qui pouvait lui arriver à lui, ces petits, ou moins petits, accidents qui sont le lot du voyageur sur le terrain. Chutes, ennuis de santé ou autres, pas un mot dans sa correspondance. Il va toujours bien ! Endurance exceptionnelle et bonne dose de chance certainement, néanmoins il dut bien parfois connaître quelques mésaventures et sentir le poids de la fatigue.

Il faut lire le récit que fait Barbour, pour savoir qu'un soir de juillet 1934, Teilhard fut à moitié assommé par la ruade d'un mulet :

Nous étions partis le matin à 8 heures de Kousien. Il avait plu et nous avions parcouru seulement quelque 25 kilomètres sur un très mauvais terrain. Pierre s'assit sur les marches de pierre du yamen en attendant la suite des opérations et se mit à regarder trois soldats qui essayaient de décharger leurs effets du dos d'un mulet rétif. L'un des hommes cria en chinois que l'animal avait mauvais caractère, mais la remarque fut tout à fait perdue pour Pierre, qui était en train de commenter la vérité d'une citation de Li T'ai-Po que Young avait lue sur une pierre devant laquelle nous étions passés pendant notre voyage sur le Yangtsé deux mois auparavant : « Il est aussi difficile de voyager dans le Szechouan que de grimper au ciel. » Juste à ce moment-là, l'un des soldats perdit l'équilibre, le mulet essaya de se débarrasser de son chargement et rua vicieusement avec sa patte arrière qui frappa Pierre à la tempe. Le coup rompit un vaisseau sanguin et, en quelques secondes, il se forma une bosse de la taille d'un œuf de pigeon sur l'artère temporale.

Grâce à la diplomatie de Bien, en moins de cinq minutes, une pièce voisine de la cour extérieure était réquisitionnée, un lit de camp déballé et installé. Il n'existe pas de glace dans un village du Honan en juillet ; l'infirmier n'avait rien sauf de l'éther, et le rafraîchissement par évaporation est peu efficace. Pendant toute la nuit, je ne cessai de rafraîchir la tempe de Pierre en renouvelant constamment les compresses. Je lui lus l'office du jour dans le bréviaire qu'il avait utilisé dans le char au début de l'après-midi et, inquiet, j'attendis l'aube pendant que la chandelle finissait de brûler. Mais Teilhard était seulement préoccupé de ces pauvres gens qui avaient préparé un repas avec tant de soin et n'avaient pas d'invité pour le manger.

Le matin l'enflure avait beaucoup diminué et il insistait pour aller de l'avant. Mais je lui fis remarquer que l'histoire de la mule nous avait empêchés d'écrire notre rapport sur le trajet de la veille. En outre, le chef de la police nous avait dit de ne pas continuer sans qu'un message eût averti de notre venue les prochains postes. Deux jours après, Teilhard était assez bien remis pour reprendre la route.

Heurs et malheurs d'un scientifique sur le terrain. L'endurance physique de Teilhard fut exceptionnelle car on peut supposer qu'il eut à subir d'autres incidents et désagréments tout au long de ces explorations qui devaient être aussi épuisantes qu'aventureuses, et il n'y eut pas toujours un George Barbour ou un Helmut de Terra pour nous faire part des mauvais coups. Le rude Licent, l'esprit dévoué à ses collections, ne devait pas voir l'intérêt qu'il pouvait y avoir à relater les circonstances d'une chute ou les désagréments de douloureuses courbatures.

Aucune lettre de Teilhard ne parle de ce coup de sabot de la mule, même Lucile n'en fut informée, si jamais elle le fut, que par Barbour, Bien ou Young qui participèrent également à l'expédition ! Quoi qu'il en soit, chance ou robustesse personnelle, Teilhard ne fut jamais sérieusement accidenté. C'est seulement lors de son séjour parisien de l'été 1937 qu'une crise de paludisme le força, de façon inattendue, et pour la première fois, à l'immobilité.

Rien ne détourna ni ne ralentit Teilhard dans la poursuite de la tâche qu'il s'était assignée. Et le suivi de ce qui se passait en France pendant ses absences faisait partie de ses préoccupations. Sentant combien il était important pour lui de rester dans la course et de suivre l'évolution des idées, il eut la volonté de garder les moyens d'être informé. Le soin mis pour entretenir sa correspondance avec des interlocuteurs nombreux et variés témoigne bien de ce souci.

Sa relation avec Bruno de Solages est un bon exemple de ces liens que maintenait Teilhard avec des personnes engagées dans les grands débats d'idées. Il est caractéristique que ce soit Bruno de Solages, personnalité religieuse de premier plan, qui lui ait demandé en 1934 de rédiger un texte faisant le point sur sa foi. Ce fut *Comment je crois*. Bruno de Solages fut une grande figure du catholicisme français du milieu du XXe siècle. Plus jeune que Teilhard, qu'il rencontra dès 1928, il fut séduit par l'homme et par les idées. Affichant son adhésion à la pensée et son estime pour l'homme, il représenta, assez isolé, *le* soutien de l'Église au *Phénomène humain* du vivant de son auteur.

En janvier 1934, Teilhard reçut une lettre de sa part à laquelle il s'empressa de répondre :

Je viens de recevoir votre lettre du 29 novembre, qui m'a fait grand plaisir, et qui en outre, par la confiance dont elle est pleine, m'a beaucoup touché. Vous êtes un de ces amis et conseillers fidèles sans lesquels ma vie s'en irait je ne sais trop où.

Oui, je suis bien résolu à faire, autant que je le pourrai, ce que vous me demandez.

Votre suggestion d'écrire quelques pages sur nos raisons de croire en Dieu et au Christ me plaît ; et elle coïncide avec la maturation, dans ma tête, de certaines idées sur ce sujet. Je vais y penser, immédiatement, et, j'espère effective [1]. Vous me rendez un grand service en me demandant un effort précis sur un point à réaliser. J'en suis trop souvent réduit à monologuer au gré de mes impressions, sans subir l'aiguillon, ni l'attrait, d'un but concret à atteindre.

Cette lettre souligne bien, encore une fois, les habitudes de Teilhard qui avait besoin de se sentir questionné ou stimulé par un proche pour pouvoir exprimer ce qu'il sentait mûrir au fond de lui. S'il avait été livré à lui-même, ne se serait-il pas contenté d'une réflexion intime ? Était-ce d'ailleurs possible, tant il lui fallait cet environnement amical avec lequel il se sentait en confiance pour faire avancer et surtout exprimer sa réflexion ? Heureusement, Teilhard savait se créer amies et amis, nombreuses et nombreux. Lucile Swan eut une grande place, certainement à part, parmi ceux qui encouragèrent et stimulèrent Teilhard, mais elle ne fut pas la seule. Et dans le cas de Bruno de Solages, le soutien, venant du recteur de l'Institut catholique de Toulouse, avait une importance qui allait au-delà du plaisir de l'amitié partagée.

Le texte demandé ne fut rédigé qu'à la fin de l'année. Avant de le commenter, il faut dire un mot de la façon dont Teilhard, contournant l'interdiction de publier qui lui était faite, organisait la diffusion de ses textes. Il semble bien que *Comment je crois* ait été le premier texte de Teilhard à être imprimé et diffusé de manière ordonnée, avec l'aide précieuse de Simone Bégouën.

Dans cette affaire de diffusion de ses écrits, le comportement de Teilhard était d'ailleurs paradoxal. Jamais il ne reçut l'accord de son ordre pour publier un texte qui ne fût pas strictement scientifique. Confronté à ce qui était une instruction formelle, il

1. Teilhard emploie ici le mot latin *effective* qui a le sens d'activement, pour mieux marquer l'obligation qu'il se fait de rédiger cette note.

a toujours affiché son obéissance et affirmé respecter cette interdiction qui lui était faite. Mais cela ne l'empêcha nullement de prendre la parole en public ni de diffuser autour de lui des écrits qu'il faisait imprimer de façon artisanale. *Comment je crois* fut ainsi distribué parmi ses proches à quelques dizaines, peut-être quelques centaines d'exemplaires. Cette liberté de parole et d'écriture en public, sans beaucoup de retenue de sa part, ne contribua pas, bien au contraire, à redorer son image à Rome. Attitude délibérée qui frisait l'insoumission et qui fut une grande source d'embarras.

Pour élargir la diffusion de ses écrits, il bénéficia d'aides amicales. Simone Bégouën fut la première à participer ainsi à la publication artisanale des écrits de Teilhard. Bruno de Solages retrace l'organisation mise en place par cette amie fidèle :

Max Bégouën a précisé les circonstances de ce travail qui fut si important pour la diffusion de la pensée teilhardienne : Pour réaliser matériellement ces papiers, comme la diffusion imprimée était interdite au Père Teilhard, les textes devaient être tapés à la machine. Au début, quelques dactylographes de bonne volonté suffisaient pour fournir au Père les exemplaires dont il avait besoin. Ma femme était la plus active de ces dactylos. Mais le nombre d'exemplaires réclamés par le Père ne cessait de croître avec le nombre de ses relations. Il devenait fastidieux de taper plusieurs fois le même texte et de corriger toutes les copies.

Quand le père revint de Chine, en automne 1932, le problème se posa de façon plus précise. La solution vint d'elle-même au moment du départ du Père pour la Chine en février 1933.

Il était venu nous faire ses adieux. Ma femme l'accueillit par ses mots : « Mon père, j'ai quelque chose à vous proposer. – Tiens, c'est curieux, car j'ai, Simone, quelque chose à vous demander. – Eh bien, moi, je vous propose de ronéotyper vos écrits. – C'est justement ce que je venais vous demander. »

Ainsi prit naissance le programme qui réalisa ces éditions (baptisées plus tard, péjorativement, « les clandestins »). Quelques amis se cotisèrent pour acheter les stencils et les papiers spéciaux de tirage ; ma femme tapait les stencils et utilisait la Gestetner, que Gaston Gradis avait mise à sa disposition. Les jours de tirage, ma femme réunissait une demi-douzaine d'amies pour ce qu'elle appelait une « triage-partie ». Il s'agissait, en effet, de mettre en ordre les feuilles imprimées, et de préparer la brochure qui avant d'être agrafée, recevait la couverture de cartonnage léger, de couleur vert amande, qui donnait aux différents ouvrages l'allure d'une collection. Toutes les brochures de cette époque se présentent de la même façon. Le Père Teilhard indiquait le nombre d'exemplaires qu'il désirait. Je dois dire que ce chiffre était toujours dépassé, car les éditions s'épuisaient toujours plus vite que ne le prévoyait le Père. Les brochures restaient en dépôt dans notre appartement du 6, rue Raynouard, et étaient distribuées selon ses instructions.

S'il m'en souvient bien, le premier écrit polycopié fut « Comment je crois ». Les tirages suivants reprirent des textes précédemment dactylographiés, par exemple, « Le Milieu Divin ». Et la série se poursuivit régulièrement jusqu'à la guerre, qui mit un terme à cette activité [1].

Cette diffusion des textes de Teilhard, qui ne pouvait être assimilée à une activité clandestine, préoccupait ses amis qui craignaient en permanence des réactions des autorités romaines. Bruno de Solages, tout en s'émerveillant de ce qui ressemblait à la génération spontanée d'une pensée originale, a raconté quelles étaient ses craintes :

Ce phénomène était donc tout spontané. Il n'y avait pas de vente organisée. C'était la « demande », ici, qui obligeait en quelque sorte, à y répondre ; et beaucoup s'en chargèrent qui n'avaient aucune mission du père Teilhard et en étaient inconnus. Cela n'avait rien de secret. Les vrais écrits clandestins sont anonymes. Les textes du Père Teilhard, généralement datés, étaient donnés ou envoyés par lui ou de sa part à ses amis. On en a toujours su l'auteur, et il en a toujours avoué la paternité. Habituellement, il en faisait parvenir un exemplaire à son provincial, et les principaux à Rome. Parfois même c'est à l'intention de ses supérieurs qu'il les avait d'abord rédigés. Il y avait une candeur singulière dans la générosité et l'imprudence avec laquelle il les donnait à qui les lui demandait. On savait pertinemment aux *Études* qu'il en avait donné à quelqu'un qui les voulait uniquement pour le dénoncer à Rome. (De quel côté était la droiture de l'Évangile ? Seulement à la simplicité de la colombe, le Père avait oublié de joindre la prudence du serpent.)

Un jour que je rencontrais son vieil ami le père Charles, il me dit son inquiétude d'avoir vu en Angleterre, d'où il revenait, des textes du Père Teilhard, traduits en anglais et imprimés « ad usum privatum ». « Si vous y pouvez quelque chose, me dit-il, tâchez qu'il évite à tout prix cela. » Je pris la plume et adressai, en Chine, une petite

1. Bruno DE SOLAGES, *Teilhard de Chardin*.

mais ferme monition fraternelle de la part de son ami, et respectueuse de la mienne.

J'en reçus la réponse suivante : « Concernant l'affaire (imprimés) dont vous me parlez, je suis le vrai responsable, – dans cette mesure au moins que j'ai cru devoir céder (comme dans bien d'autres cas dans ma vie) à un concours de pressions et de circonstances où j'ai cru voir une "indication". Les atténuations à ma faute sont les suivantes : les deux brochures (*l'Esprit de la Terre, Comment je crois*) sont orthodoxes, de l'avis de plusieurs juges sûrs ; elles sont traduites en anglais (pas très bien du reste…) ; il y a peu d'exemplaires ; c'est (la mention est explicitement imprimée) "pour circulation privée". Quelle différence, au fond, y a-t-il entre imprimer ou stenciler cent ou deux cents copies ? […] Je me rends compte, toutefois, que j'ai été à la limite de mes droits, et que c'est une sorte d'imprudence. Mais je me demande s'il ne faut pas que quelqu'un finisse par jeter un pavé dans la mare, ou même finisse par se faire "tuer" pour ouvrir le chemin. Je suis un des mieux placés pour cela, parce que la vie a fait de moi un indépendant, un "irrégulier".

Voyez-vous, je rencontre, par brassées, des âmes qui étouffent et qui appellent un Dieu. Ce Dieu, nous l'avons dans le Christianisme bien compris, qui est le vôtre, et celui de tant d'amis communs. De quel droit pouvons-nous lui rendre un culte privé, ésotérique, et nous résigner à laisser prêcher à la pauvre masse humaine une religion dont l'expression ne nous satisfait plus ? […] Le sans-gêne (je le dis sans amertume, mais froidement et objectivement), avec lequel, par exemple, on a mis au panier à Rome, sans même m'avertir ni discuter, "Le Milieu Divin" dont la révision de Louvain urgeait la publication, m'a fait comprendre qu'il fallait, à l'heure présente, prendre ses responsabilités. C'est pour cela que je me suis cru, jusqu'à un certain point, délié et justifié à aller, comme je disais ci-dessus, à l'extrême limite de mes droits. Vous m'aiderez à ne pas faire de bêtises et, si un heurt se produit (comme cela ne peut guère manquer) à rester du côté de l'amour ».

Vers la fin de sa vie, comme nous parlions un jour de cette extraordinaire diffusion spontanée, il me dit : « Cela a été ma chance, après tout, que cette prétendue clandestinité. »

Ce récit fait la lumière sur l'exacte clandestinité des écrits de Teilhard avant la guerre. Bruno de Solages a raison de faire remarquer que ces textes n'étaient en rien des textes clandestins, étant tous datés et signés. Que Teilhard et d'autres aient plaisanté à leur propos, en les qualifiant de clandestins, ne doit pas servir à créer l'image d'un acte de témérité avec la lecture des œuvres de Teilhard sous le manteau. Ces lecteurs ont surtout eu la chance de pouvoir mettre la main sur des textes qui à l'époque devaient malgré tout être difficiles à trouver. Quelques années plus tard, en France occupée, la lecture de textes interdits présenta un tout autre risque. Ce n'était pas le cas pour la lecture des textes de Teilhard, textes qui n'étaient frappés directement d'aucun interdit. Seul leur auteur bravait l'autorité dont il dépendait et assumait le risque de ces lectures. Néanmoins, il est bien clair que ce parfum de confidentialité qui s'apparentait à la transgression d'un interdit a contribué à accroître la notoriété de Teilhard. Il y eut là une heureuse remise en place des choses à l'encontre de ceux qui voulaient étouffer son droit à la parole.

À Pékin, avec Lucile Swan, il organisa de la même façon la traduction, l'impression puis la distribution de ses textes en anglais. Avec elle, il parlait des « œufs » qu'il déposait ici ou là, espérant que leur lecture suivrait leur éclosion et contribuerait à répandre sa pensée. Cette façon de faire lui plaisait, le stimulait, le mettait en joie, en dépit des risques que cela représentait pour sa situation au sein de la Compagnie et de l'Église. Il en était parfaitement conscient et craignait autant une sanction qu'il espérait un regain de diffusion de sa pensée.

Étonnant Teilhard que nous voyons adresser une aimable fin de non-recevoir à Bruno de Solages qui, à la fois ami prévenant et ecclésiastique fidèle à son Église, l'adjure d'être plus prudent. Étonnant Teilhard qui, habité d'une honnêteté totale, ne pouvait imaginer la cautèle chez quiconque et confiait le fruit de son labeur à qui le lui demandait !

Au début de 1935, *Comment je crois* est prêt ! « Grâce à un ami, j'ai pu faire stenciler *Comment je crois* en un grand nombre de copies que j'ai distribuées généreusement : une voie plus sûre et plus efficace que d'attendre une hypothétique impression [1]… »

Pour qui veut se pencher sur la complexité des relations au sein de l'Église, il y a ici un grand courage de la part de Teilhard. La vague antimoderniste venue de Rome avait durement frappé les théologiens tentés d'ouvrir les fenêtres de la vieille Église pour en changer l'air. Les risques de sanction à son égard étaient réels. Une excommunication, peu probable néanmoins dans son cas, l'aurait gravement affecté ; mais ce qu'il risquait le plus

1. Lettre à Lucile de juin 1935 (Letters).

était une relégation autoritaire dans un obscur séminaire où lui auraient été confiées des tâches sans intérêt. Teilhard craignait et souhaitait à la fois l'affrontement. Son ordre manœuvrait pour éviter le scandale d'une sanction publique contre un de ses membres. Cet ensemble de contraintes donne ce résultat assez curieux d'un jésuite qui proclame son obéissance totale auprès de ses supérieurs et qui en même temps diffuse des textes et énonce des messages sans avoir obtenu l'autorisation formelle de le faire. Avec au même moment une Compagnie qui, tout en protégeant son fils, fait tout pour qu'on ne l'entende pas trop et qu'il se fasse oublier.

L'honnêteté de son caractère et la fermeté de ses convictions poussaient Teilhard ! Et la poussée était incroyablement forte !

« Comment je crois. »

Comment je crois est un texte d'une quarantaine de pages, soigneusement rédigé et d'une lecture facile.

Il s'ouvre sur un énoncé du raisonnement proposé dont l'ordonnance rigoureuse nous frappe par sa simplicité. La pensée de Teilhard s'élève en quatre phrases brèves qui s'enchaînent impeccablement :

> Je crois que l'Univers est une Évolution.
> Je crois que l'Évolution va vers l'Esprit.
> Je crois que l'Esprit, dans l'homme, s'achève en du Personnel.
> Je crois que le Personnel suprême est le Christ Universel [1].

Quelle est la démarche de Teilhard ? C'est une réflexion intelligente et intelligible. Teilhard est persuadé et veut nous persuader que chacun peut arriver à la foi par la réflexion. La foi est une adhésion à quelque chose d'intelligible. « J'entends par foi toute adhésion de notre intelligence à une perspective générale de l'Univers. » Quel chemin parcouru depuis le « J'aimais bien le petit Jésus » de son enfance ! Et bien sûr cet exposé religieux coïncide avec ce que Teilhard a décrit par

1. *Comment je crois*, texte daté d'octobre 1934, est inclus dans *Comment je crois*, tome 10 des œuvres complètes, recueil de plusieurs textes qui porte le même titre que le texte d'ouverture.

ailleurs. Tout se tient. Il nous mène au même point, que ce soit par une description de l'évolution du monde, ou par une description de sa foi. Le mouvement de la matière et la marche vers l'Esprit, l'achèvement de l'évolution et la convergence dans le Personnel, les parcours se rejoignent, que le point de départ soit « le bout de l'esprit » ou « le bout de la matière [1] ».

Teilhard nous propose sa réflexion, comme témoignage, comme expérience, comme cas d'espèce : « C'est purement à ce titre documentaire que j'ai essayé de fixer, dans les pages qui suivent, les raisons, les nuances et aussi les limites ou les difficultés de ma foi chrétienne. » Il veut nous faire partager l'impression de clarté qu'il ressent, lorsqu'il jette un regard sur son propre parcours – cette impression intérieure de libération et d'épanouissement, vécue personnellement lorsqu'il a compris que sa piété d'enfant sortait renforcée de son apprentissage scientifique. Pour son exposé, il se place au point de rencontre entre piété et réflexion. Conjonction et non plus confrontation de la foi et de la raison. « Par éducation et par formation intellectuelle, j'appartiens aux "enfants du Ciel". Mais par tempérament et par études professionnelles je suis "un enfant de la Terre". » Et, précision importante, « ceci n'a pas tué mais renforcé cela » ! Teilhard expliquait volontiers à ceux qui l'interrogeaient que sa foi se renforçait à la mesure du progrès de ses connaissances scientifiques. Ce point précis avait fortement retenu l'attention de Lucile Swan lors de leurs premiers échanges.

Ayant ainsi défini le point de départ de son parcours, Teilhard poursuit ses explications en énumérant ce qu'il appelle : « les étapes individuelles de [sa] foi ». Celle-ci étant raisonnée peut

1. Achèvement : ce mot, souvent employé par Teilhard, doit être pris non pas dans le sens de fin mais dans celui de réalisation parfaite. Le Personnel ou point Oméga ou Christ universel. Ces vocables expriment différents aspects de la même idée, celle du stade achevé de l'évolution chez Teilhard. Dans le vocabulaire des théologiens, le vocable « personne » ou « personnel » a un sens opposé à celui d'« individu ». La « personne » évoque la présence de l'amour divin qui absorbe en un seul Tout la multitude des individus. Elle constitue le phénomène de rapprochement des centres individuels épars dans le monde. Dans le stade achevé, elle est l'accomplissement parfait de chaque humain s'infusant dans le milieu divin. Pour une description plus complète de la compréhension du point Oméga par Teilhard, voir p. 171, n. 1.

faire l'objet, sinon d'une démonstration, du moins d'une description méthodique.

Au départ, il y a « la foi dans le monde », l'exact coup d'œil sur le monde, la façon de le voir comme un tout auquel chacun adhère. *Comment je crois* est bien rédigé dans la ligne de *La Messe sur le monde* : « Je suis amené à penser que l'Homme possède, en vertu même de sa condition "d'être dans le Monde", un sens spécial qui lui découvre, d'une manière plus ou moins confuse, le Tout dont il fait partie. Rien d'étonnant, après tout, dans l'existence de ce "sens cosmique". Parce qu'il est sexué, l'Homme possède bien les intuitions de l'amour. Puisqu'il est élément, pourquoi ne sentirait-il pas obscurément l'attrait de l'Univers ? » Le premier acte de foi, c'est de percevoir, de se convaincre, que chacun fait partie de l'humanité, non pas comme un élément indépendant, ballotté au gré des événements, ni même comme un élément simplement inclus, mais comme un élément qui participe, en marche vers une adhésion, en route pour découvrir ce désir d'adoration de l'ensemble. Découvrir qu'étant élément nous sommes attirés, par la force de l'amour, de l'amour charitable, vers les autres éléments !

Le deuxième acte de foi, avec « la foi en l'Esprit », est de reconnaître que l'unité du monde est de nature dynamique ou évolutive et va vers l'Esprit.

« Ainsi le Tout universel, de même que chaque élément, se définit à mes yeux par un mouvement particulier qui l'anime. Mais quel peut être ce mouvement ? Où nous entraîne-t-il ? [...] C'est en historien de la Vie, au moins autant qu'en philosophe, que je réponds, du fond de mon intelligence et du fond de mon cœur : "Vers l'Esprit". » Ce mouvement est orienté. Non seulement les hommes se sentent poussés, attirés les uns vers les autres, mais ensemble ils doivent se sentir portés vers le haut, vers un progrès, portés par l'Esprit et portés vers l'Esprit. Cet Esprit qui se superpose, qui enveloppe, qui pénètre et se mêle à tous les esprits de la terre, pour devenir l'Esprit du monde. Esprit sous forme d'intelligence, ou plutôt de supra-intelligence qui englobe et dépasse les intelligences humaines. Ce que Teilhard entend par supra-intelligence n'est pas la super-intelligence d'un individu, mais la forme collective de l'intelligence source de progrès et de progrès irréversible.

Et c'est le troisième acte de foi, « la foi en l'Immortalité » et en l'irréversibilité. Il y a unité du monde, évolution de ce monde renforcée par ce rassemblement vers plus d'intelligence. Cette intelligence qui nous porte en avant et en haut. « Pour mettre en branle la chose, si petite en apparence, qu'est une activité humaine, il ne faut rien moins que l'attrait d'un résultat indestructible. Nous ne marchons que sur l'espoir d'une conquête immortelle. Et je conclus directement : Donc il y a de l'immortel en avant de nous. » Pour Teilhard, il n'est pas possible de douter, le résultat de la totalité des efforts humains ne peut ni conduire à un retour en arrière, ni se perdre sur un mauvais chemin, ni être réduit à néant. Ce qui porte le désir d'action des hommes c'est un sentiment d'acquis définitif, « l'attrait d'un résultat indestructible ». Il n'est pas pensable que l'œuvre humaine soit éphémère, bien au contraire, l'humanité « marche sur l'espoir d'une conquête immortelle ». Et sa conclusion est aussi brève que ferme : « Donc il y a de l'immortel en avant de nous » ! Conviction optimiste et attrayante, d'autant plus qu'elle exprime une compréhension raisonnable de l'immortalité à travers une participation individuelle à l'œuvre collective. Chaque individu est mortel, mais le fruit de sa participation à l'œuvre commune ne disparaîtra pas, car l'œuvre commune ne disparaîtra pas.

Quatrième et dernier acte de foi : la « foi en la Personnalité ». Pour Teilhard, l'évolution de l'humanité converge, et converge vers et dans le Christ. Car s'il y a un sens à ce progrès, une logique, une ordonnance, c'est parce qu'il y a attirance, appel de quelque chose, ou de quelqu'un qu'il nomme Oméga, ou le Christ universel. C'est comme un moule dans lequel la pâte de l'humanité en mouvement, en évolution, va aller se loger en prenant la forme qui convient, après bien des tâtonnements. Pâte maintenue à un bon niveau de plasticité par le rayonnement de la bonté, la chaleur du bien, la présence de la charité. Étape non pas ultime mais de plein achèvement et riche de promesses, où l'élimination des choix hasardeux, sous l'effet de la confiance en l'avenir et de l'union, élargie par la charité, nous assure une humanité vraie parce que unie et confiante.

« Mais alors se pose la question subsidiaire : que restera-t-il de chacun de nous dans cette ultime Conscience que l'Univers prendra de lui-même ? »

Réponse de Teilhard : « Non, le Tout n'est pas l'immensité détendue, et donc dissolvante, où vous cherchez son image. Mais il est essentiellement, Lui comme nous, un Centre, doué des qualités d'un centre. Or quelle est la seule façon dont puisse se former et se nourrir un centre ? Serait-ce en décomposant les centres inférieurs qui tombent sous son empire ? Non point ! Mais en les renforçant à sa propre image. Ce qui revient à dire que la véritable union, c'est-à-dire l'union spirituelle ou de synthèse, différencie les éléments qu'elle rapproche. Ceci n'est pas un paradoxe, mais la loi de toute expérience. Deux êtres qui s'aiment ont-ils jamais une plus vive conscience de chacun d'eux-mêmes que lorsque, l'un dans l'autre, ils se sont noyés ? » Il faut s'arrêter un instant sur cette phrase de Teilhard qui avance un point capital pour la compréhension du monde moderne. Pour les femmes et les hommes, aller vers plus de rassemblement, plus d'unité, assure non seulement leur existence individuelle mais aussi leur identité individuelle. Affirmation qui ne va pas de soi dans un monde où chacun ne craint qu'une chose, être absorbé dans une masse où il perde son identité. Il est difficile d'aller ici au fond de ce débat, mais faisons une remarque.

Remarque par rapport à ceux qui vécurent, ou qui vivent encore, dans une société sans cohésion suffisante, une société où chacun doit se débrouiller selon ses moyens et au sein de laquelle les moins doués, les moins nantis peuvent se trouver anéantis en cas de difficulté. Dans une société unie, rassemblée, ils sont, non pas simplement secourus, mais doués ou dotés de moyens suffisants pour exister, pour retrouver une identité que leur isolement, fausse indépendance, leur aurait fait perdre. Le puissant, le riche, le fort peut renâcler, ayant l'impression que l'appel fait à son effort est trop lourd. Il va craindre de se retrouver mêlé à cette foule, alors que pour lui tous ses efforts tendent à l'en faire distinguer. Mais a-t-il le choix devant la demande omniprésente et envahissante de plus de solidarité ? Les évangiles disent-ils autre chose lorsqu'ils appellent à un établissement des vraies priorités, à une réelle union ? L'affirmation de Teilhard est conforme au message chrétien, il y a cohérence. Teilhard rajeunit et modernise la foi chrétienne en l'appuyant sur les acquis de la science. Pour lui, tout se consolide et se conforte logiquement. Raison, connaissance, foi, intelligence et surtout intelligibilité.

Ce récit de son expérience intérieure, Teilhard nous le donne comme un témoignage parmi d'autres, à ajouter aux autres. « Comme toute autre connaissance humaine, la Psychologie religieuse se construit sur des expériences. Elle a besoin de faits. Et puisque, en l'occurrence, les faits n'apparaissent qu'au plus profond des consciences, elle attend, pour se développer, des "confessions" individuelles. » Teilhard met les faits psychologiques sur le même plan que les faits matériels. Dans les deux cas, leur accumulation crée un faisceau d'évidences qui vont s'imposer à tous. C'est à cette impression intérieure de libération par la découverte de ces évidences que Teilhard veut nous convier.

Il poursuit sa réflexion par un discours sur le phénomène religieux. Il s'agit d'expliquer comment le fait religieux s'insère dans sa description.

Qu'est ce que le fait religieux ?

Tout au long de cet exposé, nous avons bien compris le souci de Teilhard de concilier le spirituel et le matériel. Ce n'est même plus dans son esprit de la conciliation, c'est plus simplement, plus radicalement, un tout cohérent. Il va avoir la même attitude pour inclure le fait religieux.

Il nous décrit le fait religieux ancré au fond des hommes, comme une réaction humaine liée au phénomène de l'évolution. Il exprime cette idée avec une parfaite clarté : « À mon sens, le phénomène religieux, pris dans son ensemble, n'est rien moins que la réaction, à l'Univers en tant que tel, de la conscience et de l'action humaine collectives en voie de développement. » La perception de son histoire par l'humanité s'intègre dans un espace religieux. Le fait même de s'interroger sur son passé et sur son avenir témoigne d'une dimension religieuse de la réflexion humaine.

Teilhard fait une brève description comparative des différentes religions. Il renvoie dos à dos les religions orientales et les panthéismes matérialistes occidentaux. On ne peut nier que son regard sur les religions orientales soit à ce moment un peu schématique : « Les Religions hindoues me donnaient l'impression d'un abîme où on se jetterait pour saisir l'image du soleil [1]. Chez les panthéistes humanitaires d'aujourd'hui, il me semble que j'étouffe sous un ciel trop bas. » Le christianisme catholique n'est guère mieux loti, car il est statique, imperméable à toute notion de mouvement, de progrès : « Le Christianisme ne paraît pas croire au Progrès humain. Il n'a pas

1. Voir p. 173, n. 1, à propos de la lettre de juillet 1932 à l'abbé Gaudefroy, la compréhension que Teilhard avait de ce qu'il appelle « la solution » ou « langage oriental », expression des religions orientales.

développé ou il a laissé s'endormir en lui le sens de la Terre… C'est alors que m'est apparu le Christ-Universel. » Pour Teilhard, le christianisme traditionnel, parce qu'il n'inclut pas une dimension évolutive, offre une vision désolante du monde – vision d'un monde sec qui ne peut qu'inciter au détachement et au renoncement. Reconnaissons que sa description du catholicisme traditionnel date quand même d'il y a trois quarts de siècle !

Il s'agit de comprendre comment il est possible de lutter contre cette sécheresse et c'est à ce point que Teilhard nous donne sa vision du Christ universel ou point Oméga « qui tel que je le comprends, est une synthèse du Christ et de l'Univers. Non point divinité nouvelle, mais explication inévitable du mystère en quoi se résume le Christianisme : l'Incarnation [1] ». Si les chrétiens veulent rendre possible l'incarnation et « conserver au Christ les qualités même qui fondent son pouvoir et notre adoration, nous n'avons rien de meilleur, ou même rien d'autre à faire que d'accepter jusqu'au bout les conceptions les plus modernes de l'Évolution ». Car « L'Évolution, en découvrant un sommet au Monde, rend le Christ possible, tout comme le Christ, en donnant un sens au Monde, rend possible l'Évolution ». La compréhension de l'Incarnation passe par celle de l'évolution comme manifestation de la création. Évolution créatrice, devenant consciente d'elle-même et qui, par cette capacité à se comprendre, exprime et incarne le Christ. Incarnation du Christ dans l'humanité qui symbolise l'attirance vers sa Personne, exercée sur l'humanité. Et en même temps, symbole de l'humanité venant se loger au creux du Christ, s'y mouler, s'y infuser. Il n'est pas ici besoin de recourir à une explication merveilleuse et non accessible à l'intelligence pour comprendre l'Incarnation divine.

En même temps que progresse la capacité de l'évolution à se prendre en main, à agir sur elle-même, en même temps progresse

1. La compréhension du point Oméga : Teilhard se sert de cette appellation en partie pour rester accessible aux non-croyants. L'utilisation qu'il fait de ce terme recouvre plusieurs sens ou plutôt plusieurs aspects qui correspondent à plusieurs niveaux de réflexion. Il y a d'abord le point Oméga centre de convergence de l'évolution, c'est le sens le plus immédiat. Au-dessus, ou au-delà, le point Oméga prend un sens plus « croyant » en s'intégrant au Dieu transcendant. Et, dernier niveau, plus large, où il s'assimile au Christ universel, le Christ aux allures cosmiques qui est le Christ de Teilhard.

l'exigence de convergence, de regroupement, d'unité. Teilhard se positionne franchement sur ce terrain de l'union. Toutefois, il se garde d'aborder toute question de chronologie ou de calendrier. Ce n'est d'ailleurs pas son rôle.

Et voici sa conclusion : « En vérité, plus j'ai médité les magnifiques attributs cosmiques prodigués par saint Paul au Jésus ressuscité, plus j'ai réfléchi au sens conquérant des vertus chrétiennes, plus je me suis aperçu que le Christianisme ne prenait sa pleine valeur que porté (comme j'aime à le faire) à des dimensions universelles. »

Il y a complète unité du monde. Et le Christ symbolise cette unité. Et force est de reconnaître la grandeur du christianisme qui a préparé, par l'affirmation obstinée de l'unité spirituelle du monde, son unité matérielle et tôt ou tard sociale.

Teilhard, avec ce texte, établit pour son lecteur une synthèse remarquable. Cette mise au net de ses idées lui demanda un gros effort de réflexion. Ce texte est magistralement rédigé, Teilhard nous donne là le meilleur de son talent d'écrivain. La qualité du texte rehausse la valeur du témoignage qu'il nous donne, *son* témoignage.

Ces idées, si bien exprimées ici, se retrouvent ailleurs chez Teilhard, avec l'usage de formules parfois plus marquées.

Teilhard a toujours pris soin d'expliquer le travail, l'effort de réarrangement de ses acquis d'origine face à l'accroissement de ses connaissances scientifiques pour arriver à cette synthèse de sa pensée. Il y reviendra longuement dans *Le Cœur de la matière*, son grand texte autobiographique, rédigé quinze ans plus tard. « Instinctivement, je ne penserais pas comme cela. C'est par réflexion et par volonté que je me jette passionnément sur la vie qui vient, sans consentir à regretter rien du passé [1]. » Dans ses lettres à ses confidents, Valensin et Gaudefroy, il fit part de ses difficultés. Ainsi à Valensin :

> Je sais bien que, par l'effort d'adaptation que je vous demande et que je poursuis, il tend à se créer dans le Christianisme un regrettable ésotérisme. Je suis parfois un peu effrayé quand je songe à la transposition que je dois faire subir, en moi, aux notions vulgaires de création,

1. Phrase citée à nouveau plus loin, voir le chapitre « Le cœur de la matière ».

inspiration, miracle, péché originel, Résurrection, etc. pour pouvoir les accepter. Mais n'est-ce pas là un mouvement général de toute la pensée philosophique et scientifique d'aujourd'hui que ce séparatisme de la vérité critiquée et de la vérité vulgaire ? Rien ne me paraît aussi grave que cette extrême distension de la pensée moderne entre une Vérité raffinée, pratiquement ésotérique, réservée à des spécialistes en somme, et la Vérité plus grossière seule accessible encore à la masse. Comment empêcher une scission entre cette tête et cette queue ? [Lettre de décembre 1922.]

Comme tout non-théologien, le simple curieux de l'histoire du monde ne peut que faire sien un tel propos. N'y a-t-il rien de plus agaçant et surtout déroutant que l'ésotérisme brumeux pour décrire des choses simples ? Toujours cet effort de Teilhard qui s'emploie à faire coïncider la foi chrétienne avec les idées modernes, à être intelligible pour un esprit de bonne volonté.

De la même façon, il est intéressant de voir comment Teilhard récuse le discours de résignation prêché traditionnellement par nombre de clercs. « Non seulement les représentations historiques et scientifiques que véhicule encore notre dogme sont périmées ; mais la forme même de son idéal moral n'est plus accordée sur notre âme d'aujourd'hui… Je crois qu'un Évangélisme de simple résignation, de simple détachement, de simple expiation, de simple pitié, n'est pas la religion dont nous avons maintenant besoin » (Lettre à Gaudefroy, Pâques 1927). Cette phrase est d'une grande lucidité. Pour Teilhard, rien n'est plus contraire à l'idéal humain que l'attitude de résignation, qui pour lui s'assimile à un renoncement au monde. Ce passage est à rapprocher du *Milieu divin* et de sa description des passivités.

Ce qui l'amène à tenir ce propos, certes un peu agacé, mais rassurant pour ceux qui considèrent qu'il y a toujours quelque chose à entreprendre au lieu de subir les événements : « À vous dire franchement ma pensée, je me demande si le Discours sur la Montagne ne parle pas le langage oriental, beaucoup plus que le langage occidental et voilà pourquoi je n'aime pas à le voir présenter comme un sommaire du christianisme [1]… »

1. Lettre à l'abbé Gaudefroy, juillet 1932. Pour Teilhard, le « langage oriental » ou la « solution orientale » est celui qu'utilise la personne qui cherche à oublier, ou fuir, ou supprimer la réalité : « l'Un apparaîtra quand nous aurons fait le silence. » Teilhard voyait les messages des religions orientales comme des appels à se retrancher du monde. À l'inverse, le langage

Un autre point important peut sembler avoir donné du fil à retordre à Teilhard : la place de la personne humaine du Christ ou Christ historique. Rappelons que la science religieuse distingue l'existence humaine de Jésus ou Christ historique de sa dimension messianique et divine ou Christ Fils de Dieu. La question est encore plus complexe chez Teilhard, car il donne une autre dimension au Christ Fils de Dieu qui devient chez lui, nous l'avons vu, Christ universel, introduisant ainsi une troisième expression ou définition encore plus large d'un Christ vers lequel converge l'évolution.

Teilhard, en fait, aborde peu la question de la relation entre les deux Christs dans ses écrits ; l'existence historique du Christ à la fois Fils de Dieu est pour lui une donnée ; non seulement il n'a pas cherché à approfondir le lien entre les deux mais il nous décourage de faire une analyse trop poussée de ce lien. Il veut éviter que l'adoration de la personne humaine du Christ ne dissimule le message des évangiles.

Teilhard affiche volontiers sa retenue vis-à-vis des exercices de dévotion à l'égard du Christ de l'histoire qu'il appelle « l'homme Jésus ». Il lui préfère le Christ Messie et Fils de Dieu qu'il appelle « mon Christ [1] ».

Ainsi il écrit à Lucile Swan : « Votre projet est bon de lire à nouveau les Évangiles. Mais, le plus souvent, vous y trouverez surtout l'homme Jésus. Pour découvrir "mon" Christ, lisez particulièrement Jean, – et surtout (pour les meilleurs passages qui ne

ou solution occidental est emprunté par ceux pour qui « l'Un apparaîtra quand nous aurons fait l'accord ou la synthèse », c'est-à-dire lorsque le monde aura été organisé ou plutôt achevé. Voir p. 295, n. 1, la façon dont Teilhard « classait » les grandes religions. Le sermon sur la montagne : texte central du Nouveau Testament (évangile de Matthieu, chapitres 5 à 7). Certains enseignements de ce texte peuvent être lus, littéralement et abusivement, comme la célébration de situations douloureuses et de ce fait acceptées. On comprend que Teilhard, ici, dénonce une démarche intérieure et individuelle consistant à trouver pour soi une satisfaction stérile au milieu de situations douloureuses et pour le moins subies passivement. Le sermon sur la montagne doit certes être lu de façon moins serrée, mais ce texte se présente plus comme une démarche individuelle vers un bon comportement que comme la présentation d'une démarche active vers plus d'union. Il a, quelque part, une sonorité « doloriste » et semble préconiser la résignation.

1. Pour une analyse plus approfondie de la façon dont Teilhard voyait le lien entre Christ historique et Christ Fils de Dieu, voir Dominique LAMBERT, « Teilhard et la Bible », article publié dans *Bible et sciences*.

peuvent vous choquer) Paul : commencez par les Épîtres aux Éphésiens, et aux Colossiens » (Lettre d'août 1935).

Et à Gaudefroy il donne cette explication plus complète :

En matière religieuse, un point particulièrement délicat, et que vous aviez certainement en vue, en m'écrivant, est la nature du Christ historique. *A priori*, ce qui me paraît essentiel à conserver pour la Religion de demain, c'est l'existence d'un élément qui confère, à notre foi en la Convergence de l'Univers, une valeur de réalité, ou si vous préférez, d'objectivité, que je ne conçois guère en dehors d'une espèce d'anticipation (ou de révélation/réponse) du centre même de convergence des choses. Le Christianisme requiert pour subsister quelque chose de plus qu'un Centre virtuel du Monde (autrement il ne serait qu'une philosophie comme une autre). Si vous pensez que l'objectivité du Christ est suffisamment établie par son succès présent (sans avoir désormais à s'appuyer sur l'événement occasionnel qui a pu se produire il y a 2000 ans en Palestine), c'est *all right*. [Lettre de juillet 1932.]

Ce n'est pas l'histoire terrestre du Christ qui est chargée de sens, mais le succès de son Évangile. Il est audacieux pour un non-théologien d'aborder cette question, mais il n'est jamais interdit de réfléchir et de faire des remarques. Il y en a une ici qui s'impose. Le lien entre les deux Christs n'est pas étudié franchement chez Teilhard, pourtant il est l'homme des démarches de clarification et des explications indubitables. Si on considère le soin mis par lui pour faire entrer la question du péché originel dans le champ du raisonnable (intellectualisable selon son vocabulaire), on ne peut s'empêcher de se demander pourquoi il n'a pas eu la même démarche sur ce sujet. Sa foi est présupposée certes, mais Teilhard a cherché à concilier le domaine de la foi et le domaine de la science. Sur ce point, il hésite !

À Lucile, il confie ses hésitations :

Je suis toujours intéressé par vos réactions « religieuses ». Récemment, j'ai eu à tester la valeur de *Comment je crois* auprès d'une amie anglaise (une scientifique) qui, devenue catholique (après avoir été protestante) a abandonné l'Église, parce qu'elle avait le sentiment de ne pouvoir y vivre pleinement et sincèrement. Maintenant, elle m'écrit qu'elle me suit jusqu'à la « foi en l'immortalité » (incluse). Au-delà, elle n'aime pas, ou plutôt elle ne s'aventure pas :

1) parce que, pour elle, sauvegarder la Personnalité (bien qu'elle

veuille y croire) ne lui semble pas « nécessaire » (pour la structure et l'équilibre du Monde, si je l'ai correctement comprise), et

2) parce qu'elle ne voit pas clairement les relations entre le « Christ Universel » et le « Christ historique ». N'est-ce pas en gros votre propre conception ? Pour ce qui concerne la nécessité de sauvegarder la Personnalité, je me sens de plus en plus convaincu d'avoir raison *(la foi en la Personnalité ou en la convergence vers la personne du Christ).* Concernant la part d'historicité nécessaire pour soutenir le Christ Universel, j'avoue mes hésitations (exactement comme pour la part de chair nécessaire pour l'achèvement, l'épanouissement de l'esprit). Nous essaierons d'aller plus au fond de cette question, cet hiver. [Lettre de juillet 1935.]

Teilhard hésite sur l'importance du lien qui doit être fait entre les deux Christs, ce qui peut entraîner une interrogation sur la façon dont la filiation divine de l'homme Jésus doit être comprise. Il n'est pas anodin de noter que c'est avec Lucile, auprès de qui il se sent libre et en confiance, qu'il discute de cette question épineuse. Cette hésitation ne doit pas être considérée comme un doute de sa part sur l'existence de « son » Christ, le Christ universel.

Quelques mois plus tard, toujours avec Lucile, il s'essaie à la synthèse suivante, en précisant à quel niveau se situe son Christ universel :

Le changement n'est certainement pas plus grand entre ce Christ-Universel (auquel je rêve avec beaucoup d'autres) et le « Christ-roi » (tel que proposé à l'adoration des croyants par l'Église officielle) qu'entre ce « Christ-roi » et « l'Homme » rencontré par les pêcheurs de Galilée. Et de plus, en réalité, de quelle importance est cette question largement théorique des liens avec le passé ? La réalité de Dieu sans laquelle l'effort humain (par manque d'idéal commun) tomberait en poussière doit être pour nous *à tout instant* trouvé dans la direction de la représentation la plus achevée que l'humanité ait pu se donner de la Divinité : *Le Christ le plus vrai* ne peut, objectivement, qu'être celui qui nous apparaît, subjectivement, comme le plus parfait et le plus grand Sauveur. C'est en ce sens que je crois être toujours un chrétien sincère. [Lettre de janvier 1937.]

On aperçoit la réponse, ou l'orientation d'une réponse, de Teilhard, « en réalité, de quelle importance est cette question largement théorique des liens avec le passé ? » C'est la même réflexion que dans la lettre à Gaudefroy que nous venons de lire :

la réalité du Christ est plus à découvrir dans le sens de la marche de l'humanité en avant de nous que dans l'existence de l'homme Jésus d'il y a deux mille ans. Teilhard pousse à ne pas faire une recherche trop concrète sur le lien entre le Fils de Dieu et l'homme Jésus.

Quoi qu'il en soit, Teilhard qui avait assisté, content, aux défilés de l'Action française, prenait ses distances vis-à-vis d'une piété populaire active qui ne peut qu'éloigner ou pire dénaturer le message des évangiles. Dans une lettre plus tardive à Pierre Leroy, il fut encore plus pugnace : « Et je me f... complètement des théologiens. Seulement j'enrage en les voyant maintenir le Christianisme dans un état de nanisme qui dégoûte les Gentils... Comment se fait-il qu'il n'y ait pas à Rome, en plus d'une “Commission biblique”, une “Commission scientifique”, chargée de signaler aux autorités les points sur lesquels on peut être sûr que l'Humanité prendra position demain... et pendant ce temps-là on croit satisfaire le monde en promenant à travers les continents une statue de Fatima [1]. » Fichtre ! Voilà Teilhard qui se fâche ! Mais nous prenons plaisir à le lire lorsqu'il s'insurge contre les manifestations d'une piété envahissante qui obscurcit le message chrétien. Il est revenu plus explicitement sur ces questions dans son *Introduction à la vie chrétienne*, rédigée en 1944 à Pékin, pendant la guerre [2].

Pour terminer avec ce parcours en toute liberté au milieu des idées jaillissantes de Teilhard, voyons ce programme de rénovation de l'Église qu'il résumait de façon lapidaire à l'abbé Gaudefroy : « Il m'a semblé que, dans l'Église actuelle, il y a trois pierres périssables dangereusement engagées dans les fondations : la première est un gouvernement qui exclut la démocratie ; la deuxième est un sacerdoce qui exclut et minimise la femme ; la troisième est une révélation qui exclut, pour l'avenir, la Prophétie... »

Le lecteur constate de lui-même que ce programme reste aujourd'hui encore à l'état de vision ! La démocratie catholique, entre deux conciles, reste une vue de l'esprit, même si l'on note des efforts pour tenir compte de l'opinion des fidèles. La Rome papale préfère faire descendre sa vérité chez ses fidèles

1. Lettre à Pierre Leroy de mai 1953. (Pierre LEROY, *Lettres familières de Pierre Teilhard de Chardin mon ami*).

2. Voir ci-après le chapitre « Parenthèse ».

plutôt que se mettre à l'écoute de la vérité auprès d'eux. Quant à la place de la femme – on reste surpris devant l'obstination à la maintenir en arrière, voire inférieure à l'homme –, elle est, ancienne pécheresse, au pied de la croix ! La troisième pierre, quant à elle, est plus spécialement teilhardienne. Il faut donner ici au mot « prophétie » le sens plus précis de prévision, de réflexion sur l'avenir.

Ce reproche d'un manque de réflexion sur l'avenir qu'exprime Teilhard part d'un constat que chacun peut faire. Les textes fondateurs du christianisme ont été rédigés dans un contexte social et culturel donné. Ils sont objectivement teintés d'antiquité. Ils sont certes tournés vers l'avenir, mais vers un avenir réfléchi à partir d'un lointain passé. Et il n'y a rien de destructeur, bien au contraire, à les moderniser, à les retourner vers l'avenir à partir d'un nouveau présent. Nous restons muets de stupéfaction devant le maintien de règles parce qu'une phrase, dégagée de tout contexte, doit être lue littéralement. La révélation, telle que Teilhard la décrit, est une réalité permanente et non l'interprétation figée d'une parole consignée par écrit. Tous les jours, l'homme se découvre et doit prendre en compte les conséquences de ses découvertes. Et au-delà de ces découvertes il y a le devoir d'organiser et de construire le monde et, pour cela, il est indispensable de réfléchir sur l'avenir, de laisser le champ libre à la prophétie.

La défense de la mémoire et de l'œuvre de Teilhard a encore du chemin à faire au sein de l'Église, et, par-delà, au sein du monde, mais déjà il se rassurait lui-même, en constatant que les choses avançaient, même si c'était de manière imparfaite. Et heureusement elles avancent toujours, grâce à la montée de l'Esprit qui se manifeste dans les progrès de la connaissance et de l'intelligence du monde.

Pour appuyer cette dénonciation virulente de l'autorité vaticane faite par Teilhard, voici trois quarts de siècle, on peut relire le jugement sans concession des deux biographes américaines de Teilhard, Mary et Ellen Lukas, sur la Rome papale – jugement qui date d'il y a trente ans mais qui semble encore bien actuel :

Alors que les autres capitales occidentales ont connu au cours des derniers deux mille ans différentes révolutions démocratisantes, la Rome religieuse et officielle est restée (et reste encore dans une grande mesure) l'héritière des Césars, la dernière monarchie absolue du monde. Ici, comme dans un vaste musée – même après Vatican II –, survivent encore, dans l'apparat d'un ancien et autocratique style de vie, des coteries de cour, le népotisme idéologique, et ce cynique « carriérisme » pour lequel certains hommes ont toujours été prêts à sacrifier beaucoup des bonnes choses de ce monde [1].

Et tout près de nous, Hans Küng, ancien conseiller du concile Vatican II, a laissé éclater son indignation au lendemain du pontificat de Jean-Paul II :

> Tout à sa dévotion à Marie, il a prêché aux femmes de nobles idéaux, mais il leur a en même temps interdit la pilule et refusé l'ordination… Certes, il avait pris part au concile Vatican II, mais il a bafoué la collégialité entre le pape et les évêques décidée à ce concile, et célébré en toute occasion le triomphe de la papauté. Il a recherché le dialogue avec les grandes religions, mais, en présentant les religions autres que chrétiennes comme des formes déficitaires de la foi, il les a dès lors disqualifiées… Il s'est présenté comme le bouillant avocat de la morale privée et publique, mais un rigorisme éloigné des réalités du monde lui a en même temps ôté toute crédibilité en tant qu'autorité morale [2]…

Ils ont été et sont encore plus nombreux pour tenir compagnie à Teilhard ceux qui, avec lui, ont « jeté des pavés dans la mare aux théologiens » !

Refermons cette parenthèse qui nous a permis de mesurer la différence de forme entre les écrits composés de Teilhard, tel ce beau *Comment je crois*, et ses propos à la diable, comme il aimait à le dire à propos du ton de sa correspondance. Cela rend le parcours au sein de sa pensée passionnant et riche. Périlleux également, car il est difficile d'empêcher que ses idées ne soient tiraillées.

Mais toujours il faut suivre Teilhard le long du sillon qu'il laboura sans relâche : rendre le christianisme intelligible pour un esprit moderne. Pour adhérer à une idée et pour la transformer en une action, il faut d'abord la comprendre. La persuasion ne peut être efficace que librement acceptée par le destinataire et si celui-ci dispose, en outre, de toutes les connaissances et

1. Mary et Ellen LUKAS, *Teilhard*.
2. *Le Monde* du 7 avril 2005.

informations nécessaires. On ne peut espérer attirer et entraîner les éléments disparates de l'humanité, en présentant les évangiles comme une bonne histoire. La mine réjouie d'un officiant, voulant soulever l'émerveillement d'une assemblée par l'énoncé du changement de nature d'un liquide, finit par se confondre avec le masque d'un prestidigitateur. Expliquer le sens à donner à l'action humaine s'appuie plus sur une réflexion que sur l'expression d'un merveilleux, dont l'imposition ne peut qu'obscurcir et amoindrir la force du message pour un esprit moderne.

CHAPITRE VIII

HELMUT ET RHODA DE TERRA

1935-1937

La venue de Breuil en mars 1935 et le retour par le transsibérien. Séjour de quatre mois en France après plus de deux ans d'absence. Lucile aux États-Unis et Pierre à Paris. Leurs relations et leur discussion favorite. Teilhard et Lucile face à leurs familles. Explosion de Lucile et mise au point de Pierre. Helmut de Terra. Les Indes. Jugement d'Helmut de Terra sur Teilhard. La lettre de Teilhard à Lucile du 25 janvier 1937. Congrès de Philadelphie. Démêlés avec les catholiques américains. Chez les de Terra. Rencontre avec Alexis Carrel. Printemps 1937, nouveau séjour en France. Ida : « Seule l'action compte. » La Birmanie et Java. La pression japonaise sur la Chine.

Et la vie continua sur ce rythme, mêlant voyages, travaux scientifiques, relations amicales et réflexions. Teilhard était toujours à la poursuite de son grand dessein qui avait pris la forme d'un livre auquel il réfléchissait. Mais il était constamment réclamé, sollicité, entouré. Le temps s'échappait : « il est quatre heures du soir ! » aimait rappeler Teilhard à ses amis pour leur dire qu'il sentait le soir de sa vie approcher.

L'année 1935 s'annonçait chargée ; dans une lettre à Ida, il s'en inquiétait tout en avouant son goût pour cette vie agitée :

Que vous raconter sur la vie des continents ? Depuis un mois (un grand mois) ma vie s'est déroulée, la même, sous le beau ciel froid. Mais voici que ce beau calme touche à sa fin. Après-demain, accompagné de Young et Pei, je pars pour Canton et le Kwangsi, avec l'ambition de mettre un peu d'ordre au quaternaire et au tertiaire de la région. Il y a sûrement des traces humaines dans le pays. Mais rien ne semble avoir été encore compris aux formations qui les contiennent. Retour prévu pour la mi-février. Arrivée de Breuil le 1er mars. Arrivée de Weidenreich le 4 avril.

Fin avril, je pense aller en France (retour avec Breuil, sans doute). En septembre, rendez-vous avec de Terra dans l'Inde du nord pour travailler le Pliocène et le Pléistocène des Siwaliks et de la Salt Range. Et il faudrait que je rejoigne Pékin ensuite sans tarder, puisque le Cenozoic Laboratory ne saurait marcher encore tout seul ! C'est un peu hectic comme existence. Mais il ne me déplaît pas, puisque j'aime la vie, de me sentir un peu dominé et bousculé par elle. Tout de même, j'avoue qu'il m'en coûte de quitter, même pour quelques mois, ma vie de Pékin [1].

Ce voyage de reconnaissance dans le sud de la Chine, pour comprendre les liens entre les différents blocs géologiques du continent asiatique, correspondait bien aux préoccupations scientifiques de Teilhard ; il fallait étudier la structure géologique de l'ensemble pour mieux être à même d'en saisir les différents éléments. Comme à son habitude, après son retour, il fit le point avec Boule qu'il continuait de tenir au courant de ses recherches sur le terrain : « Ce que je soupçonne aussi, c'est que la faune à Stegodon et Orang du sud de la Chine est tout bonnement la faune de Trinil. Nous pourrions donc peut-être bientôt jeter le pont rêvé entre le Shansi et Java [2]… » La volonté de faire progresser les connaissances de la Terre était toujours présente, aussi forte que celle d'expliquer l'avenir de l'homme et, lors des déplacements, c'était bien le versant scientifique qui l'emportait.

En mars, c'est la venue de Breuil qui l'accapara : « Avec la venue de Breuil, à la fin du mois, je crains que mes chères matinées de travail ne soient bouleversées [3]. » Cette fois,

1. Lettre de décembre 1934 (AH, première partie). Hectic : mouvementé, agité, qui consume, qui use.

2. Lettre à Marcellin Boule de mars 1935 (*Teilhard de Chardin en Chine*). Trinil : site de Java où furent découverts les restes du pithécanthrope.

3. Lettre à Lucile de février 1935. Lors de la précédente venue de Breuil à

Teilhard était à Pékin pour l'accueillir. En compagnie de Pei, il emmena Breuil inspecter longuement le site de Choukoutien. Teilhard était toujours soucieux d'échanger les points de vue, de réfléchir à plusieurs. Cette fois, les conclusions des deux savants après l'examen des résultats des fouilles concordaient, aucun écho de divergence n'émaille la correspondance. Teilhard profita de la présence de son ami pour lui montrer la région de Pékin et faire du tourisme en organisant une visite des tombeaux des anciens Ming : « Je vous ai écrit dimanche dernier, juste avant d'aller avec Breuil visiter les tombeaux Ming. Une très belle journée, mais si plaisante qu'une foule de Chinois était venue pour en profiter eux aussi. En outre, les toits des principales tombes étaient en travaux avec poussière, monceaux de gravats et de tuiles cassées. Le charme du lieu était brisé. Du moins, le paysage était délicieux, avec beaucoup d'arbres en fleurs, roses et blanches. Il n'a pas plu depuis votre départ » (Lettre à Lucile d'avril 1935). C'est à cette occasion que fut prise, vraisemblablement par Pei, une étrange photo des deux savants qui les montre en train d'admirer une statue colossale. Leur attitude n'a rien d'ecclésiastique ni de scientifique, Breuil affiche un sourire narquois aux côtés d'un Teilhard qui le domine de sa haute taille, les mains dans les poches, coiffé d'un feutre mou : un élégant à l'allure négligée ! Contrairement à ce que dit Teilhard dans sa lettre, le site semble désert. Il est probable, toutefois, que Pei, comme tout bon photographe amateur, veilla à prendre son cliché entre deux flots de touristes.

Au début de mai, les deux compères prirent ensemble le train qui les ramena à Paris à travers la Sibérie. Le long voyage ne semble pas avoir soulevé l'enthousiasme de Teilhard : « Le voyage a été intéressant mais gâché par les innombrables passages de douane (dix !). Depuis Shanhaikwan jusqu'en France, le voyageur a le sentiment d'être un indésirable et un suspect, étroitement surveillé par la police. La Sibérie était encore toute grise, avec les rivières charriant des blocs de glace. Nous avons passé 5 heures à Moscou. Des avions sillonnaient le

Pékin à l'automne 1931, Teilhard n'avait pu être présent. Parti en mai 1931 avec la croisière Citroën, il pensait être de retour pour la venue de Breuil. Or les retards pris par l'expédition, retenue par le gouverneur local au cœur du Turkestan chinois, l'empêchèrent d'être au rendez-vous à Pékin, où il ne rentra qu'au début de 1932.

ciel, des gens à l'air triste mais plutôt accueillants dans les rues, une grosse usine [1]. » C'est la seule fois où Teilhard emprunta ce moyen de transport de bout en bout, après en avoir fait pendant longtemps, dans son esprit, un atout pour séjourner à Pékin, estimant disposer ainsi d'un moyen de transport qu'il jugeait commode pour effectuer de rapides allers et retours à Paris. Visiblement, il aima les voyages par mer et préféra prendre le bateau, empruntant soit la route de l'ouest (*via* l'océan Pacifique et les États-Unis), soit la route de l'est (*via* l'océan Indien et le canal de Suez) pour ses allers-retours entre Pékin et Paris.

Cette fois, son voyage prit un relief particulier en ce qui concernait sa relation avec Lucile. En effet, au même moment, celle-ci partait pour une visite à sa famille aux États-Unis, profitant de ce déplacement pour organiser une exposition de ses sculptures à Chicago. Au retour, elle passa par la France où elle rencontra des amis de Teilhard, notamment Max et Simone Bégouën. C'était la première fois que Lucile quittait la Chine depuis son arrivée à Pékin à l'automne 1929. Et c'était également la première fois qu'elle s'éloignait aussi longtemps de Teilhard depuis qu'ils s'étaient autant rapprochés. Elle quitta Pékin vers la mi-mars pour n'y revenir que dans les premiers jours de février 1936 après plus de dix mois de séparation.

Leur correspondance fut évidemment très dense durant ces longs mois vécus loin l'un de l'autre et leurs échanges prirent une tournure curieuse entre les franches explications recherchées par Lucile et les mises au point appliquées de Pierre, tout cela au milieu de beaucoup de petits potins pékinois. Comme tout le monde, Teilhard adorait cancaner !

On comprend que Lucile, n'ayant plus Pierre en face d'elle, s'armait de courage devant sa feuille de papier pour prendre le temps de lui dire par écrit ce qu'elle ne pouvait exprimer en sa présence. En face de lui, la joie d'être à ses côtés lui faisait oublier l'amertume ressentie devant ce qui pour elle restait une relation inachevée. Esseulée, loin de son idole, elle laissait les regrets l'envahir et trouvait alors la résolution qui lui manquait

1. Lettre à Lucile de mai 1935. Shanhaikwan : ville sur la voie ferrée entre Pékin et Moukden, au bord du golfe de Chihli et à la frontière de la Mandchourie. C'est à partir de cette ville que le voyageur pénétrait en territoire contrôlé par les Japonais, avant d'arriver en Russie soviétique à Vladivostok.

en sa présence pour l'assaillir de récriminations qu'elle regrettait une fois la lettre expédiée. Le lecteur des lettres est plongé au cœur d'une intimité profonde où l'on voit les deux héros d'une romance débattre entre eux, en grande franchise, de leur point de friction. Étonnant débat ! Teilhard qui semble avoir cherché à éviter, à cette époque, les discussions vives se sentait plus à l'aise pour faire des mises au point par écrit, préférant élever et en même temps déplacer la discussion. Il lui était plus facile de se livrer à des retours sur lui-même que de s'exprimer sur le souhait de Lucile qui voulait tout partager avec lui. Et elle pouvait bien s'autoriser ce rêve lorsqu'elle lisait les lettres reçues – charmantes et chargées d'affection et même d'amour et écrites par un homme qui recherchait un peu de cette chaleur féminine si réconfortante en bavardant par écrit avec elle. Pierre, malgré toute sa fermeté, connaissait bien quelquefois des coups de cafard :

> Lucile, *my dearest*, Avant hier, en arrivant à Paris, j'ai trouvé votre lettre (de Pâques) comme un sourire de vous attendant mon arrivée ici, à l'autre bout du monde, et je m'en suis emparé avec la même joie profonde qui me saisit lorsque j'arrive sur le seuil de votre petite maison pékinoise. Vous êtes tant pour moi, Lucile, vous, la véritable expression de ma vie nouvelle, la dernière saison de ma vie. N'êtes-vous pas, maintenant, une des rares qui me comprennent *tel que je suis* ? Dans quelques jours, sans doute, je me réajusterai à ce vieux monde de l'Ouest. Pour le moment, je me sens quelque peu perdu dans cet environnement d'autrefois. Jamais autant que durant ces deux dernières années, je n'ai coupé, consciemment ou inconsciemment, mes liens avec le passé : et maintenant, revenant sur les lieux de ce passé, je peux à peine me retrouver moi-même au milieu de ce cadre connu ; beaucoup ont l'air si vieux. En bref, j'ai plus retrouvé le trouble que l'excitation. [Lettre du 18 mai 1935.]

Pierre venait de retrouver Paris après plus de deux ans d'absence et il subissait, comme tout expatrié, le choc du retour, cette impression de différence, de raccourcissement du temps, qui dérange et inquiète. On touche là du doigt combien, à cette époque, cette vie d'homme de la terre l'avait saisi et entraîné. Il avait véritablement le sentiment de vivre autrement, au-dessus du monde, ce qui renforçait son désir de réflexion pour s'affirmer à la pointe de la découverte d'un christianisme renouvelé. Le retour brutal dans un cadre déjà dépassé pour lui qui vivait si intensément sa vie de chercheur ne pouvait que le déstabiliser. Et c'est à Lucile qu'il décrit ce trouble en toute franchise.

Au même moment, celle-ci découvrait de son côté qu'il lui était difficile de reprendre pied parmi les siens. Ce que sans doute elle confia à Pierre, puisqu'il lui écrivit pour la rassurer alors qu'elle était à Chicago dans sa famille : « À l'instant, je réponds à votre lettre du 15 juillet, que j'ai reçue avec la même joie que les autres. Ne devenez pas “nerveuse”, chère, parce que vous pouvez avoir la sensation que vous n'achevez rien. Votre principal travail, juste maintenant, est de vous rapprocher du monde occidental, et de rendre heureux les vôtres. Le temps viendra où vous réaliserez et utiliserez ce que vous êtes en train d'accumuler pendant votre présent repos. La grande sagesse (et non la plus facile) est de prendre et recevoir (et d'aimer), la vie telle qu'elle est, et progressivement (telle quelle, et à mesure) » (Lettre d'août 1935).

Il est vraisemblable que Lucile ait fait part à Pierre d'une certaine désillusion. Se retrouvant au milieu de sa famille, inquiète de reconnaître les cadres familiers et s'attendant à reprendre des habitudes anciennes qui s'étaient effilochées en son absence, Lucile se sentait douloureusement étrangère et cherchait le moyen de se rapprocher de ses parents. Et c'est à Pierre qu'elle confia son chagrin. Touchant rapprochement de deux personnes un peu en désarroi de découvrir au même instant, chacune de leur côté, qu'il est difficile de reprendre pied dans un passé qui a bougé sans les attendre. En écho à cette confidence, c'est lui qui quelques semaines plus tard, passa par la même épreuve lors d'un court séjour à Sarcenat. Le trouble diffus ressenti en arrivant à Paris se transformait en réelle amertume. De la propriété de son frère Joseph, où il s'était rendu après Sarcenat, il écrivit à Lucile :

Intérieurement, je me réjouis passablement de ce repos dans mon pays natal. Encore que, pour diverses raisons, je ne me sente pas particulièrement à mon aise, en raison en premier de la proximité de mon départ. Mais surtout parce que je ne peux pas me « réajuster » à un cadre ancien qui m'est devenu en fait impersonnel. D'une certaine façon, je ne me retrouve pas dans ces paysages pourtant familiers, ces chambres, ces meubles, ces senteurs, ces bruits, – j'ai simplement l'impression d'observer en curieux du dehors un enfant ou un adolescent qui fut autrefois « moi ». Et pour ma pauvre mère (mais *non* pour ma sœur) je suis encore cet adolescent. Il vaut mieux être loin ! [Lettre d'août 1935.]

Une grande mélancolie se dégage de cet échange. Ces deux personnes qui s'étaient éloignées de leurs racines, sans pour autant s'en détacher, s'apercevaient avec tristesse qu'elles se sentaient mal à l'aise au sein du monde de leur enfance. Il ne leur restait plus qu'à resserrer davantage les liens déjà étroits qui les unissaient tous les deux. Ils se réfugiaient l'un chez l'autre. On mesure bien, à la sincérité de ces confidences confiées aux aléas du courrier, combien l'entente et l'affection entre eux étaient à ce moment profonde. Seuls leurs échanges pouvaient les réconforter.

Et c'est au milieu de ces accès de mélancolie qu'est relancée la discussion favorite ! Les lettres se suivent nombreuses mais les délais d'acheminement brisent les enchaînements. Alors qu'elle venait d'arriver à New York, ayant quitté sa famille, Lucile recevait la lettre suivante :

Dans votre dernière lettre, écrite du bateau, il y avait un point (à propos de notre discussion favorite*) auquel j'ai omis de répondre. Vous objectez, une fois de plus, que je suis en train de nier, à cause de la chasteté, une des lois fondamentales de l'Univers. Je vous ai déjà dit combien je suis hésitant sur cette position que je maintiens encore parce j'ai la vague impression que cela préserve et sauvegarde une tendance profonde (et un espoir) pour le Monde. Maintenant, à partir de ce point de vue hésitant, je crois que je ne nie aucunement l'exacte nature d'une quelconque loi universelle. Évidemment, la procréation est nécessaire pour le monde, tant que ce monde n'aura pas atteint son point de maturité. Mais la procréation n'est pas le seul ni le final objectif de l'amour : l'amour est pour l'union : et un type supérieur d'union entre l'homme et la femme peut être sans doute recherché, découvert (et progressivement accepté) par-delà la procréation. En d'autres mots, il y a sans doute une distinction à établir pour un homme, entre la « féminité » et la « sexualité » (au sens commun du mot). [Lettre de juin 1935.]

On n'arrête pas d'être surpris par l'étendue de leur débat. Il y a là quelque chose d'un peu irréel. Ce n'était certes pas le sujet

* Discussion favorite : *pet discussion* en anglais.

omniprésent de leurs discussions, mais il semble, même non exprimé, avoir toujours été plus ou moins présent, jusqu'à prendre une dimension sans doute excessive et déformée par rapport au vœu de Lucile. Elle voulait Teilhard en entier, complètement. Elle voulait le mariage mais lui voulait auprès d'elle, la joie de sa présence de femme, et non la femme tout entière.

Et quelques semaines plus tard, ce fut l'explosion selon les propres mots de Pierre :

> Lucile, hier, j'ai reçu votre « explosion » postée de Londres. Pourquoi me demander de vous pardonner quoi que ce soit à ce sujet ? Vous êtes si vraie dans ce que vous dites, si vous-même, si « belle » très chère, que c'est plutôt à moi de vous prier de me pardonner pour ce chemin, si hors du commun, le long duquel je vous ai demandé de me suivre. Et vous savez, je persiste à le croire, nous sommes en train de réaliser ensemble une découverte merveilleuse, Lucile ! En même temps, ne discutons pas trop avec des mots. Vous savez combien profondément je vous aime, Lucile. Continuons ainsi à aller de l'avant le long de la riche, toujours nouvelle et inattendue *(fanciful)* route de la vie, avec cette chose merveilleuse, née entre nous, au-delà de toute appellation. Cela, réellement, n'a pas de nom, n'est-il pas vrai ? En vérité, j'ai adoré vos deux dernières lettres, chacune selon son sujet. [Lettre d'octobre 1935.]

Seule, dans des hôtels impersonnels, ou chez des relations sans intimité, Lucile sentait davantage le désagrément de sa position, le décalage entre son rêve et ce que lui proposait Pierre. Elle eut, par moments, l'espoir que Pierre céderait, ou qu'un incident majeur le détacherait de son ordre et le lui amènerait librement. Cet espoir était facilement entretenu lorsqu'ils étaient séparés mais était constamment déçu. Il faut dire que Pierre devait certainement, en se confiant à elle, lui faire part de ses irritations à l'égard de ses supérieurs et Lucile, avec le bon sens de la femme qui résout les problèmes en s'en occupant sans tarder (« on dit, on fait ! »), ne devait pas comprendre pourquoi, malgré toute son irritation à l'encontre de ceux qui le brimaient, il s'affirmait inlassablement comme un fils fidèle à son ordre. Pierre laissait-il de temps à autre sa mauvaise humeur lui faire tenir ces propos excessifs que l'on s'empresse d'oublier une fois le calme revenu ?

Le paradoxe pour Lucile était que sa présence apportait un

réconfort à Pierre et que ce réconfort l'aidait à persévérer sur la route qu'il s'était choisie.

Au début du mois d'octobre, Teilhard retrouvait une petite équipe de savants à Srinagar, capitale du Cachemire. Il réalisait un projet mis au point avec ses amis Black et Barbour : mieux asseoir les connaissances géologiques de la Chine par la visite des régions voisines. C'est avec un jeune géologue d'origine allemande, Helmut de Terra, marié à une Américaine qu'il entreprit de visiter le nord des Indes.

Retrouvant le terrain, Teilhard retrouvait le meilleur de sa forme. Comme toujours les voyages le ragaillardissaient :

Je suis à Srinagar capitale du Cachemire, sur une péniche, confortablement meublée, au milieu d'une nuée d'obséquieux boys majestueusement enturbannés. La vallée est large et verte, bordée par des chaînes de sommets couverts de neige. Je sais que j'aimerais dix fois plus ce paysage en votre compagnie. Je suis sûr que vous m'aideriez à mieux percevoir le pittoresque d'une cité si curieuse. Un maharadjah a ici son palais d'une incroyable richesse. L'Inde la plus riche est ici en contact avec le Tibet le plus sauvage, d'où descendent tous les jours les caravanes les plus curieuses ; les Tibétains sont incroyablement sales. Je me suis retrouvé quatre années en arrière au temps de la croisière Citroën... De plus, j'ai un coup de soleil sur les bras ; mais c'est sans importance. Sur le terrain je me sens plus jeune que dans les rues de ce Paris que j'aime tant. Il est bon d'être au travail, une fois de plus, et je réalise combien j'ai eu, à nouveau, raison d'accepter cette opportunité d'un nouveau terrain de recherche. [Lettre à Lucile d'octobre 1935.]

Teilhard voulait changer de sujet et l'expédition au Cachemire lui en fournissait l'occasion.

Et la fin de l'année approchant, la perspective des retrouvailles se faisait plus nette. Pierre était arrivé à Singapour après avoir quitté les Indes. Lucile était déjà rentrée à Pékin :

Lucile *dear*, je suis inquiet de savoir si vous avez bien reçu les quelques lignes que je vous ai adressées de Singapour. Et je souhaite que ma lettre 18 vous ait été remise à votre arrivée à Shanghai. Je pense à vous sincèrement. Puissent mes lettres vous atteindre le plus tôt possible après votre arrivée à Pékin. Quand je pense que vous allez ouvrir cette lettre assise sous les arbres de votre petite maison chinoise, entre vos deux chiens et sous le bienveillant regard du vieux Wang, cela me donne un frisson de joie. Si je pouvais me glisser dans l'enveloppe !...

Votre dernière lettre (adressée d'Anvers, et à laquelle j'ai tenté de répondre par courrier aérien adressé à Singapour) m'a fait un plaisir immense. Il me semble qu'ayant un si grand nombre d'amis communs en France à l'heure présente, vous êtes devenue comme une part de moi-même. Les Bégouën m'ont écrit combien ils vous ont appréciée et aimée. « Quelle femme intéressante ! Tant d'intelligence et de sensibilité harmonieusement réunies en elle » (ne protestez pas !) [1]...

Lettre détendue, écrite pour plaire. Pierre appréciait l'insertion de Lucile dans son monde, en l'occurrence les Bégouën. Et de Singapour, pour la fin de l'année, il adressait à sa chère Lucile un touchant message plein de nostalgie pour atténuer le poids d'une séparation qui mettait à l'épreuve leur intimité. Il évoquait les bons moments passés ensemble à Pékin : « L'année dernière, je me souviens, à cette heure précise, vous étiez vêtue comme une hôtesse de restaurant, et nous organisions ensemble votre soirée de réveillon. Et le lendemain, nous allions avoir notre soirée privée. Et un jour plus tard, je devais partir pour le Kwangsi. Aujourd'hui, je suis loin de vous. Mais j'arrive bientôt. Et, pendant tout ce temps, je ne crois pas que jamais je n'ai souhaité pour vous aussi intensément, avec autant de ferveur, tant de bonheur qu'aujourd'hui » (Lettre du 31 décembre 1935).

Avant de prendre le bateau pour Shanghai, Teilhard fit un crochet par Java pour aller en compagnie d'un autre savant d'origine allemande, Ralph von Koenigswald, visiter pendant une dizaine de jours les sites où avaient été découverts les restes du pithécanthrope.

Puis, ce fut le retour à Pékin. Dans une dernière lettre du bateau entre Hong-Kong et Pékin, Teilhard manifesta son impatience : « Maintenant, je ne perds plus de temps pour regagner Pékin. Sauf que je dois passer 48 heures à Shangai et peut-être quelques heures à Nankin et au final m'imposer un court arrêt (un jour ou deux) à Tientsin pour les convenances et parce que je dois y prendre des vêtements de fourrures. Je hais ces délais et

1. Lettre à Lucile de novembre 1935 (lettre 18 !). Cette numérotation des lettres souligne à quel point ils se préoccupaient l'un de l'autre, s'arrangeant pour être mutuellement informés d'une rupture dans le courant de leurs échanges.

préférerais cent fois sauter dans l'express bleu direct pour Pékin et Ta Tien Shui Ching Hutung (quel beau nom !). Mais je sais que vous comprendrez[1]. »

Teilhard avait certainement hâte de revoir Lucile. Il est quand même intéressant de lire ce qu'il écrivait quasiment au même instant – la veille ! – à Léontine Zanta : « Avant la bousculade qui m'attend à mon arrivée en Chine, demain, je veux vous envoyer, avec des vœux trop tardifs de bonne année, quelques nouvelles, afin que le bienfaisant contact se maintienne entre nous deux. Je vous dois *tant*, amie, et ce m'est une telle douceur, d'esprit et de cœur, de vous retrouver, toujours sage, sûre, et affectueuse, à chacun de mes retours en Europe. Ah, s'il n'y avait que des femmes comme vous… » (Lettre du 26 janvier 1936, déjà citée). À qui pensait Teilhard en adressant cet énigmatique compliment à Léontine ? Que souhaitait-il ? L'amitié un peu guindée de Léontine ou la réconfortante présence féminine de Lucile ?

L'année 1935 s'achevait comme elle avait commencé, par des expéditions sur le terrain. L'expédition au Cachemire puis dans le centre de l'Inde fut une étape importante dans la vie de Teilhard, car le couple de Terra était en train de prendre une place particulière au sein de ses affections. Il avait rencontré Helmut en 1933 aux États-Unis, et c'est avec plaisir qu'il le retrouva à Srinagar, deux ans plus tard. Helmut de Terra, jeune marié et jeune père, avait emmené avec lui sa femme Rhoda et sa fille Noëlle alors bébé. C'est à cette occasion que Teilhard apprit à connaître et à apprécier le couple de Terra avec lequel il resta par la suite en relation. Il sympathisa avec le mari, appréciant l'amitié de l'homme et la valeur du savant, et par la suite il se prit d'une grande affection paternelle pour Rhoda.

Le livre de souvenirs qu'écrivit Helmut, bien des années plus tard, apporte le témoignage d'une vraie amitié avec Pierre. Helmut de Terra a été un de ceux qui ont approché et été à

1. Lettre du 27 janvier 1936. Ici, Teilhard fait allusion au respect d'un minimum de convenances vis-à-vis de son ordre. Rattaché à l'établissement jésuite de Tien Tsin, il ne peut ignorer cette étape, alors qu'il rentre en Chine après une absence de 8 mois. Il doit d'abord repasser chez lui ! « Ta Tien Shui Ching Hutung » est l'adresse de Lucile à Pékin, *hutung* étant la traduction chinoise pour rue ou ruelle.

l'écoute de Teilhard. Et il a eu le talent de confier ses souvenirs à un livre. Ils ne sont pas nombreux ceux qui racontèrent ainsi un Teilhard pris sur le vif. Il y eut George Barbour ; nous évoquerons plus loin Claude Rivière ainsi que Jeanne Mortier. Le témoignage d'Helmut de Terra est intéressant en ce qu'il expose avec soin et fidélité les grandes idées de Teilhard auxquelles lui-même adhéra avec conviction. Le portrait qu'il livre de Teilhard est soigneusement élaboré :

> Étant donné la grandeur des idées de Teilhard, il m'apparaît tout à fait remarquable de ne l'avoir jamais vu jouer au prédicateur ou au prophète. À en juger par mon expérience personnelle, il ne se comportait jamais en moraliste importun, ce qui est d'autant plus étonnant qu'il nourrissait pourtant l'idée la plus haute de la valeur de la personne humaine. À ce propos, je me souviens de cette heure, à Philadelphie, où je l'entretenais de mes propres doutes et de mes inquiétudes, dans l'espoir d'obtenir de lui quelques clartés. Ce qu'il me répondit alors était une sorte d'appel à ma capacité de découvrir moi-même le bon chemin. Il lui semblait suffisant de me témoigner le crédit qu'il m'accordait et d'accorder sa pleine confiance à l'énergie spirituelle, ce noyau de la personnalité. Mais pour ressentir ainsi l'influence de son tempérament, il fallait à vrai dire certains liens, et un échange d'émotions que l'on ne pouvait pas attendre de simples relations de hasard. En de telles occasions, réunions avec des collègues ou rencontres purement mondaines, il arrivait qu'il amenât l'entretien sur un sujet qui surgissait de la conversation générale, mais auquel il s'attachait avec une concentration entière, sans se laisser interrompre pour quelque motif que ce fût. S'il était reconnaissant des occasions de s'exprimer qui lui étaient offertes, il était souvent incapable de se rappeler le nom de la personne à qui il avait fait l'honneur de ses pensées. De même, pour autant que je le sache, il ne se comportait pas, même en petit comité, à la manière d'un prophète d'une évolution politique ou sociale, mais il se contentait de considérer les choses d'un point de vue prospectif et de penser d'une façon constructive, là où d'autres n'émettaient ordinairement que des doutes [1].

Minutieuse observation de l'attitude d'un homme qui s'attachait à écouter l'autre, à lui faire confiance, à lui donner la parole. Teilhard ne cherchait pas à endoctriner, il menait sa réflexion dans le sillage de la réflexion de son interlocuteur, donnant ses explications en appui. Il savait inspirer confiance et sympathie.

1. Helmut DE TERRA, *Mes voyages avec Teilhard de Chardin.*

1936 se passa en grande partie à Pékin avec quelques déplacements à l'intérieur de la Chine. Au mois d'octobre, il fit à nouveau le bilan de son année auprès d'Ida, esquissant en même temps son programme pour l'année suivante :

Rentré ici en février, je n'ai bougé que pour aller faire un trip, un mois sur le terrain de la péninsule du Shantung, une vraie Bretagne. Le reste du temps, j'ai mis au point un certain nombre de notes sur diverses Novitates, et commencé un mémoire plus important sur une énorme faune Pliocène récemment trouvée au Shan-si. Et voilà où j'en suis. Avenir un peu incertain. Il se peut que j'aille, en fin mars, à un important symposium sur *Early Man* à Philadelphie. Si le Congrès géologique international de Moscou a vraiment lieu en juillet 1937, Philadelphie serait mon chemin pour aller en Europe, où je passerai donc en mai et juin. Mais où en sera l'Europe à cette date ?

Mais, vous vous doutez bien que, de moins en moins, je suis absorbé, ou même intéressé, par la simple « découverte du passé ». Ce sont les prolongements de l'Univers dans l'Humain qui me passionnent…

J'ai naturellement écrit encore. Au printemps, une assez longue chose, *Esquisse d'un Univers personnel (a personalistic Universe)* que Max vous aura sans doute montré : bonne synthèse, mais peut-être encore lourde. Sous la pression de Lucile Swan, j'ai imprimé *(for private circulation)* l'édition anglaise de *L'Esprit de la Terre* et de *Comment je crois* (j'ai pensé que j'avais le droit strict de le faire, mais je sais que je me ferai sérieusement « attraper » quand cela se saura). La traduction ne vaut naturellement pas le texte. Mais c'est déjà un moyen de diffusion. Et je constate à chaque instant combien les idées de ce genre diffusent facilement. Malgré l'intérêt du travail scientifique en Chine, j'aimerais reprendre contact avec Paris pour élargir et maintenir au point mes perspectives. Tout change si vite maintenant. [Lettre à Ida Treat d'octobre 1936.]

Cette lettre donnait en quelques lignes une description complète de l'existence de Teilhard en même temps que son état d'esprit. Une étude géologique à faire sur le terrain dans le Shantung. Et, petit clin d'œil amical à l'égard de sa correspondante, il savait qu'en comparant le Shantung à la Bretagne, il ferait plaisir à Ida qui possédait une maison dans l'île de Bréhat. Puis les mémoires scientifiques à rédiger avec la préparation d'une conférence pour un congrès à Philadelphie où il envisageait de se rendre. Et pour couronner ce programme, il y avait la rédaction et la traduction de ses ouvrages de réflexion en vue de leur diffusion. Avec Ida, il évoquait crûment son intention de transgresser les instructions reçues. Il se référait à son droit strict de diffuser ses textes, le droit naturel qu'a toute personne de franchir les interdits qu'elle juge insupportables. Teilhard voulait bien obéir, mais il se sentait libre d'agir selon sa conscience. Tout cela se terminait avec le rappel de l'attrait que représentait pour lui Paris.

C'est à Pékin que Teilhard apprit la mort de sa mère, en février, puis celle de sa sœur Marguerite, en août. On a du mal à suivre les relations entre Teilhard et Marguerite avec laquelle, enfant, il fut très proche. Il lui écrivit, mais elle détruisit ses lettres, ce qui nous prive de confidences qui devaient certainement donner un éclairage différent de ceux dont nous disposons et qui aurait permis de mieux mesurer l'importance du lien de Teilhard avec la famille de son enfance.

1937 renoua avec les grands déplacements. Dès février, Teilhard partit pour les États-Unis afin d'assister à un congrès de géologie organisé par Helmut de Terra et y recevoir une distinction honorifique. Du coup, ses lettres à Lucile redevinrent abondantes et, cette fois, nous disposons des doubles de plusieurs des lettres de Lucile.

Mais avant de raconter ce nouveau tour du monde de Pierre – qui, des États-Unis, passa en France pour s'embarquer à Marseille au début d'août à destination de Shanghai –, il faut s'arrêter sur une lettre à Lucile d'un caractère particulier. Cette lettre est datée du 25 janvier 1937. À cette date, les lettres sont rares, tous les deux étant présents à Pékin. Il y a probablement eu une autre de leurs innombrables discussions à propos de leur sujet favori et Pierre, visiblement agacé, a éprouvé le besoin de faire un nouveau point par écrit de sa position, cette fois plus complet. En fait, il éleva le débat jusqu'à faire l'historique de sa foi religieuse. Bel exemple d'introspection et remarquable analyse d'un homme faite par lui-même sur l'histoire de sa pensée et l'évolution de ses convictions. Cette lettre éclaire de façon lumineuse le personnage et ses idées.

La lettre à Lucile de janvier 1937.

Cette lettre se présente comme une réponse aux récriminations aux allures de reproches et jamais éteintes de Lucile. Celle-ci essayait continuellement d'enfermer Teilhard dans ce qu'elle tentait de lui présenter comme ses contradictions. Elle dut laisser entendre qu'il y avait un manque de franchise de sa part dans sa position vis-à-vis de l'Église. Pour elle, les critiques répétées et parfois violentes auxquelles Teilhard se laissait aller en sa présence s'accordaient mal avec cette totale obéissance. Ce combat, qui était pour Teilhard un combat dans l'Église, Lucile le voulait comme un combat contre l'Église. En fait, ce point a déjà été relevé, ce qu'elle cherchait et espérait inlassablement et désespérément, c'était la rupture entre Teilhard et son ordre. Cette obsession l'amenait à pousser Pierre dans ses retranchements. Il était facile pour Pierre de comprendre la position de Lucile, d'où cette réponse qui reprenait la question depuis le départ. Il voulait la convaincre de la réalité profonde de sa foi chrétienne et de la logique de son attitude et en même temps il faisait le point sur son propre parcours. Ce texte annonce *Le Cœur de la matière* que Teilhard rédigea quelques années avant sa mort.

Chère amie,

Qu'il faille une suite ou non, il me semble que notre conversation de l'autre jour nous a amenés à soulever un point sur lequel, aussi bien pour moi que pour vous, je dois un éclaircissement. J'ai senti (d'ailleurs vous l'avez dit) que ma situation, tant sur le plan intérieur qu'extérieur, vous semble illogique ou, n'ayons pas peur du mot, pas franche. Je vais tenter par ces quelques lignes de vous faire comprendre, en toute sincérité, quelle est ma position avec ses forces et ses faiblesses.

Le ton de la lettre tranche avec celui des lettres habituelles, le *Lucile dear* ou *dearest Lucile* devient un plus froid *dear friend* et les manifestations d'affection de la fin de la lettre se réduisent à un banal témoignage de sympathie. Agacement devant les récriminations ? Peut-être plus simplement le sentiment de se livrer à un important travail de mise au point. Tout à son effort de synthèse, Teilhard élargit le champ de sa réflexion par rapport à la tentative de le faire changer de route, initiée par sa correspondante. Lucile a été le point de départ qui a permis l'expression de cette confession, et celle-ci, une fois lancée, se développe entièrement.

Pour commencer, c'est le rappel fort de la vocation de prêtre comme donnée intangible. Même s'il ne se sent pas vraiment curé, Pierre se sent prêtre, par tout son être, complètement, indiscutablement. Jamais, même si au plus fort des tempêtes qui l'assaillent Teilhard connaît des instants de découragement, de désenchantement, d'agacement ou même de colère, jamais l'idée de renoncer ne fit plus que l'effleurer. Aucune ligne de son abondante correspondance ne le montre s'approchant du point de rupture d'avec son Église ou son ordre, même aux pires moments de ses crises d'anti-ecclésiastisme.

Par-dessus tout, ne doutez pas que je fais tout ce que je peux pour être loyalement un « prêtre » au sens exact de ce mot. Je dis ma messe et je me conforme, au mieux de mes capacités, aux règles de mon Ordre. Au sein duquel je suis considéré comme un « bon religieux » et même sans doute un peu plus. Et je compte que ce que je vais vous dire vous aidera à voir que je me conforme à ses règles (encore que beaucoup d'entre elles semblent d'une valeur contestable) pour des raisons qui écartent toute accusation de faux-semblants à l'encontre de mes actions.

D'où vient cette apparence de relative complexité de mon attitude ? L'origine en est (si je m'analyse bien) la co-existence en moi de deux « passions » que je ne peux rejeter ni l'une ni l'autre, et que je dois donc tenter de concilier.

Et c'est le rappel des deux passions de Pierre, son amour pour le monde et son adoration du Dieu qui s'exprime dans le Christ chrétien : « Ce deuxième amour était moins naturel que le premier ; il a été largement implanté chez moi sous l'influence de mon éducation. » Pierre souligne combien la conjonction des deux fut essentielle pour lui : « Initié, par le christianisme, à la saveur incomparable de “l'adoration de la Personne”, j'ai rapidement compris que l'Univers auquel je m'étais toujours dévoué resterait structurellement sans couronnement (sans achèvement), à moins qu'il ne fût possible pour moi de lui découvrir une sorte de cœur ou de visage, que je pourrais aimer [1]. »

1. « L'adoration de la Personne » : voir p. 166, n. 1 sur le sens du mot « personne » en théologie.

Au passage, Teilhard se défend d'un panthéisme ordinaire qui consiste à confondre la divinité avec toute chose visible autour de nous.

Et il insiste sur ce point essentiel : « Si je ne crois pas dans le Monde, je ne peux croire plus longtemps en le Christ et si je ne crois pas en le Christ, je ne peux plus adorer le Monde. Tout mon équilibre intérieur repose sur cette réunion de ces deux réalités suprêmes en une Réalité unique, appréhensible à travers un seul et même acte d'adoration. » Le monde n'est rien sans Dieu et Dieu n'est rien sans le monde. L'œuvre et son créateur sont étroitement liés. C'est bien là le fond de la foi de Teilhard.

Le problème de cette synthèse entre le Christ et l'Univers a, en lui-même, deux aspects : un aspect théorique (ou théologique), et un aspect pratique (ou moral).

La solution théologique m'a semblé relativement facile à énoncer. Pris à partir de ses définitions les plus authentiques (chez St Paul en particulier) le Christ est doté d'une masse de propriétés qui, transposées dans l'Univers tel que nous le connaissons aujourd'hui prennent inévitablement des dimensions « cosmiques ». Si les théologiens dans leur ensemble refusent toujours de voir les choses ainsi, c'est tout simplement parce qu'ils ne réalisent pas encore ce que le Monde expérimental est devenu pour nous.

Les enseignements de l'Évangile sont donnés pour l'ensemble du monde. L'Évangile embrasse le monde et le monde embrasse ses enseignements. Il y a confusion des deux. L'Évangile a une dimension universelle. Teilhard se donne au passage le petit plaisir d'un coup de griffe aux théologiens pour qui l'Évangile « contraint » le monde au lieu de l'embrasser et l'illuminer.

Et, point fort de ce texte, il résume de manière magistrale sa compréhension du monde chrétien : « La solution morale est plus délicate à énoncer, parce qu'elle tend à s'exprimer par des attitudes qui vont à l'encontre d'un équilibre (une routine) de l'ordre social. » Il pose la question de la nature vraie du christianisme ; le message chrétien est un appel à l'effort pour améliorer et changer le monde en participant à sa création, à l'encontre des mentalités avides d'habitudes et de routines confortables qui préfèrent les lamentations résignées sur le sort d'une humanité pécheresse. Le but de Teilhard a été d'énoncer une attitude morale orientée vers l'action. Bien loin de rejeter le christianisme, il s'est engagé dans l'explication de celui-ci en en dégageant le message de toutes les surcharges accumulées pendant des siècles. Comme un patient artiste dégage de l'infect badigeon piétiste qui la recouvre la merveilleuse fresque primitive pleine de promesses.

Et il résume son explication, sa régénération du christianisme :

J'ai analysé jusqu'au bout, dans plusieurs essais, les transformations que subit l'idée de sainteté chrétienne lorsque le Christ est envisagé non plus comme le restaurateur d'un Monde endommagé, mais comme l'Animateur d'un Univers en progrès. Ces transformations sont profondes. Mais une chose me semble sûre : si elles généralisent le code moral des Évangiles, et le rendent dynamique, elles ne le déforment pas pour autant. Après cette transformation, l'amour de Dieu, supérieur à tout, s'exprime à travers un effort permanent pour un « aller plus loin » universel. Il vit et s'affirme toujours comme une loi de perfection. N'est-ce pas là l'essence même de l'Évangile ?

Teilhard change la perspective. L'homme n'est pas en pénitence sur la Terre, s'efforçant de survivre et réclamant le maintien en l'état des choses de la vie, mais bien au contraire en charge de la construction d'un monde en route vers un achèvement de perfection symbolisé par l'image d'une fusion avec la personne du Christ sauveur parce que évoluteur.

Puis, il en vient à ce qui devait être son principal but d'explication auprès de Lucile : pourquoi observe-t-il les formes extérieures de la religion aussi scrupuleusement s'il cherche autant à les moderniser et les réformer ? Sa réponse est nette. Teilhard veut faire triompher ses idées dans le cadre du christianisme, il veut faire triompher le christianisme.

Il reste que les transformations religieuses dont je viens de parler n'en sont encore qu'à leurs débuts. Elles ne touchent pour l'instant qu'une minorité. Ceux qui en sont conscients se trouvent de ce fait dans la situation d'avoir à vivre, je dirais par convention, leur « hyper-christianisme » dans les formes (encore dominantes) de « l'ancien christianisme », en n'ayant ni le droit ni les moyens de rompre avec elles, leurs racines y étant profondément enfoncées. Dans ce décalage se situe exactement la raison de ce qui peut vous donner l'impression d'une attitude équivoque de ma part. Mais je crois que cette dualité n'a rien d'une duplicité. Si je continue d'accorder une attention à des gestes et à des formules qui sont vides de sens pour moi, ce n'est pas par simple formalisme, voisinant l'hypocrisie, mais bien plutôt parce que je crois passionnément en la présence d'une sève circulant sous la vieille écorce, sève dont j'ai un réel besoin et que je ne peux atteindre sans étreindre l'arbre tout entier. Après tout, ma situation n'est pas différente de celle des hommes qui ont de nouvelles idées sur la valeur et le futur du corps social auquel ils appartiennent (nation, armée, etc.)

Teilhard, dans cet effort d'éclaircissement, se veut défenseur du christianisme quels que soient les errements et contradictions constatés. Sa foi chrétienne va à l'arbre au-delà des imperfections de l'écorce. Le christianisme sera, doit être, est, la compréhension du sens de l'effort nécessaire pour l'achèvement du monde, sous la force de la charité divine. « L'amour de Dieu, supérieur à tout, s'exprime à travers un effort permanent pour un "aller plus loin" universel. » La conviction de Teilhard est simple : puisque ses idées sont vraies, elles s'imposeront.

Et, toujours à l'attention de Lucile, il poursuit : « Et maintenant pour finir, deux questions : dans quelle mesure cet Hyperchristianisme dont je parle m'est-il propre ? Et jusqu'à quel point peut-il se flatter d'être le vrai Christianisme ? »

Pour répondre à la première question, Teilhard évoque sans les nommer la longue liste de ceux qui « n'ont jamais cessé de m'encourager. Ils ont lu tout ce j'avais écrit. Vous pouvez vous demander pourquoi, alors, continuer à travailler ainsi dans les coulisses et non en plein jour. Simplement, une fois encore, parce que la proportion de ceux qui partagent ce point de vue est encore trop faible, et qu'ils ne sont pas encore parvenus à s'introduire assez loin (encore que cela progresse tous les jours) au sein des milieux dirigeants pour pouvoir s'imposer. Et aussi parce qu'un décorticage prématuré pourrait causer de graves dommages à l'organisation qu'il s'agit justement d'accroître et sauver. » Teilhard est clair. Il faut patienter, attendre que ses idées aient fait d'elles-mêmes leur chemin dans les esprits, pour voir s'opérer un changement. Lucile devait bougonner en lisant cela !

Pour répondre à sa seconde question, Pierre exprime à nouveau sa foi en son Christ, le Christ universel.

Comment pourrions nous continuer à dire que le Christianisme n'a pas été supprimé et remplacé par une nouvelle religion ? Nous pourrons le dire pour la bonne raison que, sous une forme plus grande et plus libérée, ce sera le même courant de force vivante pour une même réalité vivante (le Christ), qui continuera autour de nous. Comment, d'ici quelques années, pourrons-nous dire que nous sommes toujours les mêmes, chacun de nous, sinon par le maintien d'un courant de conscience ? C'est la même chose pour l'Église. Le changement n'est certainement pas plus grand entre ce Christ-Universel (auquel je rêve avec beaucoup d'autres) et le Christ-roi (tel que proposé à l'adoration des croyants par l'Église officielle) qu'entre ce Christ-roi et l'Homme rencontré par les pêcheurs de Galilée. Et en réalité, de quelle importance est cette question largement théorique des liens avec le passé ? La réalité de Dieu sans laquelle l'effort humain (par manque d'idéal commun) tomberait en poussière, doit être pour nous *à tout instant* trouvée dans la direction de la représentation la plus achevée que l'humanité ait pu se donner de la Divinité : *Le Christ le plus vrai* ne peut, objectivement, qu'être celui qui nous apparaît, subjectivement, comme le plus parfait et le plus grand Sauveur. C'est en ce sens que je crois être toujours un chrétien sincère.

Dans ce passage s'exprime clairement la conviction de Teilhard que l'Église est bien le « logement » du christianisme et que, quoi qu'il arrive, elle s'adaptera, elle effectuera les travaux de rénovation et d'agrandissements nécessaires. Cette adaptation, selon lui, ne demande pas plus d'efforts que celle déjà réalisée lors des débuts du christianisme. Teilhard fait ici un parallèle audacieux entre le passage de l'homme rencontré en Galilée à celui qu'il nomme ici le Christ-roi et le passage de ce même Christ-roi à son Christ universel tel qu'il l'appelle de ses vœux.

« J'espère que ces pages, nécessairement brèves, ne vous apparaissent pas trop incohérentes ? En tout cas, croyez en ma profonde sympathie. Et soyez assurée qu'en aucun cas vous ne m'avez froissé par votre franchise. Je doute que vous puissiez jamais me dire quoi que ce soit, en matière de religion, de plus dur à entendre que ce que je me suis dit à moi-même des centaines de fois.

Le vôtre, Teilhard. »

La chute de la lettre était certes un peu sèche ! Néanmoins, le but de Pierre était bien à la fois de rassurer Lucile sur la valeur de son message, déjà partagé avec d'autres – il y a ici une référence implicite à ses amitiés et relations dont sa correspondance n'a donné sûrement qu'une vue partielle –, et de calmer son attente de changement immédiat. À travers cette lettre, nous entendons Lucile frémir d'impatience : pour elle, si le message de Pierre est le vrai, pourquoi attendre pour le proclamer avec bruit dans ce qu'elle imagine, peut-être, comme un grand soir mystique ? Pierre a une vue plus construite, plus profonde, comprenant bien le risque d'une communication prématurée. Ce passage éclaire son attitude d'obéissance vis-à-vis de l'Église. Cette attitude faisait certes partie de son caractère d'enfant sage amoureux de la paix, mais elle se renforçait sous la lumière de sa réflexion sur la profondeur du message chrétien : « N'est-ce pas là l'essence même de l'Évangile ? » Teilhard a la conviction absolue que le message chrétien est *le* message et que son effort pour l'approfondir, lui faire toucher son vrai fond, ne restera pas vain et finira par aboutir.

Commencée pour rassurer Lucile, cette explication se termine par un magistral résumé de sa pensée. Et il faut lire les dernières lignes comme un remerciement de la part de Pierre d'avoir été entraîné à cet exercice de justification qui l'amena à effectuer une analyse aussi sincère et complète de son parcours.

Merveilleuse Lucile qui provoquait de telles « sorties » ! Ce texte est remarquable. Il était destiné à une correspondante privilégiée sans aucune intention de le voir publié. Teilhard s'y livre en toute franchise et donne au lecteur moderne un aperçu incomparable sur son travail de réflexion intérieure [1].

Trois semaines plus tard, il s'embarquait pour les États-Unis et gagnait Philadelphie. Ce séjour aux États-Unis fut important à plusieurs titres.

À l'occasion du congrès de géologie à Philadelphie, Teilhard se vit remettre une distinction honorifique par le corps scientifique américain. Et, hasard de son parcours atypique, une seconde distinction, qui devait lui être remise par le Boston College, lui est refusée au dernier moment !

À Boston, j'ai été invité par le Collège pour recevoir un doctorat d'honneur, en même temps que miss Garrod. Mais, je me suis trouvé

1. Voir p. 407 le texte anglais original complet de la lettre et sa traduction en français.

dans une position quelque peu délicate. De Boston à Seattle, j'ai été décrit par la presse comme « le jésuite qui croit que l'homme descend du singe » ; et cette transcription sommaire de mes connaissances scientifiques a causé un choc dans l'opinion catholique irlandaise de cette partie du monde. Mes confrères, qui sont supposés conduire l'orthodoxie romaine, ont été inondés de lettres inquiètes (personnellement j'en ai reçu quelques-unes, en même temps que d'autres, d'ailleurs, exprimant plutôt de la reconnaissance) ; et au final, très gentiment et très embarrassé, le Président du Boston College m'a fait comprendre que cela lui serait difficile pour lui de conférer à moi ce fameux doctorat, craignant que m'attribuer cet honneur n'amène les catholiques américains à penser que le Boston College soutienne mes idées. Une situation curieuse et peut-être dangereuse. Depuis, de toute façon, j'ai pris contact, très amicalement, avec les plus importants représentants de mon ordre à Washington, Boston et New York et j'espère que les choses ne vont pas s'envenimer pour moi. Au final, je suis plutôt déçu par la presse, mais pas vraiment mécontent d'avoir ainsi trouvé l'occasion de dire ce que je pense. [Lettre à Lucile d'avril 1937.]

Le Boston College était un établissement d'enseignement tenu par les Jésuites. La distinction que devait recevoir Teilhard était donc une distinction religieuse, même si elle était envisagée en raison de ses travaux scientifiques. Teilhard fut pris au piège de ses libres propos en présence de journalistes. Il fut à la fois inquiet et satisfait. Affectionnait-il ce mélange ? Il savait devoir craindre des sanctions et il est probable que son ordre, si celles-ci étaient réellement envisagées, réussit à les suspendre. Mais au fond de lui, il était plutôt content de son coup d'éclat.

Cela n'a pas été la seule fois où sa spontanéité, son souci de la vérité, sa franchise le mirent soudainement sur le devant de la scène. Il y avait déjà eu la note sur le péché originel, après la Grande Guerre, il y eut plus tard, après son retour en France au lendemain de la Seconde Guerre mondiale, d'autres mécomptes. Beaucoup de ses amis tentaient de convaincre Teilhard d'adopter une attitude plus mesurée. Ainsi Bruno de Solages et Teilhard lui-même d'ailleurs, lorsqu'il expliquait à Lucile que ses idées devaient progresser au rythme qui convenait pour ne pas perturber l'Église. Las ! Mis en face d'un auditoire, Teilhard une fois engagé dans l'explication de sa pensée prenait feu et ne s'arrêtait plus. Pierre Leroy raconta qu'un jour, autour d'une table réunissant plusieurs ecclésiastiques, dont certains liés avec les milieux conservateurs et devant de ce fait être ménagés, Teilhard se lança dans ses exposés. Devant l'échauffement de son ami, Leroy lui fit une pression sur le pied pour tenter de le modérer. Peine perdue, Teilhard continua de plus belle en demandant tout haut à la cantonade qui pouvait bien se permettre de lui faire du pied !

Teilhard se disait content de l'incident lui ayant permis d'exprimer tout haut ses idées en leur donnant une diffusion importante, mais il était dommage qu'elles aient été simplifiées jusqu'à la caricature. Il avait là à payer la rançon de l'interdiction qui lui était faite de s'exprimer publiquement. Ses textes polycopiés à l'usage privé de ses amis étaient quand même un moyen plus sûr que les comptes rendus d'entretiens rédigés par des journalistes, mais leur diffusion était en revanche bien trop restreinte, surtout aux États-Unis où les traductions réalisées par Lucile à Pékin semblent avoir été peu diffusées.

Teilhard dut encaisser la rebuffade de la part des autorités du Boston College, ce qu'il fit sans trop en prendre ombrage, mais la mauvaise manière était bien là, teintée de crainte et d'appréhension. Et Lucile jubilait : « Je vous ai dit qu'un ami m'avait envoyé une coupure de presse à propos de vous tiré d'un journal en Floride : avec en gros titre "l'homme est le descendant du singe, explique un scientifique jésuite". Avez-vous déjà eu des retours des conservateurs ? Je suppose que cela doit venir ; mais cela a du être un vrai soulagement pour vous de DIRE enfin ce que vous pensez si intensément – et si fort ! ! » (Lettre de Lucile d'avril 1937).

Néanmoins ce séjour à Philadelphie devait figurer parmi les bons souvenirs de Teilhard, grâce à l'accueil que lui fit le couple de Terra chez qui il passa quelques jours. Il en fit le récit à Lucile :

À Philadelphie, j'ai eu un séjour très agréable, et nous sommes restés des heures en discussion avec Helmut et Rhoda sur toute sorte de sujets (religion, philosophie, éthique et vie pratique). Il serait difficile de trouver deux personnes aussi attachées l'une à l'autre, et pourtant si différentes l'une de l'autre que ces deux-là. Rhoda n'a pratiquement aucun besoin conscient de vie organisée sous un quelconque système philosophique ou religieux ; et Helmut, en revanche, a un désir ardent et douloureux d'une telle conception de l'existence. Elle est au cœur d'une immersion joyeuse dans la vie présente, alors que lui est torturé par son besoin d'anticiper le futur. Il est toutefois plus proche de moi ; mais elle m'oblige à réfléchir davantage, étant donné, qu'en outre, elle a une terrible capacité d'intuition psychologique. J'espère que vous les rencontrerez, quelque jour. Samedi, veille de Pâques, nous sommes allés déjeuner dans un restaurant suédois, puis ce fut une séance de cinéma et pour finir un concert le soir (la 9e symphonie de Beethoven avec l'orchestre de Philadelphie).

En lisant cette lettre avec le recul que donne la connaissance des années qui suivirent, on découvre comment la joyeuse personnalité de Rhoda séduisit Teilhard. Excellente hôtesse, sachant mettre ses invités à l'aise et répandant entrain et bonne humeur autour d'elle, elle devait plaire à Teilhard, malgré son peu de goût pour la réflexion et les recherches spirituelles. Le couple savait recevoir et distraire ses invités, Teilhard passa un bon moment en leur compagnie.

Puis ce fut une nouvelle fois New York. Du *Normandie* qui l'emmenait ensuite en France, il fit à Lucile un résumé ravi de son séjour dans la cité des gratte-ciel :

Je dois vous résumer, en discutant avec vous, mes dernières impressions sur l'Amérique… Dans l'ensemble, sur le plan scientifique, j'ai été comblé. Des gens étonnamment charmants, et des discussions intéressantes, des suggestions et observations. Chaque jour, déjeuner ou dîner avec quelques amis, soit dans un petit appartement new-yorkais, où nous cuisinions dans la minuscule et moderne cuisine, entre le four électrique et le frigidaire, soit dans la demeure princière de Mr Frick a Roselyn, dans Long Island, soit au 65e étage du Rockefeller Center, ou à la Rockefeller Institution, en tête-à-tête avec Carrel et son bonnet blanc. Ce mois américain m'apparaît comme un entretien perpétuel avec une incroyable variété d'interlocuteurs, à propos de science, d'éthique ou de religion.

Ces deux derniers jours, les journalistes n'ont plus fait attention à moi et j'ai l'impression que la réaction fondamentaliste s'est bien apaisée. Je ne pense pas que quiconque aille se plaindre à Rome. [Lettre d'avril 1937.]

Teilhard avait aimé l'Amérique dès son premier séjour en 1931. Son goût pour ce pays ne diminua pas, même s'il en a vu et décrit les défauts. Il a bien aimé l'enthousiasme des chercheurs de ce pays et il a apprécié, en bon professionnel des explorations sur le terrain, les moyens dont ceux-ci disposaient pour monter leurs expéditions. C'était d'ailleurs lui qui avait suggéré à Ralph von Koenigswald de faire appel à des institutions américaines pour recueillir les financements nécessaires à la mise sur pied de ses expéditions dans l'île de Java. Et toujours cette crainte d'indisposer Rome venant en contrepoids de son désir de passer outre à l'interdiction de publier qui lui était faite. Quoi qu'il en soit, l'incident créé par les journalistes américains témoignait d'une certaine façon de la notoriété que les idées de Teilhard étaient en train d'acquérir, même au prix d'une simplification tournant à la caricature.

À New York, Teilhard rencontra Alexis Carrel [1] et eut un long entretien avec lui qu'il raconta à Lucile dans la même lettre écrite du *Normandie* en avril 1937 :

> Le Dr Carrel ressemble parfaitement à sa photo dans son livre : chaleureux, clair et les idées arrêtées, très objectif dans ses opinions. Je l'ai fait parler sur sa vision pour une organisation de l'étude de l'homme comme un tout. Pour autant que je puisse la résumer et l'interpréter pour moi (sans déformation, j'en suis sûr) l'idée de Carrel serait de mettre sur pied une science de l'énergie humaine, qui englo-berait les points suivants :
> – préservation et amélioration des meilleures races par la médecine et la physique (physico-medical),
> – préservation et promotion de son intérêt et de sa recherche sur la vie par l'homme avec l'élaboration d'objectifs et buts appropriés, en vue de l'établissement d'une vraie religion de l'effort,
> – étude particulière des diverses forces psychiques, telle que l'attirance sexuelle, la télépathie, les énergies collectives, etc [...] J'ai senti que je devais essayer de fixer ces idées en rédigeant un essai sur « l'Énergie humaine », ce qui me semble, à l'instant, la meilleure façon pour concentrer et exprimer mes idées sur « le monde encore en mouvement », et sur une nouvelle morale (fondée sur l'accroissement de l'Énergie), ce dont nous avons beaucoup discuté ces derniers mois.

1. Alexis Carrel (1873-1944), chirurgien et biologiste français, vécut aux États-Unis de 1905 à 1939. En 1912, il reçut le prix Nobel de physiologie et de médecine pour sa contribution à l'essor de la chirurgie vasculaire. Philosophe et moraliste, il écrivit des ouvrages de réflexion dont *L'Homme, cet inconnu*, publié en 1935, dans lequel il préconise l'emploi de moyens pour l'amélioration de la race humaine qui en font un sombre précurseur des divagations des pseudo-théoriciens nazis. De retour en France en 1939, il saborda définitivement sa réputation en devenant un théoricien de l'eugénisme à l'heure de Vichy.

On comprend bien ce qui a pu séduire Teilhard dans les plans de Carrel : étudier, comme il l'envisageait lui-même, l'homme comme un phénomène biologique. Le fait humain, non pas comme un assemblage d'existences, mais comme une entité saisissable en bloc, comme un tout cohérent. Et résolument optimiste, confiant dans la montée de l'évolution, Teilhard ne semblait pas apercevoir ce qu'il pouvait y avoir de dangereux dans un objectif de « préservation et amélioration des meilleures races par la médecine et la physique ». Dans le *Phénomène humain*, Teilhard a parlé d'eugénisme « noblement humain », prenant soin d'en définir l'objectif et d'en fixer les contraintes. Carrel défendait des idées d'exclusion, par éradication, des individus inadaptés. Ces idées d'exclusion étaient à l'opposé de la pensée de Teilhard, qui projetait en avant de l'espèce humaine son union de plus en plus nécessaire. Teilhard avait confiance dans la science pour soulager et améliorer la vie des individus, et non pour la leur ôter.

Et le voyage à bord du *Normandie* se poursuivit, Teilhard savourant les effets d'une popularité naissante. Il fit l'objet d'un reportage photographique dans *Life* ! Convive plaisant, il se prit au jeu du dérangement des idées en place : « À notre table, à la salle à manger, un jeune et plutôt patriote Alsacien catholique s'est un peu alarmé du rose de ma couleur politique. » La France connaissait alors une confrontation politique forte avec le gouvernement de Front populaire dont l'action s'essoufflait. Teilhard appréciait le charme de ces longues traversées qui permettaient des échanges fructueux. On l'imagine aisément, causeur attentif aux autres, sachant user de son charme certainement rehaussé par sa position de prêtre. Ravi de l'occasion, il fut même une fois réquisitionné par un maître d'hôtel qui cherchait à compléter une table déjà occupée par un groupe de jeunes femmes.

Les bons moments de ces croisières étaient une douce compensation aux déplaisirs de ces départs et éloignements.

À Paris, au printemps 1937, Teilhard observa la vie politique et ses commentaires à Lucile nous font percevoir un homme doté d'un vif coup d'œil et se laissant quelquefois emporter dans ses jugements à chaud. Il a ainsi jeté un regard sur la question sociale à travers le prisme parfois réapparu de son éducation d'aristocrate :

Ce qui domine en France à l'instant, est un sentiment d'inconfort et d'anxiété parmi les mouvements incertains des masses populaires. Dans le courant de l'année, apparemment, l'esprit syndical s'est considérablement accru. Un homme isolé est un homme mort. Et malencontreusement, les basses couches de la masse font montre de la plus mauvaise part d'eux-mêmes : au lieu de justifier leurs droits par un meilleur travail, les travailleurs deviennent encore plus impossibles chaque fois qu'ils obtiennent quelque chose. Ils ne peuvent accepter de travailler davantage pour un patron, mais ils sont incapables de comprendre quel niveau de compétence est nécessaire pour mener à bien toute action industrielle. Cela conduit à des impasses. Une circonstance favorable est que maintenant les ingénieurs ont mis sur pied leur propre syndicat et envisagent l'éventualité d'une grève contre les travailleurs en grève, ce qui est une très mauvaise surprise pour ces derniers. Évidemment, il y a quelque chose en train de changer rapidement à l'intérieur du monde civilisé. Mais un accroissement de l'idéal est absolument nécessaire pour pouvoir éviter de voir la nécessaire dissolution se transformer en « décomposition » ; la haine et la sensualité bestiale sévissent au sein du « peuple ». [Lettre d'avril 1937.]

Le rose de sa couleur politique dont Teilhard était si joyeux quelques semaines plus tôt faisait mine de virer au bleu pâle, au spectacle de l'agitation populaire. Penseur génial, voyant les choses de haut, Teilhard ne se sentait ni goût ni talent pour l'action militante. Le ton et le choix des mots sont rudes. Ce recul agaçait fortement Ida Treat qui ne se gênait pas pour l'interpeller. Teilhard lui-même cita, dans une de ses lettres à Lucile, les propres mots d'une lettre d'Ida : « Hier, une longue lettre d'Ida. À nouveau, elle me presse : "je ne peux vous imaginer rester au large, avec une attitude de plus saint que moi tu meures ! Pendant que le monde est en train de bouillir !" Mais que puis-je faire de plus ? Descendre dans la rue ? Autant je regarde autour de moi, le moins je discerne de groupe auquel j'aimerais me joindre. "De nos jours, seule compte l'action", écrit Ida » (Lettre de juin 1937).

Il y a là, bien sûr, un sympathique et sincère appel à s'engager qui vient comme en écho aux efforts de Lucile pour amener Pierre à se rebeller au sein de son ordre. Mais Ida et Lucile avaient l'impatience des êtres pour qui l'action doit avoir un effet immédiat. Teilhard penseur patient d'un monde en évolution à l'échelle des millénaires, donnant de sa personne lors de fouilles tout aussi prenantes qu'une action militante, s'avouait incapable de descendre au cœur du débat politique et social. Elles et lui n'avaient pas la même façon d'envisager le démarrage de l'action. Teilhard croyait en la force de la pensée et de l'écriture. Les deux femmes voulaient qu'il prenne part ouvertement au débat public.

Mais, quand même piqué au vif par l'apostrophe d'Ida, Teilhard lui répondit immédiatement par une longue lettre. Il était pris sous le feu croisé des critiques de ses remuantes relations féminines :

Et ceci m'amène à m'expliquer sur le point que vous urgez dans vos deux dernières lettres : « *In these days... only action counts.* » À cela il y a longtemps que je pense. Mais quand je viens à chercher *sous quelles formes* matérialiser mes aspirations, en vérité je ne vois aucune autre chose à faire (du moins pour l'instant) que de continuer, aussi intensément que possible, à hâter une renaissance (une révolution ?) chrétienne. Je sais qu'en lisant ce mot vous allez « bondir », comme Lucile. Et cependant je parle très sérieusement, avec ma pleine liberté de penser telle qu'elle s'est formée depuis 25 ans. Voyez-vous, ce qui domine maintenant ma vision de l'Énergie humaine, c'est que son totalitarisme (sans lequel on ne comprend rien) doit culminer dans un maximum de conscience *personnelle*, lequel, à son tour, est incompréhensible sans l'équivalent d'une Divinité de type personnel en laquelle les éléments personnels de l'Univers atteignent le maximum de leur personnalité en perdant (par union) ce qu'il y a de séparatiste dans leur individualité. Le monde ne tient, ne peut avancer, et ne peut se consommer, *que* sous l'action d'une puissance qui soit de l'espèce d'un « *amour* ». Voilà pourquoi, autant je sympathise avec la foi « totalitaire » des fronts populaires, autant je me rends à l'évidence que leurs formes *impersonnelles* d'idéal (« l'Humanité, la Société », *a fortiori* la Race ou l'Empire des fascismes !), sans âme ni « figure », vont à tuer le bourgeon même de l'évolution qu'ils veulent promouvoir et sauver. Et voilà pourquoi, autant je m'insurge contre toutes les représentations et attitudes religieuses (en pleine déroute !) qui se révèlent impuissantes à totaliser le monde, autant je me persuade que faire retrouver aux hommes (sous une forme vraiment universaliste, humaine et conquérante) l'amour d'un Universel-Personnel (transmis, c'est là un fait brutal, par le seul phylum chrétien), c'est l'œuvre la plus urgente et la plus efficace à réaliser. Pour avancer cette œuvre, je l'avoue, il y aurait précisément, peut-être, un geste à faire (différent, mais comparable à ceux du Christ ou de St François). C'est cela que j'attends, mais que je ne vois pas encore, mais auquel, je vous le jure,

L'homme d'études et de devoirs.

La classe de philosophie au collège de Mongré, en 1897. Teilhard est au second rang, deuxième à partir de la gauche.

La classe de philosophie au collège de la Sainte-Famille au Caire, vers 1906.

Pierre Teilhard de Chardin, le 11 janvier 1919, à Strasbourg, sous l'uniforme de caporal brancardier.

La Chine, son histoire et sa préhistoire.

Pierre Teilhard de Chardin au cœur du plateau mongol durant l'été 1924, lors de l'expédition vers le Dalaï-Noor, au cours de son premier séjour en Chine.

Le village de Choukoutien en 1929, dessiné par George Barbour.

Celui qui mit la main sur le premier crâne fossile de sinanthrope : Wen-Chung Pei, directeur du chantier des fouilles.

Pierre Teilhard de Chardin et Henri Breuil lors de leur visite des tombeaux Ming, le 7 avril 1935 (photo prise par Wen-Chung Pei).

Parmi les grandes rencontres.

Marcellin Boule,
directeur de l'Institut
de paléontologie humaine
au Muséum d'histoire
naturelle.

Émile Licent à Tien Tsin, en 1927.

Davidson Black vers 1924.

Mgr Bruno de Solages
à l'époque de ses premiers
échanges avec Teilhard.

L'homme dans le monde.

Réunion du Club of the Natural Science and Geography du YMCA à Harbin, en Mandchourie du Nord, le 2 juin 1929. On reconnaît, assis au centre de la table au milieu de scientifiques, Pierre Teilhard de Chardin et Émile Licent.

Une réunion chez le professeur Amadeus Grabau, vers 1936. On aperçoit, parmi diverses personnalités, à l'extrême gauche Wen Hao Wong, puis Sven Hedin et le professeur Amadeus Grabau, puis Pierre Teilhard de Chardin et, à l'extrême droite, K. V. Ting. Derrière le chandelier, au centre, vraisemblablement Lucile Swan.

Dîner offert en l'honneur de Teilhard par des scientifiques à Paris, au lendemain de la guerre. Les personnages n'ont pu être identifiés.

Les amis.

Helmut de Terra et Pierre Teilhard de Chardin prenant le thé à Java, en mars 1938.

Chez Max et Simone Bégouën dans leur appartement de la rue Raynouard à Paris, à Noël 1938. Simone Bégouën, Agnès Allain-Dupré, parente de Max Bégouën, Pierre Teilhard de Chardin.

Chez Max et Simone Bégouën, le même jour ; de gauche à droite : Ernestine Evans, journaliste américaine et amie commune, Ida Treat, Pierre Teilhard de Chardin, Simone Bégouën et Max Bégouën que l'on devine à l'extrême droite.

Lucile.

Paul Raphaël, directeur de la Banque franco-indochinoise à Pékin, Lucile Swan et Pierre Teilhard de Chardin en visite sur le site de Choukoutien, vers la fin des années 30.

Lucile Swan
dans les années 30.

Pierre Teilhard de Chardin et Lucile Swan lors d'un pique-nique dominical dans les Western Hills, en 1940.

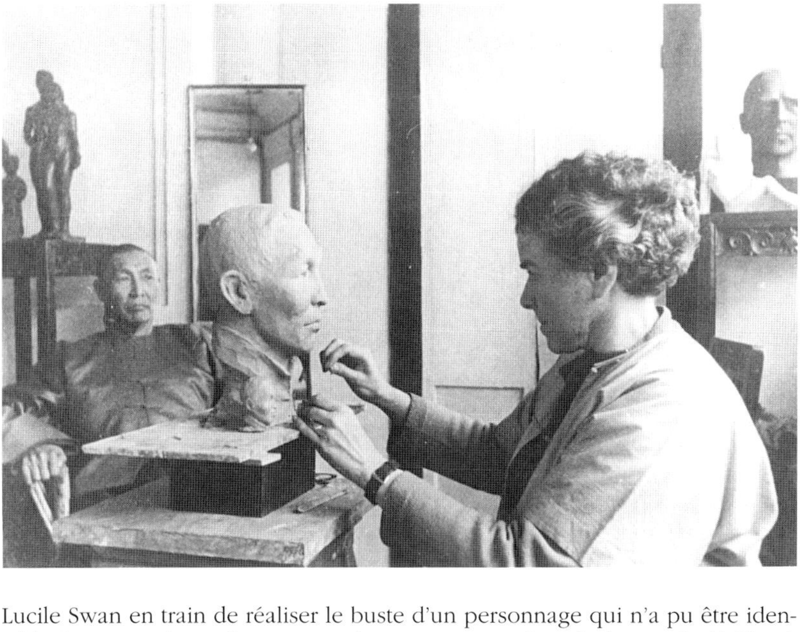

Lucile Swan en train de réaliser le buste d'un personnage qui n'a pu être identifié. On aperçoit quelques-unes de ses œuvres, dont le buste de Teilhard. À Pékin, vers 1940.

Portraits.

Dessin de Gunnar Andersonn, 1934.

À New York, au début des années 50.

En Rhodésie, en 1953.

je me donnerai comme à la fiancée rêvée par toute ma vie, aussitôt qu'elle m'apparaîtra. Pourriez-vous m'aider à la voir ou à la reconnaître, amie qui m'avez toujours donné à une plus grande vie ?…

Je voudrais, intensément, que vous arriviez à écrire le livre dont vous me parlez (un livre sur l'Homme, vous aussi !). Si vous parvenez à découvrir le groupe de tableaux, de scènes, ou de situations dans lesquels puissent prendre corps et se symboliser les pitiés et les espérances que vous avez ressenties un peu sur toute la Terre, ce sera vraiment *votre* livre, et vous l'écrirez avec joie. Il m'a toujours manqué de savoir écrire autre chose que des thèses et des dissertations. La grande jouissance doit être de faire passer son âme dans une création vivante : roman, musique, ou mieux encore dans une autre âme vivante, comme vous faites pour André. Il m'a parlé de vous, lui, comme on parle de plus qu'un ange. *God bless you, dearest.* [Lettre à Ida Treat de juin 1937.]

Cette lettre à Ida est à lire en regard de celle écrite à Lucile au début de la même année. Lucile lui reprochait ce qu'elle n'était pas loin de qualifier d'attitude équivoque vis-à-vis de l'Église. Et Ida, à son tour lui reprochait une attitude trop distante des réalités du jour. Elle pensait aux mouvements sociaux qui agitaient alors la France. La réponse de Teilhard à Lucile était une plaidoirie qui reprenait la description de sa position complète. S'adressant à Ida, il faisait un début de concession à ses penchants révolutionnaires, en mentionnant sa sympathie envers les fronts populaires tout en maintenant sa réserve quant à leurs méthodes et, s'il essayait sincèrement d'envisager jusqu'où pouvait aller son désir de changement, il était bien obligé de constater qu'il restait dans l'attente de connaître le geste à faire.

Et toujours avec Ida, cette référence à ce besoin d'exprimer ce qu'il sentait au fond de lui par la réalisation d'une œuvre d'art – idée qu'il n'évoquait guère dans ses lettres à Lucile. Et, mieux encore, cette espérance : « faire passer son âme dans une autre âme vivante » ! Ida, Lucile… ? Sans doute, mais plus encore l'ensemble des âmes humaines. Cependant, Teilhard restait muselé.

Au début d'août, il reprenait le bateau à Marseille pour Shanghai, après avoir passé la journée précédant son embarquement avec Ida Treat. Et sitôt arrivé en Chine, il repartait vers la Birmanie rejoindre une petite équipe de scientifiques pour une expédition dans l'ouest du pays. Il y retrouvait le couple de Terra avec sa petite fille.

Teilhard homme de la Terre, capable, étant à Paris, de se sentir présent en Chine en échangeant des potins pékinois et parisiens avec Lucile restée à Pékin, et en même temps chez lui en France lorsqu'il déambulait dans les rues autour du port de Marseille avec Ida, la veille de son embarquement pour l'Orient, avant de terminer son tour de Terre en Birmanie sur les bords de l'Irrawaddy.

Tout cela alors que se précisait la menace japonaise sur la Chine. « Il serait vain encore d'épiloguer sur les événements de Chine que nous suivons avec intérêt par la radio. Le *d'Artagnan* pourra-t-il accoster à Shanghai, ou devrai-je gagner Tientsin par vapeur côtier de Hong Kong ou Kobé ? On verra. En tous cas, ma place est là-bas en ce moment. Je vous tiendrai au courant. » [Lettre à Ida Treat d'août 1937.]

CHAPITRE IX

« LE PHÉNOMÈNE HUMAIN »

1938-1940

1938, le tournant. Rhoda sur le terrain en Birmanie. Séparation d'Helmut et de Rhoda. Le début de la correspondance avec Rhoda. Séjour parisien au début de l'année 1939. Séjour chez Gabriel. Les débuts de la renommée. Retour en Chine, bloqué pour six ans et demi du fait de la guerre ! Les incertitudes de Lucile : sa lettre d'octobre 1939. *Le Phénomène humain* enfin terminé. Lecture du *Phénomène humain*.

L'expédition en Birmanie au cours de l'hiver 1938 marqua une étape dans l'existence de Teilhard. D'abord, ce fut sa dernière expédition sur le terrain. Cela, bien sûr, il ne pouvait le savoir lorsqu'il rentrait à Pékin au mois de mai 1938. Mais, surtout, c'est au cours de cette vie de camp dans la jungle birmane que se noua ce qui devint peu après une très forte relation d'amitié avec Rhoda de Terra. À Philadelphie, Teilhard avait déjà apprécié l'hospitalité du couple qu'il avait rencontré au Cachemire, deux ans et demi auparavant.

En Birmanie, il fut séduit par la gaieté et les talents de maîtresse de maison de Rhoda qui sut, en pleine jungle, « veiller aux soins domestiques de l'expédition d'une façon tout à fait efficace ; et tout le monde est heureux ! » (Lettre à Lucile du 6 janvier 1938). Teilhard et Rhoda furent les deux piliers de cette équipée. Pendant que Rhoda supervisait la vie quotidienne, Teilhard s'attachait à lutter contre le découragement d'Helmut et surtout celui du collègue qui lui avait été adjoint par la fondation qui finançait l'expédition, un certain Dr Movius que Teilhard, malgré toute sa gentillesse naturelle, ne put s'empêcher d'épingler : « Nous avons recueilli pour le moment une riche et magnifique collection d'outils paléolithiques, qui aurait sans doute été perdue si je n'avais pris fermement le parti de de Terra contre Movius, le défaitiste archéologue, qui déjà a adressé un câble à Harvard pour annoncer l'échec de ses recherches » (Lettre du 13 février 1938 [1]). On imagine la vie de l'expédition suspendue à l'enthousiasme de ces deux animateurs qui surent égayer et entraîner le petit groupe un peu perdu au milieu d'un pays encore sauvage. Teilhard d'une part, Rhoda de l'autre, ne pouvaient que garder des images souriantes l'un de l'autre. Dès la fin de l'expédition, Teilhard, du bateau qui le ramenait à Pékin *via* Java, écrivit à Lucile : « Vous auriez aimé la façon dont j'ai été sermonné par Rhoda de Terra, exactement comme vous ! Je suis sûr que vous aimerez la rencontrer aux États-Unis » (Lettre du 27 mars 1938). Le courant était passé.

Au début de mai, il était revenu à Pékin où il retrouvait Lucile pour quelques mois. Pendant l'été, c'est elle qui partit la première pour les États-Unis afin de revoir sa famille et d'organiser de nouvelles expositions de ses œuvres. Teilhard la suivit un peu plus tard. Ils se retrouvèrent à New York au mois d'octobre, puis il prit le bateau pour la France.

Avant de quitter Pékin, il avait appris la séparation des de Terra : « J'ai eu de plutôt mauvaises nouvelles des de Terra (c'est confidentiel) : ils se sont, du moins en ce moment, séparés, et tous les deux en souffrent. Tout cela est absurde. Nous en parlerons à New York, peut-être les verrons-nous ? Je pense que vous pouvez aider Rhoda » (Lettre à Lucile du 29 août 1938). Il ne semble pas y avoir de raison précise à cette brutale séparation. C'est vraisemblablement Helmut qui prit l'initiative de la séparation car, à la suite d'une dépression nerveuse, il quitta non seulement sa femme et sa fille mais aussi son travail.

La première lettre de Teilhard à Rhoda qui soit connue date du mois de juin 1938. À cette date, il n'était pas au courant de la

1. Hallam Leonard Movius (1907-1987), paléontologue américain, professeur à Harvard. Il dirigeait le département archéologie du Peabody Museum de l'université Harvard. Il était un spécialiste des grottes préhistoriques françaises.

mésentente. Il faut tenir pour assuré que cette grande sympathie naissante ne fut pour rien dans la crise subie par Helmut, bien qu'il n'y ait pas de confidences disponibles. Aucune lettre de Rhoda n'a été conservée par Teilhard et Helmut de son côté resta muet sur sa vie privée. Son livre de souvenirs sur Teilhard n'apporte aucun éclairage sur la vie du couple.

Teilhard fut affecté par cette séparation. Il a certainement voulu apporter aide et réconfort à Rhoda dans cette épreuve. En même temps, il retrouva avec elle et pour elle son habitude d'échanger des confidences. Rhoda apprécia sûrement beaucoup de pouvoir se confier à une personne comme Teilhard qu'elle avait appris à connaître au cours des expéditions organisées par son mari. Quoi qu'il en soit, il y a un peu d'incertitude sur la façon dont se développa cette relation, Rhoda ayant soigneusement éliminé toute référence à sa vie privée et à son identité dans les lettres publiées et n'ayant, à ce qu'il semble, jamais confié de souvenirs à quiconque.

Nous trouvons dans les lettres de Teilhard à Rhoda – nombreuses entre juin 1938 et décembre 1941, jusqu'à l'interruption des communications après l'entrée en guerre des États-Unis –, comme avec les autres correspondantes, beaucoup de confidences. Teilhard racontait sa vie, se racontait et faisait part de ses réflexions. Il retrouvait avec Rhoda son habitude de confier ses idées et de s'intéresser aux avis et commentaires de sa correspondante. Et nous lisons que Rhoda, comme Lucile, ne pouvait comprendre pourquoi Teilhard restait aussi obstinément fidèle à l'Église, cette Église qui le brimait. Il s'en est expliqué, très directement, auprès d'elle : « En outre, ma "philosophie" personnelle m'oblige à rester fidèle à un mouvement religieux que je considère comme la véritable semence des choses à venir. Une "descente sur la place publique" ? Je ne vois pas comment l'opérer, du moins pour le moment. Mon sentiment est qu'il serait peu raisonnable de forcer les choses, étant donné qu'elles continuent à croître. Et qu'elles croissent en France d'une manière absolument prodigieuse » (Lettre à Rhoda, décembre 1938).

Néanmoins, si Teilhard raconta beaucoup de choses à Rhoda, s'il la tint au courant de ses faits et gestes et de ses réflexions, il ne lui donna pas la même place qu'à Lucile. Malgré une impression d'irréalité qui se dégage de ces lettres sans adresse au destinataire ni expression d'affection en forme d'au revoir, on voit bien que le ton général était bien celui de la confidence certes, mais d'un confident soucieux de partager ses joies et ses soucis quotidiens avec une amie ayant besoin d'amitié vraie et non celui d'un homme recherchant une nouvelle forme d'amour féminin. Rhoda avait alors trente-sept ans, Teilhard cinquante-sept ; il prenait la place d'un oncle ou d'un ancien professeur prodiguant tardivement ses conseils.

Teilhard parla de Rhoda à Lucile, comme il lui parla d'Ida et de tous ses amis. En revanche, nous n'avons pas de témoignages de ce qu'il put dire à Rhoda à propos de Lucile. Il n'est pas vraisemblable que Rhoda ait ignoré la relation entre Teilhard et Lucile, mais on ne peut pas aller bien loin sur ce point sans risquer de déformer la vérité. À cette époque, Rhoda prenait une place importante parmi les amitiés de Teilhard, mais cette place n'était pas très différente de celles qu'il donnait à beaucoup de ses bonnes relations habituelles. L'infortune conjugale de Rhoda fut certainement une raison supplémentaire pour Teilhard de se tourner vers la jeune femme ; sa gaieté naturelle et son entrain en firent une correspondante qui, à sa façon, sut égayer et réconforter un homme qui avec l'âge découvrait le doute et les instants de découragement. Teilhard vivait et pensait la plume à la main ; avec Rhoda, il rafraîchissait le petit cercle de ses correspondants les plus fidèles. Avec elle, il pouvait renouveler le récit de son existence et surtout ses commentaires sur les gens rencontrés et les idées échangées.

Il en est ainsi lors du long séjour en France au premier semestre de 1939 :

J'ai pour l'instant échoué dans un vestibule du monastère (ou plutôt collège) de mon Ordre, dans la ville ensoleillée et fortement provinciale de Toulouse avec ses constructions de brique. Je suis arrivé ici il y a trois jours et je retourne demain à Paris. Et entre-temps j'aurai donné quatre conférences – l'une devant la Société locale de Philosophie. Je porte une longue robe noire pour l'occasion : malgré votre prédilection pour ce genre de costume, je ne me reconnais plus moi-même. En tout cas les gens sont charmants avec moi, et, grâce à mes projections, j'ai eu un vif succès. Et personne ne semble s'être effrayé ni de mes propos philosophiques, ni du visage simiesque de l'arrière-grand-père Sinanthrope. (Lettre à Rhoda de février 1939.]

Cette lettre très personnelle n'était certes pas destinée à être lue par un large public. L'allusion, un brin sarcastique, à la longue robe noire est assez curieuse. On comprend que le port de la soutane fut un sujet de discussion entre Teilhard et Rhoda, mais il y avait bien un retrait de sa part vis-à-vis du costume ecclésiastique traditionnel. Même s'il a toujours affirmé – et on a lu combien cette affirmation était sincère – avoir été prêtre, Teilhard ne pouvait résister à l'envie de marquer sa différence. Une petite liberté qui allégeait le poids du devoir d'obéissance.

Et Rhoda, comme beaucoup d'autres correspondants, n'ignorait rien des tracas religieux de Teilhard.

Je dois d'abord vous dire que j'ai eu un long entretien avec mon Provincial en France, depuis que je vous ai écrit. Il est arrivé assez déprimé, car un autre de mes écrits (assez difficile à avaler) était parvenu à Rome depuis novembre dernier. Mais grâce aux amis que j'ai ici, il est reparti avec meilleur moral. De fait, bien qu'il n'entende pas grand-chose aux idées, c'est un homme très juste, et il m'aime bien…

Votre proposition que « Ce sont les rebelles qui accomplissent le plus » est l'un des pires paradoxes de l'existence. Je me demande si la solution ne serait pas à chercher dans une définition de ce que signifie au juste le mot rebelle. Bien sûr que je ne me sens pas exactement comme un enfant prodigue. Seulement, le développement même de mon esprit m'amène à une nouvelle compréhension de plusieurs questions que j'aurais eu naguère tendance à régler sommairement. [Lettre de mai 1939.]

Rhoda n'hésitait pas à évoquer des sujets à la hauteur de la pensée du grand jésuite. Teilhard, pour sa part, commentait avec elle l'actualité politique si chargée dans ces mois précédant la guerre et telle qu'elle lui parvenait à Pékin : « Le pacte germano-soviétique, connu aujourd'hui, ne rend pas l'atmosphère humaine plus claire, en dépit du fait lourd de conséquences qu'il constitue la deuxième violation du credo nazi (selon le dogme anti-Komintern), et plus profonde encore que l'annexion de la Tchécoslovaquie (en contradiction avec la théorie des races). Je me demande jusqu'à quel point cette perte spirituelle pour Hitler va être compensée par quelque avantage matériel. De toute évidence, cela va très mal partout » (Lettre d'août 1939).

Au-delà de l'intérêt marqué envers Rhoda, cette lettre nous montre un Teilhard suivant, à bord du bateau qui le ramenait en

Chine *via* l'Amérique, les derniers développements de la crise internationale. Il est curieux de lire comment il appréhendait la personne d'Hitler. Il en parlait comme de quelqu'un capable jusque-là de raisonner et qui, inexplicablement, venait de commettre un acte contradictoire avec ses actes antérieurs. Teilhard ne faisait sans doute là que reproduire les commentaires que livraient alors les journalistes occidentaux à propos d'Hitler.

Le séjour français, et en fait surtout parisien, de Teilhard dura plus de huit mois, d'octobre 1938 à juin 1939.

Cela faisait près de dix ans que Teilhard n'était pas resté plus de trois mois en France. Il n'y a pas de raison clairement indiquée pour qu'il ait ainsi prolongé ce séjour. Certes, il voulait reprendre contact avec sa famille, ses amis et ses confrères prêtres et jésuites. Sans doute espérait-il avoir plus facilement l'occasion, s'il restait quelque temps, de pouvoir modifier l'attitude des autorités ecclésiastiques à son égard, celles-ci étant toujours lentes à se mouvoir. C'est l'époque durant laquelle se resserra son amitié avec Henri de Lubac et Bruno de Solages. C'était à l'invitation de ce dernier qu'il s'était rendu, au mois de février, à Toulouse pour y donner plusieurs conférences « en robe noire », dont une en présence de Mgr Saliège, archevêque de cette ville.

Il passa les fêtes de fin d'année à Paris en compagnie de Max et Simone Bégouën ; une photo nous le montre fêtant Noël chez eux en compagnie d'Ida Treat et d'une autre amie.

Avec l'éloignement et la séparation, étaient revenues les longues lettres à Lucile qui, durant le séjour parisien de Teilhard, était restée aux États-Unis.

Très chère,

Je viens de recevoir, il y a seulement trois jours votre lettre de Noël. Ainsi, nous étions en train de nous écrire mutuellement au même instant. Rien d'étonnant à cela. Nos vies ne sont-elles pas « synchronisées » depuis longtemps ? Et ne sommes-nous pas en train, au sens vrai, de vivre la même vie ? Ce qui me réjouit beaucoup est de sentir que, chacun dans notre environnement, nous développons le même effort, et de ce fait devenons de plus en plus proches en tout et au plus profond de nos expériences. Devenir un au milieu de ce monde, n'est-ce pas la véritable expression de l'amour et de Dieu ?

Depuis ma dernière lettre, je suis allé passer une semaine en Auvergne, et à nouveau une dizaine de jours à Paris. Mon séjour en Auvergne fut plaisant et reposant. La campagne était froide et blanche de neige, et la vieille maison de famille bigrement glaciale. Mais c'était si agréable de passer la journée au coin du feu, regardant les bûches se consumer, avec mon frère expliquant : « ce bois vient de tels arbres coupés à tel endroit de la propriété » ; il y eut des promenades en sabots le long de la rivière gelée et des moments passés à écouter la radio. Trois de mes neveux et nièces étaient là, pour les vacances, ce qui rendait la maison vivante ; et j'ai aimé bavarder avec mon saint homme de frère ainsi qu'avec sa femme si finaude. Elle est très occupée pour rassembler les jeunes filles de la campagne au sein d'une de ces nouvelles associations qui essaiment actuellement en France. Elle obtient des résultats étonnants pour rétablir chez cette population paysanne la fierté de la terre et un esprit positif de conquête. Une surprenante métamorphose ! Cela ressemble un peu au changement observé par Edgar Snow dans l'Ouest de la Chine. La vie a été simple et confortable. Jusqu'à mon frère qui se donnait la peine, tous les matins, de venir allumer le feu dans ma chambre avant mon lever. N'était-ce pas charmant ? [Lettre à Lucile de janvier 1939.]

Pierre retrouvait sa famille avec joie. Au cours de ce long séjour, plus que lors des précédents si brefs, il semble avoir resserré les liens avec son passé. On peut même relever dans cette lettre, avec une certaine surprise, sa satisfaction à l'évocation d'un renouveau de la fierté de la terre au sein de la population paysanne. Lui qui avait écrit à Ida, treize ans plus tôt : « Maintenant, je crois comprendre que nous assistons à l'établissement d'une nouvelle zone de Vie autour de la Terre, et qu'il serait absurde de regretter la disparition d'une ancienne enveloppe qui doit tomber. Et cette enveloppe comprend, non seulement les cerfs, les éléphants et les paons, mais aussi ces pauvres Moïs, si pittoresques, mais qui font partie d'un âge disparu. Instinctivement, je ne penserais pas comme cela. C'est par réflexion et par volonté que je me jette passionnément sur la vie qui vient, sans consentir à regretter rien du passé » (Lettre à Ida Treat de mai 1926).

Teilhard se laissait aller à faire la navette entre sa pensée instinctive et sa volonté réfléchie de se jeter avec passion « sur la vie qui vient ». Et l'on ne voit pas trop comment il pouvait réaliser ce rapprochement entre cette fierté paysanne de la terre auvergnate et la Chine en marche du futur Mao Zedong telle que la décrivait Edgar Snow ! « Cela ressemble un peu… » Un peu et vu de loin !

Et le séjour se poursuivit. Teilhard fut fort occupé. La diffusion privée de ses écrits, organisée par ses soins avec le concours de Simone Bégouën, portait ses fruits ; sa notoriété s'était considérablement accrue en cette dernière année de paix.

Qui plus est, j'ai eu un grand nombre de discussions à demi publiques, depuis le début du mois, une en particulier vous amusera : devant quelques soixante artistes (sculpteurs, peintres, écrivains, musiciens) formant une nouvelle section d'un groupe pour l'étude et l'amélioration de l'Homme et organisé par l'ingénieur français Courtot (en association avec Aldous Huxley !). J'ai eu à m'adresser à ce groupe sélectionné à l'issue d'un déjeuner, et mon sujet était : Comment comprendre et se servir de l'Art en fonction de l'Énergie humaine ! J'y ai exprimé l'idée que l'art était l'expression de l'exubérance de l'énergie – de telle façon que sa fonction soit de donner une sorte de consistance, une forme intuitive et quasi instinctive, et un caractère personnel à ce toujours croissant apport et excès de force spirituelle graduellement libérée des liens matériels : précisément comme la science et la philosophie, mais d'une façon beaucoup plus spontanée et personnalisée. L'auditoire semble avoir été satisfait.

Voilà Teilhard qui s'essayait à la sociologie de l'art. Cette curieuse incursion dans un domaine, pour lequel *a priori* il devait se sentir peu de compétence, témoigne de sa capacité à s'intéresser à beaucoup de choses et surtout à répondre à tous ceux qui lui demandaient de s'exprimer en public. Il rédigea le texte de cette conférence, *Comment comprendre et utiliser l'art !*

Il subissait, avec un certain contentement, la pression d'une renommée naissante.

« Votre précieuse lettre de Southborough est restée sans réponse jusqu'à ce que je reçoive la non moins précieuse envoyée de Milton. Ne me reprochez pas trop d'être si lent. Mon temps est assez bien rempli. Au point que je me demande si je pourrai accomplir un quelconque travail scientifique au cas où je resterais à Paris. Il y a tellement de gens à voir, à renseigner, à aider ! Au final, une période passionnante, durant laquelle je dois perpétuellement vérifier et améliorer mon “Évangile”. Mais ce sera une bonne chose pour moi de m'échapper un moment, en Amérique ou en Chine, afin d'assimiler toutes ces expériences [1]. » Teilhard était bien pris dans le tourbillon de la vie parisienne au point de souhaiter s'en échapper, vers l'Amérique ou la Chine.

Le retour en Chine se fit par l'ouest. En juin 1939, il prit le bateau pour New York, traversa les États-Unis pour aller assister en juillet à un congrès à San Francisco. Au début d'août, il retrouvait Lucile à Vancouver où tous les deux prenaient le bateau pour Pékin. Ils y arrivaient au début de septembre, au moment où Hitler déclenchait la Seconde Guerre mondiale. Ils étaient restés absents de Pékin plus d'un an, soulagés de regagner cette ville où, visiblement, ils se sentaient chez eux. Ils eurent le sentiment d'y être plus en sécurité qu'ailleurs malgré l'occupation japonaise et, au moment où le monde sombrait dans la guerre, ils décidèrent de n'en pas bouger. Lucile n'accepta de quitter Pékin qu'en août 1941, ayant attendu le dernier moment pour regagner son pays avant le déclenchement des hostilités dans le Pacifique. Pierre resta en Chine jusqu'en mars 1946.

Pourquoi Teilhard est-il resté en Chine pendant la guerre ? Si la question vient immédiatement à l'esprit, la réponse est moins claire. Un ensemble de raisons joua. Il avait fini par s'habituer à sa vie à Pékin, il se sentait responsable vis-à-vis de l'œuvre scientifique accomplie tant par lui que par ses amis, il s'efforça d'ailleurs de préserver les collections du musée Licent. Il était revenu à Pékin en compagnie de Lucile Swan, et il sentit, au début, que le moment était venu d'achever *Le Phénomène humain.* Naturellement optimiste, il eut sans doute du mal à envisager que la guerre puisse durer si longtemps. Les raisons sont nombreuses mais nous avons quand même un peu de mal à comprendre pourquoi il ne suivit pas Lucile Swan, lorsque celle-ci regagna les États-Unis en 1941. Il n'entama jamais sérieusement les démarches pour obtenir un permis de séjour, malgré les promesses faites à Lucile à son départ. On peut déceler là comme un affaissement du dynamisme de Teilhard. Ce dernier séjour à Pékin – également le plus long, six ans et demi – vit l'achèvement du *Phénomène humain.*

Vivant alors à proximité l'un de l'autre, il est normal qu'il n'y

1. Lettre à Lucile de mai 1939. *Comment comprendre et utiliser l'art*, texte daté du 13 mars 1939, est édité dans le tome 11 des œuvres complètes, *Les Directions de l'avenir.*

ait pas eu d'échanges écrits entre Pierre et Lucile pendant ces deux années qui furent, selon eux, leurs plus belles. Nous sommes bien incapables, arrivés à ce point, de déranger leur intimité.

Une lettre de Lucile subsiste toutefois ; une lettre exceptionnelle, écrite peu de temps après leur retour à Pékin, qui ne fut pas adressée à Pierre, et conservée malgré tout par Lucile. Cette fois encore, il s'agissait d'une lettre de récriminations de Lucile qui, éloignée de Pierre, avait dû prendre la résolution de faire une mise au point. Ce fut difficile car, se retrouvant en face de Pierre, elle ne savait plus aller jusqu'au bout de sa résolution. Cette lettre fut un nouveau cri d'énervement, de désarroi et de chagrin de Lucile devant une attitude de Pierre qu'elle n'arrivait pas à suivre.

Quelle peut être la cause de ce terrible sentiment de dépression et ces éclats comme cette sortie d'hier ? C'est vrai que les choses n'ont pas changé, du moins votre attitude n'a pas changé. Seulement, je la comprends mieux, peut-être pas comprendre, mais au moins je sais plus de choses à son sujet. Et je suis convaincue, qu'au fond de tout ceci, il y a votre façon de vivre si différente, sur un plan plus élevé que nous ne le pouvons tous. Et je vous ai toujours considéré comme un homme normal – certes supérieur, mais néanmoins ayant les mêmes besoins que les autres hommes. Et maintenant je ne crois plus que ce soit vrai. Je croyais qu'il y avait une réserve ou froideur chez vous que je pouvais combattre en donnant sans retenue un amour profond et chaleureux. Mais je me demande si vous en voulez ou si même vous le comprenez. Vous aimez, oui, mais sur un autre plan. J'ai pu avoir quelques aperçus de ce plan, qui me permettent de vous comprendre, mais il est très difficile de rester à ce niveau – et c'est de là que vient la difficulté. Vous êtes incapable de jalousie ou de quelque autre sentiment peu avouable et ainsi ne pouvez les comprendre. Ils sont pratiquement normaux chez les personnes « moyennes » – mais tout ceci se mélange parce que je ne peux pas rester sur votre plan et parce que je demande des choses que vous ne pouvez pas me donner, car vous ne les comprenez pas réellement – et ainsi cela entraîne une inégalité qui est déplaisante. Et ensuite ces discussions arrivent et tout cela devient infernal – et au sujet de quoi en réalité.

Lucile commençait par exprimer ses remords, une fois de plus, au sujet d'une tentative d'explication en forme de dispute. Mais cette fois, le temps aidant, elle expliquait qu'elle avait fini par admettre le caractère exceptionnel de Pierre, caractère aux allures surhumaines. Plutôt que de lui reprocher un quelconque égoïsme de sa part – et l'on sent que le mot n'était pas loin d'être écrit –, elle préférait élever le débat en décrivant la personne de Pierre telle qu'elle la voyait. Le portrait qu'elle traçait ne manquait pas de justesse : celui d'un idéaliste vivant sur un autre plan et s'élevant aisément au-dessus des soucis du quotidien des existences humaines. Lucile, plus terre à terre, essayait justement de faire venir Teilhard sur le terrain de ces soucis quotidiens. C'est alors qu'elle le sentait distant, s'échappant dans ses pensées et proposant l'application de la morale chrétienne pour régler les problèmes brûlants du jour. Elle reconnaissait que cela était difficile pour elle, qu'elle perdait hélas patience !

Lucile tentait alors – reproche ou effort sincère pour résumer l'attitude de Pierre ? – d'exprimer ce qu'elle pensait avoir compris de ses propos. Nous découvrons en fait avec surprise qu'il y avait un écart : Lucile avait du mal à suivre Pierre ! Elle le sentait hors d'atteinte, elle s'énervait !

Et je crois que maintenant je comprends mieux vos écrits également. L'humanité est si malheureuse, si misérable, que la plupart des gens sont en train d'essayer de trouver un moyen de changer cela et de faire en sorte qu'il soit possible pour l'homme de vivre en étant plus heureux sur terre – mais vous êtes vraiment désireux d'établir une RELIGION – je pense à l'existence et à la nature de Dieu – et tenté de prouver qu'IL existe réellement – et vous utilisez des méthodes scientifiques modernes pour prouver quelque chose que les vieux bougres de curés considèrent comme une donnée de leur foi. Voilà pourquoi il est quelquefois difficile de vous comprendre, parce que je me suis attachée à suivre quelque chose qui est en fait secondaire. Oui, si les hommes croient en Dieu et en Son universalité, ils vont découvrir les moyens pour rendre la vie plus belle et plus riche, etc. Mais, Pierre, votre Dieu semble si froid, si éloigné. Ai-je totalement tort si je pense que je pourrai vous aider à Le sentir plus proche en vous apportant un amour humain profond et durable ?

Lucile disait ici, de façon simple, que pour elle la religion devait avoir une forme observable, être quelque chose de visible et joignable. En cela, elle était sans doute proche de beaucoup. Elle se laissait aller jusqu'à épingler ce qu'elle appelait les « méthodes scientifiques modernes » de Pierre « pour prouver

[…] une donnée de la foi ». Reproche terrible puisqu'il ramenait à pas grand-chose toute la démarche teilhardienne qui était d'expliquer qu'il y avait cohérence entre la foi et la raison. Teilhard était toujours agacé lorsqu'il s'apercevait que l'on venait tenter de déceler dans sa réflexion la formule d'un système, une « preuve » d'une transcendance. Lucile a certes bien suivi cette démarche, mais le fond du raisonnement lui échappait, ce qu'elle reconnaissait avec sincérité : « Mais, Pierre, votre Dieu semble si froid… » Lucile proposait à Pierre un amour humain, le sien, dans une tentative un peu naïve de lui faire comprendre que pour elle le Dieu de Pierre avait quelque chose de trop intellectuel, de trop détaché des réalités.

« Pierre, acceptez mon amour totalement et sûrement, ainsi je pourrai rencontrer et aimer votre Dieu ! » C'était comme une prière adressée à Pierre qui venait du fond d'elle-même et qui avait du mal à s'exprimer sereinement !

Venait alors une autre phrase, terrible :

> Vous êtes brimé à chaque fois par cet Ordre – mais certainement il ne peut se mêler de ce que vous avez en tête ! C'est vraiment difficile – et honnêtement, je veux tant vous aider – et je sais que vous avez besoin de moi – mais comment ? Que puis-je faire ? Et quand je deviens si diablement HUMAINE (?) est-ce vraiment si LAID ? C'est comme si j'arrivais à m'avancer suffisamment loin et puis d'un coup les digues cèdent. Suis-je capable de faire un quelconque progrès ? Parfois c'est comme si je pouvais comprendre toute cette affaire un peu mieux – et ce qu'il faut garder toujours présent à l'esprit c'est que vous agissez sur un plan plus élevé – quand je vous ou nous compare aux standards habituels, cela n'a pas de sens – les hommes PARFAITS n'agissent pas ainsi – et nous revenons toujours au même point et la réponse est la même – vous êtes si supérieur que je ne peux pas toujours vous suivre.

Lucile, mettant face à face l'obéissance de Pierre à son ordre et son comportement, le plaçait encore une fois au pied du mur. Elle n'acceptait plus la présence de cette obéissance qui s'affichait toujours comme un « surveillant » de la façon dont se déroulait leur relation. Elle sentait bien que sa tâche à elle était difficile. Elle s'avouait découragée.

Et elle tentait inlassablement de convaincre Pierre qu'une voie leur était ouverte par la force de l'amour qu'elle, en tant que femme, lui apportait. Et si cela ne suffisait pas, elle était prête à le suivre mais elle réclamait, pour elle, un effort de sa part :

Mais Pierre, je vous apprécie tant et je suis convaincue que vous avez quelque chose de réellement important à apporter à l'homme et s'il y a un moyen de vous aider, je veux vraiment le faire – le fait que je puisse avoir ne serait-ce qu'une vision même minime de vos besoins est déjà quelque chose et je veux m'efforcer de conserver cette vision en face de moi de plus en plus. Parce que vous ne devez pas trop vous éloigner. Les gens ici ont tellement besoin de vous. Vous voyez que j'ai probablement idéalisé l'amour humain et cru qu'il pouvait être la plus grande expression d'amour sur cette terre – mais serez-vous assez patient et pourrez-vous m'aider à voir et comprendre ce que vous voyez et ressentez ? Je sais que c'est de beaucoup supérieur et meilleur que tout ce que je puis imaginer. Et quand je veux une réponse de votre part qui soit humaine ou chaleureuse, c'est alors que jour après jour je l'attends en vain – et alors ce terrible sentiment de solitude et d'abandon de votre part devient si lourd que je ne peux plus le supporter – et je réalise que je ne perds rien puisque je n'ai rien obtenu ! Mais cela ne m'aide pas davantage.

Lucile attendait un partage avec Pierre de toutes les belles choses de l'amour. Elle se berçait de doux rêves, dont l'étendue devait être floue même pour elle. Pierre, dans son attitude quotidienne, laissait sans doute courir les choses de façon trop libre pour que Lucile n'y trouvât pas de quoi alimenter douloureusement ses rêves les plus humains. Lucile faisait des efforts pour se comporter comme Pierre semblait le souhaiter. Alors, elle retrouvait un Pierre qui, se laissant aller, venait se situer sur le terrain de la relation humaine la plus banale, semblant capable et peut-être désireux à ce moment de venir à sa rencontre pour répondre à son amour de femme : « Et pour la première fois, depuis notre discussion à bord du bateau, j'ai vraiment compris et accepté. Du moins à un certain moment je l'ai accepté et alors votre comportement a semblé tellement contradictoire que je ne sais plus que penser et alors ce fut l'explosion – et je veux, je veux vraiment essayer de me rappeler que cette confusion est entièrement due au fait que nous ne sommes pas sur le même plan. Vous ne vous trompez pas, je ne me trompe pas, mais vous vivez sur un plan supérieur et je dois m'efforcer d'en tenir compte et tâcher d'en faire partie. Et vous allez m'aider je le sais [1]. »

Pauvre Lucile qui essayait d'expliquer à Pierre que, lorsqu'elle arrivait à se hisser sur le même plan que lui, c'est lui-même qui, par une attitude trop confiante, trop libre, lui paraissait alors descendre à son plan à elle, pour sans doute quelques instants après se ressaisir et s'échapper à nouveau. Pierre avait la double casquette du prophète et de l'homme. L'amour de Lucile était soumis à un traitement bien rude !

Il faut lire cette lettre comme la recherche d'un remède pour guérir une peine qui a du mal à s'exprimer ; c'est un appel à l'aide, une bouteille à la mer qui n'arriva pas à destination. Lucile, qui peinait pour rester maîtresse de son caractère emporté, voulait éviter de se confronter à Pierre et, sa lettre écrite, n'avait pas le courage ou l'envie de l'envoyer. Il est ainsi remarquable qu'elle ait pu nous parvenir. En ne la détruisant pas, Lucile affichait la droiture de son caractère. Il reste malgré tout que le lecteur ressent une pénible impression devant une telle confidence. Où Lucile trouvait-elle la force de pouvoir affirmer aussi souvent son soutien et son approbation à Pierre, si elle passait par de tels instants de doute et même d'incompréhension ?

Manifestation d'énervement, instant de défoulement avec acerbe critique ou tout simplement chagrin d'amour ?

« Le Phénomène humain. »

En cette fin d'année 1939, un enjeu les mobilisait tous deux : l'achèvement du *Phénomène humain*. Teilhard mit à profit les premiers mois de cette période d'immobilité pour terminer enfin, avec l'aide de Lucile, son manuscrit. Celui-ci est achevé en juin 1940 au moment où la France sombre dans la débâcle. Lucile nota dans son journal à la date du 18 juin 1940 : « Dans mon “jour le jour” je note que ce fut le 18 juin 1940 qu'il m'apporta pour la première fois le manuscrit de *l'Homme* qui allait vite devenir le *Phénomène humain*. Il était très heureux de

1. Lettre d'octobre 1939 écrite à Pékin par Lucile et non envoyée à Pierre. « Depuis notre discussion à bord du bateau », c'est-à-dire celui qui, de Vancouver, les ramenait à Shanghai au mois d'août précédent.

ce livre. Je mis longtemps pour le lire. Aussi nous le discutâmes longuement, et en lûmes ensemble des passages à voix haute, en particulier l'Évangile de Jean [1]. »

Enfin le projet de Teilhard voyait le jour. Il avait réussi à écrire son livre, leur livre, avec l'aide de Lucile qui eut sa part dans cette naissance. Jamais Pierre n'aurait eu la ténacité suffisante pour rédiger ce texte si Lucile n'avait servi, en quelque sorte, de comité de lecture restreint, écoutant avec patience et dévouement la lecture des passages que lui faisait Pierre au lendemain de leur rédaction. Il recherchait dans ces lectures l'avis ou plutôt l'acquiescement de Lucile – acquiescement qui comptait beaucoup pour lui.

Le Phénomène humain tient une place à part dans l'œuvre écrite de Teilhard. C'est un livre inclassable. On peut dire ce qu'il n'est pas. Ce n'est ni un livre de science, ni un livre de théologie, ni un livre de philosophie. Les scientifiques se sentent mal à l'aise à sa lecture, autant que les philosophes ou les théologiens.

Il faut bien se rappeler l'état d'esprit de Teilhard lorsqu'il réfléchissait à ce livre. Il avait en tête d'exprimer ce qu'il sentait naître et croître au fond de lui, il rêvait de réaliser une œuvre d'art. Présenté pourtant comme un « mémoire scientifique », il n'a rien d'un ouvrage scientifique classique, il est bien davantage « la transcription d'une réalité qui s'est imposée à son auteur avec une évidence presque éblouissante [2] ». La documentation, telle qu'on l'attend à la lecture d'un mémoire scientifique, est absente. Teilhard nous livre son expérience, son évidence, écrite d'un souffle, comme un grand poème. Néanmoins, il a rédigé ce texte avec une approche conforme à celle des nombreux mémoires scientifiques écrits tout au long de son existence de chercheur sur le terrain : un témoignage de ce qu'il a observé. Seules changent l'ampleur du champ d'observation et la nature de l'expérience décrite.

Il a lui-même précisé son but :

1. Cette référence à l'évangile de Jean dans *Le Phénomène humain* est curieuse, car ce texte ne contient aucune citation, même brève, de cet évangile. La version soumise à Lucile était-elle, sur ce point, différente ?

2. Avant-propos au *Phénomène humain* de N.M. Wildiers, tome 1er des œuvres complètes.

Mon seul but, et la vraie force au cours de ces pages est simplement de chercher à voir, c'est-à-dire à développer une perspective homogène et cohérente de notre expérience générale étendue à l'Homme. Un ensemble qui se déroule.

Qu'on ne cherche donc pas ici une explication dernière des choses, – une métaphysique. Et qu'on ne se méprenne pas non plus sur le degré de réalité que j'accorde aux différentes parties du film que je présente. Quand j'essaierai de me figurer le Monde avant les origines de la Vie ou la Vie au Paléozoïque, je n'oublierai pas qu'il y aurait contradiction cosmique à imaginer un Homme spectateur de ces phases antérieures à l'apparition de toute Pensée sur Terre. Je ne prétends donc pas les décrire comme elles ont été réellement, mais comme nous devons nous les représenter afin que Le Monde soit vrai en ce moment pour nous : le Passé, non en soi, mais tel qu'il apparaît à un observateur placé sur le sommet avancé où nous a placés l'Évolution. Méthode sûre et modeste, mais qui suffit, nous le verrons, pour faire surgir par symétrie, en avant, de surprenantes visions d'avenir.

Déjà dans son avant-propos s'affiche ce style particulier qui s'empare de son œuvre, style frémissant qui convient au récit d'une épopée, celle de la vie sur la Terre. Teilhard veut nous faire partager son enthousiasme qui apparaît comme un des piliers de son argumentation. Pour convaincre, il compte autant sur la chaleur de son exposé que sur la force de sa démonstration.

L'appellation de « vision », – la perception par le regard, ce que l'on voit – est bien le nom qui convient pour définir son travail qu'il nous est proposé de visionner à notre tour. Teilhard n'hésite pas à utiliser le mot « film » qui évoque à la fois le récit, le document, et en même temps le mouvement, l'enchaînement. Un reportage documentaire sur l'histoire de la Terre, avec en conclusion une extrapolation vers le futur ! *Le Phénomène humain* est la bande filmée d'une conviction exprimée à la suite d'un ressenti.

La Terre est probablement née d'une chance. Mais, conformément à une des lois les plus générales de l'Évolution, cette chance, à peine apparue, s'est trouvée immédiatement utilisée, refondue en quelque chose de naturellement dirigé. Par le mécanisme même de sa naissance, la pellicule où se concentre et s'approfondit le Dedans de la Terre émerge, à nos yeux, sous forme d'un Tout organique où on ne saurait plus désormais séparer aucun élément des autres éléments qui l'entourent. Nouvel insécable apparu au cœur du Grand Insécable qu'est l'Univers ? En toute vérité, une Pré-biosphère.

C'est de cette enveloppe que nous allons dorénavant nous occuper, seule et entière.

Toujours penchés sur les abîmes du Passé, observons sa couleur qui vire.

D'âge en âge la teinte monte. Quelque chose va éclater sur la Terre juvénile.

La Vie ! Voici la Vie !

Le point de départ de Teilhard est le point de départ de l'évolution. Point de départ scientifique mais en même temps on voit bien, à la lecture de ce texte, que ce n'est pas un ouvrage scientifique. Ce livre est conçu comme une œuvre d'artiste. Dans sa correspondance avec Ida Treat, Teilhard est revenu plusieurs fois sur son désir d'exprimer ce qu'il sentait monter en lui, comme un artiste peint, sculpte ou compose. *Le Phénomène humain* peut et doit être lu comme un chant. Et c'est la rencontre entre cet élan artistique et ce désir d'explication des choses qui hante Teilhard, qui crée cette atmosphère particulière. En rédigeant son livre Teilhard a touché la ligne de partage entre les sensations et l'expression de ces mêmes sensations. Il est facile pour chacun d'écrire un « j'ai raison » accolé à un « je suis content » pour exprimer sa certitude satisfaite, mais décrire la sensation d'allégement, qui envahit celui que réjouit l'évidence de son raisonnement, est l'œuvre du poète. Et s'il est déjà difficile de décrire une sensation élémentaire, on saisit l'immensité de l'ambition de Teilhard : nous faire partager l'apaisement éprouvé lorsqu'il a compris le sens de la marche en avant des hommes – à savoir que cette marche se faisait à la fois vers l'avant et vers le haut et qu'elle s'accordait avec la foi chrétienne de son enfance.

Une fois lancé, il laisse courir sa plume sur le papier. Il faut se laisser prendre par le rythme de cette écriture, rythme qui relaie celui de la pensée et lui permet de se développer :

Il fut un temps où la Vie ne gouvernait que des esclaves ou des enfants. Pour avancer, il lui suffisait de nourrir des instincts obscurs. L'appât de la nourriture. Les soins de la reproduction. Une lutte semi-confuse pour se maintenir à la lumière en se hissant au-dessus des autres, quitte à les étouffer. L'ensemble s'élevait alors, automatiquement et docile comme la résultante d'une immense somme d'égoïsmes utilisés. Il fut un temps aussi, nous l'avons presque connu, où travailleurs et déshérités acceptaient sans réfléchir le sort qui les asservissait au reste de la société.

Or, avec la première étincelle de Pensée apparue sur Terre, la Vie s'est trouvée avoir mis au monde un pouvoir capable de la critiquer, et de la juger. Risque formidable, longtemps dormant mais dont les dangers éclatent avec notre premier éveil à l'idée d'évolution. Comme des fils devenus grands, – comme des ouvriers devenus conscients –, nous sommes en train de découvrir que Quelque Chose se développe dans le Monde, au moyen de nous, peut-être à nos dépens. Et, ce qui est plus grave encore, nous nous apercevons que, dans la grande partie engagée, nous sommes les joueurs, en même temps que les cartes et l'enjeu. Rien ne continuera plus, si nous quittons la table. Et rien non plus ne peut nous forcer à y rester assis. Le jeu en vaut-il la peine ? Ou sommes-nous des dupes ? [...] Question à peine formulée encore au cœur de l'Homme, habitué depuis des centaines de siècles à marcher. Mais question dont le simple murmure, déjà perceptible, annonce infailliblement les prochains grondements. Le dernier siècle a connu les premières grèves systématiques dans les usines. Le prochain ne s'achèvera certainement pas sans des menaces de grève dans la Noosphère.

Les éléments du Monde refusant de servir le Monde parce qu'ils pensent. Plus exactement encore, le Monde se refusant lui-même en s'apercevant par Réflexion. Voilà le danger. Ce qui, sous l'inquiétude moderne, se forme et grossit, ce n'est rien moins qu'une crise organique de l'Évolution.

Et maintenant, à quel prix, sur quelles bases contractuelles, l'ordre sera-t-il restauré ? De toute évidence, le centre du problème est là.

Dans les dispositions d'esprit critiques où désormais nous sommes, un point apparaît, clair. À la tâche remise en nos mains de pousser plus loin la Noogenèse nous ne plierons jamais plus sinon à une condition : c'est que l'effort qu'on nous demande ait des chances de réussir et de nous mener aussi loin que possible. L'animal peut se lancer à corps perdu dans une impasse, ou vers un précipice. L'Homme ne fera jamais un pas dans une direction qu'il sait être bouchée. Et voilà précisément le mal qui nous trouble.

Belle page qui résume l'enjeu de ce livre : faire prendre conscience, décrire le trouble qui saisit l'homme lorsqu'il se croit perdu au milieu du monde parce qu'il n'en perçoit ni l'organisation ni le sens de marche – comme le dormeur qui, se réveillant soudain au milieu d'une chambre qu'il ne connaît pas, endure un instant d'incertitude. Et au passage perce la proximité de la réflexion de Teilhard avec la réflexion socialiste, soulignée par cette façon abrupte de résumer la question sociale : « Il fut un temps aussi, nous l'avons presque connu, où travailleurs et déshérités acceptaient sans réfléchir le sort qui les asservissait au reste de la société. » Description de l'évolution, de l'histoire de la Terre, qui se concentre sur l'instant où le déséquilibre créé par les inégalités menace la société d'une révolte. Teilhard, à plusieurs reprises, laisse bien apparaître le « rose de sa couleur politique », ce qui ne l'empêcha pas de rester lucide face au peu d'efforts du marxisme pour apporter un éclairage spirituel à l'élaboration du projet humain. La perspective d'une seule amélioration matérielle du bien-être général ne pouvait paraître, aux yeux de Teilhard, un objectif suffisant pour mouvoir l'humanité.

Le Phénomène humain commence par un résumé de l'évolution pour nous amener à considérer le stade où nous sommes rendus aujourd'hui.

Quatre parties : les trois premières – la prévie, la vie et la pensée – sont le résumé de l'évolution fait par Teilhard. En quelques pages est résumée toute l'évolution. Jaillie du big-bang, la matière s'est répandue dans l'espace. Pour Teilhard, cette matière, la matière, sa divine matière, est grosse de la vie et de la pensée. Matière et esprit sont les deux états d'un même ensemble. C'est ce qu'il appelle le « dehors » et le « dedans » des choses. La matière ou dehors, l'esprit ou dedans. Au début, l'esprit est inerte et il ne jaillit que parce que cette matière en mouvement va se complexifier. De cette complexité, va sortir la vie. Et la vie, une fois apparue, va elle-même se complexifier et, de cette nouvelle complexité, va jaillir la réflexion, la pensée et le savoir [1]. Et cette pensée va entreprendre, elle aussi, de se

1. Dans un texte plus tardif (*La Structure phylétique du groupe humain*, 1951, dans le tome 2 des œuvres complètes), Teilhard a exposé cette « loi de complexité/conscience » dont il décrit ici les effets : « Laissée assez longtemps à elle-même, sous le jeu prolongé et universel des chances, la Matière manifeste la propriété de s'arranger en groupements de plus en plus complexes, et en même temps de plus en plus sous-tendus de conscience ; ce double mouvement conjugué d'enroulement physique et d'intériorisation (ou centration) psychique se poursuivant, s'accélérant et se poussant aussi loin que possible, – une fois amorcé. » Pour une approche scientifique des théories des systèmes émergents et complexes, dont Teilhard ignorait tout, voir l'article de Katy RICARD, « Teilhard, visionnaire de la science du XXIe siècle ».

complexifier grâce à l'énergie qu'elle déploie pour se rapprocher des autres pensées. C'est cette énergie que Teilhard appelle « tangentielle », parce qu'elle nous pousse à nous rapprocher les uns les autres, à nous toucher – *tangere* en latin. Or soumis à l'action de ces énergies tangentielles, les humains une fois regroupés se trouvent collectivement soumis à une « énergie radiale », énergie qui les fait pousser les choses en avant, vers un état plus complexe. Énergie radiale ou énergie qui pousse, qui rayonne. Teilhard met au premier plan les énergies développées par l'esprit, par le psychisme, énergies autrement plus puissantes que les énergies mécaniques dégagées par la combustion de la poudre ou de l'essence. Il se souvient du spectacle des armées en lutte lors de la Grande Guerre où tout était suspendu à cette volonté des hommes de se regrouper pour l'offensive. Pour Teilhard, l'énergie principale qui animait toute cette masse humaine était la volonté commune de se ruer à l'assaut.

C'est avec la dernière partie, l'extrapolation vers l'avenir, la « survie » qu'il veut mobiliser toute l'attention de son lecteur.

À la suite de tout ce lent processus, en plusieurs étapes, de complexification, l'évolution est arrivée au point où, la réflexion étant possible, l'homme, sujet jusque-là de l'évolution, est capable d'en devenir l'acteur et surtout l'organisateur. C'est l'objet de ce quatrième chapitre, « la survie ». Il ne faut pas comprendre ce mot dans son sens ordinaire, mais dans le sens d'un stade de l'existence au-delà ou plutôt au-dessus de la vie telle que nous la voyons autour de nous.

La survie est l'étape de mise en œuvre d'une action collective pour l'organisation de l'humanité, ce regroupement, cette attirance des hommes les uns pour les autres, cette « coalescence forcée » selon sa jolie expression [1]. Teilhard aura eu l'obsession de dire et de répéter que la seule voie pour l'humanité en évolution est une voie collective. Car seule la mise en commun de toutes les capacités individuelles donnera au monde les moyens de poursuivre sa route dans la bonne direction. Plus les pensées individuelles se rapprochent, plus se développe cette pensée commune, plus la part de l'esprit se développe par

1. Coalescence : rapprochement de deux parties par soudure. La sonorité de ce mot a plu à Teilhard qui l'emploie ici dans un sens imagé pour marquer la force du rapprochement des hommes entre eux tel qu'il le voit.

rapport à la part de la matière. L'union collective des hommes accroît la part de l'esprit dans le monde.

« L'Homme, non pas centre statique du Monde – comme il s'est cru longtemps ; mais axe et flèche de l'Évolution, ce qui est bien plus beau. » Et l'évolution se déplace de l'homme animal zoologique vers l'ensemble humain grâce à l'organisation consciente de cet ensemble, sa « socialisation », étape nouvelle de la complexification.

Arrivé à ce stade où la part de l'esprit s'accroît dans le monde, celui-ci « converge » vers un centre. Bien loin de se disperser, l'humanité converge vers quelque chose ou quelqu'un. Et nous avons vu, à la lecture de *Comment je crois*, que ce centre de convergence où se fond l'humanité lorsqu'elle a atteint le point de maturité spirituelle suffisante, Teilhard le nomme point Oméga ou Christ universel.

La difficulté est grande de rendre par des mots cette vision d'une montée de l'humanité vers un état supérieur formant un tout cohérent et pensant. Teilhard l'a bien senti, puisque, relisant son livre après la guerre – livre achevé pour la première fois en 1940 –, il éprouve le besoin, en guise de postface, d'en faire un résumé pour aider à sa compréhension. Il nomme ce résumé *L'Essence du Phénomène humain* et il tente en quelques pages de s'y résumer lui-même en reprenant trois idées :

A. Un monde qui s'enroule, ou la loi cosmique de complexité-conscience. – L'univers centré sur l'homme et en marche vers plus d'unité est « en voie d'enroulement sur lui-même », conséquence de sa complexification. Teilhard prend soin de distinguer d'une part la théorie de l'univers en expansion dans l'espace (« de l'infime à l'immense ») et d'autre part cette marche vers l'unification, cet enroulement de l'humanité dans un processus de rapprochement et de complexification (« du très simple à l'extrêmement compliqué ») qui se nourrit de la réflexion après l'avoir suscitée.

B. La première apparition de l'homme, ou le pas individuel de la réflexion. – « Pour surmonter l'improbabilité des arrangements conduisant à des unités de type toujours plus complexes, l'Univers en voie d'enroulement considéré dans ses zones pré-réfléchies, progresse pas à pas, à coup de milliards et de milliards d'essais. C'est ce procédé de tâtonnements combiné avec le double mécanisme de reproduction et d'hérédité (permettant d'emmagasiner et d'améliorer additivement sans diminution, ou même avec accroissement du nombre d'individus engagés – les combinaisons favorables une fois obtenues), qui donne naissance à l'extraordinaire assemblage de lignées vivantes formant ce que j'ai appelé plus haut "l'arbre de la vie". »

Teilhard reprend ici un de ces thèmes favoris : « ce procédé de tâtonnements », qui fait progresser l'univers « pas à pas, à coups de milliards et de milliards d'essais », jusqu'à ce que soit trouvée la bonne solution. L'univers a le temps et l'espace pour tâtonner. Cette explication d'un tâtonnement de l'évolution est une des intuitions les plus géniales de Teilhard. Elle est tout autant éloignée du récit de la Genèse que de la simple chance d'un hasard aussi isolé qu'inexplicable.

L'apparition de la réflexion chez l'homme est l'étape décisive, le seuil. L'homme devient capable d'être acteur de l'évolution, entraînant ainsi une accélération de celle-ci par son effort de recherche – accélération due également au rapprochement des hommes entre eux. Et pour couronner, achever l'évolution, il y a cette conscience de sa continuation infinie. Manifestation de l'optimisme indéfectible de Teilhard : il ne peut y avoir de mauvaise fin de l'évolution. Le scénario catastrophe est incompatible avec cette marche vers l'achèvement d'une surhumanité.

Dans un dernier paragraphe, Teilhard revient longuement sur ce processus de socialisation, de rassemblement humain inéluctable.

C. Le phénomène social : ou, la montée vers un pas collectif de la réflexion.

Observez la façon dont, plus l'Humanité agence techniquement sa multitude, plus en elle, *pari passu* [1], montent la tension psychique, la conscience du Temps et de l'Espace, le goût et le pouvoir de la Découverte. Ce grand événement nous paraît sans mystère. Et cependant, dans cette association révélatrice de l'Arrangement technique et de la Centration psychique, comment ne pas reconnaître encore au travail (bien qu'avec des proportions, et à une profondeur, encore jamais atteinte) la grande force de toujours, – celle-là même qui nous a faits ? Comment ne pas voir que, après nous avoir roulés individuellement, chacun de nous, – vous et moi – sur nous-mêmes, c'est toujours le même cyclone (mais à l'échelle sociale, cette fois) qui continue sa

1. *Pari passu* : à égalité.

marche au-dessus de nos têtes, – nous resserrant tous ensemble dans une étreinte qui tend à nous parfaire chacun en nous liant organiquement à tous les autres à la fois ? [...]

Ce n'est pas ici le lieu de montrer en détail avec quelle aisance et quelle cohérence cette interprétation organiciste du fait social explique (ou même, suivant certaines directions, permet de prévoir) la marche de l'Histoire. Notons seulement que si, par-delà l'hominisation élémentaire culminant dans chaque individu, il se développe réellement au-dessus de nous une autre hominisation, collective celle-là, et de l'espèce, – alors il est tout naturel de constater que, parallèlement avec la socialisation de l'Humanité, les trois mêmes propriétés psychobiologiques s'exaltent sur Terre, qu'avait initialement dégagées le pas individuel de la Réflexion (pouvoir d'invention, capacité d'attractions, exigence d'irréversible)...

Et ici encore s'exprime l'optimisme de Teilhard, cette conviction que la montée de l'humanité vers un état supérieur est permanente et achevée à la fois, l'hominisation collective est « incorruptible ».

Si un homme isolé peut arriver à s'imaginer qu'il lui est possible physiquement ou même moralement, d'envisager une complète suppression de lui-même, – en face d'une totale annihilation (ou même simplement d'une insuffisante préservation) réservée au fruit de son labeur évolutif, l'Humanité, elle, commence à se rendre compte pour tout de bon qu'il ne lui resterait plus qu'à faire grève : l'effort de pousser la Terre en avant se fait trop lourd, et il menace de durer trop longtemps pour que nous continuions à l'accepter si ce n'est que nous travaillons dans de l'incorruptible.

Réunis entre eux, et beaucoup d'autres, ces divers indices me paraissent constituer une preuve scientifique sérieuse que (en conformité avec la loi universelle de centro-complexité) le groupe zoologique humain, – loin de dériver biologiquement, par individualisme déchaîné, vers un état de granulation croissante, – ou encore de s'orienter (au moyen de l'astronautique) vers une échappée à la mort par expansion sidérale, ou tout simplement, de décliner vers une catastrophe ou la sénescence, se dirige en réalité, par arrangement et convergence planétaires de toutes les réflexions élémentaires terrestres, vers un deuxième point critique de Réflexion, collectif et supérieur : point au-delà duquel (justement parce qu'il est critique) nous ne pouvons directement rien voir ; mais point à travers lequel nous pouvons pronostiquer (comme je l'ai montré) le contact entre la pensée, née de l'involution sur soi de l'étoffe des choses, et un foyer transcendant Oméga, principe à la fois irréversibilisant, moteur et collecteur de cette involution.

Loin de s'éparpiller, l'effort humain se concentre vers un centre de réflexion collectif et supérieur, aboutissement de l'évolution, centre de convergence, épanouissement du phénomène social, point Oméga ou Christ Universel.

Il faut suivre la plume de Teilhard ; son attachement à expliquer, sa verve provoquent parfois un emballement de cette plume toujours alerte. Comme tout génie sûr de sa réflexion, il se situe d'emblée sur les sommets sans chercher à s'appuyer sur une quelconque référence ou théorie pouvant éclairer le chemin du lecteur. Il forge mots et concepts nouveaux, utilise ses propres images et même donne son propre sens à des mots connus avec un sens différent. D'où l'image d'obscurité, de langage abstrait qui donne au premier contact le sentiment d'une pure abstraction difficile à cerner. Lucile eut bien cette impression. Mais, en suivant Teilhard dans sa réflexion, on comprend vite que celle-ci s'organise avec clarté autour d'une vision simple de l'histoire de l'homme.

Teilhard a eu besoin de concevoir et de rédiger *Le Phénomène humain* pour établir une base à sa pensée. En énonçant une histoire du monde, il établissait les fondations sur lesquelles il appuyait sa réflexion.

Teilhard, choqué lorsqu'il arriva à l'adolescence par les invraisemblances du catéchisme de son enfance – conséquences d'une lecture trop littérale des textes sacrés –, ne pouvait rester chrétien qu'en remettant sur pied sa propre écriture de la genèse du cosmos, écriture appuyée sur les connaissances scientifiques les plus modernes. Parcours original. Combien, à sa place, ont préféré se mettre en congé du christianisme !

Cette confession de sa foi en l'humanité, Teilhard l'a énoncée pour en tirer un enseignement développé dans la quatrième partie du *Phénomène humain*. Tout son effort de réflexion a un but : inciter l'humanité à adopter le comportement qui lui permette d'aller vers un meilleur monde.

La pensée de Teilhard exprime la volonté de toujours et encore expliquer le monde, pour éclairer le chemin d'une humanité encore tâtonnante dans une semi-obscurité. Elle s'énonce comme une éthique, qui se conçoit dans un « milieu divin ». Pour Teilhard, la présence du divin n'est ni liée à une pratique originale, ni dépendante d'un espace réservé, elle est indissolublement liée à l'activité humaine, activité divine par essence. Teilhard a vécu en conscience sa propre immersion dans le milieu divin tel qu'il le voyait et le décrivait. Il apporte le témoignage de son expérience à l'attention de tous ceux qui sont désireux de le lire et de le suivre. Il sait sa conviction suffisamment forte pour que, la « percée » faite, son témoignage se diffuse. C'est en cela que son attitude apparaît proche d'une mystique, « une mystique de la construction [1] ».

Le livre de Teilhard était écrit. Il lui fallait maintenant obtenir l'autorisation – auprès des autorités romaines – de le publier. Teilhard réussit à faire parvenir un exemplaire de son manuscrit à Rome pendant la guerre, mais sans résultat. Il dut attendre la fin des hostilités et son retour en France pour reprendre ses travaux d'approche des théologiens romains.

1. Dans son livre *Le Credo de Teilhard*, Gérard Baudry a bien souligné ce point : « La foi en l'amour rappelle opportunément que le teilhardisme est avant tout une éthique qui s'épanouit en mystique. » C'est bien l'objectif final de Teilhard, expliquer un christianisme extrait du travertin néolithique qui le déforme pour en dégager l'enseignement qui doit aider les hommes à donner une qualité et un sens à leur action.

CHAPITRE X

PARENTHÈSE

1941-1945

Départ de Lucile. Tristesse de Teilhard. Pékin pendant la guerre. Dominique Wang. Claude Rivière. Novembre 1942 : Teilhard à Shanghai. Démêlés avec la Compagnie en Chine. Teilhard et Claude Rivière. Teilhard et la guerre en Europe. Lucile et Pierre : Lucile à Chicago, Pierre à Pékin. Premières crises d'anxiété. Rhoda à New York. 1944 : rédaction de l'*Introduction à la vie chrétienne*, Jésus de l'histoire et Christ Fils de Dieu.

La guerre qui épargnait jusque-là les concessions internationales devenait omniprésente. Les risques étaient de plus en plus grands pour les citoyens américains de se voir internés par les Japonais si la guerre se déclenchsait entre le Japon et les États-Unis [1]. Lucile et Pierre durent accepter une séparation. On découvre l'intensité de leur amour à la lecture des lettres écrites par Pierre au lendemain du départ de Lucile. Celle-ci avait attendu le dernier moment, mais en août 1941, les paquebots pour l'Amérique devenaient rares e elle dut profiter d'un des derniers.

Après l'avoir laissée sur le quai, Pierre lui écrit : « Très chère Lucile, Je réalise à peine que vous partez aujourd'hui. Et je

1. Les citoyens américains qui décidèrent de rester en Chine furent effectivement rassemblés dans un camp à Weihsien dans le Shantung, quinze mois après l'attaque de Pearl Harbor, en mars 1943.

réalise encore moins que demain Pékin sera pour moi sans vous. Mais je veux que vous sachiez, qu'au-delà de tout sens de solitude, je serai plus fort, dans tous les sens du terme, que lorsque nous avons débarqué ici, il y a deux ans. Ces deux années précieuses de présence constante et de confiance mutuelle ininterrompue ont certainement façonné et scellé notre amitié. Cette amitié est maintenant suffisamment forte pour affronter toute chose et pour croître au-delà » (Lettre du 8 août 1941).

Et quelques jours plus tard : « Ici, je suis toujours un peu "ahuri" d'être sans vous. Heureusement, j'ai été très gentiment pris en charge par des amis, pendant ces deux jours. Après vous avoir quitté, vendredi, Tillie et Eleanor m'ont emmené prendre le thé. Samedi soir, j'ai été chez les Raphaël. Et hier, déjeuner avec les d'Anjou à Pao Ma Chan (Mme d'Anjou m'avait invité lors du départ sur le quai ; c'est certainement une personne charmante). J'ai été à Pao Ma Chan en voiture avec les Houghton. Toute la famille d'Anjou était là : ils sont si aimables les uns avec les autres, en étant au milieu d'eux on oublie tout. Aujourd'hui, la semaine commence sans vous. Je ne me préoccupe plus de voir les jours filer trop vite, maintenant » (Lettre du 11 août 1941).

Les lettres continuèrent, toujours aussi tristes et désemparées : « Et maintenant commence véritablement pour moi la période d'une vie isolée. Vous aviez raison et j'en fais l'expérience. La période difficile n'est pas simplement les premières semaines après la séparation. Au bout de quelque temps on sent grandir le besoin d'être, à nouveau, ensemble, pour des échanges qui fécondent la vie. Nous avons eu deux années si complètement pour nous. Cela sera tellement meilleur et revitalisant d'être, à nouveau, ensemble » (Lettre du 27 août 1941).

Pierre exprimait sa peine. Il souffrait. Il n'y a pas lieu de douter de la sincérité de son chagrin, même si Mary et Ellen Lukas ont fait observer qu'il était capable de se consoler vite en se jetant dans le travail, le regard tourné vers l'avenir [1]. Mais il y avait surtout, à cet instant, la grande détresse d'un homme qui avait laissé sa vie se construire sur une relation privée, d'une grande intensité et qui découvrait qu'il allait devoir lutter contre la solitude et le découragement. Ces lettres sont belles et

1. Mary et Ellen LUKAS, *Teilhard.*

décrivent sans fard la tristesse sincèrement ressentie au lendemain d'une séparation d'avec un être cher, ce sentiment de vide, cette angoisse de ne pouvoir répondre au besoin d'approcher à nouveau l'être aimé, de l'étreindre ou plus simplement de s'adresser à lui.

Après le départ de Lucile et de la plupart des ressortissants américains, la vie continua à Pékin dans cette petite communauté internationale qui voyait la guerre s'arrêter à ses portes.

Curieux Pékin que le Pékin de ces années de guerre. Une oasis de calme relatif au milieu de la tourmente. La situation politique intérieure de la Chine était désordonnée depuis des années. L'ordre japonais, brutal et sanglant, peinait à s'imposer au-delà des grands centres et des zones côtières. Les déplacements devenaient difficiles. Au début, la communauté internationale, à peu près ravitaillée et laissée tranquille par les autorités japonaises qui réservaient leurs exactions à la malheureuse population chinoise, connaissait une existence proche de la normale. Il y avait beaucoup d'Occidentaux à Pékin à cette époque, des réfugiés, des hommes d'affaires, des aventuriers. Le régime de Vichy, par sa collaboration avec les puissances de l'Axe, apportait une protection supplémentaire aux ressortissants français. Teilhard s'employait comme il pouvait. À deux, avec Pierre Leroy, jésuite qui remplaçait Émile Licent, ils essayaient de sauvegarder les collections du musée Hoang-Ho-Péi-Ho, l'œuvre d'Émile Licent.

C'est de cette époque que date la création par Teilhard et Leroy de l'Institut de géobiologie. Cet institut, installé à Pékin dans des locaux mis à disposition par l'ambassade de France, servit à récupérer les collections du musée Licent. Mais pour Teilhard, cette création d'un organisme au sein de la compagnie correspondait à un désir de faire progresser ses réflexions sur l'homme en leur donnant en quelque sorte une structure officielle. Selon un propos de Pierre Leroy, rapporté par Claude Rivière, « la géobiologie, c'est l'union indissoluble de la Terre et de la Vie ; c'est l'unité de la couche vivante qui recouvre la Terre comme la pulpe d'un fruit recouvre le noyau. » L'Institut de géobiologie ressemblait à une faible tentative pour remettre de l'ordre au milieu des désorganisations qu'entraînait l'occupation japonaise. Les scientifiques chinois, amis de Teilhard, étaient partis pour Nankin. La communauté internationale se repliait sur elle-même. Des efforts faits par Teilhard pour siniser et internationaliser les recherches paléontologiques en Chine, il ne restait pas grand-chose.

Teilhard publiait des notes, tenait des conférences et s'employait beaucoup à remonter le moral de ceux qui perdaient confiance. Pendant quelque temps, il fut encore possible d'aller avec quelques amis, le dimanche, en dehors de Pékin, pique-niquer dans les Collines de l'Ouest toutes proches. Teilhard profitait de ces instants de liberté pour, marteau en main, faire des escapades géologiques et entretenir sa passion pour les pierres. Cette existence fut plus triste et monotone que pénible ou dangereuse.

Cette période de la vie de Teilhard est bien connue grâce aux témoignages et aux souvenirs racontés par Dominique Wang et Claude Rivière, deux amies qui partagèrent cette retraite forcée, ainsi que par quelques lettres parvenues jusqu'en France malgré le désordre occasionné dans les échanges postaux.

Dominique de Wespin était une jeune Européenne au parcours cosmopolite. Mariée à un Pékinois, Willy Wang, déjà fils d'une mère européenne mariée elle aussi à un Pékinois. Elle était venue s'installer à Pékin avec son mari, en 1939. Par des amis communs, elle rencontra Teilhard et eut l'occasion de le voir souvent. Elle a donné une touchante image du grand jésuite, au comportement simple et amical, toujours attentif au bonheur des autres. « On a beaucoup écrit sur la simplicité et le naturel, l'aisance et l'élégance, l'aménité de Pierre Teilhard de Chardin. Ce que l'on sait moins, c'est l'humour et l'esprit qui lui ont permis d'affronter le monde et de le séduire. »

« Comment avez-vous pu écrire tout cela ? s'exclama-t-elle un jour ! – Mais comme tout le monde, page par page, paragraphe par paragraphe », répondit Teilhard. Il était en train de rédiger *Le Phénomène humain* !

Elle nous décrit les sorties du week-end, l'été, dans les Collines de l'Ouest toutes proches de Pékin. Elle a raconté les petites et grandes misères de l'occupation japonaise. Dans cette vie difficile, on perçoit l'espoir soutenu par l'optimisme fort de Teilhard. « Notre ami est pour nous tous à Pékin un merveilleux maître de la joie et du courage de vivre, cela en dépit de la haine, de la douleur et des injustices dont nous souffrons [1]. »

1. Dominique WANG, *À Pékin avec Teilhard de Chardin*.

Tout aussi vivants, mais chargés d'une émotion beaucoup plus intense, sont les souvenirs de Claude Rivière – amie de Dominique Wang –, personne intrépide qui, ainsi que Teilhard, chaussait volontiers ses chaussures aux semelles de vent. Universitaire française, elle était venue en 1935 résider à Shanghai où elle dirigeait et animait, depuis cette date, la radio française locale. Auparavant, elle avait parcouru longtemps les îles du Pacifique sur les traces de Gauguin et de Stevenson. Teilhard apprécia sincèrement cette femme courageuse et généreuse.

Résidant, elle à Shanghai, lui à Pékin, ils auront rarement l'occasion de se voir. Ils se rencontrèrent brièvement pour la première fois à l'automne 1939, lors d'un passage de Claude à Pékin. Ils ne se revirent qu'en avril 1941, pendant un bref séjour de Claude dans cette ville. À l'automne 1942, ils eurent l'occasion de se revoir plus longuement, à Pékin en septembre puis à Shanghai en novembre, lors du déplacement de Teilhard dans cette ville qui fut d'ailleurs son unique éloignement important de Pékin durant la guerre. Claude eut une dernière occasion de rencontrer Teilhard à Pékin en septembre 1943 et tous deux ne purent se revoir qu'à Paris, quatre ans plus tard à l'automne 1947, une fois Claude rapatriée en France.

Cette amitié prit peu d'espace sur l'emploi du temps de Teilhard. En revanche, elle fut d'une grande intensité et tint une grande place dans ses affections. Les souvenirs, rédigés bien des années plus tard par Claude Rivière, sont un éclatant témoignage de l'immense pouvoir de séduction qu'exerçait Teilhard sur beaucoup de ceux qui l'approchaient. Peu de proches de Teilhard ont ainsi raconté leurs instants en sa compagnie. Il est d'ailleurs curieux de noter que, si Claude Rivière a fait quelques efforts pour parler directement de Teilhard, elle céda plus au plaisir de narrer ce qu'elle faisait ou ressentait en sa compagnie. Son livre pourrait servir de définition de l'amitié :

> On n'explique pas une amitié, ce soleil intérieur. On la vit.
>
> Sans les considérer comme des explications, il me faut cependant mentionner toute une conjonction de circonstances favorables, dont je bénéficiai pendant les trois semaines que dura la visite de Teilhard à Shanghai (en novembre 1942), et qui ne devaient plus se reproduire. Chance ou Providence ? Je me suis trouvée sur la route du père, au moment précis où lui-même se trouvait à une croisée des chemins

critique et même douloureuse. Au moment où il avait besoin, plus que jamais, d'une affection féminine, car il se sentait seul, terriblement seul.

En premier lieu, il souffrait de l'exil indéfiniment prolongé qui le coupait des siens, de ses amis d'Europe, d'une patrie crucifiée.

En fait, et je reviendrai sur ce point, il ne s'était jamais « intégré » au « monde jaune », où il vivait depuis tant d'années [1].

Sans arrière-pensée, pouvant difficilement juger de l'intensité de l'amour de Teilhard pour Lucile, Claude, qui comprit parfaitement le besoin d'affection féminine chez le jésuite, se laissa envahir par le charme de la séduction intellectuelle qui émanait de ce dernier. Elle-même était sans doute un peu perdue dans un monde qu'elle sentait étranger, indifférent ou carrément hostile aux Européens. Les deux âmes se sont trouvées et se sont mutuellement apporté soutien et réconfort.

En lisant les lettres adressées par Pierre et conservées par Claude, nous admirons la grande gentillesse de Teilhard à son égard :

> Claude, vous avouerai-je qu'en trois semaines, j'ai pris si bien l'habitude de vivre avec vous, que vous me manquez maintenant, – ou qu'à d'autres moments, j'ai encore l'impression d'être avec vous, – ce qui est la vérité, en somme. Vous êtes une parfaite amie, Claude, parce que vous êtes aimante, compréhensive, et que vous « animez ». C'est en causant avec vous, un des premiers soirs, que j'ai trouvé la plus complète expression d'une chose autour de laquelle je tournais, sans pouvoir me la formuler, me l'expliciter, depuis des années : c'est-à-dire que ce que nous apporte le Christianisme, c'est de pouvoir aimer en nous et autour de nous l'évolution de l'Univers, alors que les autres (ceux qui ne voient pas que nous convergeons dans le cœur personnel de Dieu) ne peuvent aller plus loin que la reconnaître et l'aider. Merci pour cette précieuse inspiration que je vous dois, et merci pour votre affection.

Il est évident qu'une femme, au tempérament aussi sensible que Claude, devait sentir son cœur se dilater à la lecture d'une telle lettre. Après avoir souffert du départ de Lucile, Teilhard se laissait encore une fois glisser vers le féminin. Mais cette fois, la femme n'était pas demandeuse d'autre chose que d'échanges

1. Claude RIVIÈRE, *En Chine avec Teilhard.*

simplement affectueux et en même temps intellectuels. Teilhard trouvait une bouée qui n'était pas vraiment à la dérive, mais bien à l'écart, et il lui apportait chaleur et réconfort, n'hésitant pas à prendre lui-même appui sur cette bouée pour s'y reposer un instant.

Se sentant en confiance auprès d'une oreille et d'un cœur si attentifs, Teilhard se mit à faire part de ses réflexions, prolongeant des discussions que l'on devine passionnées chez lui et admiratives chez Claude : « L'esprit n'est pas séparation, mais synthèse. Votre réponse au Bouddha est la réponse humaine et chrétienne. Le Monde, aujourd'hui, se reforme (j'en ai la conviction, basée sur l'expérience) sur cette notion, enfin acquise après des millénaires de tâtonnements, que pour se spiritualiser davantage, l'Homme ne doit pas rejeter, mais embrasser, organiser et sublimer toujours davantage (ce qui, au fond, n'est que la logique, inattendue, de l'idée d'Incarnation) [1]. »

Tenu au courant, par Claude elle-même, de ses soucis et misères, il s'attachait à l'encourager : « Et vous ? Avez-vous allongé de quelques pages vos souvenirs du Pacifique ? J'ai peur que vous ne vous sentiez guère en train pour cela. Et cependant cela vous ferait du bien d'oublier quelques instants le business, et d'être vous-même. À vous, en toute grande affection. J'aime à regarder la petite fille au bouquet de fleurs. Toujours dans mon tiroir avec les choses précieuses [2]. »

Et quelques jours plus tard : « Chère petite Claude, Ceci pour vous dire combien je prends part à la masse des ennuis physiques, économiques et moraux qui dégringolent sur votre tête en ce moment. De ce point de vue, votre dernière lettre m'a fait de la peine, et je me réjouis de penser que Pâques va vous apporter un peu de détente. Et puis soignez-vous, Claude » (Lettre d'avril 1943).

Une dernière petite image bien douillette ! « Chère petite Claude, Je vous écris, chaudement entouré de la belle robe de chambre en soie bleue, c'est-à-dire plus enveloppé que jamais de votre influence et de votre présence. Déjà un an que vous nous

1. Lettre de Teilhard à Claude Rivière de décembre 1942 et publiée par elle dans son livre de souvenirs.

2. Lettre à Claude Rivière de mars 1943. Teilhard fait, dans ce passage, allusion à une vieille photo de Claude enfant, qu'il a reçue d'elle, la représentant en uniforme de pensionnaire de la Maison de la Légion d'honneur.

receviez dans votre nid de Shanghai, et que nous avions à nous ces longues heures dont tant de choses sont nées » (Lettre de novembre 1943).

Le séjour de Teilhard à Shanghai n'avait duré que quelques semaines mais son souvenir restait fort.

Claude Rivière s'est attachée à brosser un portrait magistral de son grand ami – portrait sans doute auréolé de toute son affection, pour ne pas dire son adoration, du personnage :

Celui qui marche en avant, c'est Teilhard. Jamais je n'oublierai cette apparition. L'impression qu'elle me causa fut si vive que chaque détail, en dépit des années écoulées, s'est gravé dans ma mauvaise mémoire, avec la netteté d'une eau-forte.

Un long corps maigre. Tout en ossature, presque désincarné, étiré vers le haut. Un visage allongé lui aussi, buriné dans une matière dure, le bois ou la pierre de son Auvergne natale, couvert d'un réseau de fines rides. Un front haut, exceptionnellement haut. Un nez long, impérieux. Une bouche généreuse. Et les yeux, ces hublots de l'âme, si révélateurs ? De petits yeux préhensifs, enfoncés dans l'orbite, des reflets d'agate. Des yeux qui pourraient être durs, à force d'intensité, mais qui, à l'ordinaire, s'ensoleillent de bonté.

Où ai-je déjà vu ce visage ?

Une ressemblance s'impose à mon souvenir, celle d'un personnage du Greco, vu au Musée du Prado. Même ascétisme. Même noblesse. Et ce sont deux mots espagnols, qui traduisent le mieux, à mon sens, l'allure générale du Père. « Muy noble. » Noble ! Non pas seulement au moral mais au physique également, en dépit du veston mal coupé, et des épaisses chaussures.

Coup d'œil d'une femme enthousiaste qui, en retour, apprécia le soutien moral que lui prodigua Teilhard dans sa lutte quotidienne contre les tracasseries du maître japonais, méfiant et soupçonneux à l'égard de ses émissions radiophoniques. C'est un des portraits les plus passionnés de Pierre Teilhard de Chardin que nous a ainsi donné Claude Rivière.

La journaliste et femme de lettres qu'était Claude Rivière ne s'est pas contentée de décrire les péripéties de sa ferveur pour le jésuite aussi captivant que séduisant. Elle a su au cours de leurs discussions écouter, comprendre et résumer la pensée de son grand ami en lui donnant la parole dans son livre de souvenirs, bien des années plus tard :

La trajectoire de l'Évolution vous apparaît comme étant linéaire, en ligne droite. Vous vous trompez. Cette trajectoire est une ligne brisée. « Dieu écrit droit en lignes tortueuses », dit un proverbe portugais que cite Claudel en exergue au *Soulier de Satin*. La ligne ascendante du Progrès de l'Humanité a des arrêts, des fléchissements et des chutes. Quand vous survolez une chaîne de montagnes, en suivant la ligne des crêtes comme je le fais, vous ne voyez pas les précipices. Les précipices, les chutes, ce sont les ratés de l'Évolution, ses brisures, c'est-à-dire les guerres que vous haïssez, le Mal, la souffrance.

Ce que je vois à vol de siècles ? Je vois la trajectoire de l'Évolution se briser, fléchir et tomber à certaines époques de l'Histoire. Et puis, je la vois remonter et reprendre son cours, mais toujours à un niveau plus élevé que le précédent, donc ascensionnel.

Dès maintenant je pressens, du fait même des terribles conflagrations, des mêlées sanglantes et des brassages de peuples, une interpénétration de ces peuples que la guerre a jetés les uns contre les autres, une unification de la planète, d'immenses progrès techniques, en chirurgie, en moyens de communication et de défense… Autres bienfaits, dus à ce monstre qu'est la guerre. Elle permet à l'homme, enlisé dans la médiocrité du quotidien, des dépassements, des surpassements qu'on appelle l'héroïsme, le sacrifice de la vie suscité, soit par la présence continue du danger, de la mort, soit par une mystique collective qui bande et décuple les énergies…

Cette nostalgie du front dont j'ai parlé et écrit, que j'ai éprouvée lorsque je suis retombé dans le terne train-train de la vie de tous les jours. Ne vous scandalisez pas. Ne croyez pas surtout que je n'aie pas subi de déchirement devant les souffrances et la mort de mes camarades de tranchée… Dans la tranchée, nous n'étions plus du reste des individus isolés, ayant chacun leur vie personnelle. Nous étions soudés les uns aux autres en une seule et grande Unité, en un corps collectif, dont nous partagions les périls, les douleurs physiques et morales, en toute fraternelle égalité. C'est cela qui, pour moi, était exaltant…

Ce résumé de la pensée ou plutôt de la vision de Teilhard, d'une parfaite authenticité, par Claude Rivière, représente certainement un bel effort de sa part. Femme sensible et généreuse, elle était plus émue par le spectacle des misères humaines que captivée par les descriptions grandioses du penseur [1].

1. « Vous, c'est l'injustice sociale qui vous frappe et vous révolte surtout. Moi, c'est la lenteur (et souvent l'incapacité) des hommes à percevoir les possibilités et la grandeur de leur destinée » (Lettre de Teilhard à Claude Rivière du 5 juillet 1944).

Il s'agissait là, à n'en pas douter, d'une réponse de Teilhard à une interpellation de Claude à propos de ce qui pouvait paraître de l'indifférence par rapport aux souffrances quotidiennes qu'endurait une grande partie de l'humanité prise au piège de la guerre. Comme chaque fois, Teilhard élevait le débat, mais nous le voyons ici exprimer aussi une réelle compassion à l'égard de ceux qui souffrirent dans les tranchées : la bienfaisante influence de Claude, parmi d'autres !

C'est durant ce séjour de Teilhard à Shanghai, en novembre 1942, que se situa un épisode de ses relations avec son ordre, qui serait simplement rocambolesque s'il ne frisait l'odieux. Dans une lettre de mai 1943, Teilhard faisait part de son indignation à Claude :

> Moi vous le savez, ce n'est pas ma faute si je ne suis pas descendu ce mois-ci à Shanghai. Je vous le faisais pressentir dans ma dernière lettre ; mais depuis, la chose s'est avérée parfaitement claire. Pour des raisons que je vous expliquerai quelque jour oralement, je me suis heurté à un veto ferme de reparaître là-bas. On me trouve dangereux, contagieux, le tout incroyablement compliqué par une histoire de papiers (un écrit vieux de dix ans, et toujours vrai du reste, bien qu'un peu « vert ») trouvé, après mon départ, dans ma chambre à l'Aurore. J'ai dit, aussi gentiment que possible, à mon vieil ami Germain ce que je pense de ces procédés de Tcheka ; et grâce à de solides sympathies dans la place, j'imagine que tout cela se tassera. En ce qui me concerne personnellement (s'il n'y avait pas vous et quelques amis de Shanghai à en porter la conséquence) je me f… royalement de l'aventure…

Teilhard et Leroy étaient venus à Shanghai, non seulement pour voir Claude Rivière, mais également pour y faire des conférences auprès de la communauté française. Teilhard, comme toujours en pareil cas, s'était exprimé très librement auprès d'une assistance nombreuse ainsi décrite par Claude Rivière : « dans l'assistance panachée, beaucoup de femmes élégantes, cultivées, dont plusieurs sont les amies du Père. Des snobs et des snobinettes, il y en a bien sûr, il y en a partout. Beaucoup de soutanes, cela va sans dire. En bref, un Shanghai-cocktail des plus réussis. » La conférence fut un succès, relayé de plus par Claude dans une émission radiophonique. Mais ce succès ne fut pas du goût de toute l'assistance. « Après la conférence de Teilhard, dans le hall de l'Alliance, une nuée d'admirateurs, et surtout d'admiratrices, s'était abattue sur lui. Plus d'invitations.

Plus d'adjectifs, magnifique, merveilleux, splendide. Déluge de compliments. Mais, à l'autre bout du hall, un groupe où figuraient des Jésuites de l'Aurore, et en particulier le père recteur, était beaucoup moins euphorique... La sévérité et même le mécontentement se lisaient sur les visages. »

L'Aurore était l'établissement jésuite de Shanghai où Teilhard et Leroy avaient résidé durant leur séjour dans cette ville. Teilhard qui transportait des notes avec lui avait, par mégarde, laissé l'une d'elles derrière lui dans les locaux où il fut hébergé. Visiblement, les responsables de l'établissement songèrent à se servir de cette note pour tenter de contrer son influence. Dans l'immédiat, ceux-ci s'arrangèrent pour qu'une éventuelle nouvelle autorisation de se rendre à Shanghai lui soit refusée. À soixante-deux ans, Teilhard se faisait encore traiter comme un collégien auquel on interdit les sorties en ville.

L'amitié de Teilhard pour Claude Rivière fut un grand moment dans cette vie qui en comptait déjà tant. Elle y prend sa place naturellement, sans tension. Certes le désert pékinois rendait plus précieuse ce qui apparaît bien, à cet instant, comme une amitié particulière, mais ce n'est pas ainsi que Teilhard vivait ses amitiés. Il était trop droit pour les construire contre qui ou quoi que ce fût. Tout le monde avait droit à son amitié et il se laissait attirer par celle ou celui qu'il sentait capable d'échanger avec l'autre, d'apporter sa part dans la construction d'une relation. Teilhard était avide de son prochain, du prochain, et aucune amitié ne pouvait, avec lui, être exclusive, si profonde fût-elle.

On peut, sans aucun doute, accrocher en bonne place le portrait de Claude Rivière dans la galerie des amitiés féminines de Teilhard, déjà bien fournie en tableaux – et c'est un visage plaisant à contempler.

Avant de refermer le livre des souvenirs de Claude Rivière, il faut effacer l'impression d'hostilité envers le monde oriental qui se dégage de plusieurs de ses commentaires. Ceux-ci sont à relativiser, compte tenu des conditions de vie en Chine sous la sanglante occupation militaire japonaise et surtout en raison des progrès rapides de la haine antioccidentale au sein de la population chinoise. Si Teilhard a été désagréablement surpris par le délabrement institutionnel de la Chine, il n'a jamais adopté d'attitude coloniale à son égard. Il a été longuement expliqué plus haut que ce fut bien davantage le contraire.

De même, s'il vécut la guerre replié sur une petite communauté occidentale regroupée à Pékin, il faut bien souligner que Teilhard ne resta pas indifférent au sort de son pays et de l'Europe. Il fut au courant de la débâcle française de juin 1940, ainsi que de la mise en place du régime de Vichy dont il désapprouva l'orientation.

Avant l'interruption complète des communications, les lettres continuèrent d'être acheminées, avec retard, et sans doute plusieurs furent-elles perdues.

En août 1940, c'est à Rhoda de Terra, qui vivait alors à New York, qu'il fit ce commentaire : « De France, depuis l'effondrement, je n'ai aucune lettre, et personne non plus. Et je n'attends aucune nouvelle avant longtemps. J'ignore donc tout de la destinée et de la vie actuelle de mes frères et de mes amis. En fait, je suis même dans l'incapacité de comprendre ce qui s'est vraiment passé en juin, et ce que signifie vraiment ce curieux gouvernement de Pétain. »

Un peu plus tard c'est avec Max et Simone Bégouën qu'il essaya d'entrer en contact :

> Avez-vous reçu ma lettre du 26 juillet ? J'ai bien peur que non. Moi, je commence à recevoir quelques nouvelles de ma famille, groupée intacte en Auvergne. Mais des nouvelles disjointes. Chacun paraît savoir tout juste ce qui se passe dans son rayon immédiat. Et j'ignore encore tout de tant d'amis chers… Vous, Ida, ceux des *Études*, Breuil, etc. Je voudrais tant savoir pour eux d'abord et ensuite pour esquisser des plans de reconstruction. Je sais que vous faites votre possible pour m'atteindre, de votre côté. Où êtes vous ? […] Une chose dont je ne doute pas, c'est que vous cherchiez à voir l'issue vers une renaissance qui ne soit pas une bourgeoise « restauration ». À distance, c'est le spectre de cette « restauration » qui m'inquiète le plus. Les formules de Vichy décalquées sur manuels pour enfants sages me paraissent manquer absolument de la flamme qui seule peut faire apparaître les vertus qu'on prêche avec tant de raison… [Lettre à Max et Simone Bégouën de septembre 1940.]

Malgré la distance et les efforts de la propagande, il perçut la nocivité de celui qui allait devenir le parangon de la collaboration : « Mais vers quoi dérivons-nous en France ? […] Et les Allemands ne vont-ils pas nous imposer cet Auvergnat néfaste, M. Laval ? » (Lettre à Rhoda de Terra de décembre 1940).

C'est à Ida Treat, sa confidente la plus engagée et peut-être la plus proche de lui, intellectuellement, qu'il fit cette analyse dès l'été 1941 :

Pour en revenir aux événements du jour, je voudrais savoir ce que vous pensez, vous qui avez vécu au milieu de la tourmente, et qui la voyez venir depuis longtemps. Ce qui m'irrite personnellement, au fond de moi-même, c'est l'incapacité où je me sens de prendre parti dans le conflit. Vous m'avez souvent dit, et vous me diriez probablement encore, « il faut choisir ». Mais justement, je ne vois pas entre quoi choisir, parce que le conflit me paraît mal posé théoriquement (sans compter que les deux camps rassemblent en ce moment les éléments les plus hétéroclites)...

En attendant, il est clair que nous nageons dans l'absurde, et que je ne me sens aucun goût pour un servage pan-européen qui nous mènerait droit à la fourmilière. Il semble qu'à l'ombre de Vichy un effort sincère de reconstruction soit en cours, qui ne soit pas simple réaction. Ceci accordé, il paraît évident à distance que « l'honneur est perdu » de ce côté-là. Et je n'ai aucune confiance dans les réformes bâties sur une lâcheté de fond. J'ai cru pleurer il y a un an en lisant le fameux, « Travail, famille, patrie » ! Ce n'est pas avec de la sagesse qu'on fait marcher les gens, mais avec un peu de flamme. Où sont nos pères de 89 !

Cette lettre à Ida est intéressante, et ce n'est sans doute pas un hasard si elle en fut la destinataire ! Nous y lisons que, comme à l'accoutumée, Teilhard répugnait à faire un choix militant, sans doute parce qu'il avait trop l'impression qu'un tel choix s'exprimait contre quelque chose. Toujours sa façon de voir d'abord le bon côté des choses. Mais s'agissant du bon côté de Vichy, il disparaît vite devant le goût amer de l'acceptation de la défaite. Et très spectaculaire est cet appel à la mémoire des « pères de 89 ». C'est une des très rares références de Teilhard, dans ses écrits, à la Révolution française.

Tout au long de la guerre, Teilhard guetta les occasions de faire passer des lettres de l'autre côté. Une lettre à Lucile écrite en avril 1943 arriva à destination, sans doute tardivement.

Très chère,

Si cette lettre vous arrive, elle vous arrivera à travers les Collines. Il y a juste une chance qu'elle vous parvienne – et je dois la tenter !

J'espère que vous avez bien reçu les nouvelles que je vous ai adressées, en juin dernier, par le *Lago*. De mon côté, j'ai reçu en juillet, une brève lettre de vous, écrite à (et transmise par) Dick Smith. Ce sont les dernières nouvelles que j'ai eues de vous. Évidemment, les communications deviennent de plus en plus difficiles. Mais, je le sais, nous sommes trop proches l'un de l'autre, pour pouvoir réellement être ainsi séparés. Vous restez toujours de plus en plus, *ma* Lucile. Votre « Vierge en marche » et votre crucifix en bois illuminent toujours la maison.

Physiquement, je me sens parfaitement en forme – prêt pour partir grimper dans les Collines – lorsque je peux y aller. De ce point de vue, les restrictions de carburant rendent tout déplacement de plus en plus difficile. Il y a bien peu de voitures qui roulent de temps à autre. Aller casser du caillou m'a protégé d'une trop grande mélancolie à l'évocation du bon vieux temps…

En pratique, je n'ai aucune nouvelle de France. La dernière lettre reçue fut une lettre de mon frère parisien, m'annonçant la mort de mon cher Gabriel (mon frère « campagnard »), qui s'est éteint paisiblement (ainsi qu'il avait toujours vécu) en novembre 1941. Un cancer proche de l'estomac s'est développé brusquement et ne put être opéré ayant été découvert tardivement. La vie doit être dure en France. Mais nous n'avons ici aucune information, sauf de la propagande. Il y a quelques jours, j'ai rencontré le frère de Nirgidma, qui m'a dit qu'elle et son mari étaient probablement ensemble à nouveau, quelque part en Afrique. Et qu'en est-il d'Ida Treat ? Et des Bégouën ? Peut-être savez-vous quelque chose, puisque maintenant vous êtes du bon côté [1] ?

L'isolement allait durer encore plus de deux ans ; la première lettre de Teilhard qui soit aisément parvenue à Lucile est datée d'août 1945. Malgré les intentions affichées dans ses lettres à Lucile dans les premiers mois de la séparation, Teilhard n'avait pas sérieusement entrepris les démarches pour obtenir un visa de réfugié aux États-Unis. La Chine l'avait adopté avec plus de vigueur qu'il n'y paraissait.

Quel regard jeter sur Lucile et sur Pierre durant ces années sombres ? Teilhard finalement ne souffrit pas trop de sa semi-réclusion pékinoise : il y eut des éclaircies – Claude Rivière en

1. Lettre à Lucile datée d'avril 1943, Pékin. Le *Lago* est très probablement le nom du bateau qui dut offrir une chance d'emporter quelques sacs de courrier. La « Vierge en marche » est de toute évidence une œuvre de Lucile laissée en dépôt et souvenir chez Teilhard.

fut une lumineuse – qui vinrent égayer son quotidien. Il avait, de plus, toujours en tête son livre à faire paraître, son message à délivrer. Il trouvait un soutien dans ce qui finissait par ressembler à une idée fixe.

Lucile Swan, plus que Pierre, avait trop bâti sa vie sur leur relation et, comme la plante qui cherche en vain la lumière, elle dépérissait en se tournant sans arrêt en arrière, ressassant ses souvenirs et relisant sans fin les lettres de Teilhard. Une page de son journal éclaire brièvement l'histoire de Lucile – une histoire souvent bien sombre.

J'ai été tellement malheureuse récemment – je haïssais Chicago – qui est certainement un endroit pénible et uniquement fait pour les affaires – ce qui est terrible pour ses habitants – et en plus il y a la façon dont je suis logée, je me trouve dépendre de deux vieillards pour je ne sais combien de temps – ils sont si vieux parce qu'ils ne rêvent plus à rien ni n'espèrent rien [1], sauf peut-être de mourir – et inconsciemment ils s'arrangent pour m'entraîner avec eux – ce qui fait que j'ai l'impression de devoir me battre pour rester en vie – (réellement en vie au fond de moi) et chaque jour je découvre que P.T. me manque un peu plus et je me demande sans relâche s'il va bien, et que fait-il depuis tout ce temps – la vie doit être bien morne à Pékin en ce moment – partout ! ! Au moins Pékin est une ville magnifique – tout ici est tellement laid et il n'y a pas de collines, pas de Tai Miao, rien qui puisse calmer l'âme – seulement l'Institut pour l'art et c'est une grande satisfaction – quoique un peu différente.

Mais cette nuit encore je n'ai pas pu dormir – je suis restée à ressasser à propos de ma vie – Il y eut 12 années avec Jerry – les premières furent si heureuses et pleines de vie, de travail et d'amour – surtout physique – mais bien – Et puis tout cela se brisa et je sentis que la vie devenait dure pour moi – j'ai eu 1 an et demi à Chicago et 2 ans à New York – essayant de trouver le bonheur et cherchant un compagnon !

Et puis la Chine ! ! Et dès les premiers jours j'ai rencontré P.T. Au fil des jours cela apparaissait évident qu'il devenait de plus en plus important pour moi – Cet amour radieux, non pas physique, tellement plus profond et plus durable – Il m'a tant donné, cela a été si riche

1. Après la mort de son mari, la mère de Lucile alla s'installer chez sa sœur. Les deux vieux décrits ici sont probablement la mère et la tante de Lucile. Celle-ci vécut un certain temps avec les deux vieilles dames avant de faire l'acquisition d'un logement à Washington. La mort de son père lui avait permis de faire un héritage.

– c'est une longue et merveilleuse histoire – mais pleine de difficultés aussi. Car toujours cette vieille question de solitude qui était là – ou plutôt d'être seule sans quelqu'un – et maintenant c'est la guerre et je suis ici à Chicago et il est là-bas à Pékin et pas même une lettre pour aider à tenir le coup – pourquoi cette séparation, cette désolation à nouveau ? Ai-je encore quelque chose à apprendre – y-a-t-il une vérité que je dois saisir pour moi – pour moi seule ? Et alors il me sembla que je comprenais le véritable espoir, le sens des fêtes de Pâques – le véritable espoir du monde qui est toujours là, infiniment plus important que nous-même, si seulement nous voulions le prendre – ou plutôt le laisser nous prendre !

Pierre dit toujours – « vous devez faire confiance à l'avenir » – Si je peux seulement me rappeler tout cela, j'aurai la patience et j'essaierai d'apprendre ma leçon et alors ce sera beaucoup plus facile. – Je travaille et lis et essaie de progresser spirituellement. Je dois trouver quelque chose de beau à donner à Pierre lorsque nous nous retrouverons à nouveau – Chicago ! Quelle importance – je me souviendrai de Pâques et de tout ce que cela signifie [1].

Quand l'espoir s'en va et que l'on perd goût à la vie ! Le coton que filait Lucile, seule aux États-Unis sans Teilhard, était bien noir. Elle exprimait dans son journal toute sa perte de confiance dans la vie. Même l'évocation du souvenir de Pierre avait du mal à la remettre sur pied. Cette confession nous fournit quelques clés pour comprendre ce que furent les rapports entre Teilhard et Lucile Swan.

Lucile eut l'âme et tout autant le corps passionnés. Elle s'était jetée avec entrain dans l'existence et dans le mariage. Son mari, Jérôme Blum, était également artiste. On est en droit de conjecturer que tous deux confondirent attirance physique et amour sincère. Quoi qu'il en soit, le mariage tourna mal au bout de quelques années et ce fut pour Lucile une errance de par le monde qui l'amena à Pékin, où elle tomba avec joie sous le grand pouvoir de séduction de Teilhard. Étrange rencontre entre deux personnes que peu de choses semblaient devoir rapprocher et qui, inconnues à l'instant où leurs routes se croisèrent, se sentirent aussitôt mutuellement attirées. Le banal coup de foudre ! La rencontre est le fruit du hasard, mais l'entente est bien le fruit d'une préparation, d'une double préparation. Pierre et Lucile étaient faits pour s'écouter et se comprendre. Teilhard

1. Journal de Lucile, pour Pâques 1943 à Chicago (Letters).

venait de s'éloigner de ses amitiés parisiennes et féminines, Lucile était à la recherche d'un compagnon. Teilhard était généreux et absorbait les amitiés, Lucile était ardente et passionnée. On a vu combien de coups de vent cette amitié traversa. Pour Lucile – les confidences à son journal le laissent entrevoir –, l'amour avait une grande dimension sensuelle. Elle « en pinça » pour le séduisant jésuite et dut souvent, le soir, en cherchant longuement le sommeil, couvrir son oreiller de larmes. Nous l'avons vu, ce fut en vain que Teilhard prit soin dès le début de tracer les limites de leur relation. Peine perdue pour Lucile qui obéit mais ne put jamais vraiment faire taire son désir amoureux encore jeune. De plus Teilhard, nous l'avons dit, n'eut pas la force d'adopter la bonne attitude – attitude qui l'aurait contraint à moins d'intimité avec Lucile.

Lucile, pas plus que Pierre, n'était capable de se réadapter sans efforts à la vie occidentale. La Chine (et surtout Pékin) avait trop inscrit sa marque sur leurs habitudes. Lucile fut « obligée » de quitter le pays. Pierre – et là se trouve l'explication la plus simple de ce qu'on peut appeler sa réclusion chinoise volontaire – ne sentit pas suffisamment le besoin de partir et il recula devant un nouveau déracinement. Ses semelles de vent commençaient à s'user.

Et alors qu'il trouvait les moyens de se ressourcer dans un Pékin pour lui familier, Lucile fut en proie à la dépression au milieu des vestiges de sa famille et de paysages qui la rebutaient. Elle fut au fond d'un tunnel noir et sinistre sans apercevoir aucune lumière. Elle concentra ses souvenirs sur son bonheur pékinois, sur la silhouette du beau jésuite, l'écho de sa voix, la mémoire de ses traits.

Or Teilhard était en train de changer, de sentir le poids des ans et la fatigue de cette vie agitée matériellement et affectivement.

Déjà à l'été 1940, l'achèvement de son livre *Le Phénomène humain* l'avait laissé un peu désemparé : soulagement d'avoir terminé, mais angoisse devant la disparition d'un but à atteindre. Apparurent alors ces crises d'anxiété qui empoisonnèrent ses dernières années :

> Pour moi, comme je vous l'ai dit, cette année a été un tant soit peu difficile, du point de vue physique. Mais ne vous tourmentez pas. À vrai dire, je ne sais pas (et aucun docteur n'a compris au juste) ce que j'avais. Une sorte d'étourdissement mental et d'anxiété

(« psychasthénie » m'a déclaré, avec un sourire, le meilleur clinicien de Pékin) ; en fait, rien de bien nouveau, puisque j'y suis sujet depuis l'enfance. Très désagréable. Mais le meilleur remède, m'a-t-on dit, et je m'en étais aperçu, c'est de continuer comme si de rien n'était. D'avoir mon livre à écrire a été le meilleur remède. Je me sens bien mieux maintenant. Mais je crois que c'est quelque chose avec quoi il faut simplement accepter de vivre, comme de devenir vieux et presbyte. L'essentiel est de conserver de l'intérêt pour la réflexion et l'action. Et à cela vous m'aiderez [1].

C'est à Rhoda de Terra qu'il se livrait ainsi, trouvant très certainement dans sa fréquentation une source de réconfort. Rhoda représentait alors, chez Teilhard, l'image de la femme qui débrouillait les soucis, et ses déboires conjugaux avaient été l'occasion d'un rapprochement affectif entre eux – rapprochement dégagé de toute ambiguïté.

Pendant ce temps, inconsciemment, Lucile devenait, pour Teilhard, une compagne, non pas des mauvais jours, mais d'un temps où il se sentait capable de porter le monde sur son dos. Or, le monde devenait bien lourd à porter pour un homme qui commençait à vieillir. Il est intéressant de lire la lettre écrite quelques jours auparavant à Lucile :

Il y a tout juste une demi-heure je passais chez vous pour y prendre les croquis pour mon livre. Les « boys » étaient en train de jouer tranquillement au mah-jong, et les chiens en délire quand ils me virent. Ils s'attendaient évidemment à vous voir derrière moi. Le salon était en ordre, sauf le canapé qui n'avait pas été remis en place.

J'ai reçu une lettre de ma cousine (fin mai). Elle va nettement mieux et n'a rien aux poumons. Quel soulagement ! Mais quelles sont les conditions de vie des Français en ce moment précis ? Personne n'a reçu de lettre jusqu'ici, qui ait été postée après l'Armistice.

Vous avez raison en me disant de ne pas accepter de devenir « vieux ». Comme vous savez, l'année ne fut pas spécialement bonne pour moi en ce qui concerne le physique ; et probablement aussi je manque d'un objectif bien déterminé en avant de moi dans mon travail ou dans ma recherche. Pas tant une obligation qu'un stimulant pour mon existence. Sur ce point, particulièrement, vous pouvez faire beaucoup pour moi, et j'ai besoin de vous et je désire tellement faire quelque chose pour vous en retour.

1. Lettre adressée, de Pékin, à Rhoda de Terra le 18 août 1940 (AH, deuxième partie).

Déjà mercredi après-midi. La semaine est presque finie. Et vous arrivez après la prochaine [1].

La quête de Pierre est la même auprès des deux femmes, mais la réponse de Lucile ne pouvait suffire. Il ne sert à rien de nier la vieillesse. Lucile ne pouvait facilement admettre que le temps arrivait où l'âge allait définitivement la priver de rêver à l'amant impossible.

À New York, Rhoda se construisait un avenir en s'occupant de sa fille et en s'attachant à déployer ses talents d'écrivain avec la composition d'un roman mettant en scène Teilhard, sans le nommer. Pendant ce temps, Lucile à Chicago désespérait son âme en lisant et en relisant les lettres de Pierre, cherchant en vain à faire revivre un passé qui ne pouvait rester autre chose qu'un merveilleux souvenir.

Néanmoins, malgré les instants de découragement et les privations, Teilhard continuait de mener son effort de réflexion et de diffusion de ses idées. L'achèvement du *Phénomène humain* l'avait laissé un moment désemparé. Il avait l'impression, une fois atteint le but tant poursuivi, de ne plus savoir alimenter sa passion dévorante : expliquer le monde aux hommes. On l'a suffisamment vu, il ne pouvait rester inactif, sans écrire. Tout au long de ces années, il continua de rédiger des notes de synthèse et d'explication. La bibliographie chronologique établie par Jeanne Mortier et Claude Cuénot liste six notes en 1942, après le départ de Lucile, trois en 1943, deux en 1944 et six en 1945. On a peu de détails sur les circonstances qui entourèrent la rédaction de ces notes, rédigées durant cette période pékinoise. Les confidences aux correspondants habituels manquent pour cette période. Teilhard continua de donner des conférences au sein de la petite communauté occidentale bloquée à Pékin, sans compter les nombreuses discussions privées. Il est permis de penser que les notes rédigées à cette époque le furent, comme leurs devancières, pour répondre à des questions ou pour fixer des idées ébauchées lors de ces discussions, sans doute avait-il gardé en mémoire une liste de thèmes et d'idées à organiser par écrit.

1. Lettre du 17 juillet 1940 de Pierre à Lucile (alors en vacances au bord de la mer près de Pékin).

« Introduction à la vie chrétienne. »

Il faut lire l'une de ces notes, *Introduction à la vie chrétienne*[1], rédigée à Pékin et datée de juin 1944. Dans ce texte, Teilhard résumait le christianisme à grands traits, avec le souci de resserrer le sujet. Il ne contient pas les jaillissements grandioses figurant dans beaucoup de ses notes. Fut-il rédigé pour rassurer ceux qui pouvaient s'effrayer de la hardiesse de ses positions ? Ou plus simplement pour toucher un public plus large ? Le titre et le sous-titre sont clairs : il s'agit de présenter une introduction au christianisme. La note est d'autant plus intéressante que Teilhard s'est rarement exprimé avec un tel souci du détail sur une description historique du christianisme. Le souci pédagogique est bien souligné, « il ne sera pas inutile de passer en revue et d'examiner, à cette lumière, un certain nombre de points dogmatiques, particulièrement notables ou critiques ».

Teilhard commence par une description de l'univers chrétien qui est « unification laborieuse et personnalisante en Dieu d'une poussière d'âmes, distinctes de Dieu, mais suspendues à Lui, par incorporation au Christ (Dieu incarné), à travers l'édification de l'unité collective humano-chrétienne (Église) ».

L'univers chrétien se confond avec l'humanité en évolution, qui amène l'humanité vers un état supérieur d'union. Teilhard, qui a trouvé chez saint Paul l'expression la plus exacte de sa propre compréhension du christianisme, cite un passage de la première épître aux Corinthiens qu'il affectionne : « Quand le Christ se sera assimilé toutes choses, alors il se soumettra à Celui qui lui a tout soumis, en sorte que Dieu soit tout en toutes choses » (1 Co 15, 28).

Puis Teilhard s'attache à expliquer l'inutilité, l'inefficacité de la démarche consistant à appuyer le message chrétien sur des faits miraculeux :

> Initialement, les premières conversions au Christianisme paraissent avoir été largement déclenchées par les prodiges dont s'accompagnait la prédication de l'Évangile. Quoi qu'on puisse penser de la fonction du Miracle dans l'économie chrétienne, il est indéniable

1. *Introduction à la vie chrétienne*, sous-titré *Introduction au christianisme*, dans *Comment je crois*, tome 10 des œuvres complètes.

qu'aujourd'hui notre pensée hésite à faire dépendre uniquement de lui son adhésion à la Foi. À nos yeux le critère décidant finalement de la vérité d'une religion ne saurait être que la capacité manifestée par cette religion de donner un sens total à l'Univers en voie de découverte autour de nous. La « vraie religion » si elle existe, doit, pensons-nous, se reconnaître, non pas à l'éclat de quelque événement insolite particulier, mais à ce signe que, sous son influence et à sa lumière, le monde revêt, dans son ensemble, un maximum de cohérence pour notre intelligence, et un maximum d'intérêt pour notre goût de l'action.

Teilhard fait appel à la raison ; l'accès à la foi, pour lui, passe par une démarche intellectuelle de compréhension. Le monde doit être compréhensible et doit avoir un sens pour l'action humaine : « La vraie religion doit se reconnaître à ce que, sous sa lumière, le monde revêt un maximum de cohérence pour notre intelligence et un maximum d'intérêt pour notre goût pour l'action. » Voilà une belle expression du sens religieux à faire graver dans le granit. Elle est plus lisible qu'un catéchisme qui, trop enclin à s'illustrer de faits merveilleux, finit par voiler et déformer le message chrétien.

Puis Teilhard se concentre sur une dizaine de points à éclairer avec soin, qu'il appelle les points forts et les points apparemment faibles du christianisme :

Trinité. – « La nature trinitaire de Dieu se découvre comme la condition essentielle de la capacité inhérente à Dieu d'être le sommet personnel (et, malgré l'Incarnation, transcendant) d'un Univers en voie de personnalisation. » Monde « tri », en train de devenir « uni » lorsque l'humanité sera arrivée à cette phase parfaite d'union.

Divinité du Christ historique. – Teilhard revient plus à fond sur cette question qu'il n'avait jusqu'ici abordée que dans ses confidences à ses correspondants et qui visiblement le poursuivait (il est utile de se reporter p. 157 s. à la lecture du chapitre « Comment je crois ») :

L'idée d'un Christ total, en qui se développe et culmine, sans absorption ni confusion, la pluralité des consciences élémentaires qui forment le Monde, n'a rien que de très attrayant, je l'ai montré, pour notre pensée moderne. Beaucoup plus difficile trouvons-nous d'admettre que ce Christ-cosmique ait pu, à un moment de l'Histoire, se localiser sous forme d'un personnage humain dans le Temps et l'Espace. Pour surmonter, au moins indirectement, cette répugnance naissant d'une disproportion que nous croyons sentir entre le Christ-Universel et l'homme Jésus, nous devons nous dire ceci :

abstraitement, peut-être, nous pouvons rêver d'un Christ-Universel qui arriverait à tenir par lui-même et en avant dans la conscience chrétienne, sans le support et comme le noyau d'un homme-Dieu, de plus en plus perdu et de plus en plus difficile à « vérifier » dans les obscurités grandissantes du Passé. Mais rien ne prouve, en droit, qu'une telle imagination soit biologiquement conforme à la structure des choses. Pour Dieu, s'incarner, dans un Monde en évolution, c'est y naître. Or comment y naître, sinon à partir d'un individu ? [...]

concrètement et historiquement, il est incontestable que la notion vivante et conquérante du Christ-Universel est apparue et a grandi dans la conscience chrétienne à partir de l'homme Jésus reconnu et adoré comme Dieu. Encore aujourd'hui, supprimer l'historicité du Christ (c'est-à-dire la divinité du Christ historique) serait faire s'évanouir instantanément dans l'irréel toute l'énergie mystique accumulée depuis deux mille ans dans le phylum chrétien. Christ né de la Vierge et Christ ressuscité : les deux ne forment qu'un seul bloc inséparable.

En présence de cette situation *de fait*, une attitude légitime et « calmante » pour le croyant moderne paraît être de se dire ceci : « Toutes réserves faites sur la façon, souvent peu critique, dont les auteurs pieux ont essayé de décrire la psychologie de l'homme Dieu, je crois à la divinité de l'Enfant de Bethléem *parce que*, *dans la mesure*, et *sous la forme* où celle-ci est historiquement et biologiquement incluse dans la réalité du Christ-Universel auquel s'adressent plus directement ma foi et mon adoration. »

Position confiante et raisonnable, qui respecte et accepte toutes les implications de ce qui est sûr, et laisse en même temps toute la place et la liberté convenables aux progrès à venir de la pensée humano-chrétienne.

Exposé surprenant chez un Teilhard qui vient d'expliquer que « La « vraie religion » si elle existe, doit se reconnaître, non pas à l'éclat de quelque événement insolite particulier... », qui a affirmé longuement dans sa *Note sur quelques représentations historiques possibles du péché originel* que « en vérité, l'impossibilité de faire entrer Adam et le Paradis terrestre (imaginés littéralement) dans nos perspectives scientifiques est telle que je me demande si un seul homme, aujourd'hui, est capable d'accommoder simultanément son regard sur le Monde géologique évoqué par la Science et sur le Monde communément raconté par l'Histoire sainte [1] », qui a confié en toute sincérité à Lucile Swan ses hésitations « concernant la part d'historicité nécessaire pour soutenir le Christ Universel », avouant ses « hésitations (exactement comme pour la part de chair nécessaire pour l'achèvement, l'épanouissement de l'esprit) [2] », qui a exposé à Christophe Gaudefroy que « en matière religieuse, un point particulièrement délicat, et que vous aviez certainement en vue, en m'écrivant, est la nature du Christ historique. *A priori*, ce qui me paraît essentiel à conserver pour la Religion de demain, c'est l'existence d'un élément qui confère, à notre foi en la Convergence de l'Univers, une valeur de réalité, ou si vous préférez, d'objectivité, que je ne conçois guère en dehors d'une espèce d'anticipation (ou de révélation/réponse) du centre même de convergence des choses. Le Christianisme requiert, pour subsister, quelque chose de plus qu'un Centre virtuel du Monde (autrement il ne serait qu'une philosophie comme une autre). Si vous pensez que l'objectivité du Christ est suffisamment établie par son succès présent (sans avoir désormais à s'appuyer sur l'événement occasionnel qui a pu se produire il y a 2 000 ans en Palestine), c'est *all right* [3] », et qui, encore en août 1950, consterné par ce qu'il lisait dans l'encyclique sur l'Assomption de Marie, publiée par le Vatican pour les fêtes du 15 août, confiait son agacement à Jeanne Mortier devant des affirmations qui pour lui étaient un défi à la science : « De ce point de vue, je crains bien que les affirmations d'un "individu Adam" (malgré le caractère symbolique reconnu de la Genèse sur ce point !) et d'une incorruption littérale du corps de Marie (impliquant l'évasion hors du cycle cosmique d'un groupe de protéines, se maintenant hors du temps et de l'espace) ne paraissent à la grande majorité des chrétiens ou des Gentils réfléchis un défi à ce qu'il y a de plus essentiel et plus définitif dans la science moderne [4]. »

Que peut-on conclure ? Quelle est l'intime conviction de Teilhard ? Doit-on trembler devant la perspective d'un

1. *Note sur quelques représentations historiques possibles du péché originel* dans *Comment je crois*, tome 10 des œuvres complètes.

2. Lettre à Lucile Swan de juillet 1935. Passage déjà cité.

3. Lettre à l'abbé Gaudefroy de juillet 1932. Passage déjà cité.

4. Lettre à Jeanne Mortier du 25 août 1950 (LJM).

effondrement de la foi chrétienne le jour où celle-ci aura le réalisme de se passer de l'affirmation de l'existence de ce greffon divin sur l'humanité, qui se présente comme une communication non raisonnable entre cette humanité et un incompréhensible surnaturel doué d'un pouvoir biologique ? Teilhard lui-même a bien confirmé que la foi chrétienne n'allait pas s'effondrer devant l'évidence du transformisme. Alors ? Peut-on avoir le droit de penser que Teilhard, bien conscient des effets de ses audaces au regard de la sensibilité de beaucoup de croyants, a eu parfois le souci d'atténuer les aspects les plus radicaux de sa pensée ?

C'est à Lucile Swan qu'il avait expliqué :

> Il reste que les transformations religieuses dont je viens de parler n'en sont encore qu'à leurs débuts. Elles ne touchent pour l'instant qu'une minorité. Ceux qui en sont conscients se trouvent de ce fait dans la situation d'avoir à vivre, je dirais par convention, leur « hyper-christianisme » dans les formes (encore dominantes) de « l'ancien christianisme », en n'ayant ni le droit ni les moyens de rompre avec elles, leurs racines y étant profondément enfoncées. Dans ce décalage se situe exactement la raison de ce qui peut vous donner l'impression d'une attitude équivoque de ma part. Mais je crois que cette dualité n'a rien d'une « duplicité ». Si je continue d'accorder une attention à des gestes et à des formules qui sont vides de sens pour moi, ce n'est pas par simple formalisme, voisinant l'hypocrisie, mais bien plutôt parce que je crois passionnément en la présence d'une sève circulant sous la vieille écorce, sève dont j'ai un réel besoin et que je ne peux atteindre sans étreindre l'arbre tout entier. Après tout, ma situation n'est pas différente de celle des hommes qui ont de nouvelles idées sur la valeur et le futur du corps social auquel ils appartiennent (nation, armée, etc.) [1].

Teilhard savait bien que la filiation divine du Christ assurant le lien entre le Christ historique et le Christ Fils de Dieu était le « climax » de la foi chrétienne traditionnelle, pour reprendre son propre vocabulaire [2]. Sa réponse, affirmant simplement l'existence d'un tel lien, manque de développement. Lui-même a pu hésiter, vaciller devant les conséquences de ses réflexions et

1. Lettre de Teilhard à Lucile Swan du 25 janvier 1937. Lettre déjà citée.

2. *Climax*, mot anglais souvent utilisé par Teilhard : « point culminant et signifiant ».

souhaiter ne pas poursuivre, préférant retrouver un certain apaisement dans l'affirmation de la foi de son enfance [1]. Il s'agit là de suppositions.

Il suffit peut-être d'observer le comportement de Teilhard, qui – il le dit à plusieurs reprises – nous détourne de trop diriger notre regard vers le Jésus de l'histoire. Il craint qu'une attention excessive portée vers un récit encore recouvert d'une brume merveilleuse ne masque le message chrétien. Il préfère mettre en avant la personne du Christ « évoluteur aux allures cosmiques » et les grands messages repris et accentués par saint Paul.

L'image de l'homme Jésus et la représentation de sa passion, par leur omniprésence dans l'expression du christianisme, ont bien fini par donner un visage particulier à ce dernier au risque de déformer le message exprimé. La vraie question pour Teilhard est ailleurs. Elle est de présenter cette montée de l'humanité, cette attraction vers un état supérieur, ce point Oméga, cette absorption dans la divinité. Les effets de cette attraction sont plus larges, plus créateurs, que l'adoration d'une souffrance. Par leur diffusion au cœur de l'humanité, ils complètent et donnent un sens aux effets de l'écoulement biologique de la création.

Condensation de la poussière d'hommes au sein d'une « super-supra-sur- » humanité, incarnation divine au sein de cette humanité, incarnation symbole de l'attraction du point Oméga, résumé de cette surhumanité, le dévoilement est là ! Peu importe la formulation, elle est sans doute affaire de conviction

1. Dans ses notes de retraite du mois d'octobre 1945, Teilhard a noté : « Sans le Jésus historique et trans-historique, l'Évolution perd toute sa chaleur de la vie réelle… » (2e jour). « Si le Christ n'entrait pas par en bas, il ne pourrait jamais forcer l'Immanence cosmique par en haut, sauf si son Ego se confondait avec la Somme (fusionnée !) des ego élémentaires » (4e jour). Cette note du 4e jour est curieuse, elle commence par exposer le besoin d'un Christ historique – Christ qui entre par en bas – pour expliquer l'attirance de l'humanité vers le Christ –, c'est-à-dire forcer l'immanence par en haut. Puis vient ce « sauf » qui ouvre la voie à un Christ divin attirant l'humanité en lui sans « entrée par le bas »… *sauf* si son Ego se confondait avec la fusion des ego élémentaires. En octobre 1946 : « reste, en fait incontestable, que le Christ historique est historiquement apparu comme le point autour duquel s'est concentré, condensé, cristallisé, *l'amour universel* humain, et l'amour humain pour l'Univers. Il fonctionne, en fait, comme le *noyau condensant l'Amour de la Noosphère* » (5e jour).

personnelle, mais il ne peut être critiquable de poser la question de sa formulation. Et Teilhard se l'est posée.

Sa réponse est à trouver dans ses propos, ainsi dans une confidence à Bruno de Solages donnait-il une définition dynamique, évolutionniste de l'incarnation : « Je vois, me disait-il en 1935, résumant d'un mot toute sa synthèse, la Matière en marche vers l'Incarnation du Christ[1]. » Ce résumé, remarquable par sa concision, donne bien une dimension symbolique à l'incarnation qui s'intègre ainsi plus aisément dans l'esprit concret et raisonnable d'un homme moderne. En juin 1950, c'est auprès de Pierre Leroy qu'il exprimait sa compréhension du surnaturel comme le prolongement de l'évolution arrivée à un stade achevé : « Il est tellement évident que la percée est faite dans le "vieux" christianisme, et qu'il ne saurait plus y avoir désormais de "Surnaturel" que sur la base et en prolongement de quelque "Ultra-humain" ! »

Dans une confidence à Jeanne Mortier, en février 1953, il est revenu encore une fois sur ce sujet, précisant sa pensée :

En ce qui concerne « l'évangile de l'Enfance » et « l'évangile de la Résurrection », ma position avec Cuénot (et avec moi-même) demeure exactement celle que j'ai exprimée dans *Introduction au Christianisme*. « Phénoménalement » (photographiquement), l'entrée et la sortie du Christ sont irreprésentables : ce qui n'empêche que je crois de toutes mes forces à leur réalité sans laquelle tout le « Phénomène chrétien » s'évanouit en métaphysique. De ce point de vue, je ne me reconnais pas le droit d'imposer à Cuénot, ou à qui que ce soit, un fardeau intellectuel qu'il m'est impossible de porter moi-même. Le Christ *est* historiquement l'étincelle qui a allumé *« l'arc »* au sein duquel doit se consommer l'Homme. Je cherche à transmettre cette vision, mais sans la charger d'images impossibles. D'après ce que vous dites, « l'erreur » de Cuénot est précisément de vouloir passer au domaine des images : et c'est ce qui le fait parler *« d'un homme et d'une femme »* Un de mes grands amis, un théologien que je ne vous nommerai pas, me confiait un jour que pour lui la conception virginale était un domaine sacré auquel « il ne pensait pas » (mais qui animait cependant sa vie intérieure : un grand dévot de Marie). Vous voyez ce que je veux dire[2].

1. Propos rapporté par Bruno DE SOLAGES dans son *Teilhard de Chardin*.

2. Lettre à Jeanne Mortier du 3 février 1953 « d'un homme et d'une femme » : Teilhard cite deux fois Claude Cuénot et un peu plus haut dans sa lettre, le citant toujours, il écrit « né d'un homme et d'une femme ».

Cette confidence à la fidèle Jeanne Mortier contient le même acte de foi… « je crois de toutes mes forces à leur réalité [l'entrée et la sortie du Christ] sans laquelle tout le "Phénomène chrétien" s'évanouit en métaphysique ». Et Teilhard admet que ce point sort du domaine de la compréhension ordinaire : "Phénoménalement" (photographiquement), l'entrée et la sortie du Christ sont irreprésentables », et qu'il est difficile d'aller plus loin : « je ne me reconnais pas le droit d'imposer à Cuénot, ou à qui que ce soit, un fardeau intellectuel qu'il m'est impossible de porter moi-même ».

Arrivé à ce point, le développement de la réflexion teilhardienne est plus délicat à suivre. Si cela agace, cela n'invalide nullement cette réflexion, mais l'édifice teilhardien contient une pierre insuffisamment ajustée.

Révélation. – Une fois admise la personnalité de Dieu, la possibilité, et même la probabilité théorique d'une révélation, c'est-à-dire d'une réflexion de Dieu sur notre conscience, non seulement ne font pas difficulté, mais sont éminemment conformes à la structure des choses… Dieu ne se révèle pas à nous du dehors, par intrusion, mais *du dedans* [1], par stimulation, exaltation et enrichissement du courant psychique humain [2], le *son* de sa voix se reconnaissant surtout à la plénitude et à la cohérence qu'elle apporte à notre être individuel et collectif.

L'homme travaille depuis des millénaires à sortir Dieu du néant et sa force est d'arriver à discerner grâce à ce travail la raison de sa propre existence et le sens qu'il doit donner à son effort.

1. *Note de Teilhard* : c'est-à-dire *évolutivement*. Bien appliqué, ce principe fondamental que dans *tous* les domaines (Création, Rédemption, Sanctification…) *Dieu n'agit que évolutivement*, ce principe, dis-je, me paraît nécessaire et suffisant pour moderniser et « faire repartir » le Christianisme tout entier.

2. *Note de Teilhard* : c'est-à-dire par arrangement (super-arrangement) dirigé d'éléments (idées et tendances) tout préexistants chez « l'auteur inspiré ».

Miracles. – Je l'ai dit plus haut. Alors que, dans l'apologétique ancienne [1], le miracle jouait un rôle dominant, parce que c'est lui qui était supposé servir le sceau divin authentiquant la parole des apôtres et des prophètes, de nos jours il tend à perdre quelque chose de sa valeur sur la pensée humaine, pour deux raisons qui sont les suivantes :

a) D'une part, certains miracles acceptés tout simplement autrefois risquent maintenant de soulever de grosses difficultés dans la mesure où ils pourraient sembler, comme eût dit saint Thomas, non seulement au-dessus, mais contre les possibilités de la nature.

b) D'autre part, certains autres miracles, qui paraissaient jadis déceler clairement une intervention divine (telles certaines guérisons), ne nous semblent plus aujourd'hui aussi démonstratifs, parce que nous commençons à deviner que les déterminismes organiques, nés des habitudes et soumis au contrôle de la Vie, sont plus obéissants que nous ne pensions aux puissances de l'âme.

Sous l'influence de cette double constatation, le Miracle chrétien (c'est-à-dire la manifestation d'une influence personnelle divine dans le Christianisme) tend tout naturellement à se déplacer, pour notre regard, de la zone des « prodiges de détail » à la zone du « succès vital, général » désormais visible de la Foi en Jésus. Aujourd'hui (comme hier sans doute, mais plus explicitement) la capacité dont témoigne le Christianisme d'équilibrer, de diriger, d'animer et de planifier l'évolution humaine (l'Anthropogenèse) nous fait certainement sentir et reconnaître dans le monde le doigt de Dieu beaucoup plus qu'aucun événement extraordinaire particulier.

Reste cependant que le christianisme ne serait plus le Christianisme si nous ne pouvions penser, fût-ce d'une manière confuse et générale, que, sous l'influence de Dieu, les déterminismes et les hasards cosmiques s'assouplissent, se finalisent, et s'animent autour de nous, à la mesure de notre union à Dieu et de notre prière. Mais, quelles que puissent être nos évidences intérieures (beaucoup plus sûres peut-être que tout raisonnement) à ce sujet, il faut bien reconnaître que l'objectivité de telles interventions particulières ou générales de la Providence dans notre vie relèvent de l'intuition personnelle plus que du démontrable.

Finalement, il faut toujours en revenir là, nous ne saurions reconnaître l'action et la voix de Dieu dans le Monde sans une sensibilisation particulière des yeux et des oreilles de notre âme (« grâce »), c'est-à-dire sans une sorte de sens, ou de super-sens, spécial dont l'existence, observons-le, si l'Union à Dieu correspond vraiment à un degré supérieur de Vie, est parfaitement conforme aux lois de la Biologie.

1. Apologétique : partie de la théologie qui a pour objet la défense et la justification du christianisme.

NB : Dans un certain nombre de cas (Virginité de Marie, Résurrection matérielle du Christ, Ascension, etc.), on a l'impression que les miracles évangéliques traduisent de façon tangible (à la manière de la Genèse), ce qu'il y a d'« irreprésentable » dans les événements aussi profonds que l'immersion du Verbe dans le phylum humain, ou que le passage du Christ de son état individuel humain à son état « cosmique » de centre de l'Évolution. Non pas simplement des symboles : mais l'expression imagée d'un inexprimable. D'où il suit qu'il serait aussi vain de soumettre de telles images à une critique scientifique (puisqu'elles ne correspondent à rien de photographiable) que ruineux de les rejeter (puisque ce serait retrancher de la Christogenèse son essence trans-expérimentale).

Le talent pédagogique de Teilhard apparaît dans ces dernières réflexions : le sens symbolique donné à certains miracles pour exprimer en termes imagés, et ainsi représentables à défaut d'être concrets pour l'esprit humain, des événements qui sont difficiles à saisir pour une seule pensée. « Les miracles évangéliques traduisent de façon tangible ce qu'il y a d'"irreprésentable" », ils sont « l'expression imagée d'un inexprimable ». La croyance au miracle projette l'image confuse d'un événement irreprésentable, inexprimable pour une pensée, mais exprimable pour la pensée collective si son développement, suivant la montée de la part du spirituel au sein de l'humanité, lui fournit le moyen de donner sens au point d'appui que représente la croyance au miracle.

Péché originel et Rédemption. – D'une part, la faute originelle, si on la transpose aux dimensions de l'Univers tel que celui-ci nous apparaît maintenant dans la totalité organique de Temps et de l'Espace, tend de plus en plus à se combiner (au moins dans ses racines) avec la loi de Chute toujours possible et de Peine toujours présente, au sein d'un Monde en état d'Évolution. D'autre part, dans l'opération salvatrice du Christ, l'attention chrétienne, sans perdre de vue le côté « expiation », incline à fixer beaucoup plus qu'avant son regard sur le côté « refonte et construction ».

De ce double chef, je ne crois pas me tromper en affirmant que, lentement mais sûrement, une transformation spirituelle est en cours, au terme de laquelle le Christ souffrant, sans cesser d'être « celui qui porte les péchés du Monde » et justement comme tel, deviendra de plus en plus pour les croyants « celui qui porte et supporte le poids du Monde en évolution »…

Reprise du thème cher à Teilhard : il n'y a pas sur Terre des hommes expiant une faute qu'ils ne savent pas avoir commise, mais des hommes travaillant pour forger le monde, avec des faux pas et des malchances. Le Christ exprime plus l'espoir d'un soulagement de la peine de ceux qui œuvrent pour la construction du monde, qu'il n'expie, par la souffrance, les péchés de ce monde !

Enfer. – Poser l'Enfer est simplement une façon négative d'affirmer que l'Homme ne peut trouver, de nécessité physique et organique, son bonheur et son achèvement qu'en parvenant, par fidélité au mouvement qui l'entraîne, jusqu'au terme de son évolution…

Nous ne pouvons définir l'Enfer que négativement, par rapport au Ciel qu'il n'est pas. Tout effort pour le « chosifier » et le décrire en lui-même, comme un tout isolé, risque de nous conduire (on l'a trop vu) à l'absurde et à l'odieux…

L'enfer, au fond, ce serait l'échec durable de l'Évolution. Échec auquel Teilhard n'a jamais cru.

Eucharistie. – Si donc toutes mes communions, à moi, ne forment qu'une seule grande communion, toutes les communions de tous les hommes de tous les temps, prises globalement, ne font, elles aussi, par leur somme, qu'une seule et encore plus vaste communion, coextensive cette fois à l'Histoire de l'Humanité…

L'eucharistie, symbole de l'union.

Catholicisme et christianisme. – En dehors du Catholicisme, sans doute, de nombreuses individualités discernent et aiment le Christ, et donc lui sont unies, aussi bien (et même mieux) que les catholiques. Mais ces individualités ne sont pas groupées ensemble dans l'unité « céphalisée » d'un « corps » réagissant vitalement, comme un tout organisé, aux forces combinées du Christ et de l'Humanité…

Cette affirmation de la prééminence du christianisme et, au sein de celui-ci, du catholicisme ne doit pas être comprise comme la justification d'une quelconque action militante concrète en vue de réaliser cette prééminence. Elle exprime la conviction que le message chrétien est le vrai message et que, quels que soient les chemins empruntés par les pensées et comportements d'une humanité à la recherche de son unité, celle-ci sera l'inéluctable aboutissement de tous ces efforts. Et le christianisme a toujours affirmé, obstinément, l'unité spirituelle, économique et sociale du monde.

La sainteté chrétienne. – Le Saint, le Saint chrétien, tel que nous le comprenons et l'attendons maintenant, ce n'est pas l'homme qui réussira à s'évader le mieux de la Matière, ou à la mater le plus complètement ; mais c'est celui qui, cherchant à la pousser au-dessus d'elle-même et faisant concourir à la consommation christique l'intégrité de ses puissances d'or, d'amour et de liberté, réalisera devant nos yeux l'idéal du bon serviteur de l'Évolution.

Teilhard reprend ici un autre thème qui lui est cher, celui de l'union parfaite de la matière et de l'esprit. La sainteté « teilhardo-chrétienne » se présente comme la mise en avant de la valeur de l'action dans et avec la matière, en même temps que la dénonciation des attitudes qui, négligeant la matière, sont à la poursuite de l'illusion d'une existence spirituelle dégagée des contingences du monde.

Conclusion : christianisme et évolution. – De tout l'exposé qui précède il résulte clairement que le Christianisme est par excellence une Foi en l'unification progressive du Monde en Dieu ; il est essentiellement universaliste, organique, et « moniste ».

Évidemment, ce monisme « pan-christique » a quelque chose de tout particulier. Parce que, du point de vue chrétien, l'Univers ne s'unifie en définitive qu'au moyen de relations personnelles, c'est-à-dire sous l'influence de l'amour, l'unification des êtres en Dieu ne saurait être conçue comme s'opérant par fusion (Dieu naissant de la soudure des éléments du Monde, ou au contraire les absorbant en Lui), mais par synthèse « différenciante » (les éléments du Monde devenant d'autant plus eux-mêmes qu'ils convergent davantage en Dieu). Car tel est l'effet spécifique de l'amour de renforcer sur soi les êtres qu'il rapproche entre eux. Dans l'Univers chrétien totalisé (dans le « Plérôme », comme dit saint Paul) Dieu ne reste pas seul, en fin de compte ; mais il est tout en tous *(en pâsi panta Theos)*. Unité dans et par la pluralité.

Teilhard prend soin ici de souligner que la réalisation de cette union, achèvement du monde, loin de fondre chaque individu dans une masse indifférenciée, lui donne bien au contraire sa pleine existence.

Ce texte est un nouvel aperçu de la méthode de Teilhard, faite du mélange de sa foi de naissance et de sa maîtrise des sujets scientifiques, et couronnée par la clarté et l'étendue de son exposé. Cette méthode le met en perpétuel porte à faux entre le théologien et le scientifique qui ni l'un ni l'autre ne peuvent être suffisamment à l'aise lorsqu'ils pénètrent au cœur de cette pensée. C'est bien là une des difficultés de Teilhard, il n'est pas possible de le classer dans une case déterminée, il faut le classer dans plusieurs cases.

Mais la fin de la guerre approchait et le retour au sein du monde allait entraîner de nouvelles confrontations et disputes.

CHAPITRE XI

RETOUR AU SEIN DU MONDE

1946-1947

Fin de la guerre dans le Pacifique. Où est le Père Teilhard ? Rétablissement des communications. Impatience de Lucile. Retour en France. Lucile et Rhoda. Détresse de Lucile. La popularité de Teilhard. La vie dans le Paris d'après-guerre. Le discret travail de Jeanne Mortier. La correction du *Phénomène humain*. Bruno de Solages et Henri de Lubac. L'offensive des conservateurs. Les attaques du Père Garrigou-Lagrange et la riposte de Bruno de Solages. L'accident cardiaque.

En août 1945, la guerre se terminait dans le Pacifique. Le 2 septembre, le Japon capitulait. Les marines américains arrivèrent à Pékin derrière l'occupant japonais, s'efforçant de redonner sa place à la vie normale. Et au milieu de cette grande agitation, un appel retentit soudain sur les ondes d'une radio américaine à peine installée :

Dès son débarquement en terre chinoise en août, le général George Marshall s'inquiéta : *« where is father Teilhard ? Where is the sinanthrope ? »* Parachutée d'urgence au-dessus de Pékin, la radio des Marines diffuse l'appel, à intervalles réguliers : « Où est le père Teilhard ? Où est le sinanthrope ? Où est le Père Teilhard ? Où est le sinanthrope ? »

Le père Teilhard est bien là, les deux mains tendues. Le sinanthrope, lui, restera introuvable. Sa disparition ne sera jamais expliquée.

La célébrité de Teilhard était déjà bien installée dans les esprits américains, à lire cette anecdote rapportée par Dominique Wang.

Les communications ordinaires se remirent lentement en place dans le sillage de la puissante mécanique de communication de l'armée américaine.

À plusieurs reprises dès l'hiver 1944-1945, Lucile avait essayé de faire parvenir des lettres ; il est difficile de savoir si ces lettres furent reçues par Teilhard. En février 1945, de New York, elle tentait de donner des nouvelles :

Je suis ici depuis octobre dernier. Mon père est mort en novembre 43 et ma mère vient de s'installer chez sa sœur dans l'Iowa[...] elle ne va pas bien et probablement ne sera plus longtemps parmi nous. Aussi je suis venue ici pour tenter de ramasser quelques fils de ma propre vie... Ce n'est pas facile, spécialement en ces moments difficiles. De toute façon je travaille tous les jours [...] c'est déjà ça. Je vois de vieux amis, et c'est aussi beaucoup...

J'ai téléphoné à Mme Rachel Nichols au Muséum [...] elle vous envoie ses plus chères pensées... Elle dit que le département est complètement réorganisé avec Simpson à sa tête. Ils seront tous si heureux de vous revoir ! ! !

J'ai vu Rhoda de Terra, et j'ai dîné chez elle [...] elle avait l'air en pleine forme avec un livre sur le point d'être publié au sujet d'un prêtre ! ! !

Ramasser les fils de sa vie ! Retrouver le Pierre familier et complice. Lucile avait la nostalgie de son passé. En juillet, nouvelle rencontre avec Rhoda : « J'ai vu Rhoda de Terra plusieurs fois cet hiver – elle a publié un livre avec un certain succès – Est-ce VOUS le héros [1] ? ? ? ? »

Un soupçon amer guettait Lucile qui devinait la familiarité grandissante de Rhoda à l'égard de Teilhard – Rhoda qui réussissait là où elle avait l'impression de patauger. On partage le désappointement de Lucile. L'on voudrait pouvoir se plonger dans ce livre de Rhoda et y découvrir le regard que celle-ci portait sur Teilhard.

La première lettre que reçut Lucile est datée du 31 août 1945 :

1. Lettres du 3 février et du 28 juillet 1945. D'après les doubles conservés par Lucile.

Très chère,

Quelques mots pour vous dire que tout va bien ici. Je suis cinq ans plus vieux que lorsque nous nous sommes quittés. Mais extérieurement, à peu près le même, et (je l'espère) le même à l'intérieur, et en particulier à votre égard. À Pékin, cette longue période a été sans événement, et plutôt terne. À part un voyage à Shanghai et de courtes vacances à Shanhikwan, je n'ai pas bougé. Pendant les deux dernières années, les collines elles-mêmes ont été d'accès difficile. J'ai pu faire imprimer une longue série de mémoires scientifiques et déposer un nombre considérable « d'œufs [1] ». Dans l'ensemble, ce furent toujours les mêmes pensées et réflexions, mais plus profondes. Et puis beaucoup de lectures qui ont fait de moi un « lettré » sous la direction de Margerie [2].

Mes plans sont toujours très vagues, comme d'habitude. Les liaisons avec l'Europe ne sont pas encore rétablies. Dès que ce sera possible, je prévois de rentrer en France où l'atmosphère m'est favorable, je crois. Et ainsi nous verrons. Beaucoup dépend aussi de l'avenir du Survey. Je ne renonce pas à l'idée de revenir pour quelques nouveaux séjours ici en Chine.

Et bien sûr, si j'en ai l'opportunité, j'essaierai de rentrer en France par l'Amérique.

Le ton de cette lettre n'est pas celui que l'on pourrait attendre de l'homme qui avait si tristement écrit à Lucile, peu après le départ de celle-ci au mois d'août 1941. Bien que pouvant espérer retrouver assez rapidement Lucile après leur longue séparation, Teilhard apparaît désorienté, un peu ahuri d'être obligé de sortir du vase clos où il était resté confiné, par force, pendant près de quatre ans. Il prend la peine de dire qu'il espérait être toujours le même vis-à-vis de Lucile ; n'était-ce pas le moyen le plus terrible de faire part de ses doutes quant à ses sentiments à son égard. Teilhard se souvenait très bien de leur séparation quatre ans auparavant mais jugeait-il possible de ranimer ses sentiments ?

Il « croyait l'atmosphère favorable » en France à son sujet. Ayant beaucoup réfléchi et retouché l'expression de ses idées, il

1. *Eggs* : ce mot fait partie du vocabulaire familier utilisé entre eux par Lucile et Pierre. Les « œufs » sont les écrits de Pierre qui aimait plaisanter en se comparant à la poule qui va pondre un peu partout des œufs destinés à éclore et, pour ses écrits, confiés à ceux qui les lui demandaient, diffuser le message qu'ils contenaient.

2. Roland de Margerie, ambassadeur de France à Pékin sous Vichy.

imaginait volontiers avoir levé les objections de ses censeurs. Mais pour ceux-ci, quoi qu'il puisse arriver, il fallait l'empêcher de penser et surtout bloquer toute diffusion de sa pensée ! Illusion de Teilhard qui se fondait sur une impression intérieure, entretenue par des propos amicaux, et non sur de réels contacts avec les milieux ecclésiastiques officiels dont il était encore si loin. Le retour au monde allait être ardu.

Quelques semaines plus tard, il écrivait à Rhoda de Terra :

J'ai été officiellement convié à rentrer en France sans tarder. Mais les communications ne sont pas faciles, en particulier si l'on emporte un peu plus de 25 kg de bagages, J'espère trouver un bateau à Shanghai avant le printemps. Il est assez probable alors que je passerai par l'Amérique (les autres routes sont fermées, sauf par avion) en ce cas nous nous reverrons à New York.

Physiquement j'ai donc quatre années de plus, soixante ans passés. Mes cheveux sont tout à fait blancs maintenant. Mais, dans l'ensemble, je crois que vous me reconnaîtriez sans peine. Le corps est toujours solide. Je ne trouve pas que, en vieillissant, mes nerfs soient aussi calmes que je l'aurais souhaité. [Lettre du 10 octobre 1945.]

Il y a peu de différence entre ces deux lettres. Même impression de flottement, d'incertitude. Teilhard a du mal à se ressaisir. Dure leçon pour celui qui répétait inlassablement qu'il fallait toujours regarder en avant et faire confiance à ce qui vient. L'examen qu'il faisait de lui, à ce moment, l'amenait à constater, auprès de Rhoda, qu'il n'était plus le même à l'intérieur. Il se découvrait sujet à des crises d'anxiété qui allaient assombrir son quotidien. Crises d'autant plus pénibles à surmonter pour lui qui avait toujours regardé l'avenir avec optimisme et confiance.

La fréquence des échanges avec Lucile s'intensifia. Lucile s'impatientait, se montrait fébrile, inquiète, pressante, presque exigeante. Elle écrivit plusieurs lettres assez longues dans un style un peu haché, une succession d'exclamations où se mêlaient le rappel insistant des années pékinoises et les interrogations inquiètes sur les lendemains – interrogations aux allures de remontrances.

Et de toute façon je souhaite aussi que vous puissiez employer l'année qui vient pour réellement faire sortir vos idées et HARDIMENT. Vous disiez, dans votre lettre, de l'année qui vient, que ce serait un temps « à consacrer à la défense et à la propagation de vos idées ». Pierre, je souhaite qu'il y ait beaucoup de diffusion. Une attitude sur la défensive n'est plus assez forte maintenant ! Vous allez vous en rendre compte, j'en suis sûre, dès que vous aurez rejoint le monde occidental à nouveau – et d'après tout ce que j'entends dire de la France, je crois qu'elle en a vraiment besoin, vraiment.

Pierre, j'espère que ma façon de vous écrire ne vous ennuie pas, cette façon qui est celle de toutes nos discussions. Je sens dans votre lettre une certaine réserve, un quelque chose qui était toujours là quand vous reveniez d'un long séjour parisien. Vous souvenez-vous en 39, combien cela a pris de temps pour que nous soyons de nouveau détendus ? Aussi, je prends sur moi de dire, comme vous le dites, « mais dans mes orientations de fond, je n'ai pas changé », et je vous écrirai avec cette phrase en tête, parce que je n'ai pas changé. Simplement, mon intérêt pour vous et vos idées, ainsi que mon affection profonde pour vous se sont accrus énormément durant toutes ces années. Et le besoin d'une attitude POSITIVE vis-à-vis de la VIE est tellement important maintenant – que nous avons besoin l'un de l'autre plus que jamais – à ce que je sens. Il est si passionnant d'être à nouveau capable de communiquer avec vous, mais les liaisons sont encore si incertaines que je me sens encore un peu bridée. Ainsi, cher, dans les lettres que je vous ai déjà adressées, s'il vous plaît, souvenez-vous de moi dans ce que j'ai de meilleur. [Lettre du 25 novembre 1945.]

Cette lettre qui, pour Lucile, se concevait à la fois comme une supplique et une exhortation, une poussée pour l'action avec l'affirmation de son soutien, se présente pour le lecteur plutôt comme une série d'admonestations, une longue plainte, presque des reproches. Reçue par un homme qui sentait l'avenir assez flou devant lui, elle ne pouvait qu'accentuer son désarroi. Teilhard à cette époque était encore incapable de faire des plans sérieux. Il n'avait même pas totalement abandonné l'idée de séjourner de temps à autre à Pékin. Son obsession était d'arriver à obtenir l'autorisation de publier son livre et il avait vécu toutes ces années en Chine avec le sentiment que son séjour dans ce pays lointain facilitait ses relations au sein de l'Église. Craignait-il de se sentir moins fort, une fois hors de Chine ? Pour lui qui se sentait vieux et angoissé, la réapparition d'une amitié, trop forte pour n'avoir pas laissé de traces douloureuses dans sa mémoire – qui maintenant débordait d'insatisfaction et qui même réclamait un certain dû –, n'était pas une bonne chose.

Lucile était déstabilisée et devenait trop nerveuse. Le chagrin de la séparation s'était transformé en souffrance. Son insistance pour réclamer une attitude plus hardie ou plus positive avait quelque chose de navrant et déplaisant à la fois. Alors que tous les deux, en plein désarroi après l'épreuve de la séparation et de l'isolement, auraient eu besoin de se rassurer en s'appuyant l'un sur l'autre, voilà qu'ils se transmettaient l'un à l'autre leur propre incertitude.

À la fin de 1945, les lettres arrivaient encore un peu en désordre et, au début de décembre, Lucile faisait un curieux reproche à Pierre : « La précieuse lettre du 31 août m'est parvenue il y a deux jours, et je ne saurais dire combien elle m'a rendu vraiment, vraiment heureuse – alors que votre autre lettre, celle en français, était beaucoup plus RÉSERVÉE – mais peut-être la mienne, à laquelle elle répondait, était-elle aussi réservée – et peut-être étaient-elles toutes deux ainsi rédigées pour la même raison – Je ne savais pas SI vous la recevriez et n'avais pas la moindre idée de combien de personnes risquaient de la lire en premier » (Lettre de Lucile datée de Washington le 3 décembre 1945).

Lucile avait reçu, un peu plus tôt, une lettre rédigée en français et parvenue à destination avant une précédente lettre adressée en premier par Pierre et rédigée, elle, en anglais. Voici cette lettre en français : « Ce que je vous disais en septembre, je vous le redis. Depuis cinq ans, j'ai pris de l'âge. Mais dans mes orientations de fond, je n'ai pas changé. C'est vous dire que je ne regarde les années à venir que comme un temps à consacrer à la défense et à la propagation des idées que vous connaissez si bien, et qui tendent de plus en plus à se résumer dans cette attitude unique et incroyablement riche : l'amour de l'Évolution comprise comme la genèse d'un Centre personnel et vivant. Je n'ai encore aucune idée précise sur ce que je pourrai faire. Mais il est toujours sous-entendu que votre influence sera là pour me sensibiliser et m'encourager. *You can so much – on me and for me*, Lucile [1]… »

À la lecture de cette lettre aux accents pathétiques, on s'interroge sur le commentaire fait par Lucile. Sans doute

1. « Vous pouvez tant – sur moi et pour moi, Lucile »… (Lettre de Teilhard, datée du 30 octobre 1945, et rédigée pour l'essentiel en français). La lettre mentionnée en septembre est celle du 31 août, citée plus haut.

l'usage du français par Pierre, inhabituel jusque-là, avait-il accru pour elle le sentiment d'éloignement – pressentiment d'un retour de Pierre en France sans passage par les États-Unis ? Probablement, l'insistance de Pierre pour dire que sa préoccupation première restaient la défense et la propagation de ses idées que Lucile « connaissait si bien », tendait-elle à rejeter cette dernière au second plan. Anxieuse de retrouver intact le bonheur des années passées, ces instants d'intimité dérobés au temps qui s'écoule, Lucile réagissait à tout ce qui pouvait apparaître comme un effort pour l'éloigner. La voie de l'apaisement et du réconfort était difficile à trouver.

Les belles années pékinoises de Lucile et Pierre s'envolaient tristement vers le dédale de leurs mémoires.

Les échanges continuèrent ainsi, pendant quelques mois, jusqu'en mars 1946, lorsque Teilhard trouva enfin une place sur un bateau au départ de Shanghai pour Southampton. Le passage par l'Amérique se révéla impossible ; il semble bien qu'il n'eut, à ce moment, pas d'autre choix. L'évacuation des Européens résidant en Chine s'accélérait sous la pression de l'armée américaine et les supérieurs de Teilhard le pressaient de revenir. Le 29 mars, à peine embarqué à bord du *Strathmore*, il annonçait son retour à Lucile, un peu embarrassé dans des explications sur l'impossibilité de passer par les États-Unis. Quelques jours plus tard, c'est à Rhoda qu'il détaillait les conditions de ce retour en Europe : « Le *Strathmore* est un beau bateau rapide, l'orgueil de la P & O, mais à moitié transformé en transport militaire. Nous y sommes assez entassés (environ quatre mille à bord) et dormons dans des hamacs. Impossible de se concentrer et difficile de se lier étroitement d'amitié. »

Morne voyage de retour qui constituait une triste réplique aux premiers départs pour la Chine, vingt ans plus tôt, lorsque Teilhard partageait son enthousiasme avec Ida Treat. Il était alors dans la force de l'âge et la Chine lui apparaissait comme une terre promise pour un fascinant travail de découvertes à réaliser.

Dans la même lettre, il résumait son état d'esprit au moment de son retour en France après sept ans d'absence : « J'ai reçu, fin février, un message de mon supérieur le plus élevé en France (un grand ami), m'enjoignant de rentrer à Paris. J'avais déjà trop attendu, et je ne pouvais me permettre de tarder davantage. Espérons que je serai récompensé de cet acte d'obéissance.

À Paris on m'envoie 15, rue Monsieur, le bastion du "christianisme progressiste", c'est un indice certain que l'on a besoin de moi en France précisément pour les raisons qui auparavant m'y rendaient plutôt indésirable » (Lettre d'avril 1946).

Teilhard restait bien le fils de l'obéissance ; sur ce point il n'avait pas changé. Toujours il espérait trouver les moyens de donner un nouvel essor à la diffusion de ses idées ; il voulait croire que l'on avait besoin de lui et que son temps de relégation était terminé. Optimisme de Teilhard !

En mai 1946, après une brève escale à Southampton, il débarquait au Havre puis à Paris pour s'installer rue Monsieur dans la maison des Études. La grande page chinoise de son livre d'aventure était définitivement close.

Au printemps de l'année 1946, l'acheminent du courrier était redevenu normal et les lettres à Lucile et à Rhoda furent nombreuses. Lucile se fit insistante dans ses interrogations, elle ne tenait plus en place. Elle voulait tout savoir, tout arranger. À plusieurs reprises, ce furent des interrogations pour l'envoi de colis. Lucile recherchait tout ce qui pouvait, malgré l'éloignement, la rapprocher de Pierre. Cette recherche inquiète devenait envahissante, presque indiscrète : « Pierre, je vous ai envoyé un colis il y a dix jours, qui devrait vous arriver début juillet. J'ai mis du chocolat, des caramels, du savon, de quoi se raser, etc. J'espère que ce sont des choses dont vous avez besoin et surtout dites-moi ce qu'il faut que je vous envoie. Cela me fait tellement plaisir de vous envoyer quelque chose… Mais cela m'aiderait si vous me disiez ce qu'il vous faut. Il y en a qui envoient des fruits secs, de la viande en conserve, des fromages. Mais étant donné votre façon de vivre, je ne sais que faire… S'il vous plaît dites-moi… Et des chaussettes ? Ou quoi d'autre ? (Lettre de Lucile de juin 1946).

Mais quelques semaines plus tôt, c'est à Rhoda que Teilhard, négligeant les offres de Lucile, s'était adressé pour obtenir des cigarettes américaines : « La vie matérielle est tout à fait suffisante ici et, extérieurement, Paris est tout à fait vivant et agréable, tout le monde étonnamment détendu et souriant, et poli, dans les rues, dans le métro, etc. S'il vous était possible néanmoins de m'envoyer quelques cigarettes, cela me ferait grand plaisir » (Lettre à Rhoda de Paris du 26 mai 1946).

Le désir de retrouver l'arôme d'une Chesterfield revenait

occuper la pensée de Teilhard, lui qui, des années plus tôt, soulignait auprès de Lucile combien il aimait évoquer sa présence en allumant une de ses cigarettes favorites. Mais c'est à Rhoda qu'il faisait cette demande. Ce qui apparaît presque comme un réflexe de la part de Teilhard témoigne de son manque d'aisance face à Lucile. Sa sollicitude – parce qu'elle prenait un ton d'intimité quasi conjugale – devait le mettre mal à l'aise. Les lettres de Lucile remuaient un passé chargé d'ambiguïté ; elles contenaient beaucoup de regrets, d'interrogations, de récriminations. Lucile tentait de raviver les années écoulées. Rhoda, dont le passé avec Teilhard était plus clair, plus proche, regardait en avant. Elle avait sa fille à élever, elle venait d'écrire un livre qui se vendait. Ses lettres à Teilhard devaient bien transmettre un peu de sa confiance dans l'avenir et, sans doute, leur ton se montrait-il plus filial, moins acrimonieux. Cela continua ainsi pendant toute l'année 1946, jusqu'à une dernière rencontre entre les deux femmes au cours de laquelle Lucile prit brutalement conscience de l'intimité grandissante entre Rhoda et Pierre :

> Je suis allée voir Rhoda de Terra à New York. Je crois que c'était parce que je voulais avoir de vos nouvelles ! ! Et je les ai eues ! ! ! ! Mais je ne recommencerai pas. Elle se comporte comme si j'étais une parfaite étrangère, une amie de passage, pendant qu'elle seule serait en charge de vos destinées. Quand elle disait comment elle allait vous faire faire ou dire telle ou telle chose, je me disais que peut-être elle ne vous connaissait pas autant qu'elle semblait le penser. Et elle a dit tant de choses, en se remémorant votre réaction à cette lettre d'elle que vous m'aviez lue, que je suis restée éberluée. Et je me demandais si vous saviez – comme elle avait des nouvelles de vous beaucoup plus récentes que les miennes, je suis restée sans rien dire. En fait, je ne voulais rien dire. J'ai été profondément choquée par elle et vraiment je ne l'aime pas et je n'aime pas ! Vous allez sans doute être fatigué par ces histoires de bonnes femmes. Mais je ne comprends pas – elle a dit aussi qu'elle prévoyait de se rendre en France et à Paris, prochainement ! [Lettre de Lucile du 30 novembre 1946.]

Le coup était rude pour Lucile ! Cette rencontre avait des effets dévastateurs sur ses tentatives pour reconstruire un passé ensoleillé. Cette lettre d'une femme qui voit son rêve chavirer d'un coup est pathétique. Lucile allait voir une amie commune pour bavarder avec elle au sujet de Pierre, et elle rencontra une femme affichant une grande intimité avec lui. Dans ses lettres ultérieures, elle fit encore comme si…, mais le cœur n'y était plus, le mal était fait. De plus, sincère avec elle-même, elle sentait bien ce qu'il y avait d'insoutenable dans cette rivalité latente entre deux femmes autour d'un prêtre au soir de son existence. Ces deux femmes lui étaient en outre redevables toutes deux d'une partie de leur vie spirituelle.

Il n'y eut pas de réponse directe de Teilhard à cette lettre mais, deux mois plus tard, il lui écrivit à propos de l'arrivée de Rhoda à Paris :

> Et pour finir, Rhoda de Terra fit son apparition, à la recherche de quelque nourriture intellectuelle pour ses romans. Ainsi que vous le savez, je l'apprécie sincèrement. Malheureusement, j'ai peu de temps à lui consacrer ; je fais de mon mieux pour la voir, et ce n'est pas facile. Heureusement, si vous la croyez « possessive », elle n'est pas « demandeuse ». Et d'un autre côté, elle est tout à fait capable de se débrouiller toute seule. Je pense qu'elle s'entendra très bien avec Ida, entre écrivains ! Comme elle parle très peu le français, ce n'est pas très facile de lui faire rencontrer beaucoup de gens qui pourraient l'intéresser. Elle ne m'a pas donné de très bonnes nouvelles d'Helmut ; j'en suis navré, parce que je lui trouve beaucoup de qualités et l'aime beaucoup. Encore un qui n'a pas été capable de trouver sa foi ni son Dieu. [Lettre de janvier 1947.]

Il s'agit bien d'une mise au point, Teilhard enfonçait le clou sans grands ménagements, reprochant à Lucile d'être « demandeuse ». On sent bien une certaine gêne de sa part, un malaise qu'il tente de dissimuler par un ton enjoué et anodin qui n'est pas de très bon goût. Il sentait bien ce qu'il pouvait y avoir de pénible pour Lucile d'imaginer Rhoda le retrouvant à Paris avant qu'elle-même ait pu envisager le déplacement.

La réponse de Lucile fut d'une grande dignité :

> Oh Pierre, j'ai relu beaucoup de vos anciennes lettres, l'autre soir et vous vous référiez si souvent à NOTRE travail ! Comme ces lettres étaient gaies, vivantes et aimantes ! Pleines d'espoirs et de nouveautés – mais, maintenant je sens bien que je n'ai plus de part dans ce travail – la séparation physique, nous ne pouvons l'éviter, mais cher, n'ai-je pas ENCORE une part ? Après tout, vous êtes en train d'engranger les récoltes des semailles que nous fîmes ensemble tout au long de ces années – et sûrement il y aura d'autres semailles et d'autres découvertes – c'est ce qui rend notre amitié si merveilleuse – parce que nous

sommes toujours à la recherche d'une plus haute et plus claire approche du Grand Centre. Pierre, si je vais le long de ce chemin au maximum de mes capacités – cela aussi fait partie du travail ? Je crois que je veux tellement avoir quelque chose de grand et de merveilleux à vous donner – et tout ce que je peux avoir, c'est un cœur absolument aimant et cherchant ! Qui a prié si profondément et si sincèrement en vue d'être guidé sur le chemin spirituel – car je sais (comme vous me l'avez dit si souvent) que plus j'adore Dieu, plus je vous aimerai et plus nous serons proches. Autre chose que vous m'avez si souvent écrit : « ce qui est né entre nous est pour toujours ; je le sais ». Comme c'est doux, PT, et je le crois également de tout mon cœur – mais aussi cela me rend heureuse de le relire sous votre propre plume.

Oh ! Pierre, vous me connaissez suffisamment pour que je puisse prétendre ne pas avoir été ébranlée par un passage de votre lettre – mais peut-être ce franc-parler va-t-il me faire avancer de quelques pas en avant, car j'ai prié si consciencieusement afin de tout voir sur un plan spirituel élevé. Ce n'est pas toujours facile – mais c'est ainsi et je désire encore m'améliorer. Je voudrais n'avoir jamais été la voir à New York. Je ne sais pas pourquoi elle a voulu me dire toutes ces choses. Je pensais qu'elle n'envisageait pas d'aller à Paris avant le printemps – mais je crois que lorsqu'elle me parla de son voyage, j'étais trop abasourdie pour pouvoir l'écouter attentivement. Je suis tellement désolée de cela, – et sincèrement je ne pense pas que j'aurais pu l'empêcher – hélas. [Lettre de Lucile, Washington, février 1947.]

Lucile contraignait Pierre à un plongeon dans leur passé commun et ne lui épargnait pas l'évocation des moments les plus forts de leur intimité. Elle n'hésitait pas à aller au plus profond de leurs souvenirs en lui rappelant ses propres déclarations les plus affectueuses. Elle écrivait tout cela avec beaucoup de tenue. Pas de criailleries, aucun propos virulent, simplement des rappels nostalgiques qui devaient affliger Pierre. Il y a de la tristesse, des regrets, du désespoir plus que de la colère. Et puis, cet effort pour tenter d'accepter, de dominer cette grande contrariété, de trouver pour elle-même l'apaisement en laissant Pierre en dehors de cette vulgaire confrontation féminine. Lucile n'avait pas fini de souffrir, mais elle sut rester digne.

Avant de suivre plus avant le récit des pénibles retrouvailles de Lucile et Pierre, il faut revenir sur le retour de ce dernier à Paris.

Le retour de Teilhard à Paris dans sa chambre aux Études, ne passa pas inaperçu, il fut immédiatement entouré et fêté : « Et maintenant je suis ici, depuis quatre jours, encore à la recherche de mes affaires. Une chose est claire. Je fus chaudement reçu, et l'ambiance m'est encore plus favorable qu'elle ne le fut jamais » (Lettre à Lucile, mai 1946). Immédiatement, il prit conscience de la renommée récente et grandissante autour de sa personne, au sujet de sa pensée. « Et en conséquence, je suis surpris (un tant soit peu effrayé) de constater la vaste diffusion de mes opuscules et l'impression qu'ils ont faite sur toutes sortes de personnes au cours des sept dernières années… Socialement parlant, j'ai retrouvé ici, bien sûr, une foule d'amis chers, dont beaucoup, comme moi-même, rentrent tout juste de Chine… » (Lettre à Rhoda, Paris, le 26 mai 1946). Il goûtait la saveur d'une grande notoriété. Il s'apercevait, heureux, que ses écrits s'étaient répandus et étaient lus. Le silencieux travail de Simone Bégouën avait porté ses fruits, et le retour de leur auteur provoquait un événement médiatisé à la mesure des moyens de l'époque.

Sans doute ce succès, dont il s'émerveillait sans fausse honte, allait-il induire Teilhard en erreur. Il n'hésitait pas en effet à transposer la chaleur de l'accueil fait à sa personne par l'opinion parisienne en un intérêt pour ses idées, prêt à naître chez les chefs romains. Il entretenait toujours le vague et maladroit espoir que les choses pourraient s'arranger pour lui, là-bas s'il lui était enfin donné l'occasion d'expliquer comment mettre le christianisme à l'heure du monde moderne !

Cette notoriété croissante avait eu pour heureuse conséquence la rencontre avec Jeanne Mortier.

Elle a représenté le modèle parfait de ceux qui découvrirent Teilhard avant la guerre, grâce aux polycopiés de Simone Bégouën : « En septembre 1938 m'arriva, envoyé par un ami séminariste, *le Milieu Divin.* C'était l'un des exemplaires à couverture verte tirés en ronéo par la comtesse Max-Henri Bégouën[1]. » Jeanne Mortier a raconté comment, ayant lu *Le Milieu divin*, elle avait cherché à entrer en contact avec Teilhard.

À la fin de janvier 1939, une invitation me fut communiquée par un couple ami s'intéressant aux conférences scientifiques du Muséum

1. Jeanne Mortier, dans son introduction à l'édition des lettres qu'elle reçut de Teilhard (Pierre TEILHARD DE CHARDIN, *Lettres à Jeanne Mortier* (LJM).

d'histoire naturelle. Non sans émotion, je lus : *Exposé sur des fouilles récentes en Birmanie*, par Pierre Teilhard de Chardin…

Je me rendis au Muséum avec élan ; la salle était comble. Teilhard se présenta simplement, très droit, le regard direct. Il parla avec modestie, précision, ardeur, de ses fouilles récentes, tandis que, sur l'écran, passaient les vues des lieux prospectés. Plusieurs fois, l'opérateur les présentait à l'envers. Sans une ombre d'impatience, le Père demandait, par un léger coup du bâton indicateur, le retournement du cliché.

Après cette conférence, Jeanne Mortier demanda et obtint un rendez-vous de Teilhard. Le premier entretien fut suivi de plusieurs autres et Jeanne Mortier finit par offrir ses services pour devenir l'assistante de Teilhard. Reprenant ainsi le flambeau, tenu jusqu'ici par Simone Bégouën, elle entreprit de dactylographier les manuscrits de Teilhard, de les classer, de les imprimer et d'en assurer la conservation ainsi que, sous sa direction, la diffusion auprès de ses proches.

Cette collaboration, ébauchée lors du dernier séjour de Teilhard à Paris au début de 1939, débuta réellement après son retour en France en mai 1946. Le travail de Jeanne Mortier fut immense. Elle mit de l'ordre dans les nombreux écrits de Teilhard et lui assura un service de dactylographie indispensable. Elle pouvait y consacrer la plus grande partie de son temps et l'ampleur de son travail dépassait de beaucoup les efforts de Simone Bégouën qui, ayant dû suivre son mari en Afrique occidentale au lendemain de la guerre, n'était plus en mesure d'apporter une aide quelconque. Jeanne Mortier se dévoua à cette tâche, rémunérée de sa peine par le plaisir de sentir l'utilité de son travail – travail illuminé par sa proximité avec Teilhard. La présence de Lucile avait favorisé, et presque certainement permis, la rédaction du *Phénomène humain*. L'intervention ordonnée de Jeanne Mortier a rendu possible la transmission à la postérité de l'œuvre et de la pensée de Teilhard. Sans son obstination à classer et ranger tous ses écrits, il est difficile d'imaginer l'idée que nous pourrions, aujourd'hui, avoir de cette pensée, si tant est qu'elle ait pu arriver jusqu'à nous. Teilhard a apprécié la valeur du travail de Jeanne Mortier. Cette dernière a certainement été plus qu'une secrétaire ; elle fut une aide, un soutien. Son apport fut déterminant pour un homme qui avait besoin de se sentir compris et soutenu.

« Chère Mademoiselle et amie,

Vous êtes une fée (ou un ange) d'activité. – À moins que vous n'ayez un sens et une intuition du contraire, je pense que le tirage à 200 serait suffisant, bien que plus cher. – Étant donné du reste qu'il ne s'agit pas d'impression, mais de tirage limité, je ne suis pas d'avis d'introduire la note que vous suggérez : celle-ci serait excellente en avertissement ou note dans une Revue ; – mais elle rompt le cours du texte, – assez clair pour ceux qui ne sont pas malveillants » (Lettre à Jeanne Mortier de septembre 1946).

« Chère Mademoiselle et amie ! » Le ton était celui des confidences avec l'autre grande « mademoiselle et amie », Léontine Zanta. Avec Jeanne Mortier, Teilhard trouvait la personnalité qu'il lui fallait pour réfléchir et travailler et, encore une fois, c'était avec une femme, tout aussi admirable que les autres, qu'il pouvait échanger des remarques et mettre en ordre ses écrits. La réflexion de Teilhard, à propos des « malveillants », donne un éclairage sur ce qui était pour lui une grande contrariété : ne pouvoir répondre aux attaques dont il était l'objet en publiant en pleine lumière ses écrits. Ainsi, en cette fin de l'année 1946, dans les mois qui suivirent le retour de Teilhard à Paris, toute son attention fut absorbée par la révision du *Phénomène humain*, pour obtenir enfin l'autorisation de publier !

La rédaction du *Phénomène humain* s'était achevée en juin 1940, à Pékin, avec le soutien et les encouragements de Lucile. De Pékin, Teilhard avait expédié un exemplaire dactylographié de son manuscrit à Rome, pour le soumettre aux réviseurs de son ordre, ainsi que doit le faire tout membre de la Compagnie de Jésus désirant publier. Cet exemplaire, parvenu à destination, avait fait l'objet de nombreuses remarques et interrogations.

Revenu à Paris, Teilhard, pour qui l'obtention d'un accord devait simplement passer par des éclaircissements à donner sur ses idées et ses intentions, se remit en campagne. Il n'imaginait pas qu'il puisse y avoir une opposition de principe contre son œuvre. Pour lui, il suffisait de clarifier les points difficiles relevés par la censure romaine.

Éternel et tenace Teilhard qui reprend sa charrue et s'entête à creuser son sillon sans craindre ni caillasse ni racine.

Afin de se conforter et d'améliorer la lisibilité de son livre auprès des hommes d'Église, il trouva l'appui et la collaboration de théologiens amis : Henri de Lubac et Bruno de Solages. Très tôt, il s'était assuré de leur disponibilité, préparant avec soin une réunion de travail à trois : « Vous êtes trop gentils, Mgr de Solages et vous-même, de vous occuper de moi ainsi. J'attends encore les deux révisions de mon *Phénomène humain*. En attendant, le Père d'Ouince est assez gentil pour faire retaper les manuscrits à trois exemplaires. Cela simplifiera les choses, puisque vous et de Solages pourrez chacun en avoir une copie [1]. »

« Voici une copie du *Phénomène humain*. J'y joins un résumé des deux censures romaines, en omettant de nombreux détails. Le deuxième réviseur est plutôt *« hopeless »*... Je reste à votre disposition pour une réunion dans le sud quand vous voudrez, cet automne ou avant [2]. »

Malgré l'insistance de Teilhard, la réunion ne put avoir lieu cette même année et fut reportée au mois de janvier 1947. Lucile, tenue au courant de cette préparation d'une réunion, s'inquiétait, elle aussi, auprès de Teilhard du résultat de ce qu'elle nommait le *symposium* de Toulouse : « Et qu'en a-t-il été du symposium de Toulouse qui discuta du *Phénomène humain* ? Oh ! Cher Pierre, je voudrais tellement que ce soit publié. Ils doivent le faire ! Cela doit sortir au Monde ! ! Et je pensais que tout allait bien et sans problème et que vous aviez vraiment la liberté de parler » (Lettre de novembre 1946). Les exhortations chargées de récriminations de Lucile étaient peut-être une source de morosité pour Teilhard, mais c'était bien lui qui, dans ses lettres, la mettait à même de suivre les efforts faits pour obtenir cette impossible autorisation qui semblait être à portée de main, mais toujours s'éloignait.

Craignant sans doute un nouveau contretemps, Teilhard écrivait encore à Noël à Bruno de Solages : « Tout tient-il toujours pour les 6/8 janvier, avec le Père de Lubac ? Si oui, je m'arrangerai pour arriver à Toulouse le 5 dans la soirée. »

La réunion prévue eut bien lieu à Carmaux, chez un cousin de

1. Lettre à Henri de Lubac, datée du 26 juin 1946 (L. Int.). René d'Ouince, jésuite, était alors responsable de la maison des Études et rédacteur en chef de la revue du même nom. À ce titre, il était le supérieur direct de Teilhard qui résidait aux Études depuis son retour en France.

2. Lettre à Bruno de Solages datée du 31 juillet 1946 (L. Int.). *Hopeless* : sans espoir.

Bruno de Solages. « L'hospitalité fut celle d'un mécène, mais le programme fut austère. Le Père de Lubac proposait deux cent quarante amendements, Bruno de Solages cinquante. C'est à cette rencontre mémorable, digne d'une séance conciliaire, que nous devons le texte aujourd'hui publié [1]. »

La réunion avait eu lieu et Teilhard se mit aussitôt au travail pour corriger et amender le texte du *Phénomène humain*. Était-il satisfait ? Sans doute, mais il ne put s'empêcher de faire part de ses inquiétudes à Lucile, cherchant instinctivement des encouragements auprès d'elle : « Le travail le plus fastidieux que j'ai en cours est de réaménager le fameux livre sur le *Phénomène humain*. Mes amis sont confiants pour que j'obtienne l'autorisation de le faire imprimer. Mais c'est moi, maintenant qui ne suis pas satisfait avec l'enfant. Vous savez, mes idées se sont bien développées et améliorées (je l'espère) depuis six ans. Les gens insistent pour que je publie néanmoins. Mais je n'aime pas trop cette idée. En fait, je vais faire de mon mieux, pour repolir la chose avant Pâques. Et alors, je déciderai. Mais ce que je préférerais, c'est d'écrire quelque chose d'entièrement nouveau. Mais comment trouver le temps pour cela » ? (Lettre à Lucile de janvier 1947).

Il y travailla plusieurs semaines. Le 19 mars, c'est à Rhoda qu'il faisait part de l'achèvement de son travail. Cette fois, il était pleinement satisfait : « J'ai fini de retoucher, voici deux jours, mon livre sur l'Homme. Meilleur que je ne pensais et décidément amélioré par une série d'habiles (?) retouches. Il va falloir maintenant que j'envoie le manuscrit, d'abord à Lyon pour une approbation “officielle” (par des amis), et ensuite à Rome, une fois de plus pour le permis officiel de publier. En ce qui concerne la décision finale, je ne suis pas particulièrement optimiste, mais je me sens, du moins, tout à fait philosophe » (Lettre à Rhoda de mars 1947).

Quelques jours plus tard, il confiait à Lucile : « Par ailleurs j'ai fini de corriger mon livre de Pékin *(Le Phénomène humain)*. Dès qu'il sera re-dactylographié, je l'enverrai à Rome accompagné d'avis français favorables. Et alors on verra. Concernant le résultat, je me sens curieusement philosophe. En fait tout ce que je dis dans le livre est déjà connu » (Lettre à Lucile de mars 1947).

1. D'après René d'Ouince, cité dans L. Int., p. 352.

Dans son besoin d'échanger, il faisait participer ses deux confidentes à ses états d'âme, chacune selon l'image qu'il s'en était faite. Le sujet le préoccupait fortement et il accordait certainement plus d'importance au résultat que ne pouvait le laisser penser sa remarque de philosophe affectant le détachement.

D'une certaine manière, et c'est tout son mérite, Bruno de Solages donna sa propre suite à cette réunion de travail. Peu avant la fin de l'année 1946, un article avait été publié dans une revue romaine sous le titre « La nouvelle théologie : où va-t-elle ? ». L'auteur, le dominicain Garrigou-Lagrange, prenait la tête de ceux qui cherchaient à contrer l'influence de Teilhard, craignant de la voir grandir dans les milieux du Vatican. Il attaquait violemment le savant jésuite ainsi que d'autres clercs modernistes.

Dans une lettre à Lucile, Teilhard avait minimisé le retentissement de cette attaque : « La vague réactionnaire dont je vous ai parlé dans ma dernière lettre, n'en finit pas de s'abattre (une nouvelle revue fondamentaliste vient de paraître, avec un très spécial article contre moi), mais sans danger. La percée est faite, je pense ; et de toute façon, mon ordre est avec moi. Début janvier, j'irai à Toulouse en vue de mettre en route la publication du *Phénomène humain*. Je ne suis pas encore assuré de réussir, bien sûr » (Lettre à Lucile de décembre 1946). Interdit de publication, Teilhard ne pouvait directement répliquer.

Bruno de Solages, avec tout le poids de son autorité de recteur de l'Institut catholique de Toulouse, se chargea de répondre et publia quelques mois plus tard un article intitulé « Pour l'honneur de la théologie. Les contresens du père Garrigou-Lagrange. »

La vigueur de la riposte de Bruno de Solages en dit long sur la violence des détracteurs de Teilhard, qui se laissaient aveugler par leur hostilité à son égard sans se soucier d'être de mauvaise foi dans leur argumentation. Il commençait par une critique des méthodes employées par les adversaires de Teilhard : « Nous leur demandons de bien se rappeler qu'on ne peut porter un jugement éclairé sur la véritable pensée d'un auteur, qu'en lisant attentivement le livre en son entier, en comparant les divers passages, en examinant avec soin et la pensée générale de l'ouvrage et la thèse défendue par l'auteur ; car on ne doit pas juger un livre par une ou deux propositions détachées et séparées du contexte. »

Puis il prenait la défense de son ami en faisant l'éloge de sa réflexion et de sa personne : « C'est la portée chrétienne profonde de l'œuvre de ce grand savant – de notoriété mondiale lui aussi –, de ce puissant penseur et de ce prestigieux écrivain, et j'ajoute – car ce n'est pas lui qui utiliserait dans une controverse des papiers privés – de ce gentleman qu'est le R.P. Teilhard de Chardin, d'avoir, plus que tout autre, réussi à montrer que l'évolution elle-même ne pouvait être que finaliste, qu'elle allait vers l'esprit, qu'elle ne pouvait s'expliquer que par l'esprit et qu'elle postulait à l'origine parce qu'elle le postule au terme, un Dieu transcendant [1]... »

La controverse était vive, et plus ou moins volontairement, Teilhard l'entretenait en facilitant la diffusion de ses écrits. René d'Ouince a raconté l'émotion soulevée à Rome par la notoriété croissante de Teilhard, qu'alimentait la circulation de ses écrits :

> Teilhard est devenu subitement, non seulement une personnalité parisienne, mais une sorte de vedette dans le monde intellectuel et spécialement dans les milieux étudiants – Un aumônier d'étudiants me disait alors : « Si vous voulez salle comble, au risque d'y voir casser quelques chaises, il suffit d'inviter Jean-Paul Sartre ou le Père Teilhard. » – Du coup, les inédits, comme par enchantements, prolifèrent... Pour parler en termes de communiqué militaire, la situation n'est plus en mains. Teilhard est de nouveau dénoncé à Rome ; il reçoit de son supérieur général – au début de 1947, me semble-t-il – l'ordre de mettre fin à cette circulation de textes qui n'ont pas été soumis à la censure officielle.
>
> À vrai dire, il n'était pas facile de stopper une diffusion qui s'était organisée en dehors de tout contrôle. Teilhard s'y emploie de son mieux et je m'efforce de l'aider... L'alerte avait été chaude. En France, elle s'était bien terminée, mais le dossier romain de Teilhard, qui de loin parsaissait responsable de ces abus, s'en trouva singulièrement alourdi [2].

Teilhard disputant la vedette à Jean-Paul Sartre et enthousiasmant ses admirateurs jusqu'à ce qu'ils en brisent leurs chaises ! Il y a loin de cette notoriété d'après-guerre, dont on ne sait si elle enchantait ou inquiétait son supérieur René d'Ouince,

1. Article cité dans L. Int., p. 355, dans une note relative à une lettre de Teilhard à Bruno de Solages.

2. René D'OUINCE, *Un prophète en procès. Teilhard de Chardin et l'avenir de la pensée chrétienne.*

à celle d'aujourd'hui. Cette popularité a aidé Teilhard, elle lui a apporté une confirmation de la force de son message. Sa confidence tardive à Bruno de Solages, sur cette « chance que fut, après tout, cette prétendue clandestinité », témoignait bien du soutien trouvé dans cet engouement pour ses écrits, manifestation d'une reconnaissance populaire certaine. Teilhard se savait entendu.

À la fin de cette première année de séjour à Paris, après sept ans d'absence, l'horizon de Teilhard semblait s'éclaircir. Il avait, à tort ou à raison mais en tout cas sincèrement, le sentiment que le texte du *Phénomène humain* était devenu recevable par ses censeurs et que ses tracas religieux, grâce aux appuis de ses nombreux amis, s'estompaient. Sa nouvelle collaboration très active avec Jeanne Mortier lui donnait un bel appui. Il était au milieu d'un tourbillon mondain dans le Paris des années d'après-guerre qui lui réclamait des conférences où les auditeurs se pressaient. Il venait de participer à un colloque international de paléontologie organisé à Paris au mois d'avril sous l'égide du CNRS. Le projet d'un voyage en Afrique du Sud prenait corps. Il s'agissait, en compagnie de George Barbour, de rejoindre l'abbé Breuil pour inspecter ensemble les sites à australopithèques récemment découverts. Ce déplacement pouvait également contribuer à donner le change, encore une fois, aux autorités ecclésiastiques. Un regain de confiance en l'avenir apparaissait dans ses lettres à Lucile en même temps qu'un apaisement dans leur relation.

La lettre de Teilhard du 24 mars 1946 avait été rédigée en français : « Très chère, Simone m'a dit que vous aimeriez recevoir quelque fois des lettres écrites en français. C'est ce que je vais faire cette fois (dites-moi quelle est votre préférence). » Lucile accueillit joyeusement cette offre : « J'aime tant vos lettres en français [...] quelque part cela vous rend plus proche et je crois que vous entrez plus dans les détails quand vous écrivez en français [...] je comprends mieux votre façon de penser... »

Les lettres en français représentaient cette fois un plus pour Lucile. En fait, depuis quelque temps, Pierre retrouvait pour lui écrire un ton plus profond. Sorti de l'inaction et du flottement des derniers mois de la guerre à Pékin, repris par le mouvement de la vie parisienne, ayant de nouveau de quoi occuper son esprit toujours en quête de débats, il redevenait lui-même et Lucile le ressentait à la lecture des lettres.

Mais, dans la nuit du 1er au 2 juin, il fut frappé par une crise cardiaque. On le transporta à la clinique Saint-Jean-de-Dieu, rue Oudinot, où il fut soigné et resta plusieurs semaines avant d'aller se reposer quelques mois chez les Sœurs augustines dans leur clinique en bordure de la forêt de Saint-Germain-en-Laye. Rentré à Paris au début du mois d'octobre, il ne put reprendre une part significative de ses activités que vers la fin de l'année.

Le coup était rude pour Teilhard. La crise fut violente et il souffrit beaucoup, sentant bien que son cas était grave. Se remettant lentement au bout de plusieurs jours, il comprit pleinement qu'il ne pourrait plus participer aux expéditions sur le terrain qui étaient son vrai bonheur d'homme de la terre. Au début de juillet, à peine rétabli après un mois d'hospitalisation, il en fit le constat amer auprès de Lucile : « Malgré la guérison, je doute de pouvoir reprendre mon existence *on the field* ; et en tous cas l'affaire d'Afrique du Sud est manquée. Je crois sentir que la solution constructive, pour moi, est, sera de me tourner davantage du côté de la pensée et de l'action sur les idées » (Lettre du 5 juillet 1947).

CHAPITRE XII

PARIS, NEW YORK ET ROME

1948

Repos à Saint-Germain. Conférence à Versailles. Lectures : *La Nausée* de Sartre, *La Peste* de Camus. Teilhard face à l'existentialisme. Rappel à l'ordre et résistance de Teilhard. Ida Treat. L'envoi de colis à Paris. Le voyage à New York. Lucile et Rhoda. Rencontres avec Lucile. Divorce et désarroi d'Ida. Désespoir de Lucile. Le séjour à New York écourté. Retour à Paris. Détresse de Teilhard. Vacances aux Moulins. Le Collège de France. *Comment je vois.* Le voyage à Rome. Encore Garrigou-Lagrange. La Compagnie de Jésus et le dérangeant Teilhard de Chardin. Les conséquences de l'interdiction de publier faite à Teilhard.

Pour la première fois, Teilhard se sentait atteint dans son physique. Il récupéra mais resta longtemps sans écrire de lettres. C'est le 5 juillet, plus d'un mois après son hospitalisation, qu'il écrivit à Lucile, toujours à New York, pour lui raconter ce qui lui arrivait. Rhoda reçut une lettre datée du 4. Présente à Paris, elle put rendre plusieurs visites à Teilhard. Néanmoins, celles-ci ne durent pas être nombreuses, si l'on en juge par le nombre de lettres qu'elle reçut en juillet et en août : Teilhard ne lui aurait en effet pas écrit s'il l'avait rencontrée fréquemment.

Ida Treat, qui durant la guerre avait séjourné d'abord aux États-Unis dans sa famille, puis à Londres pour tenter de voir son mari engagé dans les forces de la France libre, était à ce moment revenue à Paris. Elle vint voir Teilhard plusieurs fois, jusqu'à ce qu'elle parte pour New York, au mois d'octobre. C'est autour de Teilhard convalescent qu'elle fit la connaissance de Rhoda avec laquelle elle sympathisa. Cette sympathie entre les deux femmes s'enrichit par la suite, pour les amener, des années plus tard, après la mort de Teilhard, à la publication dans un même recueil des lettres qu'elles reçurent de lui.

À la maison de repos, Teilhard, après plusieurs semaines, se rétablissait néanmoins assez vite, son physique était encore robuste ; vers la mi-août, il était suffisamment remis pour envisager de prendre la parole au cours d'une réunion de jésuites à Versailles, ainsi qu'il le raconta dans une lettre à Lucile : « Je suis si heureux que vous ayez eu ces belles vacances. De mon côté, rien de nouveau, comme c'était prévu. Je continue à aller normalement bien. Et, n'était l'obscur regret, encore récurrent, du voyage manqué en Afrique du Sud, je n'aurais vraiment pas à me plaindre de mon été. St Germain, avec ses bois, est vraiment un bel endroit ; et je suis réellement gâté par les amis de toutes sortes qui, malgré la période des vacances, trouvent moyen de venir me voir ici. Demain, je vais aller passer l'après-midi à Versailles, où sont présentement réunis nombre de mes collègues appartenant à presque tous les pays du monde. Excellente occasion de prendre la température des esprits, et aussi de faire passer quelques idées. Je dois parler » (Lettre à Lucile de Saint-Germain le 20 août 1947).

En même temps que sa santé, Teilhard avait retrouvé son optimisme et le meilleur de sa pugnacité. Le voilà qui partait encore une fois exposer ses idées devant un auditoire à risque : des jésuites de tous les pays ! Il allait être écouté attentivement et des comptes rendus à destination de Rome étaient prévisibles.

Ce repos forcé de plusieurs semaines lui avait fourni l'occasion de lire les auteurs en vue dans le Paris d'après-guerre : *La Nausée* de Jean-Paul Sartre, *La Peste* d'Albert Camus. À Lucile, tout en plaisantant sur les appellations – « Les titres sont gais, n'est-ce pas ? » – il exprimait son désaccord avec l'existentialisme : « C'est un mouvement extrêmement polymorphe qui n'a d'intéressant, à mon sens, que sa tendance générale à sortir la philosophie du monde des abstractions pour nous replacer en face des problèmes de réalité. Ceci reconnu à son éloge, il reste que, d'une manière générale aussi, les existentialistes montrent une tendance malheureuse à vouloir résoudre le problème de la Vie en considérant des individus isolés (dans le temps et l'espace), ce qui les incline à déclarer le Monde absurde, avec comme conséquences : ou bien un stoïcisme tragique et stupide (Sartre, Camus, Heidegger), ou bien un Christianisme pessimiste (Kierkegaard, Jaspers, Marcel), ou bien la "littérature noire" et une sorte de"néo-dadaïsme" artistique. À mon avis, sous ces formes, le mouvement n'a pas d'avenir, et il restera une philosophie de snobs et de raffinés… *Good-bye dearest. You are such a treasure for me, and I l. you so much*[1] ! »

Teilhard, qui avait retrouvé un ton enjoué et tendre avec Lucile, était critique à l'égard du mouvement existentialiste. Cela n'était pas étonnant, sa vision du monde étant à l'opposé de la vision existentielle. Pour l'existentialiste, l'individu qui n'a ni ordre ni raison à recevoir, « est condamné à être libre », à s'inventer à chaque minute pour pouvoir affirmer son indépendance et sa liberté ; pour Teilhard, la liberté était obtenue par l'adhésion à un monde en mouvement vers une parfaite union. C'est ce qu'il expliquait dans une lettre à Bruno de Solages, dans des termes au sens un peu touffu : « Ne peut-on vraiment pas estimer qu'un être devient d'autant plus libre (ontologiquement) qu'il ressent davantage cette polarisation essentielle, à laquelle il lui est impossible de se soustraire, et qui devient d'autant plus impérieuse que l'être considéré est plus évolué ? C'est dans la nature de cette polarisation de fond (surtout apparente, évidemment, dans une perspective évolutive et convergente de l'Univers) que se pose pour moi le vrai problème de la liberté » (Lettre de janvier 1948).

« Ontologiquement » veut dire « dans son existence » et « polarisation » peut se traduire par « union », « solidarité » ou même « socialisation ». En langage plus simple, cela revient à constater que l'individu est libre s'il accepte, parce qu'il les comprend et les approuve, les réalités contraignantes d'une socialisation croissante.

Sartre avait suivi les grands affrontements sociaux de l'entre-deux-guerres puis de la Libération et, s'il expliquait que la liberté supposait une résistance aux contraintes, c'était bien

1. « *Au revoir très chère, vous êtes un si beau trésor pour moi et je vous a. tant !* » (Lettre du 24 septembre 1947, Letters). *l.* pour *love*. Usage réfléchi ou irréfléchi de la seule lettre initiale !

parce qu'il avait vu les abus auxquels pouvaient mener les excès de pouvoir des hommes. De plus, à la différence de Teilhard, Sartre était libre de céder à « l'excitant démon de la polémique » et pouvait se lancer au cœur de la mêlée. Mais le rapprochement aurait été difficile entre celui qui, par une formule choc, assimilait l'enfer aux autres et celui qui, dans le sillage de saint Paul, s'émerveillait du soin pris par Jésus pour nous répéter de nous aimer les uns les autres. Pourtant, lorsque Sartre expliquait que l'homme se définit par ses actes, il n'était peut-être pas très loin d'un Teilhard soulignant la valeur créatrice de l'action humaine.

Mais des vagues, soulevées par ses propos au cours de la réunion de Versailles, l'atteignirent encore une fois. En effet, constant dans ses habitudes, il s'était laissé entraîner en répondant à certaines questions. Son ordre, voulant le protéger pour lui éviter d'être sanctionné, le mit une nouvelle fois en garde et lui réitéra l'interdiction de parler en public et de diffuser des écrits non approuvés.

« Le malheur est que je me retrouve une fois de plus en difficulté avec Rome, au point que par une certaine amitié, apparemment, c'est-à-dire pour me protéger de certains ennuis majeurs avec l'autorité ecclésiastique suprême (quels ennuis ? Je l'ignore, sans doute la mise à l'index) on me donne la consigne de réduire au minimum mes publications non strictement scientifiques. Cela tombe assez mal. Mais j'ai de plus en plus d'amis fidèles et bien placés ; et surtout il est désormais trop tard pour arrêter les idées auxquelles je tiens bien plus qu'à la vie : la percée est faite. Je suis donc, au fond de moi-même, suffisamment philosophe et tranquille ; persuadé que je suis, qu'une fois de plus le mal apparent tournera au plus grand bien » (Lettre à Lucile de Paris le 24 septembre 1947).

On sent, à la lecture de cette lettre, que Teilhard était bien décidé à poursuivre. Aussi fidèle à ses idées qu'obéissant à son ordre, avec dans les deux cas une constance à toute épreuve, Teilhard devait franchement agacer certains dignitaires de l'Église. La diffusion de ses écrits à laquelle il faisait plus que prêter la main était sûrement relevée avec âpreté auprès de ses supérieurs, et ses écrits devaient parvenir à Rome par les soins diligents d'ennemis aussi obstinés que lui. Curieusement d'ailleurs, l'instruction donnée laissait une marge d'appréciation, se contentant de préciser que les publications devaient être « réduites au minimum », ce que Teilhard lisait de façon étendue. En revanche, cela n'allait pas faciliter la délivrance de l'autorisation de publier *Le Phénomène humain* qui restait toujours en suspens.

C'est de cette époque que datent les premières lettres d'après-guerre à Ida Treat. Venue de Londres à Paris après la Libération, Ida était repartie à la fin de 1947 pour New York.

Grande et précieuse amie, [...] Merci d'avoir fait le pèlerinage pour moi au National History Museum. Je suis content que vous ayez vu mes amis, et plus content encore qu'ils vous aient reçue (ainsi qu'il convenait) comme quelqu'un de la famille. Et puis ce que vous me dites apporte des éléments nouveaux et précis à mes vagues plans d'avenir. Je pense écrire à Weidenreich pour lui demander (à toutes fins utiles) une lettre d'invitation, me permettant au besoin d'obtenir un visa d'entrée en Amérique... Du côté de Rome, l'application des nouvelles mesures est encore plus stricte que mes amis d'ici n'eussent pensé : on n'a pas voulu que je publie dans *Les Études* deux pages (soigneusement peignées) sur Lecomte du Nouy, un ami personnel ! Une seule explication possible : le Général s'est vu obligé (?) à prendre un engagement formel de me faire taire *for the time being*, sous peine de quelque condamnation publique. À côté de cela, les idées que je défends continuent plus que jamais à faire leur chemin ; et mes amis les plus autorisés m'adjurent de continuer à avancer, avec les moyens qui restent, aussi droit qu'avant, conseil que je n'ai aucune difficulté à suivre, d'autant que les circonstances semblent comiquement (c'est-à-dire providentiellement) m'amener et m'obliger, à chaque instant, à faire un pas de plus en avant. Dans ces conditions, l'existence demeure parfaitement intéressante, *exciting* même ; et je me sens heureux, jusque dans l'incertitude de ce qui m'arrivera demain. Il me semble que je n'ai jamais vu si clairement, ni si passionnément, les perspectives que j'aurai toute ma vie cherché à saisir, à exprimer, et à diffuser.

Hier, très gentil déjeuner avec Max et Simone chez cette excellente Mlle Mortier. On a pu constater une fois de plus que les couvents ont le refuge des bonnes cuisinières et de la bonne cuisine [1]... Comme je le répète à tous les échos depuis un an, le grand événement des temps modernes est pour nous de découvrir que pour l'Homme, enfermé sur et en lui-même, il y a une issue *en avant*, (par auto-développement de quelque chose au-delà de l'Homme), alors que jusque-là on ne voyait

1. Jeanne Mortier était logée chez des religieuses dans un couvent parisien. C'est là que fut organisé ce déjeuner.

d'issue qu'*en haut* (par évasion en Dieu). C'est l'aurore de cette « foi en l'Homme » qui fait mine d'éclipser la traditionnelle foi en Dieu. Ma conviction, dans ces conditions, est que, si l'« en avant » (poussé jusqu'au bout) ne se comprend pas sans quelque « en haut », en revanche l'« en haut » se comprend encore moins sans un « en avant » : ce qui veut dire que la foi chrétienne ne peut survivre et rebondir qu'en incorporant la foi au progrès humain. Et ma conviction, en plus, est que si cette synthèse parvenait à s'opérer entre la foi en Dieu et la foi en l'Homme, on reverrait (et en beaucoup plus universel et intense) ce qui s'est passé quelquefois dans l'Histoire (par exemple avec le bouddhisme, le christianisme, et le marxisme) : je veux dire la propagation, comme un feu, d'un nouvel état d'esprit…

Et me voilà revenu à disserter, comme autrefois… Vous voyez combien rien n'est changé. [Lettre d'octobre 1947.]

Cette lettre, écrite peu après que Teilhard eut quitté la maison de repos de Saint-Germain, est plaisante. On y trouve une confiance en l'avenir renouvelée, un regain d'optimisme, stimulé par l'excitation de sa résistance aux commandements reçus. Pour Teilhard aussi, la dissidence avait le goût singulier de l'interdit, comme une senteur de maquis. Et c'est avec Ida Treat que Teilhard partageait ce nouvel entrain. Ida, sensible au chagrin de Teilhard après l'annulation de son déplacement en Afrique du Sud, s'employait à le remettre en contact avec ses anciens collègues savants, autrefois côtoyés à Pékin dont plusieurs avaient retrouvé un emploi au Muséum de New York.

Teilhard essayait de surmonter sa contrariété devant les misères que lui faisaient endurer ses supérieurs. S'appuyant sur la sympathie et le soutien qu'il sentait vifs autour de lui, il s'affirmait encore plus décidé à persévérer dans sa façon d'agir ; – on finit par se demander en quoi elle ressemblait à de l'obéissance ! S'engager formellement à faire taire Teilhard était plus facile à dire qu'à obtenir dans les faits. La mise sur pied d'un déjeuner en compagnie de Max et Simone Bégoüen avec Jeanne Mortier confirme bien qu'il s'attachait toujours à organiser la diffusion de ses textes. On imagine aisément comment, au cours de ce repas, on parla de dactylographie, de polycopie et de diffusion.

En terminant sa lettre, il retrouvait le meilleur de son style pour tracer une esquisse magistrale de sa pensée. Comme chaque fois qu'il prenait la plume, Teilhard était tout à sa passion de résumer l'essentiel de son message. Il est ici particulièrement intéressant de noter le peu de références théologiques. Il s'adressait à Ida, communiste au grand cœur, et lui écrivait sur un ton et avec des mots qui devaient lui plaire. Sa mise en parallèle du marxisme et des grandes religions est frappante. D'autant plus qu'il ne cherchait pas tant à rapprocher ici le schéma de ces différentes religions que la façon dont chacune dans le contexte qui lui était propre avait pu se répandre dans une partie du monde. Il mettait sur le même plan l'élan trouvé à chaque embrasement de l'âme d'un peuple par le feu d'une nouvelle foi [1]. La résonance spirituelle entre Ida et Teilhard était forte. Le projet d'un voyage de Teilhard aux États-Unis pour le printemps 1948 se précisait. Rhoda, repartie pour New York en décembre, multipliait ses efforts, en liaison avec Ida, pour préparer le déplacement. Pendant ce temps, Lucile réclamait sa venue : « Oh Pierre, Ida m'a dit que vous ne devez plus fumer ! ! *Gosh*, j'arrive toujours trop tard… Et Dieu sait quand le paquet arrivera. Tout cela met tant de temps. S'il vous plaît, n'attendez pas avant d'écrire à nouveau. Chaque jour j'attends une lettre qui me dise qu'à la fin des fins vous arrivez » (Lettre de Lucile de décembre 1947).

Décidément, la pauvre Lucile n'avait pas la main heureuse pour composer les colis qu'elle expédiait. La malchance la

1. Dans un texte de 1950, *Pour y voir clair* (dans le tome 7 des œuvres complètes), Teilhard a caractérisé, encore une fois les principaux courants religieux tels qu'il les comprenait. Ce qui l'amenait à mettre le marxisme sur le même plan que les grandes religions. Ce rapprochement ouvre la voie à un œcuménisme visionnaire : « Une fois reconnue la distinction et appréciée la valeur cosmique relative des deux isotopes de l'Esprit (d'une part la tension de diffusion vers l'identification ou individualisation et d'autre part la tension vers la centration, l'union), il devient possible de caractériser, et par suite de classer, en valeur absolue, les principaux courants religieux qui, à l'heure présente, se disputent la conscience de la Terre. / *Du côté oriental*, c'est indubitablement l'idéal de diffusion et d'identification qui domine, depuis les origines… / *Du côté marxiste*, j'oserais dire que c'est l'Esprit de centration qui, très clairement, se cherche à travers l'effort "communiste" pour super-différencier l'Homme et super-organiser la Terre. "Qui se cherche", je dis bien ; mais qui n'arrivera à se trouver que lorsqu'à la super-structure du Monde les théoriciens du Parti se décideront enfin à accorder la consistance finale encore réservée par eux à l'infra-structure matérielle des choses. / *Du côté chrétien*… C'est en direction de l'Esprit d'unification et de synthèse que depuis toujours, par structure, le Christianisme tombe en équilibre. Dieu devenant tout en tous… Magnifique définition du panthéisme de différenciation qui exprime sans équivoque la substance même du message de Jésus. »

poursuivait dans ses efforts pour se rapprocher de Pierre, refaire partie de son intimité. Cette façon de se reprocher ce qu'elle pensait être une maladresse de sa part montre que son désarroi était bien fort. Pierre y prenait-il garde ? Il s'efforçait, toujours porté par sa gentillesse, de la rassurer : « Il y a deux jours (la veille du nouvel an) vos deux magnifiques paquets sont enfin arrivés, en parfait état ; et en plus de leur précieux chargement, ils étaient pleins de "vous", de votre cœur et de vos bons soins. Je pouvais presque sentir votre présence… Merci de tout ce que vous me donnez. La robe de chambre est tout simplement magnifique. Mais qui avez-vous privé (vous sans doute ?) de cet article chinois ou plutôt pékinois ? Et tout est si pratique et utile. Vraiment, j'ai été gâté ! » (Lettre à Lucile du 2 janvier 1948).

Cette délicieuse lettre devait apporter un peu de consolation dans le cœur si tourmenté de Lucile. Celle-ci se rendait bien compte de tout ce qu'elle avait perdu au profit de Rhoda, que Teilhard appréciait de plus en plus.

« Ces quelques lignes pour vous dire que tout se passe bien. J'ai eu mon rappel antivariolique. Le visa est plus long à obtenir à cause de toutes les formalités.

Pas grand-chose à part cela ; sauf que j'ai encore donné une petite série de conférences dans des cercles à moitié privés, particulièrement hier devant un groupe restreint de marxistes (la plupart professeurs). J'ai le sentiment d'appréhender de mieux en mieux mon propre point de vue et de le réduire de plus en plus à sa plus claire essence possible. J'aime ce genre de travail » (Lettre à Rhoda de janvier 1948).

Rhoda ressemblait, à ce moment, à l'ange gardien aidant à l'accomplissement des petites corvées nécessaires avant la réalisation d'une grande chose et Teilhard était heureux de s'appuyer sur elle – sans pour autant souhaiter se détourner de Lucile. Ces entretiens familiers avec ses correspondantes étaient pour Teilhard le meilleur moyen de se rassurer, de s'affermir sous le rayonnement de sympathies qu'il savait fortes. Il avait besoin de se savoir entouré et aimé. Mais, dans son esprit toujours ouvert et généreux, il ne pouvait être question d'exclure ou de privilégier quiconque.

Au mois de février 1948, Teilhard s'embarquait pour New York où il arrivait dans les derniers jours du mois. Se sachant attendu, il partait confiant. C'est à Pierre Leroy que, quelques jours après son arrivée, il décrivit son voyage et sa descente de bateau :

Bien cher ami,

Finalement, me revoici en Amérique, juste un peu surpris (mais agréablement) d'avoir rompu mes amarres et de me sentir de nouveau au grand large ; quelque chose comme un rajeunissement. Où cela mènera-t-il ? Difficile de le dire encore.

Voyage sans incidents. Embarquement nocturne, à Cherbourg, dans des giboulées de neige. Arrêt de quelques heures au sud, un peu triste, de votre Irlande (Cobh). Temps froid, mais convenable, sauf un jour de grosse houle, avec bris de vaisselle et lévitation tangentielle de tout le matériel à bord (y compris mon lit qui, moi dessus, a traversé toute la longueur de la cabine). Grand confort, évidemment, et grande vitesse. Cinq jours, c'est trop court pour lier connaissance, si l'on ne connaît personne à bord. Mon seul contact intéressant a été avec un homme d'affaires parisien, plutôt conservateur, mais ouvert. Il se trouvait avoir le numéro de la revue, où j'ai été pris à partie par le dénommé V.

À l'arrivée, c'est-à-dire à quai, j'ai trouvé R. et L. Réussi à établir les premières liaisons avec l'American Museum, et quelques Pères d'ici… Accueil cordial et rude, à la méthode d'ici. À vrai dire, je ne me sens pas (encore ?) absolument à l'aise (spirituellement), dans ce milieu. J'ai toujours l'impression que pour les prêtres (et catholiques) d'ici, le Christianisme cache le monde au lieu de le révéler. Cela sent toujours un peu la secte et la collecte dans les églises, aux États-Unis. Mais peut-être, suis-je *prejudiced* [1] ?

Teilhard, éternel voyageur, retrouvait les joies d'une croisière en mer et s'empressait de les partager avec Pierre Leroy. Au cours d'un bref échange à bord du paquebot, il avait pu constater, ravi, sa présence au centre des polémiques qui animaient alors le Paris des idées. Et puis, au détour du récit, voici la confidence aussi rapide qu'imprévue ! Pierre Leroy n'a pas voulu supprimer ce passage de la lettre publiée, il a laissé les seules initiales des deux prénoms. Parfaitement au courant depuis son séjour à Pékin de l'affection de Teilhard pour Lucile,

1. Lettre à Pierre Leroy datée du 1er mars 1948 de New York (*Lettres familières*). Teilhard a écrit *prejudiced* ! Pierre Leroy a traduit par « mais peut-être ai-je des préventions ! » Teilhard avait déjà pu se rendre compte lors de son séjour au printemps 1937 de la rigidité des idées des catholiques américains. Voir le chapitre « Helmut et Rhoda de Terra ».

il a préféré laisser les familiers de Teilhard, du moins ceux qui le pouvaient et sans doute les comptait-il peu nombreux, reconstituer les identités.

Teilhard a été visiblement embarrassé par ce rendez-vous à trois. Cette situation était inévitable, Lucile, comme Rhoda, était au courant de son arrivée. On ose à peine imaginer cette scène pathétique pour ce vieil homme, prêtre de surcroît, aux prises avec la banale rivalité féminine. La tension qui prélude au débarquement, la reconnaissance inquiète des silhouettes dans le lointain, la bousculade à la sortie des contrôles, la prise en main des formalités et soucis par Rhoda, tout cela se passa dans l'agitation et la précipitation. Lucile a été mortifiée. D'autant que c'est avec Rhoda que Teilhard quitta le port. Celle-ci apparaissait bien résolue à prendre en charge les aspects pratiques du séjour à New York. La situation était inconfortable, à peine convenable. Teilhard espérait-il une entente entre les deux femmes ? Il savait qu'Ida s'était toujours bien entendue avec Lucile et avait également sympathisé avec Rhoda. Le séjour à New York commençait de façon bien tendue pour lui qui venait chercher un peu de répit au milieu de ses tracas ecclésiastiques.

En outre, l'accueil chez les siens, si on peut nommer ainsi les Jésuites new yorkais, par son manque de chaleur n'avait pu que raviver son sentiment d'être mal compris au sein de l'Église. Il avait toujours eu des difficultés pour se sentir à l'aise au milieu de l'Église catholique nord-américaine. Il dut frissonner dans la froideur de ce nouveau contact.

Sa première visite à l'American Museum – si elle fut plus chaleureuse – lui permit à peine de renouer avec la science américaine car beaucoup des vieux amis avec lesquels il avait vécu sa grande aventure chinoise étaient absents.

Néanmoins, le séjour de Teilhard dans la grande cité s'organisa au bout de quelques jours et il fut pris par les rendez-vous et les réunions auxquels il était convié. Il finit par revoir la plupart de ses amis scientifiques – tel Helmut de Terra – et passa beaucoup de temps à l'American Museum. Il revit également Ida Treat qui s'était employée, ainsi que Rhoda, à animer cette reprise de contact avec les milieux scientifiques.

Ses retrouvailles avec Lucile furent, à l'évidence, une grande affaire de ce séjour. L'ayant revue en coup de vent et au milieu de la foule, sur le quai à sa descente du bateau à la fin de février, c'est seulement à la fin de mars qu'il fit le déplacement à

Washington où habitait Lucile. Les premières rencontres eurent lieu dans la sérénité avec l'évocation des années pékinoises. Ida semble avoir été présente lors d'une visite de Teilhard à Lucile.

Mais les sujets de préoccupation ne l'abandonnaient pas. Teilhard, entre autres sujets, commentait souvent avec Lucile les infortunes sentimentales d'une de leurs bonnes amies pékinoises dont le fiancé disparaissait et réapparaissait sans beaucoup d'égards pour la jeune femme. Au même moment, il fut brusquement plongé en plein drame sentimental. Il reçut à New York une lettre d'Ida qui l'appelait à l'aide. Son mari venait de lui annoncer qu'il demandait le divorce. Il souhaitait se remarier. Le coup était féroce pour Ida. Teilhard fut certainement très affecté par cette fâcheuse nouvelle. Il avait bien en mémoire le précédent divorce d'Ida. Celle-ci avait vécu des années auparavant une passion adultère pour un homme de quinze ans son cadet. Elle avait imposé la rupture à Paul Vaillant-Couturier, son précédent mari, pour se remarier avec le nouvel homme de sa vie, André Bergeret. Quatorze ans après, elle était à son tour abandonnée au soir de sa vie. Elle allait avoir soixante ans et la rupture s'effectuait dans des conditions pénibles.

Teilhard se souvenait de la façon dont il avait accueilli autrefois ce remariage, cherchant à apaiser les appréhensions d'Ida et à la rassurer au moment où elle était la proie d'une nouvelle passion. Une lettre de Teilhard de novembre 1934 confirme l'étendue de leur entente à cette époque et le besoin qu'eut Ida de s'appuyer sur lui :

Pour en revenir à votre lettre, vous ne vous étonnerez pas que je l'aie lue profondément, presque « religieusement » : elle m'a envahi tout entier. Vous savez combien je vous aime, et en un sens, je vous vénère, Ida, comme une des plus belles réalités qui ait pénétré ma vie. Ce que vous me confiez de vos expériences nouvelles, je l'ai donc reçu avec un infini respect, et mon plus cher désir est que, d'une façon ou de l'autre, la lumière qui s'est levée pour vous ne s'éteigne plus. Mais pourquoi, dites, poser des conditions à la vie, et dire que, si vous échouez cette fois-ci, ce sera *« a definite failure »* ? Même si la phase que vous traversez maintenant ne se terminait pas sur la plénitude décisive que vous rêveriez, elle représenterait encore un stade, une marche, d'où vous pourriez vous élever à plus haut et à mieux. Non, n'acceptez pas l'idée que vous courez toujours une dernière chance. Mais regardez la Vie en avant de vous comme une possibilité de découvertes perpétuelles qui vous mèneront là où probablement vous n'avez encore aucune idée. Je ne suis guère en mesure de vous donner un conseil autorisé dans le cas de votre nouvel ami. Vous seule et lui tenez les données du problème. Mais, à mon petit avis, pourquoi vous feriez-vous une montagne de la différence d'âge ? J'ai vu tant de cas où, heureusement, cela n'a pas compté. Après tout, dans votre cas à vous deux, l'esprit se cherche, infiniment plus que la chair. Et alors, là, n'est-ce pas la jeunesse et la découverte mutuelle possibles, pratiquement sans limites ? Que la vie, à laquelle vous vous confiez, vous inspire et vous guide. Et, en attendant, que votre travail réussisse. Je le désire intensément [1] ?

Teilhard, avec intelligence, avait joué la transparence sur ses sentiments vis-à-vis d'Ida. Celle-ci pour qui l'avis et la confiance de Teilhard étaient d'un grand poids, avait dû sentir un profond relâchement des tensions que lui infligeait sa passion pour André Bergeret, lorsqu'elle fut assurée d'être soutenue et surtout comprise par son grand ami et confident. À son vif soulagement, Teilhard, comme toujours, avait vu le côté positif des choses. Mais quatorze ans plus tard, pour lui qui avait voulu et cru rassurer Ida quant au bien-fondé de ce mariage, cet échec était aussi un peu le sien.

Et ce furent plusieurs lettres à Ida :

Pauvre chère grande amie ! Dans ma tête, c'est encore un peu le désarroi. Tout ce que je trouve à dire, pour commencer, c'est que je vous aime tant, et que je voudrais tant tout faire pour vous. Et la seconde pensée qui me vient, non pas de mon cœur seulement, celle-là, mais de toute la structure de mon expérience, de ma raison, et de mes convictions les plus essentielles, la voici : Quoi qu'il arrive, même dans cet apparent désastre, tenez bon, et ne perdez pas confiance (si ironique que cela puisse paraître) dans la valeur, l'intérêt, et même la fondamentale et finale bonté et beauté du Monde.

Je reçois votre lettre de Samedi. Ne vous tendez pas contre la souffrance. Tâchez de fermer les yeux et de vous abandonner, comme à une grande énergie aimante. Je vous le répète : cette attitude n'est ni faible, ni absurde ; c'est la seule qui ne puisse pas nous tromper (dans une situation comme la vôtre), à moins que l'être même ne soit en soi une chose contradictoire et stupide, ce que son existence même dément. C'est sans doute encore trop tôt pour vous pour vous relever : tâchez de « dormir », dormir de ce sommeil *actif* de la confiance, qui

1. Lettre du 17 novembre 1934, d'après les originaux conservés à Vassar College.

est celui de la graine, en hiver dans les champs. Attendez, sans penser, sauf à vous abandonner, à vous fier encore plus.

Dearest friend, je trouve votre longue lettre de mardi en rentrant de Boston, où je suis allé passer deux jours (à Harvard, chez mon ami Movius [1]). Je crains que vous ne vous fassiez de moi une trop haute idée… Parfois je me sens terriblement faible et impuissant (ces jours-ci en particulier). Mais ce qui me rassure un peu (pour mes amis et moi-même), c'est que, comme disait et répétait le grand St. Paul, ce que je puis avoir de force et de chaleur n'est pas moi, mais plus profond que moi, et d'autant plus actif justement que je me sens personnellement plus désarmé et fragile.

La réunion de lundi s'est bien passée. J'étais bien en forme, et ai dit ce que je voulais. Auditoire (dix personnes) surtout composé de professeurs de Fordham [2]. J'ai beaucoup sympathisé avec le Président (F. Gannon). Cela peut avoir de l'importance pour l'avenir. F. Gannon a certainement beaucoup d'influence dans l'Ordre, par ici. Tout s'arrangerait donc bien, s'il n'y avait pas ce fléchissement nerveux, qui me paralyse en tout. Rhoda me réconforte. Je compte voir Lucile ici, un temps court, dimanche [3]. »

Teilhard partageait largement la détresse d'Ida et essayait de l'aider à se redresser tout en s'efforçant de tenir bon lui-même. Il se sentait fléchir sous les averses. C'est au milieu de ces préoccupations que Lucile lui fit ce que, communément, l'on appelle une scène :

Cher P. T.

Je suis navrée d'être tombée si bas l'autre soir. J'étais une pauvre fille, à la dérive. Mais, merci de m'avoir dit la vérité. Je suppose que je la connaissais depuis longtemps, mais à Washington je pensais,

1. Teilhard l'avait rencontré sur le terrain, en Birmanie, lors de l'expédition menée en compagnie d'Helmut de Terra en décembre 1937-janvier 1938 et avait finalement sympathisé avec ce scientifique qui semblait pourtant l'avoir agacé par son pessimisme lors de ce périple. Voir la n. 1, p. 212.

2. Fordham était l'université jésuite américaine, installée dans l'État de New York. La réunion à laquelle Teilhard fait allusion ressemble plus à un entretien entre quelques personnes, toutes jésuites, qu'à une conférence devant un large auditoire. Teilhard n'avait pas eu besoin d'autorisation, à la différence des conférences dont il va être question un peu plus loin.

3. Les quatre lettres dont sont extraits ces passages sont datées, de New York, entre le 16 avril et le 26 mai 1948. Elles sont citées d'après les manuscrits déposés à la bibliothèque de Vassar College.

peut-être, que j'étais dans l'erreur et on n'admet pas facilement quelque chose qui brise le cœur. Vous me dites que vous n'avez pas changé vis-à-vis de moi, mais sûrement ce n'est pas vrai, quoi que vous pensiez. Je vous assure que ce n'est pas vrai. Il y a des années, quand vous écriviez, non pas une mais d'innombrables fois : « ce qui est né entre nous est pour toujours. Je le sais ». Je craignais que vous n'en sachiez rien (qui peut savoir ?) mais je voulais tellement le croire et sans doute en raison des circonstances et aussi en raison de nos âges, je rendais cela très possible, et j'ai bâti ma vie dessus...

Vous parlez de Pékin comme d'une sorte de fantaisie ou d'une simple chose... Ce qui n'est pas juste... Pour moi, ce furent certainement les années les plus vraies de ma vie. Vous me comparez avec Ida. Je dirais simplement que, si Ida avait eu les mêmes sentiments, il lui aurait été impossible de se marier. Je sais que cela ne changera rien, mais je dois essayer de me représenter les choses plus calmement et plus sereinement que je ne le fis l'autre soir. Aujourd'hui, vous êtes désolé pour Ida ; je vous supplie d'être charitable à mon égard maintenant. La vie me semble ne plus avoir de consistance et j'ai besoin de votre aide désespérément...

Vous dites que vous n'avez pu éviter ce qui est arrivé. Cela veut-il dire qu'il n'y a aucune liberté de décision, et que nous sommes de simples victimes du sort bonnes à être jetées de-ci, de-là, selon le jeu de la fortune ? Alors quelle serait donc l'utilité de l'effort ? Oh ! Non, je n'en crois rien [1]...

Lettre poignante, mais admirable par sa lucidité. Lucile acceptait ce qu'elle pressentait et ne voulait pas laisser apparaître en pleine lumière. Bel effort de résignation et douloureuse tentative d'obtenir un aveu de Teilhard qui, pauvre malheureux, s'était empêtré dans des déclarations à contresens de ce que Lucile voulait lui faire admettre. Face à une Lucile désespérée, Teilhard essaya de banaliser leur relation pékinoise, ce qui était très dur à entendre pour elle. De même la difficile comparaison avec Ida : Teilhard voulut – on le comprend bien –

1. Les éditeurs américains des *Letters of Teilhard de Chardin and Lucile Swan* signalent que cette lettre, sans préciser s'il s'agit d'un double au papier carbone, n'est pas datée. Ils la situent, de façon très plausible, au 19 mai. En revanche, ils hésitent sur le fait de savoir si la lettre fut effectivement expédiée et reçue par Teilhard. Difficile de connaître la réalité, car il n'y a aucune autre évocation de cet entretien. Ce qui est sûr, c'est qu'il eut lieu et que les arguments développés le furent également en face de Teilhard, sans doute de façon plus désordonnée et plus agressive de la part de Lucile. L'entretien doit avoir été très pénible pour tous les deux.

relever le fait qu'Ida avait su mettre un terme à la passion amoureuse qu'elle lui vouait et établir leur relation sur une base amicale et spirituelle. On comprend aussi qu'il dut informer Lucile des malheurs d'Ida. Mais pour Lucile qui avait bâti toute sa vie sur son affection pleine de confiance en Teilhard, le rapprochement de son cas avec la situation d'Ida avait quelque chose d'incongru et lui proposer de faire preuve de compassion à son égard était une offre bien amère. Teilhard eut la franchise de mettre la vérité au grand jour ; il ne pouvait en être autrement. Mais, bousculé par Lucile et aussi désespéré qu'elle de cette explication, il nous fait de la peine par de maladroites tentatives de justification qui ne font qu'aggraver la détresse et le ressentiment de Lucile. Celle-ci eut malgré tout la grandeur d'envisager de sortir de cette crise et pour cela demandait aide et compassion.

Cette rencontre dut profondément affecter Teilhard.

Par un acharnement de malchance, un de ses projets de conférence ne put aboutir : « Merci pour votre lettre du 19, et toutes ses nouvelles. En ce qui me concerne, le projet des six conférences à Columbia ou ailleurs est en suspens, puisque le Provincial d'ici pense devoir en référer à Rome… Finalement, je considère que je n'ai plus rien de sérieux à faire ici en ce moment ; et je compte partir le 5 juin sur un bateau hollandais rapide qui s'arrête au Havre. Tout serait parfait si je ne passais pas en ce moment par une de ces périodes de dépression nerveuse, comme vous m'en avez connu à Pékin, deux ou trois fois. Tout devient montagne… Patience, j'espère que cela paie ou sert pour quelque chose » (Lettre à Pierre Leroy du 23 mai 1948).

Trop timoré, le supérieur de la résidence des Jésuites de New York ne voulut pas prendre sur lui de laisser Teilhard s'exprimer devant des assemblées d'étudiants. Il devait avoir en mémoire la campagne de presse déclenchée par les propos de Teilhard au printemps 1937 où il avait été étiqueté comme « le jésuite qui croit que l'homme descend du singe ». Cette campagne lui avait alors valu le refus d'une distinction de la part du Boston College. Ce nouveau refus affectait Teilhard qui adorait prendre la parole devant des auditoires importants.

Le séjour à New York devenait pénible, il décida d'avancer la date de son retour pour Paris. Avant de prendre le bateau, il adressa une courte lettre à Lucile :

Très chère,

Ces quelques lignes (je n'ai pas vraiment la tête à écrire une lettre) pour vous dire combien fut précieuse pour moi votre dernière lettre. On ne recule pas ! Allons de l'avant de manière constructive. Vous pouvez, vous devez m'aider. Mon espoir le plus cher est que maintenant, sur une base plus claire et plus forte, nous puissions bâtir plus haut. Dans sa dernière lettre, ma cousine m'a écrit ces mots [1], qui j'en suis convaincu, sont l'expression de ce qui est en train de croître entre vous et moi : « Devant Dieu, j'ai compris que je t'aimais mieux, et ainsi que je t'aimais plus, ce que je n'aurais pas cru possible ». C'est ce qui se vérifiera pour nous, aussi » (Lettre à Lucile, de New York le 4 juin 1948).

Marg rejoignait, elle aussi, après bien des années, la fraternité de celles qui avouaient leur trop grande affection à Teilhard sans bien avoir su comment la vivre.

Au début de juin 1948, Teilhard prenait le bateau et débarquait quelques jours plus tard au Havre pour monter à bord du train à destination de Paris. Pierre Leroy, trente ans plus tard, a raconté ce que fut la lamentable arrivée à Paris d'un Teilhard déprimé et en larmes. Il arrive un moment où l'esprit se fatigue de lutter pour des mises en scène. Teilhard a aimé le féminin, ou les femmes, comme on voudra. Ayant bien compris ce que ses réflexions pouvaient gagner en richesse et en intensité à l'ombre de ce féminin, il voulut concilier ce sentiment, humain par excellence, avec une retenue qui exigeait une âme exceptionnelle. Il faut comprendre que par moments cette charge a été trop lourde et, comme tout homme épuisé, Teilhard a "craqué". S'il verse des larmes, à son retour à Paris, c'est sur son chagrin humain et non point à propos d'un doute sur sa foi, de toute façon inconcevable chez lui.

Revenu à Paris, il reprit ses activités que nous pouvons suivre à travers ses lettres à Lucile et à Rhoda, abondantes durant cette période, avant de partir pour Les Moulins, la résidence d'été de son frère Joseph où il avait pris l'habitude d'aller passer ses vacances depuis son retour en France.

Au début de juillet, Teilhard, toujours en attente de l'autorisation de publier *Le Phénomène humain*, avait écrit à Rome : « Depuis ma dernière lettre, la chose la plus marquante en ce qui

1. Marguerite Teilhard-Chambon ou plus familièrement Marg.

me concerne est que le Collège de France me propose une chaire de Préhistoire. J'ai écrit à Rome pour savoir si cette fois on m'autorise. Mais je n'ai pas encore de réponse, ce qui est normal. En fait, je ne suis qu'à moitié désireux d'accepter cette situation (ce serait pour deux ou trois ans seulement), qui m'oblige, je trouve, à un nombre un peu trop grand de conférences » (Lettre à Lucile de Paris, le 6 juillet 1948). »

Teilhard, à la suite de démarches amicales, notamment de la part de Jeanne Mortier, venait de se voir proposer une chaire au Collège de France. Il devait là encore, avant d'accepter, obtenir l'autorisation de la Compagnie de Jésus. Dans le courant du mois de juillet, il reçut une lettre du Père Général des Jésuites, le Père Jean Baptiste Janssens, lui demandant de venir à Rome.

> J'ai reçu une lettre de Rome, hier : c'est parfait pour l'essentiel, mais en même temps bien ennuyeux. En deux mots, le Général pense que tout sera probablement OK (y compris peut-être la publication de mon livre), mais au préalable, il veut que je me rende à Rome, pour des conversations au début d'octobre, « pendant un ou deux mois ». À la suite de ces conversations, il est certain qu'il me permettra tout (sans se rendre compte – comme je le lui ai signalé aujourd'hui dans une réponse fort respectueuse – que, aussi bien le Dr Fejos que le Collège de France, demandent une réponse avant octobre...). Tout cela est encore bien embrouillé. Pourtant, objectivement, cette invitation à me rendre à Rome est peut-être la chance de ma vie, et le tournant pour un type d'activité plus ouvert et plus direct. Tout le monde ici est d'accord pour dire que la chose s'annonce bien pour moi. [Lettre à Rhoda de Paris, le 11 juillet 1948.]

L'optimisme était bien une qualité majeure de Teilhard. Comme toujours convaincu de la justesse de sa position et de la convenance de ses demandes, et habitué à emporter l'adhésion de ceux qui l'écoutaient, une simple lettre rédigée en termes aimables lui permettait de croire au succès. Cette demande de se rendre à Rome ressemblait plus à une tentative, de la part de ses supérieurs, de trouver une solution au problème que représentait le cas Teilhard qu'à un désir de l'écouter en le laissant « expliquer ouvertement et naturellement ce [qu'il] pense et ce [qu'il] éprouve au sujet du "nouveau christianisme" et le "nouvel humanisme" ». Quelques jours après avoir écrit à Rhoda, il faisait également part de son optimisme à Lucile qui avait, elle aussi, formé le projet de se rendre à Rome.

Et maintenant, il y a du nouveau en ce qui concerne mes projets pour l'année prochaine. En fait, au lieu de me répondre oui ou non au sujet des conférences à faire aux États-Unis et du Collège de France, mon Général me demande (très aimablement) de venir à Rome quelque part en octobre ou novembre, pour quelques semaines, afin que nous puissions parler : et le sens de sa lettre est que lui, le Général, pense que mon livre pourra être publié, et que tout pourra être autorisé, à la fois aux États-Unis et en France. Pour être franc, je n'aime pas l'idée d'aller voir les gens de Rome ; mais je ne peux refuser ; et au demeurant, cette opportunité de parler avec les gros bonnets là-bas est peut-être la chance de ma vie. En conséquence, je suis décidé à partir (probablement autour du 15 octobre : quelle merveilleuse coïncidence si vous êtes là-bas au même moment ! Évidemment, je ne serais pas spécialement libre dans un tel environnement. Encore que ! [Lettre à Lucile de Paris, le 31 juillet 1948.]

Lucile allait entreprendre une grande série de voyages qui devaient l'amener en France, en Suisse, en Italie et jusqu'en Ethiopie. Teilhard lui donnait rendez-vous à Rome ! Avait-il retrouvé l'élan et l'enthousiasme de ses meilleures années lorsqu'il parcourait la Terre ?

En attendant de partir pour Rome, il alla passer un mois aux Moulins chez son frère Joseph où il put se reposer ainsi qu'il le confia à Jeanne Mortier :

Je vous écris par le beau temps (enfin) ; de ma fenêtre, toute la chaîne du Mont-Dore et des Puys forme la ligne d'horizon. Très grand calme extérieur, – une mélancolie sous-jacente (le souvenir et comme la présence de mon neveu sont partout), tempérée ou illuminée par la sérénité de mon frère et le bonheur évident du jeune ménage. Malgré tout, je n'arrive pas à me débarrasser de mon état physique d'anxiété, – fort gênant, puisqu'il m'entrave (apparemment) même pour trouver Dieu. Vous prierez pour nous deux. Et puis la meilleure prière n'est-elle pas de s'abandonner ? Je me demande parfois si dans la dernière phase de ma vie, après la recherche de l'homme fossile, – après les spéculations sur la noosphère, – ce n'est pas la simple pratique de l'amour total du Christ qui me sera demandée dans l'anéantissement. Ne souriez pas !

Je prépare vertueusement, à tout hasard, mes Titres et Travaux pour la candidature au Collège de France : 6 ou 7 pages de texte, et une dizaine de pages de bibliographie. Je vous demanderai peut-être un coup de main en septembre... [1]

Teilhard ne retrouvait pas facilement le calme et la tranquillité malgré le plaisir de se replonger dans sa famille. Certainement, il espérait bien pouvoir accepter la proposition d'une chaire au Collège de France, puisqu'il avait entrepris de préparer un dossier de candidature.

Mais, face à toutes ces contrariétés, il restait lui-même, et consacrait le meilleur de son énergie à la mise en forme de sa pensée. C'est aux Moulins, au cours de l'été 1948, qu'il acheva la rédaction de *Comment je vois*.

« Maintenant que j'ai terminé le petit essai dont je vous ai parlé, il n'est pas impossible que j'écrive une courte synthèse de toute ma Weltanschauung, *Comment je vois*, pas de façon très développée, mais sous forme d'une série de courtes propositions clairement reliées – tout comme M. Leibniz dans sa *Monadologie* [2]. »

Teilhard était revenu des États-Unis avec ce projet en tête. Il en commença la rédaction à Paris. Le titre, qui rappelle *Comment je crois*, traduit bien le désir qu'avait Teilhard d'œuvrer comme un artiste ; il s'agissait d'exprimer une vision du monde à travers une création, ce que souligne l'en-tête du texte, en forme de citation : « Il me semble que toute une vie d'efforts ne me serait rien, si seulement je pouvais, *un instant*, montrer ce que je vois [3]. »

Attentive et remplissant son rôle, Jeanne Mortier qui jetait un regard neuf sur cette pensée suggéra, sans paraître vouloir reprendre le texte, ce qui pouvait en améliorer la clarté : « Incidemment, j'ai pensé que, pour *Comment je vois*, votre suggestion était juste, c'est-à-dire qu'il conviendrait de mettre

1. Lettre à Jeanne Mortier, datée des Moulins le 24 août 1948 (LJM). Teilhard fait allusion aux deux enfants de son frère Joseph : Olivier qui s'était noyé accidentellement l'année précédente (« le souvenir de mon neveu ») et Françoise qui venait de se marier (« le bonheur du jeune ménage »).

2. Lettre à Rhoda datée de Paris le 5 juillet 1948 (AH). Cette confidence livre une des rares références données par Teilhard de ses sources philosophiques. Il connaît bien *La Monadologie* de Leibniz.

3. *Comment je vois*, texte figurant dans le tome 11 des œuvres complètes, *Les Directions de l'avenir*.

au commencement ou à la fin, sur une feuille séparée, une table sommaire qu'il vous sera facile de composer. » (Lettre d'août 1948). Une réelle collaboration s'était mise en place.

Comment je vois.

Le texte garde, néanmoins, l'allure d'un exposé.

« Répartis en trente-huit paragraphes, distribués eux-mêmes en trois chapitres (une Physique, ou Phénoménologie, une Métaphysique et une Mystique), je présente ici, sous forme d'une dialectique cohérente, l'ensemble des vues (scientifiques et para-scientifiques) dont la mise au point progressive a fait l'objet de mes précédents essais. On trouvera dans ces pages – pour l'approuver ou le critiquer – le résumé authentique et complet de ma position intellectuelle présente en face du Monde et de Dieu, – l'essence de ma foi. »

Inlassablement, Teilhard façonnait son message, le reprenant, le polissant, à la recherche de la perfection. Sa pensée était toujours la même mais elle se précisait et s'enrichissait.

« D'un point de vue strictement expérimental, je le répète, l'Homme n'est originellement que l'un quelconque des innombrables essais tentés par l'Étoffe cosmique pour s'enrouler sur elle-même. Mais parce que cet essai est celui qui a réussi, c'est véritablement à partir de lui une enveloppe animée de plus qui peu à peu s'étale sur le Globe par-dessus la Biosphère. »

Dans l'immensité, spatiale et temporelle, où se meut l'évolution, la multiplication, livrée au hasard, des tentatives de l'esprit pour émerger de la matière, finit par "tomber sur", "percer à travers", "choisir" l'homme. Et après cette "réussite", cette "percée chez l'homme" l'évolution pensante, réfléchissante, va se centrer sur l'homme et développer autour de l'homme le processus de socialisation lié à une complexification de l'organisation de la vie :

La socialisation représente un équivalent direct, au niveau d'éléments très complexes, des associations donnant naissance, à des niveaux plus bas, aux molécules de protéine, par exemple, ou aux tissus organisés ; et surtout chaque nouveau groupement humain mieux réussi se sous-tend automatiquement (ce qui est le propre des arrangements naturels) d'un surcroît de conscience ; – pour ces deux motifs de valeur parfaitement objective, dis-je, la totalisation sociale actuellement en cours ne saurait aucunement être confondue avec une agrégation accidentelle et superficielle des particules vivantes réfléchies… Par suite d'un préjugé instinctif, tenant à la lenteur des mouvements de la Vie, nous avons tendance à croire que l'hominisation est depuis longtemps arrivée à un point mort, et qu'elle ne peut que plafonner désormais autour de nous. L'examen attentif du phénomène social doit nous dessiller les yeux. Non, l'enroulement cosmique dont chacun de nous est sorti n'est pas arrêté : mais dans le Collectif il se poursuit au contraire, et plus que jamais, au-dessus de nos têtes. « *E pur se muove* [1] »…

Teilhard insistait sur ce qui était essentiel pour lui, la poursuite de l'évolution : il n'envisageait pas que celle-ci soit à l'arrêt. Mais cette poursuite prend une nouvelle allure à travers la socialisation de l'humanité. En parlant de totalisation sociale, il soulignait bien la personnalisation de cette socialisation. L'évolution pensante, réfléchissante, rejaillit sur l'humanité qui devient un organisme qu'il appelle Noosphère.

Teilhard reprend et précise toujours cette vision de l'humanité devenant « quelqu'un », se personnalisant, et redonne une description de la Noosphère.

Tout ceci caractérisant, bien entendu, non pas un simple régime cyclique (établi une fois pour toutes, et roulant sur soi), mais la genèse progressive de ce que j'ai appelé une Noosphère : organisme panterrestre où, par resserrement et arrangement des particules pensantes, un rejaillissement de l'Évolution, devenue elle-même réfléchie, tend à porter l'Étoffe de l'Univers vers les conditions supérieures d'une super-réflexion planétaire. – Car si vraiment, par socialisation, l'Humanité continue à se mouvoir vers la plus grande conscience, à quelles distances (au taux de l'accélération actuelle) ne nous trouverons-nous pas transportés, après quelques centaines de milliers d'années ?

1. « *E pur se muove* » « Et pourtant elle tourne » : évocation de la parole célèbre prononcée par Galilée après avoir été forcé d'affirmer le contraire à propos de la Terre. Cette évocation de Galilée, et de la persécution dont il fit l'objet de la part de l'Église, revient souvent chez Teilhard, confirmant bien son sentiment d'être incompris, sinon brimé.

Et il ouvre la perspective, nous donnant sa vision d'un avenir, qui demeure d'ailleurs bien lointain, où figure un centre vers lequel le monde se dirige, converge.

La Noogenèse (à quoi se ramène essentiellement l'Anthropogenèse) est un phénomène convergent, c'est-à-dire orienté, par nature, vers quelque terminaison et consommation d'origine interne... La probabilité monte rapidement à l'horizon d'un point critique de maturation où l'Homme, complètement réfléchi, non seulement individuellement, mais collectivement, sur lui-même, aura atteint, suivant l'axe des Complexités, et ceci à son maximum d'impact spirituel, la limite du Monde. Et c'est alors que, si l'on veut donner un sens et une suite à l'Expérience, il paraît inévitable d'envisager dans cette direction, pour clore le Phénomène, l'émergence finale de la pensée terrestre dans ce que j'ai appelé le Point Oméga...

Genèse : le début du temps où l'évolution avance en tâtonnant, non consciente d'elle-même ; anthropogenèse : le temps où l'évolution se centre sur l'homme, le temps du phénomène humain ; puis noogenèse : le temps où l'humanité se personnalise dans un vaste processus de socialisation devenue intelligente. À ce stade d'achèvement, au sens de perfection et non de fin, le point Oméga sera atteint. Point Oméga qui pour Teilhard représentait le stade d'incarnation parfaite du Christ dans l'humanité.

Dès qu'il avait un peu de temps, Teilhard prenait soin de réitérer, avec de nouvelles formulations, l'exposé de ses idées. Toujours et inlassablement et de plus en plus clairement.

À la fin de septembre, il était de retour à Paris et trouvait encore le temps d'aller faire une conférence : « Dans une huitaine je dois prendre la parole à Versailles devant un large auditoire de prêtres (les responsables de la JOC). Mais c'est un groupe très sympathique, de sorte que je n'aurai qu'à expliquer ouvertement et naturellement ce que je pense et ce que j'éprouve au sujet du "nouveau christianisme" et le "nouvel humanisme" – une causerie dans l'ensemble détendue [1]. »

1. Lettre à Rhoda datée des Moulins le 13 septembre 1948 (AH deuxième partie). JOC : Jeunesse ouvrière chrétienne, mouvement d'action catholique particulier au monde ouvrier, fondé en 1925 par un vicaire de la banlieue bruxelloise, l'abbé Cardijn.

Teilhard allait encore parler en toute liberté, voulant se persuader que ses propos ne pouvaient pas être mal compris, alors qu'ils allaient être transcrits, après avoir été déformés, autant par incompréhension que mauvaise intention, auprès des censeurs du Vatican.

Il faut bien reconnaître, dans une tentative de compréhension sinon de justification de l'attitude romaine, que si de jeunes prêtres, avides d'idées neuves pour consolider leur foi vacillant sous les assauts de la modernité, pouvaient s'enthousiasmer en écoutant Teilhard, d'autres, d'esprit plus routinier, devaient quand même s'inquiéter de voir « déménager » ainsi l'environnement qui leur était familier. Teilhard en était conscient, mais sa droiture lui interdisait d'imaginer que cela pouvait entraîner une hostilité à son égard.

La conférence eut lieu et un compte « mal » rendu prit un chemin de traverse pour gagner Rome au moment où lui-même s'apprêtait à partir.

Le 2 octobre 1948, accompagné jusqu'à la gare par Jeanne Mortier, il prenait le train de nuit pour Rome où il arrivait après plus de trente heures de voyage. Teilhard n'avait jamais été à Rome et ce séjour qui dura un peu plus d'un mois fut sa seule venue dans la grande ville.

Le peu d'enthousiasme de Teilhard pour Rome ne doit pas surprendre de la part d'un homme qui profondément en lui n'était pas tourné vers le passé. Pour lui, les vestiges de l'histoire ne présentaient d'intérêt que s'ils offraient un lien, une clé pour expliquer et comprendre le passé.

« Esthétiquement, Rome ne m'a donné aucun choc (comme je l'écrivais à ma cousine, je suis immunisé au passé). Mais j'en aime les couleurs, les paysages, le climat ; je m'y sens bien. Je ne me perdrai pas en visites archéologiques (pas plus ici qu'à Pékin...). Mais le cadre général, la lumière, la forme des arbres me plaisent et me reposent. En fait, je suis devenu depuis longtemps un homme du sud. » (Lettre à Jeanne Mortier, de Rome, octobre 1948).

Il faisait le même constat auprès de son frère Joseph, au milieu d'images du temps de sa jeunesse à Aix et en Égypte : « La ville ne m'a donné aucun choc. Depuis trop longtemps je vis dans un autre monde. Mais j'en ai immédiatement aimé la lumière et le climat, et (vieilles impressions d'Aix ou de l'Égypte peut-être ?) je me sens curieusement à l'aise parmi les pins parasols et les cyprès, dans ce milieu méditerranéen » (Lettre d'octobre 1948).

Lorsqu'il constatait qu'il était un homme du sud, à l'aise dans un milieu méditerranéen, Teilhard revivait ses meilleures années, qui étaient celles de ses séjours au loin. Les voyages, les déplacements dans des pays nouveaux, surtout s'ils étaient colorés, avaient toujours excité l'imagination et la réflexion de Teilhard.

À certains passages de ses lettres, on devine que, malgré tout, il s'est promené en visiteur dans Rome :

> Après Saint-Pierre – en retrait –, c'est le Gesu jusqu'ici que j'ai le plus aimé, oui, le Gesu, malgré ses grouillements de statues et de moulures, et ses extraordinaires peintures ou fresques, qui se prolongent (ici par une jambe, là par une aile, comme qui dirait en carton) par-dessus corniches et colonnes. J'avoue avoir été ému à l'autel du P. Ignace, et plus encore à la petite chapelle de ND de la Strada : tous les grands types qui ont prié devant cette image [...] souvenirs de famille, impressions d'enfance religieuses ; et puis surtout, là aussi, conscience que l'Ordre est une grande Chose. Ne croyez tout de même pas que je « sirupe », et devienne déliquescent. Ce que je crois sentir, c'est seulement que, dans le climat romain, s'affirment et se précisent encore et à la fois, mes attachements, et mes oppositions : tous les deux équitablement.

Cette confidence de Teilhard est très intime. Il se connaissait bien et savait qu'il était tout autant un croyant fervent, formé et habitué aux manifestations extérieures de la dévotion, qu'un savant désireux de mettre sa foi en cohérence avec sa propre compréhension du monde qui l'entourait et tel qu'il l'observait. Cette volonté de rapprochement de sa foi naturelle et de ses acquis scientifiques avait pour conséquence sa venue à Rome afin d'y livrer une grande offensive pour la percée de sa cause : la mise à jour du christianisme pour mettre celui-ci en harmonie avec le mouvement du monde.

Les conditions de son hébergement ne semblent pas avoir été particulièrement chaleureuses : « La Curie est un bâtiment puissant et moderne adossé à de jolis jardins (palmiers, mandariniers, mimosas) accrochés au tuf. Communauté (je suis avec les "écrivains", c'est-à-dire les rats d'archives, – accouplés à Radio Vatican) bigarrée, – un peu trop Chabanel (et même, ô combien !) – mais ce sont les lieux qui veulent cela ; rien à dire. Des Espagnols surtout, mais surtout des Allemands, des Suisses, des Hongrois, un Irlandais, un Américain. Tout ce monde-là, vous disais-je, très cordial et gentil. Mais il faut chercher un peu pour trouver quelqu'un parlant Anglais ou Français. » (Lettre à Pierre Leroy, de Rome, octobre 1948).

Chabanel était l'appellation de la résidence des Jésuites à Pékin, fondée par un Canadien et baptisée ainsi en souvenir d'un missionnaire jésuite d'origine française massacré au Canada par des indiens au XVIIIe siècle. Teilhard y avait longtemps résidé, tout comme Pierre Leroy et tous deux gardaient un souvenir terne de la discipline imposée par le supérieur de la maison qui faisait une application tatillonne d'un règlement minutieux. Cette référence de Teilhard à Chabanel, mieux que toute description, indique que l'ambiance de la communauté où il se trouvait hébergé à Rome devait être bien maussade. C'est là, dans un parloir dont les heures de disponibilité devaient être fixées avec une rigueur carcérale, qu'il dut user de beaucoup de tact pour offrir à Lucile un accueil convenable et aussi chaleureux que possible, en palliant comme il pouvait les astreintes qui s'imposaient à lui : « Une fois arrivée, faites-moi signe. Le plus simple, au début, serait que vous passiez me voir un jour où vous viendrez pour visiter Saint Pierre (le mieux est le matin, après dix heures et avant midi) en me demandant : il y a de petits salons de réception au rez-de-chaussée (comme rue Monsieur), avec, en outre, de bons ascenseurs (comme à New York) [1]. »

Rome était peut-être le centre du monde chrétien, mais le contraste entre les après-midi à Pékin – lorsque Teilhard arrivait chez elle, vers cinq heures, pour discuter des derniers progrès du *Phénomène humain*, autour d'une tasse de thé – et ces rendez-vous matinaux – sans l'ombre d'une collation, dans la pénombre d'un salon dépouillé, sous l'œil rigoureux du père portier – n'était pas fait pour redonner du cœur à l'infortunée Lucile. Les après-midi pékinoises devaient lui sembler bien loin

1. Note à Lucile datée du 7 octobre 1948. La rue Monsieur était l'adresse du siège de la revue jésuite *Études* à Paris où résidait Teilhard lorsqu'il séjournait dans la capitale. En mentionnant New York, il faisait allusion à la maison des Jésuites, où il avait résidé lors de son séjour au printemps et où il avait dû recevoir Lucile.

– heureux moments pendant lesquels Teilhard devenait pour elle le centre du monde.

Teilhard patienta tout un mois à Rome. Il eut au moins deux entretiens avec le Père Général, mais n'obtint aucune décision. Le voyage s'annonçait comme un échec.

Dans les derniers jours, il croisa par hasard celui qu'il connaissait suffisamment, de nom, pour être un de ses plus redoutables opposants, le dominicain Garrigou-Lagrange, taillé lui aussi dans la roche auvergnate : « Hier, dans une réunion à saint Louis des Français (exposition de livres), on m'a présenté au Père Garrigou-Lagrange, lui-même ! Il a fait bonne figure, et nous avons parlé d'Auvergne » (Lettre à Jeanne Mortier de Rome, octobre 1948).

N'attendant plus rien de ses supérieurs, Teilhard reprit le train pour Paris au début de novembre. Ses deux biographes américaines ont bien souligné l'erreur de Teilhard « qui fut de se rendre à Rome pour y rechercher la justice, pour s'y expliquer. Il n'avait jamais complètement compris combien il était impuissant contre l'opinion préconçue de ses supérieurs [1]. »

Teilhard était trop pur, trop droit, trop honnête, pour croire autrui capable de se figer sur des préjugés ou de simples impressions sans approfondissement. Teilhard n'était pas un négociateur. Sa conscience lui affirmait qu'il voyait juste, au point de ne pouvoir imaginer que son interlocuteur ait une autre vision. Il est sûr qu'à ce moment, sans doute un peu grisé par les parfums parisiens de la renommée, il écouta plus volontiers les soutiens amicaux et les encouragements, que les conseils de prudence prodigués par de vieux ecclésiastiques, plus au fait des réalités vaticanes. Teilhard ne négociait pas, il décrivait, éclairait sa vision. Son supérieur ne l'entendait pas, il se contentait de le laisser parler. Ce déplacement fut un échec. Plus qu'un échec, il meurtrit et froissa davantage un homme trop pur pour comprendre pleinement ce qui lui arrivait. À Rome, il se heurta à la condescendance faussement camarade d'un Garrigou-Lagrange, inflexible théologien, peu enclin à admettre une modification de ses certitudes. Son nom résonne aussi funestement dans cette triste histoire que la clochette du diabolique servant des trois messes basses qui, – Drelin ! Drelin !... –

1. Mary et Ellen LUKAS, *Teilhard*.

tricha avec le bon Dieu en lui escamotant ses messes ! Il y a des noms qui s'attachent à leur titulaire.

Teilhard lui-même sut se consoler ou se raisonner. Il fit avec Henri de Lubac le compte rendu le plus complet et le plus lucide de son déplacement à Rome :

Donc, je suis rentré avant-hier de Rome, – béni, mais pratiquement juste aussi « en l'air » que quand je suis parti il y a un mois.

1/ Concernant le Collège de France, « négative »... J'ai su cela le dernier jour. Aucune mauvaise volonté dans cette malheureuse décision, mais simplement un jeu de politique locale : « la chaire proposée touche un sujet trop en flèche ; et je suis personnellement trop discuté, pour que la Compagnie puisse s'engager... »

2/ Concernant le *Phénomène humain*, rien de décidé ; quelque théologien doit d'abord vérifier si mes additions et retouches satisfont les critiques des réviseurs, – ce qui est juste. Dans son nouvel état, le manuscrit me paraît absolument inattaquable, et satisfaisant (les vingt pages de conclusions que j'y ai ajoutées, sans compter une dizaine de pages de notes habiles et substantielles, l'ont certainement amélioré). Mais je m'attends à la même réponse que pour le Collège de France : « Si vous n'étiez pas jésuite, et si vous n'étiez pas vous, pas de difficulté ; mais sur votre livre la Compagnie ne peut pas s'engager. » Attendons cependant.

3/ Concernant les conférences en Amérique, on prend des suppléments d'information... Il faudra évidemment remettre le projet à 1950...

4/ En partant, j'ai déposé une demande de permis d'imprimer *Le Milieu Divin* (régularisation d'une situation de fait). Je n'ai pas encore la réaction du P. Général.

Comme vous le voyez ce n'est pas brillant ! Mais je ne reviens nullement déprimé ni décontenancé. D'abord, il ne me déplaît pas d'avoir à rester tout bonnement dans l'opposition et le travail souterrain où j'ai fait ma carrière. De plus, on m'a montré à Rome (en particulier, le Père général) beaucoup de sympathie et de confiance. Si la Cie ne s'engage pas derrière moi, en revanche, elle a voulu afficher qu'elle me reconnaissait comme un de ses enfants légitimes. Et il paraît que ce peu, dans les habitudes romaines, est déjà beaucoup !

En somme je suis heureux du voyage, qui m'a renforcé et clarifié simultanément dans mes sympathies et mes oppositions. À St Pierre, j'ai vraiment senti ce qu'il y a de formidable dans le phénomène chrétien : je veux dire cette assurance inconfusible, unique dans le monde moderne, d'être en contact direct avec un Centre personnel de l'Univers... Cela, je le répète, d'un point de vue planétaire et biologique, c'est un phénomène de premier ordre, et unique.

En revanche, tel qu'il se présente en ce moment, ce centre ou foyer de spiritualisation manque complètement de connexions avec le Monde humain en mouvement autour de lui. Autour de Rome, ce n'est pas le rideau de fer, mais un rideau d'ouate, amortissant tout bruit des discussions et des aspirations humaines : le monde s'arrête aux portes du Vatican [1].

Encore une belle lettre de Teilhard qui nous permet de constater une fois de plus que, surmontant les agitations de son âme, il savait garder intactes sa lucidité, ses capacités de réflexion et sa clarté d'expression. Résignation ou fatalisme de sa part, il a parfaitement compris l'attitude de la Compagnie qui défendait bec et ongles sa réputation et voulait éviter à tout prix l'affront public qu'aurait été le scandale d'une mise à l'index d'un de ses membres. D'où cette attitude attentiste qui désolait Teilhard. La Compagnie préféra le bâillonner, lui et ses idées, au lieu de se lancer dans un travail de réflexion pour tenter de faire passer celles-ci. Prudence donc, mais qui s'alliait au soutien à la personne de Teilhard. Les aimables paroles à son attention de la part du Père Général étaient certainement sincères, mais tout aussi véritable était le désir de celui-ci d'étouffer le feu que voulait allumer son fervent jésuite.

Et, en confidence, Teilhard disait trouver un certain plaisir à cette existence d'éternel opposant, puisant la force de réaffirmer ce qui était sa conviction : l'Église était bien le point d'appui du christianisme, mais elle n'entendait pas la voix du changement et, de la part de messagers comme Teilhard, afin d'obtenir qu'Elle écoute, c'était affaire d'obéissance autant que de constance dans l'effort pour clamer la réalité de ce changement.

Les conséquences de cette attitude romaine à l'encontre de Teilhard furent lourdes pour la destinée de sa pensée. Il ne publia pas lui-même *Le Phénomène humain*. En acceptant d'être ainsi interdit de publication, il s'est privé de pouvoir mesurer le retentissement de sa pensée sur l'opinion d'un ensemble de lecteurs plus vaste que les réseaux où circulaient ses éditions privées.

1. Lettre à Henri de Lubac, datée de Paris, le 9 novembre 1948 (L. Int.).

Il aurait été bon qu'il se confronte largement à autrui et, qu'étudiant les réactions, il apporte lui-même les corrections ou précisions nécessaires. La satisfaction, au goût malgré tout amer, d'avoir été un irréductible opposant apparaît bien minime en regard de ce désastreux gâchis.

Dans son *Teilhard de Chardin*, écrit dix ans après la mort du jésuite, Bruno de Solages a commenté l'attitude romaine, pour tenter d'en donner non pas une justification, mais au moins une explication :

> J'ai dit plus haut que l'on pouvait comprendre la réaction de la Curie généralice en face du premier papier du Père Teilhard qui lui parvenait ; mais que jamais les censeurs (rarement choisis, il est vrai, parmi ceux de tendance avancée) ne se soient doutés qu'ils avaient affaire à un génie, tout prêt par surcroît à écouter les conseils de ses supérieurs, modeste et désireux de discuter de ses idées, disposé à les corriger, à la seule condition de ne pas trahir le fond même de son être, de ce qui était pour lui sa vocation, voilà ce qui est infiniment regrettable.
>
> À ce propos, son confrère plus jeune, le Père Lejay, éminent physicien, membre de l'Académie des Sciences, me dit un jour, comme nous parlions de la cosmologie teilhardienne : C'est la seule que nous ayons, mais comment voulez-vous qu'ils comprennent ? Il leur faudrait reconnaître que tout ce qu'ils ont écrit sur ce sujet ne signifie rien ! Et c'est ainsi que ce premier accroc du Père Teilhard avec Rome a pesé sur toute sa vie, par suite de la méfiance persistante qu'il y a provoquée.

Bruno de Solages, un des grands défenseurs de Teilhard de son vivant et au sein de l'Église, était consterné.

Sa relation avec Rome a tracassé Teilhard toute sa vie et, dans les dernières années, ces tracasseries se transformèrent en persécution.

CHAPITRE XIII

« LE CŒUR DE LA MATIÈRE »

1949-1950

Échec du voyage à Rome. Les articles de *L'Osservatore romano*. Remontrances et semonces du Père Général des Jésuites. Réaffirmation de la présence de Teilhard au sein de l'Église. Rhoda et Lucile. Deuxième séjour à Saint-Germain. Lectures. L'infatigable Jeanne Mortier. *Le Groupe zoologique humain*. Teilhard toujours inflexible. Élection à l'Académie des sciences. Vacances aux Moulins. Le dogme de l'Assomption. Visite de George Barbour. Voyages de Lucile en Afrique et en Orient. *Le Cœur de la matière*. Julian Huxley. Lucile encore.

Teilhard était de retour à Paris au début du mois de novembre. Il s'efforçait de dominer sa contrariété en voulant se convaincre, comme chaque fois où il s'était vu désavoué par ses supérieurs, que l'échec ne le surprenait ni ne l'affectait.

Dans une lettre adressée à Lucile encore à Rome, écrite en français entrecoupé d'anglais, il faisait bonne figure, adoptant un ton apaisé :

Je viens de recevoir votre lettre, si douce, du 6 novembre. Un grand merci pour ce que vous dites si bien, savoir ce que nous pouvons apporter l'un à l'autre. Oui, maintenant, c'est seulement en avant que nous devons regarder, avec ce précieux souvenir, comme soutien et confort, des années pékinoises. Être à même de s'adapter chacun à des circonstances nouvelles, sans s'attarder dans le passé ; et aussi se dire, comme nous l'avons fait, que tout changement dans notre existence, s'il nous est imposé par les circonstances, peut se transformer en pur chef-d'œuvre de vie et d'art…

Hier, j'ai traversé le Luxembourg : presque toutes les feuilles sont tombées, maintenant. Et cela m'a fait penser au Pincio. Profitez-en bien pendant que vous y êtes. Je suis persuadé que quand vous quitterez Rome vous serez toute surprise de constater combien vous vous y êtes insidieusement habituée, et combien aussi, peut-être, ce repos dans un beau cadre vous aura spirituellement fortifiée et éclairée.

Je m'arrête ici, parce j'ai une matinée chargée, et un après-midi chargé. Par le même courrier (mais en envoi d'imprimé) je vous adresse les quelques pages dont je vous ai parlé *(Introduction à la Vie chrétienne)*. Certains paragraphes pourront vous paraître obscurs : ne vous y attardez pas, nous en discuterons ensemble.

Rhoda doit arriver, d'ici 3 ou 4 jours. [Lettre de novembre 1948.]

Leurs rencontres à Rome s'étaient déroulées dans le calme et un équilibre semblait trouvé. Teilhard bavardait avec Lucile comme toujours, mais une fêlure s'apercevait là, au cœur de ce quelque chose autrefois né entre eux. Il ne faisait guère d'effort pour lui faire partager la lecture de son *Introduction à la vie chrétienne* et sa mention de l'arrivée imminente de Rhoda n'était pas pour la réjouir.

Quelques jours plus tard, il recevait une lettre dont le contenu le soulageait visiblement. Lucile lui écrivait d'Éthiopie !

Votre lettre si douce du 19 novembre est arrivée comme une grande et joyeuse surprise, pas si complète néanmoins, puisque vous aviez déjà, lorsque je vous ai quittée, une petite idée de ce grand voyage. Pourtant, cela ressemble bien à un conte de fées ; que vous soyez, en ce moment, parmi les eucalyptus, sous le soleil tropical d'Addis-Abeba ! Comme vous savez, je n'ai jamais été aussi loin au cœur de l'Éthiopie (en fait je n'ai pas dépassé la rivière Aouach, et je suis resté la plupart du temps à Harrar). Mais j'ai assez vu de ce pays, et en plus à cette époque de l'année, pour toujours me représenter les paysages et les circonstances de l'existence là-bas. [Lettre de novembre 1948.]

La réponse de Teilhard était enjouée. La lettre reçue montrait que, avec la joie du voyage, Lucile avait retrouvé le goût de l'existence. Et lui-même recevait un agréable petit choc à l'évocation des souvenirs de son séjour en Éthiopie, vingt ans plus tôt, lorsqu'il rencontra Monfreid. Il avait aimé cet intermède africain qui avait introduit une rupture, un peu excentrique, dans ses navettes entre Paris et Tien Tsin.

Mais, en dépit de ses affirmations de détachement serein, Teilhard restait soucieux du résultat de son déplacement à Rome. C'est auprès de Rhoda que cette préoccupation s'exprimait le plus abondamment. Entre la fin de décembre et le début de mars, il n'écrit pas moins de onze lettres à Rhoda, qui toutes évoquaient, au moins brièvement, la question romaine.

Cette question prit, dans le courant du mois de janvier 1949, une allure épineuse. Teilhard – qui n'hésitait pas à relancer directement à Rome le Père Général ou son adjoint pour la France le Père de Gorostarzu – reçut une lettre du Père Général lui-même, demandant des éclaircissements au sujet de la conférence tenue à Versailles devant les aumôniers de la JOC, peu avant le départ pour Rome.

Dans sa réponse, Teilhard avait laissé percer un certain agacement :

> J'ai répondu par une lettre respectueuse, mais un peu sèche, rappelant à ce propos que tout ce que je pensais se trouvait dans un certain manuscrit actuellement à Rome, et que la meilleure façon de mettre un terme aux interprétations erronées de ma Weltanschauung pourrait bien être de publier le livre. Loin de moi l'intention d'être impoli, ou d'aggraver les rapports entre mon Ordre et moi. Mais, depuis que je suis rentré de Chine, je distingue clairement que je deviens de plus en plus ferme et intransigeant sur quelques points de divergence : et cela ne peut plus changer. Hier encore, j'éprouvais assez fortement ce sentiment en discutant devant un groupe de prêtres-savants, ce que j'appelle « le nouveau cas de Galilée », c'est-à-dire la question de savoir si l'Humanité avance encore (non pas dans l'espace, mais en conscience). En l'occurrence, je reconnais que j'ai atteint les limites d'une conduite académique. [Lettre à Rhoda de Paris le 10 janvier 1949.]

Teilhard était bien obligé d'admettre qu'il était incapable de se faire comprendre par la hiérarchie officielle de l'Église et même parfois par certains auditeurs de ses conférences. Ne pouvant s'expliquer ouvertement et largement en publiant librement ses ouvrages de réflexion, il se sentait repoussé, tenu à l'écart. Et cela dans une atmosphère de mauvaise foi et de mauvais vouloir qui attisait chez lui une irritation croissante. Il était conscient de perdre son calme et sa riposte aux objections reposait de plus en plus sur l'affirmation réitérée de ses idées. Il faisait de moins en moins d'efforts pour contrer, faute d'écoute attentive, les arguments de ses contradicteurs.

Les interrogations du Père Général étaient la conséquence d'une polémique soulevée par un article paru dans *L'Osservatore romano* qui, rendant compte maladroitement de la conférence de Versailles, comptait Teilhard parmi les éminents théologiens. Ce titre flatteur, décerné spontanément par un journaliste, choqua les gardiens de la doctrine au Vatican qui, furieux, réagirent aussitôt. *L'Osservatore romano* publia un rectificatif disant que Teilhard n'était pas un théologien sûr. Au même moment, il recevait une nouvelle lettre du Père Général qui, cette fois, haussait le ton. Teilhard se faisait tancer vertement par son supérieur sans beaucoup de ménagements de la part de celui-ci : « La note de *L'Osservatore romano* du 30 janvier est un avertissement dont vous devez faire grand cas si vous ne voulez pas risquer des mesures plus graves […] La diffusion clandestine de vos opuscules vous a fait un grand tort… Courageusement et strictement, rentrez dans le domaine scientifique et essayez de servir de votre mieux l'Église. Votre tendance, souvent inconsciente, à sortir de ce terrain ne peut que vous attirer les pires ennuis, sans compter le dommage pour les âmes [1]. »

Pour adopter un ton aussi dur, presque méprisant – « vos opuscules ! » *Le Milieu divin* ravalé au rang d'opuscule à jeter à la corbeille ! –, il est probable que le Père Général avait dû lui-même faire l'objet de remontrances en haut lieu. Et la lettre, « un peu sèche », reçue de Teilhard quelques jours plus tôt n'était pas faite pour l'apaiser ou le rassurer quant au respect de ses ordres malgré les protestations d'obéissance de son encombrant jésuite. Teilhard fit les frais de cette mauvaise humeur. Encore une fois, il était réprimandé comme un collégien l'est pour son comportement dissipé, se faisant reprocher son inconscience et en même temps de corrompre l'âme de ses lecteurs. Il était inconcevable que le jésuite Teilhard, alors âgé de soixante-sept ans et mondialement reconnu comme un savant de valeur, ait l'audace de réfléchir et, pire encore, de vouloir faire partager ses réflexions ! Comme toujours il essaya,

1. Lettre de Jean Baptiste Janssens à Teilhard du 31 janvier (L. Int., p. 384, note 107, 9).

extérieurement, de faire bonne figure, mais ce coup de règle sur les doigts avait soulevé une nouvelle et forte tempête intérieure.

Ce sont trois longues lettres à Rhoda, rédigées à quelques jours d'intervalle, qui servirent d'exutoire à son amertume. C'est la plume à la main qu'il tenta de retrouver un peu de calme, cherchant à tirer, par écrit, les leçons de l'incident :

Et, pour finir, on me demande une fois de plus de m'en tenir à des sujets purement scientifiques, ce qui, naturellement, est impossible psychologiquement.

Eh bien ! À première vue, cela semble du beau travail ! Mais en fait, je crois que les choses continueront dans l'immédiat, exactement pareilles…

À dire vrai, le point faible de ma position actuellement, c'est que je ne vois pas comment disparaître pour quelques mois, comme je faisais autrefois avec la Chine. L'Amérique pourrait être ma planche de salut, mais quand, et pour faire quoi ?…

Quitter l'Ordre, à ce point des choses, serait du suicide, en ce qui concerne le succès de mon « évangile ». Outre l'effet déplorable que ce geste produirait sur mes « disciples », n'oubliez pas que ma construction spirituelle repose absolument sur (ou plutôt culmine en) une figure agrandie et « rénovée » du Christ : de sorte qu'il m'est tout à fait impossible de me séparer de l'Église qui est, biologiquement le « phylum » du Christ. Tout ce que je peux faire c'est de travailler de « l'intérieur ». Essayez de comprendre cela.

Et n'oubliez pas non plus que les choses prennent souvent la tournure la plus bizarre et la plus inattendue. Outre l'excellente publicité que ces difficultés constituent pour mes idées, il ne faut pas oublier que le conflit m'aide énormément à mieux mettre au point le problème et les solutions possibles. Le « Général » est assez étroit et strict pour des raisons politiques ; mais à quelqu'un il a déclaré que j'étais peut-être une sorte de « précurseur », ce qui (vrai ou faux) prouve qu'il n'est pas entièrement aveugle en ce qui concerne la valeur de ma position spirituelle. En d'autres termes, il semble que la meilleure chose pour moi, du moins à présent, soit d'adopter la tactique de « la mule » : d'être têtu et aimable…

Ce que je ne vous ai pas dit, c'est que la raideur du Général est due en parti au malheureux (et ridicule) comte rendu, publié dans *L'Osservatore romano*, de ma conférence de septembre à Versailles. Croiriez-vous que, dans ce compte rendu, on me mettait au nombre des éminents théologiens ! À Rome ces mots ont pris l'allure d'une provocation et une note rectificative a paru la semaine dernière expliquant que je n'étais pas un théologien sûr. Nous en avons bien ri, ici, à Paris.

Mais, à Rome, ils ont pris cela au sérieux. J'ai donc perdu, en grande partie, la bonne réputation que j'avais gagnée en octobre.

Trop parlé de tout cela ; croyez-moi, je vous en prie : le christianisme est quelque chose de beaucoup plus grand que ces mesquineries [1]. »

Teilhard têtu et aimable comme une mule ! Têtu, très certainement, mais était-il si *« sweet »* que cela ? Il n'était bien sûr pas question de coups d'éclat, mais sa persévérance à répandre lui-même ses écrits, à prendre la parole devant des auditoires nombreux, et à s'adresser sur un ton magistral ou même impérieux à ses supérieurs montre bien que sa douceur ou amabilité pouvait bien être tranchante à force d'être pressante ! Teilhard n'avait pas l'intention de polémiquer, il pensait préférable de tout accepter sans riposter, de faire le gros dos devant les remontrances sans pour autant changer quoi que ce soit dans ses façons d'agir. Il ne voulait pas polémiquer mais l'attitude était bien l'intransigeance et le ton adopté hésitait entre humilité et arrogance.

Il envisageait bien de s'éloigner, pour se faire oublier – ce qui eût été sans doute difficile même s'il s'était exilé à l'autre bout du globe –, mais il refusait de se soumettre sur le chapitre de ses convictions. Son comportement l'écartait parfois du chemin de l'obéissance réclamée par saint Ignace.

À Rhoda, qui devait, elle aussi, s'étonner de tant de fidélité face à tant de rebuffades, il prenait la peine, comme autrefois avec Lucile, d'expliquer soigneusement pourquoi il n'envoyait pas tout promener. Sa fidélité à son ordre et à l'Église était la seule attitude à adopter pour défendre la vérité de ses idées, parce que « ma construction spirituelle culmine en une figure agrandie et "rénovée" du Christ : de sorte qu'il m'est tout à fait impossible de me séparer de l'Église qui est, biologiquement le "phylum" du Christ. » Teilhard ne pouvait se concevoir hors de l'Église, il le disait et le répétait. Il y avait bien sûr de

1. Lettre à Rhoda datée de Paris le 8 février 1949 (AH, deuxième partie). « Têtu et aimable », Teilhard a écrit en anglais : *« in others words, the best thing, at least presently, seems to be for me to adopt the tactic of "the mule" ; just to be stubborn and sweet... » « Stubborn »* est l'anglais pour têtu, mais le sens de « *sweet* » va de doux à gentil, aimable, agréable, docile ou simplement courtois.

l'obéissance dans son attitude, une obéissance indisciplinée, mais il y avait au-delà cette conviction que l'Église était le phylum du Christ. La répétition de cette affirmation de sa part est à bien retenir pour apprécier le sens de ses propos chargés d'antiecclésiastisme ! Jamais Teilhard n'a été au-delà des propos agacés sur le chemin d'une improbable rupture d'avec son ordre. Il voulait moderniser l'Église de l'intérieur : « essayez de comprendre cela » ! jetait-il à son interlocutrice, bien conscient de la particularité de sa position.

Quant aux propos en aparté, prêtés au Père Général qualifiant Teilhard de précurseur, ils semblaient surtout la conséquence du regard optimiste que celui-ci était toujours prêt à poser sur les hommes et les choses. Ce jugement attribuant une stature de prophète à Teilhard était tellement éloigné de ce que disait la lettre de remontrances ! Illusions de Teilhard ou de ses amis ? ! Il est plus facile de le suivre lorsqu'il voyait dans la vigueur des efforts constamment déployés par les gros bonnets du Vatican pour tenter de le museler la meilleure preuve de la force de ses idées.

Là encore, se montrant inquiète de cette nouvelle tourmente, Lucile parut à contre-temps. Teilhard qui, dans ses lettres, lui faisait part de ses démêlés avec ses supérieurs, s'agaçait des réflexions de Lucile qui, en réponse aux informations reçues, le poussait à plus de combativité : « Vous êtes infiniment gentille de prendre aussi à cœur mes affaires romaines *(I will explain you better, in a conversation, in which way only I can usefully, or logically, fight, in the present conditions.)* Croiriez-vous, à ce propos, que j'ai appris, de bonne source, qu'une des raisons de la vivacité de *L'Osservatore romano* en la circonstance tient au fait que le parti conservateur avait été inquiet de l'espèce de faveur, rencontrée (ou même d'influence prise) par moi à Rome en octobre ? On a voulu neutraliser l'effet, tout simplement, à la première occasion venue. Ceci prouverait que la situation, au fond, n'est pas si mauvaise[1]. » Cette lettre traduit bien la

1. Lettre de Pierre à Lucile datée de Paris le 28 février 1949. « Je vous expliquerai plus clairement et de vive voix quelle est pour moi la seule façon efficace, ou judicieuse, de me battre dans les présentes conditions. » Il est symptomatique que la phrase de Teilhard renvoyant à plus tard l'explication de son combat à Lucile soit rédigée en anglais, alors que le reste de la lettre est en français – pour que Lucile comprenne mieux ?!

nervosité croissante de Teilhard en même temps que l'usure de sa relation avec Lucile. Il acceptait volontiers d'expliquer les raisons de son attitude à Rhoda ; s'adressant à Lucile, il faisait mine de couper court à toute discussion, tout en se reprenant une ligne plus loin et confiant quelque détail. Soumises à l'usure du temps, les remarques de Lucile auprès de Teilhard s'étaient confondues aux reproches trop souvent entendus.

Les choses, ou plutôt les dégâts, en restèrent là et Teilhard, plus ferme que jamais malgré les remontrances et mises en garde, continua ses conférences tout en poursuivant son travail de diffusion de ses écrits avec la complicité efficace de Jeanne Mortier. Il était convaincu qu'au fond, tout cela servait la diffusion de ses idées et que les coups contre lui étaient bien la preuve du désarroi des théologiens romains qui par leurs efforts pour bloquer toute pensée neuve ne faisaient qu'accentuer le besoin d'une remise en cause. C'est ce qu'il confirmait à Rhoda : « Du coup, en France tout au moins, cela a suscité un regain de sympathie pour la cause que je représente. Il n'en reste pas moins que Rome, dans un geste instinctif d'autopréservation, se raidit pour l'instant, contre toute espèce de pensée vraiment progressiste, ce qui naturellement, comme on sait, est la meilleure manière d'accroître le danger » (Lettre de février 1949).

La fin de l'hiver fut perturbée par un accès de fièvre prolongé qui le contraignit à une nouvelle hospitalisation suivie d'un nouveau séjour chez les Sœurs augustines à saint-Germain où il resta jusqu'au mois de juin 1949. Ce repos forcé était le bienvenu : il mettait quelque distance entre lui et l'agitation parisienne, le retirait pour un temps du milieu ecclésiastique si décourageant par son immobilisme, et du même coup laissait espérer un répit à ses supérieurs. Au fond, Teilhard fut content de retrouver le cadre campagnard de saint-Germain :

> Je vous écris une fois de plus de ma chambre ensoleillée de Saint-Germain, sentant et contemplant en face de moi le feuillage de plus en plus épais des chênes et des charmes. Au milieu du jardin, un hêtre pourpre paraît d'un rouge vif sous les rayons du soleil. Sans contredit, un endroit exceptionnellement agréable pour une convalescence, surtout si vous pouviez voir notre déjeuner et notre dîner ! Et si près de Paris que, depuis presque deux semaines que je suis ici, j'ai reçu chaque jour une, ou même plusieurs visites !

Eh bien ! Malgré ces visites, j'essaie de faire quelque chose dans ma propre ligne. Ce matin j'ai fini de taper mon court article sur la *Nouvelle question de Galilée*, que je vais tâcher de faire paraître…

Par ailleurs, je lis énormément de livres, faciles à lire pour la plupart, afin de combler mes lacunes littéraires. Ces derniers temps, j'ai été très impressionné par *Les Mains sales*, de M. Sartre. Je n'ai pas une très haute opinion de la philosophie de Sartre. Mais je dois dire que pour ce qui est du don de concevoir et de développer une situation dramatique (et représentative), il possède un talent de premier ordre.

Georges Le Fèvre est de mes visiteurs préférés, c'est un citoyen de Saint-Germain [1].

Un hommage très direct, rendu en aparté, au talent de dramaturge de Jean-Paul Sartre.

Ces quelques semaines de repos passées à lire et à bavarder furent une période de détente pour Teilhard et, au bout de quelque temps, il se sentait suffisamment ragaillardi pour repartir à l'assaut de ses supérieurs. De plus, il envisageait de faire publier des articles qui devaient être tout autant philosophiques que scientifiques. Le répit offert, bien involontairement, au Père Général s'annonçait de courte durée !

Replongé dans le vif du courant des idées avec son retour rue Monsieur, Teilhard reprit son travail de réflexion et de communication, apportant beaucoup de soin à la rédaction de ses textes et peut-être plus encore à leur diffusion avec l'aide de plus en plus précieuse de Jeanne Mortier. Pendant tout ce long séjour parisien de Teilhard – de novembre 1948, après son retour de Rome, jusqu'en juillet 1951, date du départ pour l'Afrique du Sud puis les États-Unis –, elle accomplit un travail considérable. Son énergie inlassable trouvait des réponses à tous les problèmes que rencontrait Teilhard dans la tâche difficile qu'il s'était imposée. Elle tapait les écrits à la machine, en assurait les stencilages, révisait les épreuves, classait et conservait les ouvrages imprimés.

Chère amie,

Merci pour votre bonne longue lettre du 29 ; et merci pour toute la peine que vous prenez pour moi. J'admire que ce travail de stencilage

1. Lettre à Rhoda datée de Paris le 4 mai 1949 (AH, deuxième partie). Georges Le Fèvre était l'historien de la croisière Citroën.

du *Phénomène humain* puisse être terminé aussi vite. Tant mieux. En ce qui concerne les frais, je suis décidé à payer : c'est même une sorte de soulagement pour moi de dépenser pour un travail de ce genre l'argent que me donne la recherche, au lieu de le faire passer en frais de médecine ! »

Merci pour le beau travail si rapidement exécuté !

Incidemment, je suis complètement à court des papiers suivants : *le Cœur du problème* et *Comment je vois.*

Seriez-vous assez gentille pour m'en faire porter quelques exemplaires ? – en y joignant un exemplaire du livre à l'examen à Rome *(le Groupe Zoologique Humain), s'il vous en reste plusieurs* (si vous n'en avez plus qu'*un, gardez-le : je prendrai celui de ma cousine*) [1].

Malgré le refus de publication du *Phénomène humain* puis du *Milieu divin,* Teilhard avait adressé à la censure romaine un nouveau manuscrit, *Le Groupe zoologique humain.* Une mule, d'ordinaire, n'est pas aussi entêtée ! Teilhard voulait faire paraître ce livre, rédigé en cinq chapitres qui étaient la version écrite et très soignée des cinq conférences données quelques mois plus tôt devant des étudiants à la Sorbonne.

« Le Groupe zoologique humain » !

L'originalité de ce texte réside, non pas tant dans les idées de Teilhard (on y retrouve bien exposées les grandes lignes de sa pensée) que dans la forme donnée à l'exposé. Parlant devant des étudiants et voulant paraître scientifique – vis-à-vis des auditeurs probablement et vis-à-vis des censeurs romains sûrement –, Teilhard utilisait un vocabulaire dépourvu de toute expression teintée de théologie. Il était plus immédiatement compréhensible par un quelconque auditeur attentif.

En outre, contraint de faire court, par l'organisation de son intervention qui prévoyait un cycle de cinq conférences, il fit court, plus court que *Le Phénomène humain.*

Il réalisait dans ces cinq leçons une synthèse magistrale de sa pensée : « Définir expérimentalement ce mystérieux humain en fixant structurellement et historiquement sa position présente

1. Lettres à Jeanne Mortier datées de Paris le 2 septembre 1949, le 24 octobre 1949 et le 27 mars 1950 (LJM).

par rapport aux autres formes prises autour de nous, au cours des temps, par l'étoffe cosmique. »

Teilhard accentuait les grands traits de sa pensée. Il présentait l'histoire de l'homme, depuis qu'elle est observable, comme une poursuite de l'évolution. L'évolution des sociétés humaines était mise sur le même plan que l'évolution des différentes espèces animales. Génial raccourci :

> Pourquoi, généralisant et poussant à fond cette notion d'« espèces psychologiques », ne pas reconnaître et admettre que les multiples et multiformes « unités collectives » humaines, nées au cours de l'Histoire, du jeu combiné de la culture et de la race, sont dans le domaine du Réfléchi et du Libre, des groupes juste aussi naturels que n'importe quelle variété de ruminant ou de carnassier, avec cette seule différence que le psychique y prenant une part plus importante que le physiologique et le morphologique, certaines propriétés ou libertés, de type jusqu'alors exceptionnel ou même inconnu, se manifestent dans le jeu des forces vivantes : la première d'entre elles étant que, l'ancienne hérédité chromosomique se trouvant désormais doublée d'une hérédité « éducationnelle », extra-individuelle, la conservation et l'accumulation de l'Acquis prennent subitement une importance de premier ordre en Biogenèse.

L'accumulation des connaissances, grâce aux capacités de mémorisation cumulative des cerveaux humains agrégés, est mise sur le même plan que les acquis génétiques, pour la poursuite de l'évolution. Celle-ci n'a pas qu'une seule dimension morphologique ou organique. Elle a – et surtout va avoir de plus en plus –, une dimension sociale : « De ce point de vue, suivant lequel la formation des tribus, des nations, des empires, et finalement de l'État moderne, ne fait que prolonger (avec l'appui de certains facteurs supplémentaires) le mécanisme dont sont issues les espèces animales, l'Histoire humaine se découvre comme un terrain de choix ouvert à l'étude des lois de la phylogenèse. »

La réussite du tiers état au lendemain de la Révolution française est perçue dans la même perspective que la réussite de l'*Homo sapiens*. L'histoire humaine se présente comme un prolongement naturel de l'évolution. Si on élargit encore plus la perspective, il n'y a pas lieu de faire de différence entre la fragmentation des premières cellules, témoignage du démarrage de la vie, et les travaux scientifiques modernes sur ces mêmes cellules – pas de différence autre que celle, importante, que représente le franchissement par l'homme du seuil de la réflexion. Cette différence est d'ailleurs plus à considérer comme un changement de rythme, comme l'accès à un stade nouveau de développement que comme l'introduction d'une rupture. L'homme, parce qu'il comprend l'évolution, devient capable de l'orienter. Le scientifique qui aujourd'hui travaille consciemment sur une cellule prolonge l'œuvre commencée avec les obscures divisions de cellules qui survinrent spontanément à la suite d'innombrables tentatives et furent le démarrage de la vie.

Pour Teilhard, ce qu'il faut maintenant étudier, c'est une biologie des civilisations à la surface de la Terre, une géobiologie, afin de déterminer les grandes règles de fonctionnement et pouvoir ainsi élaborer des schémas directeurs : « Si bien que c'est, en dernier ressort, sur la biologie des civilisations qu'il convient de nous pencher avec prédilection si nous voulons vérifier, préciser et confirmer jusque dans le détail (comme sur une préparation bien lisible) ce que la Paléontologie nous a déjà révélé, en première approximation, sur les grandes lois évolutives d'orthogenèse et de différenciation. »

Et poursuivant ce vaste coup d'œil d'ensemble, Teilhard lance un appel, toujours le même, un appel à plus d'union, à plus de solidarité. Un message d'alerte qui vient après un résumé historique en forme de constat :

À mesure, par contre, que s'est mise à monter la Civilisation, une agitation croissante n'a plus cessé de se manifester au sein de populations où chaque élément constituant se sentait travaillé par un pouvoir, et donc un besoin, plus vifs d'activité et de jouissance autonomes. Si bien que, vers la fin du dix-neuvième siècle, la question a pu sérieusement se poser de savoir si l'Hominisation n'approchait pas, par voie de pulvérisation ou d'émiettement, de sa phase finale.

À cette époque, en effet, qui correspond historiquement au plein épanouissement « expansionnel » de la Noosphère, l'isolement mutuel des particules humaines, exaltées dans leurs tendances égoïstes par le premier établissement d'une culture pratiquement universelle, s'est trouvé comme de juste porté à un maximum, – cependant que le « sens de l'Espèce » tombait automatiquement (par relâchement interne) à un minimum, – au sein d'un phylum dont les nappes s'épanouissaient démesurément, jusqu'à couvrir la Terre. Âge des droits de l'Homme (c'est-à-dire du citoyen) en face de la Collectivité. Âge de la Démocratie, simplistement conçue comme un système où tout est pour l'individu et l'individu est tout. Âge du Surhomme entrevu et attendu comme émergeant solitairement de la foule-troupeau…

Il n'y a pas plus de cinquante ans, la Civilisation, parvenue à une sorte de paroxysme en Occident, faisait décidément mine de culminer en personnes séparées, c'est-à-dire en Individuation.

Pour Teilhard, le cheminement de l'évolution est fait de tâtonnements, d'essais malheureux de voies qui se révèlent sans issue. Puis, après le franchissement, à travers l'homme, du seuil de la réflexion, cette marche en avant tâtonnante se poursuit. Cette marche vers l'isolement des particules humaines, ce constat de ce qu'il appelle « l'individuation », n'est sans doute qu'un tâtonnement de l'évolution faisant un essai malheureux. Et cet essai malheureux en direction de « l'individuation » devient de plus en plus insupportable parce qu'il est perçu par chaque individu, renouvelant ainsi les sources d'inquiétude ou d'angoisse.

C'est une autre voie qu'il faut emprunter, une voie qui est en train de s'imposer : « Or c'est à ce moment précis qu'ont commencé à monter à l'horizon, pareilles à des nuées chargées à la fois d'orages et de promesses, les grandes forces, encore insoupçonnées, de Totalisation. »

Totalisation et non totalitarisme ! Teilhard a bien perçu que les énergies qui mettent en marche les sous-groupes humains sont celles qui ont des dimensions collectives, qui proposent des objectifs communs. Toute démarche visant à laisser croire à chacun qu'il peut rester un individu au sein de la multitude est une mauvaise démarche, car elle ne peut conduire qu'à des isolements dont la multiplication est source de conflits qui auront vocation à se rallumer aussitôt qu'éteints.

En dépit du soin pris par Teilhard pour éviter tout prolongement religieux dans son exposé, ce texte de grande portée ne put être imprimé. Le manuscrit subit le même sort que les précédents manuscrits de Teilhard. Il fut mis à la corbeille !

Tout à son travail de secrétaire, Jeanne Mortier n'en apportait pas moins son coup d'œil critique pour aider Teilhard à corriger et à rectifier certains propos qu'elle jugeait peu clairs. Soutenant avec enthousiasme la cause de son grand homme, sans doute s'efforçait-elle, bien modestement, d'atténuer les effets de la fougue du conférencier qui parfois déroutait ou même froissait ses contradicteurs.

Pourquoi ne pas m'avoir ouvert plus franchement « votre cœur » après la réunion Marcello Fabri ? Et pourquoi ne m'avoir pas mis en contact ce jour-là avec ce M. Chevalier, dont je n'ai même pas remarqué la présence ? Ce qui m'étonne, c'est que vous n'ayez pas senti, ce soir-là, combien la discussion n'était pas du tout « intellectuelle », mais terriblement passionnée, sur une matière de foi.

Voyez-vous, si quelque changement s'opère en moi, il n'est que l'aboutissement, en dehors de toute influence de personne, d'une évolution interne, commencée depuis que je me connais, et qui tend, pour diverses raisons (plus grande conscience, et conflits divers, même avec des amis théologiens !...) à s'accélérer. Et j'entends par là la place plus distincte et plus importante prise dans ma vision par l'En Avant. J'ai acquis une sorte d'évidence que rien désormais ne peut se construire de vraiment « contagieux » et constructif où ne figure pas, à la base, comme *élément et ingrédient naturel pré-requis*, la vision et la « foi » en ce que j'appelle l'Ultra Humain.

Je suis un « enfant de la Terre » avant d'être un homme de Dieu. *Avant*, comprenez-le bien, en ce sens que je ne puis, par structure intime, saisir le Divin qu'à partir et au travers du « Cosmique ». Voilà pourquoi, rencontrant devant moi le scepticisme humain à la réunion Marcello Fabri, j'ai « pris feu ». Il m'était impossible de parler de *mon* Christ devant des « philistins ». Vous allez gentiment sourire. Mais c'est comme cela. Et vous ne comprendrez jamais si vous ne voyez pas cela [1].

Visiblement cette réunion « Marcello Fabri » dut être l'occasion d'échanges assez vifs. Teilhard prit feu, se laissant gagner par l'impatience en face de l'ignorance ou de l'incompréhension de certains membres de l'auditoire. En présence d'une assistance qui observa, sans doute, un silence gêné, Jeanne Mortier dut se sentir mal à l'aise et osa, avec peine, en faire la remarque. Les emportements de Teilhard n'étaient pas réservés à ses supérieurs ni aux tout-puissants censeurs romains, il perdait patience devant ses auditoires. Et jusqu'à la pauvre Jeanne Mortier, elle-même, qui recevait des injonctions d'avoir à prendre les idées de Teilhard en l'état.

1. Lettre du 7 avril 1950 (LJM). Philistins : peuple barbare, aux yeux des juifs, et qui tentait de s'emparer de la terre d'Israël. Teilhard emploie ce mot pour signifier son peu d'estime pour ses auditeurs du fait de leur ignorance.

Il faut profiter au passage de cette splendide phrase : *Je suis un "enfant de la Terre" avant d'être un homme de Dieu. Avant*, comprenez-le bien, en ce sens que je ne puis, par structure intime, saisir le Divin qu'à partir et au travers du "Cosmique". » Accéder à Dieu à travers la matière, mais la matière en ce qu'elle a de vivant et en ce qu'elle offre de promesses pour ceux qui sauront la modeler, la sculpter.

Plus combatif que jamais, Teilhard était bien décidé à poursuivre le harcèlement de ses supérieurs, avec l'appui de Jeanne Mortier :

Chère amie,

Merci de votre lettre. Ceci pour vous dire que décidément le P. Général préfère que je ne publie pas mon livre… Il s'abrite derrière la facile excuse que je déborde le terrain purement scientifique. La décision m'est parvenue hier.

Naturellement, elle ne me décourage pas. Je m'y attendais. Mais je suis décidé à faire stenciler (pas pour propager, mais pour préserver), – à 300 exemplaires [1]. Et ceci tout de suite. Les figures seront faites à part (sur zinc) : je m'en charge avec de Saint-Seine. Mais pour le texte si vous voulez m'aider, il faut que nous nous entendions (l'unique manuscrit au point, c'est-à-dire corrigé – simples retouches – est entre mes mains).

Vous seriez bien gentille, si vous en avez l'envie et le temps, de passer ici un matin. Auquel cas, vous pourriez m'apporter une petite provision de *Comment je vois*. [Lettre de juin 1950.]

Un tirage de trois cents exemplaires pour assurer la conservation du *Phénomène humain*, et non sa propagation ! Teilhard craignait-il que ses lettres à Jeanne Mortier ne soient lues par quelques affidés de ses censeurs romains pour tenter d'écrire l'inverse de ce qu'il s'apprêtait à faire ? Illusion d'obéissance ou plutôt illustration de sa conviction d'avoir à répandre une parole cruciale pour l'avènement d'un nouveau christianisme plus en accord avec les réalités du monde. Plus la porte restait close, plus Teilhard cherchait à passer sinon en force, du moins par les fentes et fissures qu'il apercevait un peu partout à travers la vieille muraille menacée.

1. Stenciler : on dirait aujourd'hui « polycopier ». Le stencil est la feuille de papier qui servait de pochoir pour les premières machines à polycopier.

Comme beaucoup de ces documents devaient finir par tomber entre des mains hostiles qui les faisaient parvenir à Rome, on comprend l'agacement du Père Général : plus il enjoignait à Teilhard de cesser cette distribution, plus il recevait sur son bureau de ces stencilés. Teilhard était coriace et, depuis longtemps, ses protestations de fils obéissant ne devaient plus suffire pour convaincre ses supérieurs.

Si Teilhard craignait une sanction, il était de toute façon prêt à l'affronter. Son élection à l'Académie des sciences lui parut un bon rempart contre d'éventuelles décisions prises à son encontre ; aussi il s'appliqua pour poser et défendre sa candidature : « En même temps j'ai entrepris, de manière inattendue (et ce depuis quelques jours), de poser ma candidature pour l'Académie des sciences en France. Je n'avais pas l'intention ni vraiment l'envie de faire cette démarche, mais je me suis trouvé embarqué dans cette affaire, et maintenant je m'y emploie. Je suis sûr d'avoir plusieurs votes favorables ; mais j'apparais plutôt comme un outsider (de dernière minute), circonstance qui diminue mes chances. Le vote est prévu dans quelques jours. Pour moi, le principal avantage d'une élection serait une amélioration de mon image à Rome. Mais quel pensum d'avoir à rendre visite aux gens avec la pensée de devoir obtenir "leur voix" [1]. »

Il fut élu avec une « grosse majorité s'adressant à quelque chose de plus qu'à la valeur technique de [ses] travaux ».

Il devenait plus difficile pour Rome de prendre des sanctions contre un membre de l'Académie des sciences que contre un simple jésuite. Teilhard percevait tout l'avantage de sa nouvelle qualité d'académicien. À son ami Charles Jacob, artisan de son élection, il fit part de sa satisfaction en même temps que de sa jubilation : « Je ne suis pas encore "revenu" de la gentillesse et de la maîtrise avec lesquelles vous m'avez hissé à l'Institut. Je ne sais pas encore la réaction romaine. Probablement assez flatté, et un peu gêné, le Père Général, juste en train qu'il est de se demander s'il doit, oui ou non, laisser publier mon dernier livre sur l'homme [2]. »

Les distributions de stencilés se poursuivirent de plus belle !

« Et les visiteurs continuent à être plutôt nombreux ; et ma

1. Lettre à Lucile, alors en voyage au Siam, et datée de Paris, le 9 mai 1950 (Letters).

2. Correspondance entre Pierre Teilhard de Chardin et Charles Jacob.

réserve de “clandestins” baisse déjà » (Lettre à Jeanne Mortier du 4 août 1950). »

À l'été 1950, comme tous les étés depuis son retour en France, Teilhard passa un mois chez Joseph, dans sa propriété des Moulins. Cet été-là, encore une fois, il prit feu à l'annonce de la publication par le Vatican d'un texte (une « bulle ») définissant l'Assomption [1].

J'ai vu passer avec une ombre d'inquiétude l'annonce de la définition de l'Assomption. Jamais on ne grandira assez le « Marial » à côté du « Christique ». Mais, étant donné l'état actuel du langage théologique, je crains terriblement que, pour la masse des croyants et des Gentils (!), le dogme ne soit compris (quelles que soient les habiletés de la bulle) d'une façon qui se présente comme une provocation à la Physique et à la Biologie, dans ce que ces sciences ont de plus fondamental et de plus définitif.

« Homme de peu de foi », me direz-vous. Et vous aurez sans doute raison. Tout de même, les théologiens sont encore dans un Monde qui n'est déjà plus le nôtre. Impossible de ne pas voir cela. [Lettre à Jeanne Mortier de août 1950, déjà citée.]

L'apostrophe à son égard, un brin provocante, que Teilhard prête à Jeanne Mortier et suivie de son propre commentaire qui vient en appui de cette mise en cause de sa foi est caractéristique de la position de Teilhard. Une façon informelle de souligner auprès de sa correspondante que sa foi n'emprunte plus rien aux formes extérieures de la dévotion et que l'affirmation, en plein XXe siècle, d'un dogme faisant appel à des faits surnaturels est complètement anachronique. Une réflexion comme celle-ci, faite en toute liberté par Teilhard, illustre son agacement de sa part, au regard des derniers éléments surnaturels employés par le catéchisme pour expliquer et faire partager le message chrétien.

Pendant que Teilhard semait à tous vents ses écrits en utilisant les moyens artisanaux de diffusion que lui apportait Jeanne

1. L'Assomption : issu du latin *assumere* « prendre avec soi ». Lors de l'Assomption, la Vierge Marie, au terme de sa vie terrestre, fut enlevée dans le ciel, corps et âme. Fêtée depuis des siècles le 15 août et abondamment illustrée dans l'iconographie catholique, l'Assomption n'a reçu une définition dogmatique qu'en 1950 par Pie XII.

Mortier, Lucile voyageait, et Rhoda faisait des séjours prolongés à Paris.

Après l'Éthiopie, ce furent pour Lucile les Indes puis le Siam – voyages lointains entrecoupés de plusieurs passages en Europe avec des arrêts à Paris pendant lesquels elle rencontra Teilhard à plusieurs reprises à l'été 1949 et à l'été 1950. Les lettres échangées sont nombreuses. Correspondre avec Lucile demeurait une vive satisfaction et sans doute un grand apaisement pour Teilhard, si bien sûr étaient évités les sujets de friction. Avec elle, Teilhard pouvait évoquer les bonnes années passées tant à Pékin qu'en voyage. Les lettres adressées des Indes ou d'Extrême-Orient par Lucile sont pour lui, lorsqu'il les reçoit, autant d'occasions de faire revivre de vieux souvenirs.

« Ma machine à écrire étant en réparation, je dois me remettre à l'écriture manuelle. Il est tellement excitant de penser que cette lettre va aller vous trouver en Égypte (en fait, je n'ai pas revu Alexandrie depuis mon départ en 1908, pour mes études de théologie en Angleterre !). Pensez à moi lorsque vous franchirez le canal de Suez, un vieil ami, le reverrai-je un jour ? Je pense que c'est pour vous une grande chance que de pouvoir reprendre la route de l'Orient » (Lettre à Lucile de Paris, novembre 1949).

Avec qui d'autre aurait-il pu parler de ses vieux amis pékinois ? Ainsi lorsqu'un soir de décembre 1949, il vit surgir dans sa chambre le Dr Wong, c'est naturellement à Lucile qu'il en fit le récit : « La semaine dernière, le Dr Wong-Wen-Hao a fait une apparition dans ma chambre : toujours le même, l'ombre d'un petit Chinois dans un long manteau avec un grand chapeau de feutre brun. Sa femme est à Hong-Kong, ses filles à Formose, son fils à Shanghai, et lui sur les grands chemins du monde, avec juste assez d'argent pour subsister pendant un an. Et encore la petite madame Moser (l'aviez-vous connue ? C'est la fille d'une Allemande, mariée avec un Chinois qui fut maire de Pékin pendant la guerre.) Sa mère est malade à Pékin (soignée par Loucks et hébergée par Mary Ferguson), son père est en prison à Shanghai, et son mari a demandé le divorce. Pauvre petite chose ! » (Lettre de décembre 1949) ».

Teilhard se laissait prendre par la douceur nostalgique de l'évocation des jours passés et des moments heureux – instants d'autant plus mélancoliques que beaucoup de ses amis des années chinoises connaissaient alors des jours difficiles. En relisant leurs lettres, on voit bien que, malgré le difficile équilibre à trouver entre leurs sentiments d'hier et les nouvelles réalités, Pierre et Lucile avaient encore beaucoup de choses à partager. Mais Teilhard supportait difficilement l'agitation et les exclamations de Lucile. Celle-ci, consciente des réticences de Teilhard à son égard, se maîtrisait difficilement en sa présence, dominée par son anxiété et son chagrin. Teilhard ne cherchait, en bavardant avec une amie, qu'à profiter d'un instant où il se sentait en confiance. Brusquement, en cours de discussion, Lucile le relançait, ne pensant qu'à lui arracher des propos destinés à renouveler d'anciennes déclarations d'amour qui pour Teilhard n'avaient plus le même sens. Au loin les choses s'embellissaient par le jeu des souvenirs, alors que les regards et les propos échangés en tête à tête s'attardaient sans complaisance sur les fatigues et les insuffisances.

Leur rencontre à Paris en juillet 1950, peu avant qu'il ne parte pour l'Auvergne, fut bien la preuve de cette situation douloureuse. Au mois de juillet, il écrivait à Lucile : « Quelle joie de vous revoir !… Si par chance vous deviez, cette fois encore, prendre une chambre à l'Aiglon, vous y trouveriez Nirgidma ! »

Mais quelques jours plus tard, des Moulins, il adressait une lettre plus douloureuse :

> Ces quelques lignes, en conclusion d'une rencontre douce et féconde au fond (malgré qu'un peu douloureuse et agitée) pour vous dire ceci.
>
> Depuis près de 20 ans, vous m'avez toujours aidé (et j'ai essayé de vous aider) à monter vers un Dieu toujours plus lumineux et plus chaud.
>
> Je compte, je crois, que cette belle et forte collaboration peut et doit continuer.
>
> Et, en ce qui me concerne, soyez sûre que je continuerai (par besoin personnel interne) à vous tenir au courant de ce que je vois, de ce que je pense, de ce que je fais, et de ce qui m'arrive. [Lettre du 10 août 1950.]

Dans cette lettre, Teilhard expliquait pourquoi il continuerait à écrire à Lucile, « par besoin personnel interne ». Il ne pouvait être plus franc !

D'ailleurs, quelques jours plus tard, il ajoutait en post-scriptum d'une lettre à Lucile : « Barbour arrive sans doute cet après-midi pour une courte visite. Comme c'est étrange ! » Il n'y avait que Lucile qui pouvait comprendre ce que représentait la venue de Barbour aux Moulins. Barbour, c'était pour Teilhard le seul souvenir vivant de l'équipe de pionniers qui avait mis au jour les restes du sinanthrope. Black était mort il y avait longtemps, Weidenreich son successeur venait de mourir et Pei ne répondait pas aux lettres qui lui étaient adressées.

Barbour est bien venu et il a raconté dans son livre de souvenirs les brèves journées passées avec son ami aux Moulins : « Deux jours inoubliables, à flâner le long des allées, ou s'asseoir dans le jardin, en l'écoutant parler de son enfance avec Marguerite, de la menace des averses de grêle sur les vignes et de la valeur nouvelle que prenaient pour les vignerons les prévisions météorologiques, de sa lente guérison et d'amitiés encourageantes. Avions-nous des nouvelles récentes de Chine ? Lesquels de ses nombreux amis avais-je rencontrés aux réunions de Londres ? Est-ce que, sans le connaître, j'aurais pu voir que Joseph était son frère ? À mon retour à Paris, pouvais-je lui promettre d'aller voir l'abbé Breuil et de lui transmettre les amitiés des Moulins ? Et pourrais-je retourner en Afrique dans deux ans [1] ?... »

L'été aux Moulins était chargé. Teilhard n'en avait pas moins entrepris de donner un début d'exécution à un projet auquel il réfléchissait depuis quelques mois : rédiger une autobiographie pour raconter son parcours intellectuel. Dès le mois de janvier il en avait fait part à Lucile : « Quoi qu'il en soit, je continue à avoir l'impression d'avancer encore dans le processus de concentration et de maturation de ce que je sens et pourchasse obscurément depuis cinquante ans : et en dépit d'une vie relativement tranquille, cela me maintient attentif et éveillé. Je prépare doucement un nouvel Essay (non destiné à être publié) où j'essaierai de suivre et décrire le processus *psychologique* suivant lequel, depuis mon enfance, un sens confus de l'Univers et de l'Universel a graduellement pris en moi la forme du

1. George Barbour, *Teilhard de Chardin sur le terrain*. Une divergence existe au sujet des dates. La lettre à Lucile donne bien la date d'août 1950 pour la venue de Barbour, de même que la lettre à Pierre Leroy datée du 29 août 1950, ainsi que la chronologie établie dans *Images et paroles*, p. 221. En revanche Barbour, dans ses souvenirs, donne la date d'août 1949. Qui croire ? Barbour est seul contre trois ! La date exacte importe peu ici, l'essentiel étant que Barbour nous ait fait partager le plaisir de sa visite à Teilhard.

"Milieu Divin" formé par une sorte de "centre Christique universel". Pour le moment, je rassemble mes souvenirs et je tâche de les organiser dans leur suite naturelle. La rédaction demanderait une période de calme : chez mon frère, l'été prochain [1] ? »

La rédaction du *Cœur de la matière* fut effectivement entreprise aux Moulins, mais le texte ne fut définitivement achevé que l'hiver suivant, après le retour à Paris.

« Le Cœur de la matière. »

Dans l'œuvre de Teilhard, *Le Cœur de la matière* a une place à part. Et ce n'est pas simplement parce qu'il s'agit du seul récit autobiographique – la seule fois où il parle de sa vie d'enfant –, mais surtout parce que ce texte est présenté au lecteur comme le récit d'une découverte intime, l'exploration d'une « terre intérieure ».

Arrivé au soir de son existence, Teilhard qui jusque-là se tournait vers l'avenir jette délibérément un grand regard en arrière ; il refait le chemin de sa propre réflexion. Souvent, au cours de sa vie, il a fait le point : *Le Milieu divin*, *Comment je crois*, *Comment je vois* et *Le Phénomène humain* ou *Le Groupe zoologique humain* sont des mises en forme, des synthèses de sa pensée. *Le Cœur de la matière* est le relevé des points faits au cours de cette longue navigation et, cette fois, il raconte la place tenue par les rêveries de ses jeunes années. Jusque-là, il n'avait fait que de brèves confidences à quelques intimes privilégiés. Quelques années avant la guerre, nous avons lu qu'en réponse à l'affection inquiète de Lucile, il s'était livré à elle en confiance, en lui résumant, par écrit au moins une fois, son parcours. Mais cette fois, il s'agissait de rédiger un texte qui devait être lu par un large public.

« Ce que je me propose, au long de ces pages (dans l'espoir que mon "cas" fasse reconnaître, ou même naître, beaucoup d'autres cas semblables), c'est tout simplement de montrer comment, à partir d'un point d'ignition initial – congénital – le Monde, au cours de toute ma vie, par toute ma vie, s'est peu à

1. Lettre de Pierre à Lucile datée de Paris, le 22 janvier 1950. Lucile était alors en route pour les Indes.

peu allumé, enflammé à mes yeux, jusqu'à devenir, autour de moi, entièrement lumineux par le dedans. » Et comme chaque fois, il s'agit d'une évidence à faire partager. Teilhard a décrit, à la fin de sa vie, la cohérence de son parcours où se fondent le spirituel et le matériel. Depuis ses rêves d'enfant observant la matière et la vie autour de lui, suivis de sa compréhension d'un monde en mouvement jusqu'à la vision de l'achèvement possible de ce monde, tout s'organisait. Sa « passion de l'absolu », enflammée au contact d'une foi enfantine, stimulée par une réflexion exigeante, fut apaisée par sa vision d'un écoulement des choses vers quelque centre absolu de l'univers. Les découvertes paléontologiques auxquelles il eut le bonheur de participer lui permirent de confirmer la pertinence de sa vision en lui apportant les preuves de cet écoulement : l'évolution. Pour lui, le monde s'était enflammé pour devenir lumineux par le dedans : la matière s'était mise en mouvement pour aller vers quelque objectif final.

À l'éveil de sa propre existence, selon les mots de Teilhard, dominait chez lui « le sens de la Plénitude ». Il affirme avoir toujours senti qu'il existait, autour de lui, quelque chose d'essentiel. Comme tous les enfants, mais plus sensible, plus introspectif que beaucoup, Teilhard sentit tout jeune que son être s'appuyait sur une assise profonde. Lorsque la sensation de soi apparaît et que l'enfant jette un premier regard sur lui-même, il se découvre au centre d'un univers, fixe, intangible, immuable, éternel. Plus que tout autre, Teilhard s'est senti au centre d'une certitude, avec ce « sens de la Plénitude ».

Ce sentiment d'être, pour ainsi dire, enchâssé dans un bloc solide, va se compléter, jusqu'à s'y confondre, d'un goût pour du concret qu'il fallait dur, massif et indestructible : « Je me retirais dans la contemplation, dans la possession, dans l'existence savourée de mon “Dieu de Fer”. Le Fer, je dis bien. Et je vois même encore, avec une acuité singulière, la série de mes “idoles”. À la campagne, une clef de charrue que je dissimulais soigneusement dans un coin de la cour. En ville, la tête hexagonale d'une colonnette de renfort, métallique, émergeant au niveau du plancher de la nursery, et dont j'avais fait ma propriété. Plus tard, divers éclats d'obus récoltés avec amour sur un champ de tir voisin… Je ne puis m'empêcher de sourire, aujourd'hui, en repensant à ces enfantillages. »

À l'âge des passions enfantines exclusives, où le besoin

d'affirmation de la personnalité se construit sur un mystère, caché dans un jardin secret interdit aux grandes personnes, Teilhard se passionne pour un morceau de fer dissimulé avec soin au regard des adultes. Quelle malheureuse découverte le jour où Pierrot, retourné discrètement observer son trésor, s'aperçoit que celui-ci, bien qu'à l'abri au fond de sa cachette, avait perdu de son lustre et s'était couvert de rouille ! « Pathétiques désespoirs d'enfants (je ne les ai pas oubliés) en constatant un beau jour que le Fer se raie, et qu'il se rouille ! »

La recherche du solide, de l'impérissable se soldait par un premier échec. C'était en direction des pierres qu'il fallait chercher : « Mais, en réalité, ce qui, toute une vie durant, me ramènerait invinciblement à l'étude des grandes masses éruptives et des socles continentaux, ce n'est pas autre chose qu'un insatiable besoin de maintenir le contact (un contact de communion) avec une sorte de racine, ou de matrice, universelle des êtres. »

La géologie allait vite devenir la science de prédilection du jeune Teilhard. Plus que le goût d'un ordonnancement scientifique des roches, c'était plutôt le moyen de plonger au cœur de l'histoire de la Terre. Les pierres portaient la vie à sa surface et, surtout, livraient les traces de son histoire pour qui savait les observer. Mais la géologie n'était qu'une voie d'accès, l'objet réel de la recherche de Pierre était plus profond.

Sur environ vingt ans de ma vie (depuis mon départ pour le collège jusqu'à mon entrée au théologat de Hastings), je retrouve distinctement, dans mes souvenirs, les traces ininterrompues de cette transformation profonde. Durant cette période, comme j'aurai à le dire, l'objet matériel de ma joie secrète a pu varier avec l'âge… Mais ces divers événements n'ont été, je le vois maintenant, que des rides secondaires en surface du courant de fond représenté par *mon éveil au Sens et à la Vie cosmique*. Opération intérieure puissante, au cours de laquelle je me trouvai peu à peu envahi, imprégné et refondu tout entier, sous l'effet d'une sorte de métamorphisme psychique où passait apparemment le plus clair des énergies dégagées par mon accès à la puberté.

L'adolescent Pierre devenant homme dépensait son énergie dans la poursuite de son idéal de consistance, sa recherche de la plénitude qui passe par le maintien de son contact avec le monde, le « cosmique à l'état solide ». Et le « cosmique à l'état solide » ce sont les pierres, la géologie, les sciences de la Terre. Or, sur cette Terre, il y avait le monde vivant. Le contact avec le monde vivant, stimulé par le goût de son père pour les sciences de la nature, allait lui aussi chagriner le jeune Pierre. Les plantes et les êtres sont également périssables. Il faut aller plus loin et c'est la satisfaction de la découverte de nouvelles espèces qui va le faire s'intéresser au vivant : « Au lieu du Solide et de l'Inaltérable, le Nouveau ou le Rare. Si bien que des années durant, la poursuite de l'espèce nouvelle (j'en souris maintenant) s'est trouvée être un des plus importants pivots de ma vie intérieure. » L'« éveil au Sens et à la Vie cosmique » se faisait par étapes.

Teilhard poussait la quête de la matière vivante jusqu'à la découverte de l'ultime spécimen complétant la collection – espérant, une fois ce but atteint, éprouver le sentiment de plénitude qui est celui du collectionneur qui vient de compléter son catalogue.

Rétrospectivement, il comprenait toutefois que, engagé dans la poursuite de la reconnaissance des espèces vivantes, il aurait pu se consacrer à ce travail, pour lui stérile, du collectionneur qui accumule pour le plaisir de la classification ordonnancée. Teilhard n'était pas un collectionneur. À ce moment, heureusement pour lui, il découvrit l'étude de la physique – science par excellence de l'observation du mouvement et de la résistance des matériaux. Cette découverte marqua une nouvelle étape dans son parcours.

C'est la science physique qu'il enseigna au collège du Caire.

Comment exprimer à quel point, dans ce monde précisément des électrons, des noyaux, des ondes, je me sens « chez moi », plénifié et à l'aise… Le Consistant, le Total, l'Unique, l'Essentiel de mes rêves d'enfance, n'est-ce pas dans les vastes réalités cosmiques (Masse, Perméabilité, Radiance, Courbures, etc…) où l'Étoffe des Choses se révèle à notre expérience sous une forme à la fois indéfiniment élémentaire et indéfiniment géométrisable, n'est-ce pas dans cette mystérieuse gravité (dont, à 22 ans, je me promettais candidement que plus tard je me vouerais à forcer le secret), que j'en ai rencontré les « archétypes », ceux-là mêmes qui, jusque dans le *Christique* même, me servent aujourd'hui encore pour m'exprimer à moi-même [1] ? »

1. *Le Christique* (dans le tome 13 des œuvres complètes) sera un des derniers écrits de Teilhard auquel il réfléchissait en même temps qu'il rédi-

L'étude de la physique trouvait chez Teilhard un terrain favorable pour se développer, avec son goût juvénile pour le concret, le solide, ainsi qu'avec ses talents d'observateur. Cette science qui avait pour objectif d'expliquer l'environnement matériel de l'homme lui apparaissait comme le moyen de comprendre le monde. Au même moment, le séjour au Caire lui entrouvrait les portes de l'Orient, « un premier flot d'exotisme tombant sur moi : l'Orient entrevu et "bu" avidement, non point du tout dans ses peuples et leur histoire (encore sans intérêt pour moi), mais dans sa lumière, sa végétation, sa faune et ses déserts… »

Mais à cet instant, il prend conscience que ce goût si fort pour le concret, le physique, suscite une « subtile inclination à dériver vers une forme inférieure (la forme banale et facile) de l'Esprit panthéiste : le panthéisme d'effusion et de dissolution. Pour être Tout, me fondre avec tout. »

On conçoit que le jeune jésuite, pris par son désir de comprendre et d'expliquer le monde, et séduit par les explications qu'apportaient alors les sciences en plein développement, ait songé à se dévouer trop exclusivement à leur service. Ce fut alors le choc de sa rencontre avec l'évolution.

Teilhard revint d'Égypte transformé. Il avait pratiqué l'observation scientifique sur une nouvelle échelle et dans un nouveau cadre, il avait commencé à œuvrer comme scientifique. Il s'était de plus frotté à l'existence en prenant la responsabilité d'enseigner.

Après son retour d'Égypte, il fit le constat que le monde aperçu autour de lui, ce monde qu'il avait pu croire intangible, immuable, était un monde en mouvement. Cela allait alors le retenir de persévérer dans une étude trop exclusive des sciences physiques. Son coup d'œil sur le monde s'élargissait : « C'est au cours de mes années de théologie, à Hastings (c'est-à-dire juste après les émerveillements de l'Égypte [1]), que petit à petit,

geait *Le Cœur de la matière.* Il voyait cela comme une étude sur la « Christosphère », une quintessence du « Milieu Divin ». Pour Teilhard, le « Christique » c'est le monde achevé, le point Oméga atteint, le Christ universel pleinement mêlé au monde.

1. Ce que Teilhard appelle les « émerveillements de l'Égypte » est pour lui la découverte d'horizons nouveaux : découverte d'une civilisation orientale, découverte de l'histoire avec la contemplation des ruines et, surtout, découverte du désert avec les courses à la recherche de fossiles. Teilhard ne s'est pas intéressé à l'égyptologie ; la contemplation des ruines fut pour lui l'occasion

– beaucoup moins comme une notion abstraite que comme une présence – a grandi en moi, jusqu'à envahir mon ciel intérieur tout entier, la conscience d'une Dérive profonde, ontologique [1], totale, de l'Univers autour de moi. » C'est aussi durant son séjour à Hasting qu'il lut *L'Évolution créatrice* de Bergson [2]. Teilhard fut très marqué par cette lecture qui le guida dans sa prise de conscience d'un univers en évolution [3].

d'établir un lien historique avec les civilisations du passé. Il n'est jamais question dans ses écrits d'un quelconque intérêt pour le panthéon des dieux des anciens Égyptiens.

1. Ontologique : « qui engendre la vie ». « Dérive ontologique » ou « évolution créatrice ».

2. La vie d'Henri Bergson (1859-1941) fut consacrée entièrement à la philosophie. Professeur, il enseigna longtemps aux élèves de khâgne des lycées Henri-IV et Louis-le-Grand avant d'être nommé en 1904 au Collège de France. Il devint membre de l'Académie des sciences morales et politiques en 1914, puis de l'Académie française en 1918. Philosophe engagé dans la guerre, il effectua des missions auprès du président Wilson et, de 1922 à 1925, il dirigea la Commission internationale de coopération intellectuelle au sein de la SDN, jouant un rôle actif de diplomate dans le domaine de la culture. Il reçut le prix Nobel de littérature en 1928. Bergson connut de son vivant une célébrité qui excède largement le champ de la philosophie. Sa proximité avec les écrivains, les artistes, les penseurs en général lui conféra une place particulière dans la vie intellectuelle durant le premier tiers du XXe siècle. Anti-intellectualiste, Bergson a opposé à l'intelligence, forgée au contact de l'espace et de la matière, l'intuition qui donne accès au cœur du réel, au flux temporel de la durée vécue. Ce n'est pas seulement la conscience qui est durée, l'être lui-même est élan vital, perpétuel créateur de formes nouvelles. Le même élan traverse la vie sociale et fait éclater le conformisme des morales closes. Rarement philosophe français aura exercé une telle influence.

3. Teilhard a lu *L'Évolution créatrice* au moment de sa parution. Bergson est cité ou mentionné une vingtaine de fois dans les œuvres de Teilhard, ce qui est beaucoup pour lui qui nomme rarement un auteur. Seuls Darwin et Lamarck font également l'objet de références nombreuses. Il ne faut cependant pas considérer Teilhard comme étant dans le sillage de Bergson. Il n'a pas été son disciple. Pour lui, la lecture de *L'Évolution créatrice* a simplement représenté un déclic qui a aidé à la mise en forme de sa propre pensée. Il est intéressant de noter que Teilhard évoque Bergson uniquement à un instant précis de sa réflexion, lorsque lui-même construit sa propre anthropogenèse. S'il a été influencé, il est important de savoir qu'il ne partagea pas la conception globale du monde de Bergson. Dans *L'Union créatrice*, rédigé en 1917, il écrit : « Tandis que dans l'évolution créatrice de Bergson, le cosmos se révèle comme une irradiation divergente à partir d'un centre de jaillissement, la figure de l'Univers, tel que le découvre l'union créatrice, est celle d'une réduction, d'une convergence, d'une confluence centripète à partir de quelque sphère infiniment distendue, également évolutives, les deux théories

Cette vaste vision générale du monde en mouvement s'accompagnait de la conviction que la dérive observée de la matière n'était possible que parce que quelque chose « luisait » au fond de cette matière, qu'il y avait, même infime, une part d'esprit dans une immensité de matière, un « dedans », pour reprendre son vocabulaire. La matière et l'esprit étaient deux aspects d'un même ensemble.

Par éducation et par religion, j'avais toujours docilement admis, jusque-là, une hétérogénéité de fond entre Matière et Esprit, entre Corps et Âme, entre Inconscient et Conscient : deux substances de nature différente, deux « espèces » d'Être, incompréhensiblement associées dans le Composé vivant, et dont il fallait à tout prix, m'assurait-on, maintenir que la première (ma divine Matière !) n'était que l'humble servante (pour ne pas dire l'adversaire) de la seconde : celle-ci (c'est-à-dire l'Esprit) se trouvant dès lors réduite à mes yeux, par le fait même, à n'être plus qu'une Ombre, qu'il fallait bien vénérer par principe, mais pour laquelle (émotivement et intellectuellement parlant) je n'éprouvais en réalité aucun intérêt vivant. Qu'on juge, par suite, de mon impression intérieure de libération et d'épanouissement lorsque, à mes premiers pas, encore hésitants, dans un Univers « évolutif » je constatai que le dualisme dans lequel on m'avait maintenu jusqu'alors se dissipait comme brouillard au soleil levant. Matière et Esprit : non point deux choses, mais deux états, deux faces d'une même Étoffe cosmique, suivant qu'on la regarde, ou qu'on la prolonge, dans le sens où (comme eût dit Bergson) elle se fait, ou au contraire dans le sens suivant lequel elle se défait.

À cet instant, pour Teilhard, les choses devenaient simples ou plutôt claires. La matière avait un prolongement spirituel et le mouvement général qui l'emportait dans cette dérive générale du monde, en forme d'évolution, vers l'apparition de plus d'esprit, était la manifestation de ce prolongement.

L'Univers en gravitation tombait vers l'Esprit comme sur sa forme stable, en avant. Autrement dit, prolongée, approfondie, pénétrée jusqu'au fond, suivant son vrai sens, la Matière, au lieu de s'ultra-matérialiser comme je l'aurais d'abord cru, se métamorphosait au

sont inverses l'une de l'autre. » Teilhard comprenait *L'Évolution créatrice* de Bergson comme se « dispersant » au niveau de chaque élément, alors que sa propre vision était celle d'une montée convergente rassemblant les éléments séparés. L'*Union* créatrice reformulait l'*Évolution* créatrice !

contraire irrésistiblement en Psyché. Non point métaphysiquement mais génétiquement considéré, l'Esprit, loin d'être l'antagoniste ou l'antipode, devenait le cœur même de la Tangibilité que je cherchais à atteindre. En attendant, ma situation intérieure était la suivante. Sautant directement du vieux dualisme statique, qui me paralysait, pour émerger dans un Univers en état, non seulement d'évolution, mais d'évolution dirigée (c'est-à-dire de Genèse), j'étais amené à opérer un véritable tête-à-queue dans ma poursuite fondamentale de la Consistance. Jusqu'alors c'est du côté de l'extrêmement simple (c'est-à-dire du physiquement indécomposable) que tendait à s'orienter et à se fixer mon sens directeur de la Plénitude. Désormais, puisque l'essence unique et précieuse de l'Univers avait pris pour moi la forme d'un Évolutif où Matière se muait en Pensée par effet prolongé de Noogenèse, c'est avec une extrême Complexité organique que je me trouvais inévitablement et paradoxalement amené à identifier l'extrême solidité des Choses.

Et à cet instant, il devenait clair pour Teilhard que l'élément stable de l'univers résidait dans l'Esprit, l'Esprit qui animait la matière pour lui donner à travers une complexification croissante, hier la forme vivante, aujourd'hui la forme humaine, et demain la forme ultra-humaine. L'élément solide de l'univers n'était ni le morceau de fer ni la roche ni même la vie apparue sur ce noyau rocheux – toutes formes de matière susceptibles d'une destruction ou même simplement d'une modification – mais l'Esprit qui se trouvait au centre de cet univers, au cœur de cette matière. « J'étais amené à opérer un véritable tête-à-queue dans ma poursuite fondamentale de la Consistance. »

Le choix du mot « tête-à-queue » exprime bien l'effort que fit Teilhard à cette époque pour modifier sa façon de percevoir le monde – effort associé à celui qu'il entreprit pour ne pas rejeter en bloc sa foi et le catéchisme chrétien. À un âge où, pour beaucoup, le christianisme apparaît comme un immense monument aux superstitions, Teilhard procède à la démarche inverse : il secoue les enseignements affirmés depuis des siècles et redonne une forme intelligible par la raison moderne à la foi chrétienne. Il refuse tout autant de se tourner vers une adoration, figée jusqu'à l'absurde, des images d'une divinité en perpétuelle souffrance, que de faire confiance à la seule analyse scientifique qui se borne à décrire la vie comme une addition de formules.

Le point de départ de ce « retournement » est bien à trouver dans ce premier « tête-à-queue » qui l'amena à rechercher l'explication du monde, non plus dans le dénombrement de ses éléments – démarche classique du chercheur qui « démonte pour comprendre » – mais dans la compréhension de la complexité croissante de ce monde.

Tête-à-queue ! La manœuvre fut si rapide que le reste de la troupe eut du mal à suivre !

Arrivé à ce stade de réflexion, il lui fallait expliquer comment il voyait possible cette marche vers plus d'esprit. « C'est dans un mémoire écrit sur l'Homme vers 1927, c'est-à-dire après mon premier voyage en Chine, que je me suis permis pour la première fois – par symétrie avec la Biosphère de Suess – de parler de Noosphère pour désigner l'enveloppe pensante de la Terre. Mais si le mot, dans mes écrits, n'apparaît qu'à cette date relativement tardive, c'est dix ans plus tôt que la vision, elle, avait germé dans ma tête, au contact prolongé des énormes masses humaines qui de l'Yser à Verdun, s'opposaient alors dans les tranchées de France. »

Après la compréhension de la réalité de l'évolution, c'était le constat de l'unité spirituelle du monde – unité qui allait ouvrir une étape nouvelle dans la marche en avant de l'évolution.

Teilhard a vu dans l'offensive militaire non pas simplement la fragilité du soldat, mais la solidité de toute une troupe soudée dans une même volonté d'agir. Il a pris conscience que, plus qu'une addition d'individus, l'humanité, parce qu'elle était capable de comprendre la valeur de son union et d'en réaliser l'achèvement, se comportait comme une personne – à laquelle il donne un nom : la noosphère, enveloppe pensante de la Terre dont il a décrit la propriété de totalisation : « Le trait qui a le plus attiré mon attention dans la Noosphère est ce que je me permettrai d'appeler "sa tension superficielle". Extraordinaire exemple (cas unique !), dans le champ de notre observation, d'une grandeur vivante, de dimensions planétaires, à se totaliser rigoureusement sur elle-même. La base (comme dans toute "sphère'), ubiquité et solidarité. Mais au-dessus, par surcroît, unité organique d'opération. »

Ce constat affirmé et répété de l'unité spirituelle du monde préfigure son unité économique et sociale. C'est au sein de cette noosphère que se poursuit le travail, en cours d'accélération, de l'évolution : « et se profile déjà une large frange d'Ultra humain ». Ultra-humain ne signifiant nullement ici un quelconque surhomme, mais une forme élaborée de l'humanité arrivée à un point d'achèvement ou *point Oméga*. À ce moment, la place et la force de l'esprit dans le monde sont suffisantes.

« Le "morceau de fer" des premiers jours est depuis longtemps oublié. Mais, en sa place, sous forme de Point Oméga, c'est la Consistance de l'Univers que je tiens maintenant ramassée (je ne saurais dire si c'est plutôt au-dessus, ou plutôt au fond de moi-même) en un seul centre indestructible, QUE JE PUIS AIMER. »

Teilhard adore, non plus un Dieu propriétaire d'un monde immobile, mais un Dieu immergé dans l'univers ou cosmos – univers parvenu à ce moment à un stade de consistance suffisante par la présence dominante de l'Esprit. Cette présence croissante puis dominante de l'Esprit permet le franchissement du pas de la réflexion, puis la prise en main de l'évolution par l'homme lui-même. La noosphère devient le siège d'une action réfléchissante et ordonnancée, ce que Teilhard appelle la noogenèse.

Jusqu'ici, le récit de Teilhard n'a pas fait allusion à sa part de religieux. Il souligne alors que tout ce travail de réflexion, s'il avait été fait hors de sa foi chrétienne, l'aurait sans doute conduit « à se faire chrétien pour être homme tout à fait ». Aurait-il voulu nous dire que l'on peut arriver à la foi chrétienne par le raisonnement ? C'est probablement son intention. Mais pour lui, cette réflexion arrivée à ce point reste incomplète sans une dimension d'adoration.

Au point Oméga je n'accédais en effet, par voie cosmique et biologique, qu'à « bout de bras », grâce à un rétablissement dialectique qui me laissait en face d'une Entité « déduite et conjecturée », plutôt que « subie et expérimentée ».

Il fallait que sur moi tombât une étincelle, pour faire jaillir le feu.

Or cette étincelle par quoi « mon Univers », encore à demi seulement personnalisé, achèverait de se centrer en s'amorisant, c'est indubitablement à travers ma mère, à partir du courant mystique chrétien, qu'elle a illuminé et allumé mon âme d'enfant.

Teilhard décrit alors la rencontre, ou plus exactement la fusion, au fond de lui de la foi et de la raison, conséquence du rapprochement de sa foi enfantine et de sa rationalité d'enfant de la Terre : « Sucé avec le lait, un Sens "surnaturel" du Divin s'était coulé en moi à côté du Sens "naturel" de la Plénitude. Chacun des deux "goûts" exigeant d'occuper toute la place, et aucun des deux ne pouvant tuer l'autre, quelle autre issue concevable au conflit, sinon une assimilation du premier (moins primitif, et plus externe, génétiquement parlant) par le second ? Et quelle forme d'assimilation possible, sinon par ajustement en moi du Divin à l'Évolutif, c'est-à-dire à cette loi psychologique propre à ma nature de ne rien pouvoir adorer qu'à partir du Tangible et du Résistant ? »

Nous sommes ici au centre de la réflexion teilhardienne. Cette fusion du divin *dans* l'évolutif qui n'a pas été sans un effort de « reconstruction » de ce divin : « Et c'est en ce point qu'apparaît, dans l'histoire de ma vie spirituelle, (veuille le lecteur ne pas sourire !), le rôle capital germinal, tenu par une "dévotion" dont ma mère ne s'est jamais lassée de me nourrir, sans se douter des transformations que lui ferait subir mon insatiable besoin d'Organicité cosmique : la dévotion au Cœur de Jésus. »

Cette phrase résume l'« existence » religieuse de Teilhard, née sous l'empire d'une dévotion des plus banales, et élevée par lui jusqu'à un niveau intelligible par la raison humaine, après un intense effort de réflexion de sa part.

Pour illustrer cet effort, il donne comme un exemple la transformation qu'il a apportée à sa « dévotion » au « Cœur de Jésus ».

Historiquement, comme chacun sait, le culte « du Sacré-Cœur » (ou Amour du Christ), depuis toujours latent dans l'Église, s'est exprimé en France, au grand siècle, sous une forme étonnamment vivace, mais en même temps étrangement limitée, soit dans son objet (la « Réparation »), soit dans son symbole (le cœur du Sauveur, pris dans ses contours les plus étrangement anatomiques !).

De ce double particularisme les traces se reconnaissent malheureusement encore aujourd'hui, soit dans une liturgie toujours obsédée de l'idée de péché, soit dans une iconographie dont il faut savoir gémir sans trop s'irriter. Mais, en ce qui me concerne, je puis dire que son influence, à aucun moment, n'a exercé sur ma piété le moindre attrait.

Pour le dévot du XVIIe siècle, le « Sacré-Cœur », c'était en somme « une portion » (à la fois « matérielle » et « formelle ») de Jésus, portion choisie et détachée du Rédempteur, comme il arrive lorsque nous isolons et grossissons, pour l'admirer plus à l'aise, quelque détail d'un tableau.

Teilhard prend ses distances avec des exercices de piété qui n'ont guère eu d'attrait pour lui, et il entreprend de décrire sa propre compréhension de ce symbole :

Pour moi, au contraire, voir une mystérieuse tache pourpre et or se dessiner au milieu même de la poitrine du Sauveur, ce fut, dès le premier instant, le moyen attendu d'échapper enfin à tout ce qui me blessait tant dans l'organisation compliquée, fragile et individuelle du Corps de Jésus… L'entière réalité physique et spirituelle du Christ se ramassait à mes yeux dans un objet défini et compact où s'évanouissait toute particularité accidentelle et restrictive. Première approximation d'un Christique au-delà du Christ…

Ma vie religieuse d'avant-guerre se développa sous le signe et dans l'émerveillement du Cœur de Jésus […] ainsi compris. Plus, à cette époque, je cherchais à prier, plus, pour moi, Dieu « se matérialisait » profond dans une réalité à la fois spirituelle et tangible, où sans que je m'en doutasse encore, commençait à s'opérer la grande synthèse en laquelle se résumerait l'effort entier de mon existence : la synthèse de l'En Haut et de l'En Avant.

Immersion du Divin dans le Charnel.

Teilhard est bien loin de se replier sur une image maladroitement « organique » du cœur du Christ. Il y trouve le symbole d'une immersion universelle du Christ au sein du monde ou l'inverse, mais sans doute les deux mouvements se confondent-ils.

Cependant ce chemin entre une piété qui confondait la foi avec une spiritualité conçue comme une fin en soi, – « la mystique (même chrétienne) n'a jamais douté que Dieu ne fût à chercher exclusivement dans les cieux, c'est-à-dire en rupture plus ou moins directe et profonde avec l'ici-bas » – et le mouvement naturel de sa pensée qui le portait « en travers de cette orientation traditionnelle » fut parfois ardu.

Pour Teilhard, « la Matière est matrice de la Conscience ; et la Conscience, née de la Matière, est toujours en marche, autour de nous, en direction de quelque Ultra-Humain. Autrement dit, une deuxième espèce d'Esprit se découvrant, – non plus, celle-là, droit au-dessus de nos têtes, – mais transversalement, et comme à l'horizon, en avant… De nécessité structurelle, entre le Dieu de l'En Haut et une sorte de nouveau Dieu de l'En Avant, une lutte se trouvait engagée au fin fond de mon âme par la coexistence définitive et le rapprochement invincible dans mon cœur du Sens cosmique et Sens christique. »

Atteindre le Ciel par achèvement de la Terre.

Parce que la maîtrise de la matière permet l'arrangement du monde, elle nous ouvre la voie à la compréhension puis à la perception du monde divin – le monde divin immergé, mêlé, enfoncé, soudé, inclus au cœur de la matière.

Puis, Teilhard évoque à nouveau la tentation du temps de sa jeunesse : renoncer à l'étude des sciences naturelles, à la « science des pierres » pour se « consacrer entièrement aux activités dites surnaturelles ». Si, à ce moment, il n'a pas déraillé, il dit le devoir au solide bon sens d'un de ses professeurs. Toutefois, on imagine mal Teilhard se consacrant entièrement à des exercices spirituels – le bon sens de son professeur ne faisait qu'appuyer les intuitions de l'élève. En tout cas, s'il y eut réellement crise à cet instant, elle fut aisément surmontée et ne laissa guère de traces dans ses écrits.

Ce récit se termine par des efforts de synthèse pour illustrer sa vision du divin.

Fidélité au Vouloir divin, c'est-à-dire à une omniprésence dirigée et figurée, activement et passivement saisissable en chaque élément et en chaque événement du Monde. Sans me rendre compte bien nettement, au début, du pont jeté par cette attitude éminemment chrétienne entre mon amour de Jésus et mon amour des Choses, je n'ai jamais cessé, depuis les premières années de ma vie religieuse, de m'abandonner avec prédilection à ce sentiment actif de communion avec Dieu à travers l'Univers. Et c'est une émersion décisive de cette mystique « pan-christique », définitivement mûrie aux deux grands souffles de l'Asie et de la Guerre que reflètent, en 1924 et 1927, la *Messe sur le Monde* et le *Milieu Divin*.

Jusqu'au moment où se laissait entrevoir, au terme supérieur du mouvement en cours, une merveilleuse conjonction, non plus simplement et confusément entre Christ et Matière, mais entre un Christ distinctement perçu comme « évoluteur » et un Foyer cosmique positivement reconnu à l'Évolution. Le Cœur du Christ universalisé coïncidant avec un cœur de la Matière amorisée.

Dans le monde, objet de la « Création », la métaphysique classique nous avait accoutumés à voir une sorte de production extrinsèque, issue, par bienveillance débordante, de la suprême efficience de Dieu. Invinciblement, – et tout justement pour pouvoir à la fois pleinement agir et pleinement aimer –, je suis amené à y voir maintenant (conformément à l'esprit de saint Paul) un mystérieux produit de complétion et d'achèvement pour l'Être Absolu lui-même. Non plus l'Être participé d'extra-position et de divergence, mais l'Être participé de plérômisation et de convergence [1]. Effet, non plus de Causalité, mais d'Union créatrice !

L'« Être participé d'extra-position et de divergence » pour celui qui reste en adoration d'un Christ réparateur au risque d'un certain retranchement (divergence) ; ou plus naturellement l'« Être participé de plérômisation et de convergence » pour celui qui se laisse emporter vers un Christ évoluteur au profit d'une union (convergence) toujours plus créatrice.

Le divin n'est pas un mystérieux « pouvoir créateur » mais une essence, un ferment, un principe sous l'influence duquel se développe l'évolution. Pour Teilhard, le Christ est « évoluteur » en ce sens qu'il attire et oriente l'évolution qui doit elle-même chercher à se diriger et doit trouver, sous le rayonnement « séduisant », « engageant », « aimable », de ce Christ évoluteur, ou point Oméga, les bons points de passage et agir pour se donner les moyens de les franchir et de les dépasser. L'achèvement de ce mouvement vient rendre compte de l'état d'immersion totale de la matière dans le divin, en même temps que de l'invasion-révélation du divin dans la matière.

« Effet, non plus de Causalité, mais d'Union créatrice ! » La création est sous la main, ou plutôt sous les mains, pourvu qu'elles œuvrent ensemble.

Puis Teilhard revient sur l'épineuse question du Christ historique.

Une critique, toujours plus fréquemment adressée par les Gentils aux Chrétiens, est que, du fait même de l'interposition de Jésus entre l'Homme et Dieu, c'est l'idée de Dieu qui se trouve arrêtée, et comme atrophiée, pour nous, dans ses développements. De ce chef, le Christianisme n'alimenterait plus, mais il paralyserait au contraire, pour nos esprits modernes, le besoin d'adorer ! – Ceci, combien de fois n'ai-je pas failli le penser moi-même ; – et que de fois, en tous cas, ne me l'a-t-on pas dit.

Un Christ rapetisseur de Dieu…

1. Plérômisation : mot forgé par Teilhard qui exprime l'immersion du Christ au sein du monde. Pour le plérôme, voir p. 91, n. 1.

Teilhard a été bien conscient de ce que l'adoration, proposée aux fidèles, d'un homme subissant un martyre épouvantable, offrait comme risque de déviance pour l'esprit humain, bloquant le message évangélique derrière une exaltation de la souffrance.

Sa réponse est, à nouveau, dans la simple affirmation de la nécessité d'un Dieu historiquement incarné.

« Oh ! Que ce soupçon mortel se volatilise donc aisément, et pour toujours, dès l'instant où, parce que sensibilisé à la mystique moderne, on s'aperçoit que, en vertu des caractères même qui sembleraient d'abord le trop particulariser, un Dieu historiquement incarné est au contraire le seul qui puisse satisfaire, non seulement aux règles inflexibles d'un Univers où rien ne se produit et n'apparaît que par voie de naissance, mais encore aux aspirations irrépressibles de notre esprit. »

Mais un peu plus loin, il exprime à nouveau l'essence de sa pensée, en expliquant, encore et toujours, que c'est dans cette marche en avant de l'évolution que le divin s'immerge ou s'incarne dans le monde, dans le temps même où celui-ci se concentre dans le divin. Nouvelle expression de la dimension symbolique du mystère de l'incarnation.

Par force, en régime d'Union Créatrice, ce n'est pas seulement l'Univers, c'est Dieu lui-même qui « se christifie » en Oméga, aux limites supérieures de la Cosmogenèse, – Autrement dit, en direction de quelque Pan-christisme va logiquement et biologiquement s'achevant le Monothéisme « évolué » autour duquel paraît bien aller se concentrant le meilleur des énergies religieuses de la Terre.

Non seulement extensible et adaptatif sans limites aux dimensions nouvelles du Monde, mais inépuisablement chargé pour nos cœurs d'énergie évolutive : tel grandit, à notre ciel, à l'échelle et à la demande de l'Ultra-Humain, un véritable Super-Christ, tout rayonnant de Super-Charité.

Une « Super-Charité » illuminant le monde, voilà un beau paysage.

Teilhard avait fait ce bel effort de se résumer entièrement. Son « parcours » rejoignait celui de tous les hommes d'action qui ont consacré leur vie à approfondir la connaissance du monde en le sillonnant – explorateurs, hommes de science, philosophes, grands initiés. Le parcours de Teilhard fut double, extérieur, à la surface de la Terre, et intérieur, au centre de l'homme Teilhard qui était bien le narrateur du *Cœur de la matière*.

Il fut heureux de cet effort :

Présentement je viens de finir mon essai autopsycho-analytique sur le *Cœur de la Matière* (une soixantaine de pages), que je fais stenciler, pour distribution très privée. Je ne sais trop ce qu'il vaut. Mais je suis content de l'avoir fait » (Lettre à Pierre Leroy de novembre 1950).

Il en adressa un exemplaire à Lucile :

Par le même courrier, je vous ai adressé une copie de mon dernier essai, *Le Cœur de la Matière* : une sorte d'histoire de mon parcours spirituel, « la quête de l'Esprit à travers la Matière ». Je me demande si vous l'aimerez, je pense que oui. D'une certaine façon, ces pages sont un effort pour exprimer une évolution intérieure fortement influencée par vous. Et je crois qu'elles sont aussi une assez bonne expression de mon présent état d'esprit…

En dépit de l'actuel raidissement de Rome, il semble que les gens y sont moins soupçonneux vis-à-vis de mes agissements. Vraisemblablement, peut-être, parce que j'ai parlé haut et fort de mon projet de déplacement scientifique en Afrique du Sud : retour aux éléments matériels et sur le terrain, enfin (c'est ce qu'ils croient)…

Quelqu'un qui m'a parlé de vous (dimanche dernier) c'est Julian Huxley, en ce moment à Paris pour une semaine. J'ai été vraiment heureux de le revoir. Il est en train de mettre au point de grands projets pour une sorte d'Institut pour une recherche avancée sur « l'idéologie humaine » ; et bien sûr, j'ai été extrêmement intéressé par ce projet [1].

Il en adressa aussi un exemplaire à Ida : « Je vous ai envoyé *Le Cœur de la Matière*. J'espère que vous m'y aurez (et que vous vous y serez) reconnu(e). En fait avec le temps qui passe, j'ai une curieuse impression de libération et de simplification : attachement aux évidences anciennes, et intensification de ces évidences suivant des lignes tellement renouvelées que j'ai l'impression de découvrir un Monde radicalement agrandi et transformé [2]. »

Teilhard reconnaissait à Lucile et à Ida ce qu'il leur devait

1. Lettre de Pierre à Lucile datée de Paris le 15 décembre 1950. « C'est ce qu'ils croient ! » Petit clin d'œil décontracté à Lucile qui nous montre un Teilhard se divertissant, en privé ! aux dépens de ses censeurs (Letters).

2. Lettre du 2 janvier 1951, d'après les originaux déposés à Vassar College.

pour toutes ces années durant lesquelles elles l'avaient écouté et encouragé. Leur présence, leur écoute jointe à leur causerie, que ce soit par l'écrit ou par la parole, avaient fait merveille en entretenant autour de Teilhard cette atmosphère affectueuse d'écoute et de compréhension qui le rassurait.

Il commençait, à cette époque, à réfléchir sérieusement à l'organisation de son voyage en Afrique du Sud qui n'avait pu avoir lieu en 1947, du fait de son hospitalisation. Une organisation américaine, la Wenner Gren Foundation, et son directeur Paul Fejos étaient désireux de s'attacher ses services en lui confiant une mission en Afrique australe.

Il terminait par ce rapprochement, à distance, avec Lucile, en lui disant qu'il avait été question d'elle lors d'une rencontre avec Julian Huxley. Cette amitié avec celui qui fut de 1946 à 1948 directeur de l'Unesco est un exemple de ces amitiés que Teilhard noua tout au long de sa vie, avec des savants, des religieux, des intellectuels et… de simples particuliers. C'est Teilhard qui avait incité Lucile à rencontrer Julian Huxley lors d'un déplacement de celui-ci à New York, marquant bien ainsi qu'elle faisait toujours partie de son cercle intime.

La réponse de Lucile à une telle lettre ne pouvait qu'être affectueuse. Teilhard lui avait rappelé avec force combien elle l'avait influencé et aidé au cours de ses recherches. Il lui faisait présent du résultat d'une réflexion qui remontait au temps des années pékinoises :

Très cher, votre précieuse lettre est arrivée il y a quelques jours et rien de ce que vous pouviez m'envoyer ne pouvait me faire plus plaisir. Et merci pour la messe du jour de la sainte Lucie…

Ce même esprit qui parcourait vos lettres et comme j'étais fière et heureuse lorsque vous avez dit combien je vous avais aidé à clarifier vos idées, les discuter jusqu'au bout avec moi et ainsi c'était notre travail – et vous parlez si gentiment dans cette dernière lettre « d'une évolution intérieure fortement influencée par vous ». Peut-être était-ce quelque chose de semblable que vous aviez en tête quand vous écriviez toujours et encore « ce qui est né entre nous est pour toujours ».

Oh cher ! Et laissez-moi rappeler une autre chose, vous rappelez-vous notre dernier Noël à Pékin, quand nous avons décoré ensemble le petit sapin de Noël ? C'était si gai et si libre et l'esprit du Christ était assurément là aussi. Il me semble qu'ensuite Bob Drummond était arrivé et que nous eûmes un bon moment autour d'un verre tous ensemble…

Il y a une chose que vous dites dans votre dernière lettre que je ne comprends pas bien, « la découverte de Dieu à travers *la matière en évolution* ». Selon ce que je sais de la matière, elle n'évolue pas. N'est-ce pas toujours H_2O, etc. ? avec d'infinies combinaisons... La pensée, l'esprit évoluent ; mais est-ce possible avec la matière ? À travers la matière oui, mais la matière en évolution, qu'est-ce que cela ? Vous ne voulez sûrement pas parler de choses comme la bombe atomique. C'est vrai qu'elle dégage une nouvelle énergie dans le monde, ce qui peut avoir des conséquences énormes, est-ce cela que vous voulez dire ? J'espère qu'un jour vous aurez le temps de répondre à cette question. [Lettre de Lucile de décembre 1950.]

Touchante Lucile qui racontait avec spontanéité sa joie de lire les gentillesses que lui écrivait Teilhard. Elle en profitait pour se réinsérer dans l'intimité du jésuite en essayant dc donner une dimension éternelle à leur relation. Mais hélas, au même moment, elle effectuait un pas maladroit en affichant tout aussi spontanément son incompréhension des idées de Teilhard. Lucile avait l'esprit trop terre à terre, trop concret, pour pouvoir se représenter aisément les schémas que traçait Teilhard. Elle prenait ses formules dans leur sens le plus littéral. La barrière de la langue (ses connaissances du français étaient limitées et Teilhard, au moins une fois, se plaignit de la mauvaise qualité de ses traductions de ses œuvres) a dû lui compliquer la tâche.

Pendant les mois qui suivirent, Teilhard continua ses activités mais ses relations de plus en plus difficiles avec ses supérieurs perturbaient son quotidien. Il était évident que son départ pour l'Afrique du Sud, puis ensuite pour les États-Unis, allait, comme autrefois la Chine, offrir une solution à court terme acceptable pour tout le monde. Mais la situation était-elle la même pour Teilhard ? Il allait avoir soixante-dix ans et l'attrait de l'Afrique du Sud ne pouvait être celui qu'avait exercé l'Orient vingt-cinq ans auparavant. Lorsqu'il partit pour Shanghai, un monde s'ouvrait devant lui. Certes, lorsqu'il embarqua pour Le Cap, la perspective d'aller visiter des sites de fossiles sur le terrain l'attirait, mais cela ne masquait guère les efforts de ceux qui voulaient se débarrasser du vieil homme.

CHAPITRE XIV

DERNIERS VOYAGES, ULTIME EXIL

1951-1955

Préparation du voyage en Afrique du Sud. Rhoda et Lucile encore. Jeanne Mortier légataire des œuvres de Teilhard. Visite des sites à australopithèques en Afrique du Sud. André Ravier, nouveau et bienveillant provincial. Lettre au Père Général. Les dernières années à New York. Lucile, toujours Lucile ! Vacances dans les montagnes Rocheuses. Second et dernier séjour en Afrique du Sud. Jugement sur l'apartheid. Dernières vacances en France et dernière visite à Sarcenat. Encore des tracas avec le Vatican ! Pâques 1955. Ida, Lucile et Rhoda.

L'année 1950 s'était achevée sans nouvelle crise marquante. En janvier 1951, Teilhard faisait un tour d'horizon sur l'année écoulée avec Ida Treat, comme il semble avoir aimé le faire avec elle :

Je vous ai envoyé, il y a environ deux semaines, *Le Cœur de la matière*. J'espère que vous l'aurez reçu, et que vous m'y aurez reconnu…

Finalement, et malgré un certain nombre d'alertes (articles imprudents d'amis, notamment), 1950 se sera achevé pour moi sans ennuis majeurs. Il semblerait même que Rome m'a à peu près oublié, en partie peut-être parce que j'ai fait sonner bien haut mon projet d'aller m'occuper des Australopithèques. Tout de même, Paris est devenu un peu trop *hot for me*. Il est temps que je disparaisse quelque temps, si possible ; ou bien (que le Ciel nous en garde !) que quelque forte secousse politique attire l'attention ailleurs…

Socialement, ma vie demeure sensiblement la même. Je compte donner cinq leçons en Sorbonne sur « la structure phylétique du groupe zoologique humain » : espèces de *seminar*, en marge des cours de Paléontologie de la licence.

Toujours pas de nouvelles de Fejos du Viking Fund [1]. Il est un ami trop sûr pour que ce silence m'inquiète. Mais je commence à avoir besoin de pronostics définis. En attendant, des places sont retenues sur l'*Union Castle Co*, pour la fin de juillet. [Lettre à Ida de janvier 1951.]

Ce qui, au début de 1951, accaparait l'esprit de Teilhard était ce projet de voyage en Afrique du Sud. La satisfaction de se retrouver sur le terrain l'emportait, et de beaucoup, sur le besoin de s'éloigner.

Mais l'organisation matérielle du voyage soulevait un problème épineux qui mettait en cause et Rhoda et Lucile. Lucile dut encore subir une grosse déconvenue. En mars, elle recevait une lettre qui lui donnait des détails sur les arrangements pratiques. Teilhard expliquait : « Et mes projets sont les mêmes. Départ de Paris début juillet, sauf imprévu. Pour prendre soin de moi en Afrique du Sud, je compte sur Barbour et Rhoda. Puis si Dieu le veut, ce sera le retour à New York » (Lettre de mars 1951).

Lucile découvrait un peu abruptement que Rhoda allait accompagner Teilhard dans son déplacement en Afrique du Sud. Le coup était sec, d'autant plus que jamais elle-même n'avait eu l'occasion de se joindre à lui dans ses expéditions. Tout au plus, avaient-ils accompli ensemble une ou deux traversées en bateau, ainsi en 1939, lorsqu'ils avaient franchi le Pacifique pour regagner Pékin.

Teilhard ne donnait pas beaucoup d'explications à Lucile, cherchant, plutôt maladroitement, à banaliser la présence de Rhoda qui était présentée comme faisant équipe avec Barbour. Mais Teilhard, âgé, sentait le besoin de s'appuyer sur quelqu'un de plus jeune, capable de maîtriser toutes les petites contrariétés qui empoisonnent la vie du voyageur ; avec Rhoda, il se sentait en sécurité.

1. Peu après le Viking Fund changea de nom pour s'appeler la Wenner Gren Foundation.

Lucile ne pouvait laisser passer ce nouveau coup sans réagir, ce qu'elle fit rapidement :

> Ainsi Mme de Terra va avec vous en Afrique du Sud. Je suppose que je devais le savoir depuis tout ce temps, et que je ne dois pas m'en émouvoir. J'espérais tant que vous alliez avoir quelques mois de liberté pour vous occuper de vous, mais sans doute, est-ce ce que vous désirez et il faut que je m'en satisfasse. Je suis désolée pour notre rencontre de l'été dernier, ce fut un tel échec. Il me semble que maintenant, elle dispose de TOUT ce qui était à moi : les rencontres quotidiennes, le partage de toutes les petites choses, les amis communs – tout ce qui rend la vie douce et digne d'intérêt, et maintenant qu'elle a tout ceci, elle pourrait faire un effort de générosité à mon égard pour que je me sente plus heureuse de vous savoir avec elle si souvent. Peut-être est-ce aussi une leçon que je dois apprendre. Et vous pouvez voir que je n'ai pas encore dominé mon EGO, car je ne serais pas aussi malheureuse à propos de tout. Je suis heureuse de savoir que Barbour sera avec vous, c'est bien ça ? [Lettre d'avril 1951.]

Pleine de dignité, la réaction de Lucile était un mélange de résignation et de reproche. Elle avait la délicatesse de se retirer, de laisser la place parce qu'elle sentait que c'était le souhait de Teilhard. Lucile était une grande dame, ce qui ne l'empêchait pas de préciser son point de vue et de souhaiter un peu plus de compassion et de générosité à son égard. Elle ne pouvait se défendre de rappeler à Teilhard que toutes ces années de complicité lui donnaient le droit de partager encore quelque chose avec lui et pour cela l'échange de lettres et l'évocation de leurs souvenirs étaient insuffisants. On comprend Lucile, mais ce sentiment de la persistance d'un lien perturbait Teilhard.

Au même moment, il devenait urgent pour Teilhard de s'éloigner. Un nouvel incident avait une fois de plus attiré l'attention du Père Général, que le « cas » Teilhard devait finir par exaspérer. À Lucile encore il confie ses soucis : « Ici, à Paris, la vie est en gros la même. Une fois de plus, j'ai été au centre de grosses difficultés avec Rome, du fait qu'un étourdi parmi mes amis a naïvement montré au Général un de mes derniers essais. Mais tout semble rentré dans l'ordre, à présent. À nouveau, je pense que c'est la providence qui m'envoie en Afrique du Sud (comme, autrefois, en Chine). C'est mieux pour moi de disparaître pour un temps. Sur ce point, mes projets sont provisoirement les mêmes : départ en juillet, arrivée à New York en novembre, pour faire un rapport au Viking Fund. Après quoi, un blanc. Les circonstances devront décider » (Lettre de mai 1951).

Mais avant qu'il ne quitte Paris pour un temps qui pouvait être définitif, ses amis lui demandèrent, avec l'aide de Jeanne Mortier, de mettre en ordre la situation juridique de ses écrits. Jeanne Mortier a raconté la scène.

Le 2 juillet 1951, comme je me rendais 15, rue Monsieur, le Père Jouve qui, sans en avoir le titre, remplissait alors la fonction de rédacteur en chef de la revue *Études*, m'aperçut sur le seuil et m'appela :

« Mademoiselle le Père Teilhard part au Transvaal. Il peut n'en jamais revenir. Demandez-lui de vous léguer ses écrits car il nous sera interdit de les publier après sa mort. »

Mon premier mouvement fut un recul. Le second, la conscience extraordinairement nette des conséquences de mon refus : je porterais la responsabilité de l'anéantissement d'une pensée que je savais capitale pour l'Église et pour l'humanité.

Déjà le Père Teilhard arrivait. Je ne pus que lui transmettre sur-le-champ les paroles du Père Jouve.

Avec ce regard, simultanément intérieur et extérieur, qui lui était habituel, il dit sans hésiter : « Donnez-moi un papier. » Et d'un jet, il écrivit le testament me léguant son œuvre, testament si peu préparé que le Père, au moment de le rédiger, me dit : « Placez quelques noms à la suite du vôtre dans le cas où vous disparaîtriez. » C'est ainsi que je proposai, parmi les amis les plus dévoués : François Richaud, Jean Piveteau et André George. (J'ai craint, si je nommais Mlle Teillard-Chambon, que la publication ne fût compromise, prévoyant qu'elle ne saurait pas résister à ses amis de la Société de Jésus. Je n'avais pu, en effet, lui faire partager ma certitude que, entre la mise à l'index des œuvres en cas de publication ou la violation du droit naturel que constituerait leur ensevelissement, celle-ci serait infiniment plus grave [1])…

Les conditions du legs m'ont laissée certaine :

Que le Père était entièrement détaché de ses écrits. Il ne les emporta point en son dernier exil, me laissant le soin de les communiquer sur sa

1. Jeanne Mortier semble donner ici une clé à son lecteur pour comprendre pourquoi les échanges si intenses pendant la guerre, entre Pierre et Marg, perdirent par la suite de leur importance. Marg, en présence des conflits entre Teilhard et sa hiérarchie, fut désorientée et eut peut-être du mal à suivre les idées de son cousin.

demande aux personnes dont le besoin spirituel en exigerait la connaissance.

Au regret que je lui exprimai, avant son dernier départ, de le voir privé de tout espoir de publication, il répondit par ces simples mots : « Si mes écrits sont de Dieu, ils passeront. Sinon, il n'y a qu'à les oublier [1]. »

La grande aventure de Jeanne Mortier venait de commencer. Elle était dépositaire et propriétaire d'une œuvre exceptionnelle par son originalité. Jusqu'à sa propre mort en 1982, avec l'aide de Claude Cuénot, elle allait étudier, classer et publier les écrits de Teilhard. Cette publication des œuvres, en treize volumes, rendue possible par la mort de Teilhard en 1955, s'étala sur plus de vingt ans. Elle fit diligence et réussit à publier *Le Phénomène humain* quelques mois seulement après la mort de Teilhard. Cette publication au lendemain de sa disparition était bien sûr un hommage à Teilhard et à sa pensée. Jeanne Mortier avait bien compris qu'il ne fallait pas attendre. Pour bien marquer les esprits et isoler les chefs de l'Église et rendre plus difficile toute condamnation de leur part, elle prit soin de s'assurer le soutien d'un nombre impressionnant de personnalités dont elle fit figurer la liste en tête des ouvrages publiés [2]. Le dernier tome, *Le Cœur de la matière*, fut publié en 1976.

C'est grâce à cette intervention de ses amis jésuites, avec le dévouement complice de Jeanne Mortier – et son travail de mise en ordre dans ce qui à l'époque ressemblait plus à des piles de papier qu'à de gros volumes soigneusement rangés sur des étagères – que les œuvres de Teilhard purent être publiées, en tout cas aussi rapidement.

Cette formalité accomplie, Teilhard partit avec Rhoda pour Londres. Là Rhoda mit sa fille, Noëlle, sur le bateau pour New

1. LJM.

2. Les ouvrages de Teilhard ne furent jamais mis à l'Index par les théologiens du Vatican. En revanche, en 1962, un monitum fut publié par le Saint-Office mettant en garde « contre les dangers des ouvrages du P. Pierre Teilhard de Chardin et de ses disciples ». Cette décision se comprend, car leur mise à l'Index aurait contribué à accroître la notoriété des ouvrages de Teilhard. Le monitum n'étant pas une décision n'a pas à être rapporté, il n'oblige à rien mais subsiste. Chaque lecteur, après s'être informé, prend sa décision librement. Aujourd'hui, cette mise en garde paraît bien naïve. (Lire le texte du monitum en annexe.)

York et peu après, accompagnant Teilhard, ils se rendirent tous les deux à Southampton et s'embarquèrent pour l'Afrique du Sud.

Tout ragaillardi par l'accueil qui lui fut fait et par le plaisir de retrouver des chantiers de fouilles, Teilhard fut enchanté de ce séjour. C'est à Breuil qu'il raconta sur le vif ses observations scientifiques comme il l'avait fait si souvent, des années plus tôt :

Bien cher ami,

C'est pour moi une curieuse impression d'avoir, par un renversement de situation, à vous écrire de « chez vous [1] ». Puisque me voici dans votre Afrique, depuis trois semaines. Voyages sans incidents, agréable, immensément facilité pour moi par la présence de Rhoda de Terra...

Cette semaine, je compte faire Taungs et les alentours de Kimberley. Après cela, Robinson étant revenu, je me concentrerai un peu plus sur le pays de Sterkfontein, et les collections (fossiles surtout). Je suis fort impressionné par les Australopithèques ; en particulier (comme bien vu par vous et Koenigswald) par le contraste qu'ils représentent entre une série molariforme extraordinairement étalée (comme chez des Ours ou des Ailuropus...), et une série canine-incisives absurdement réduite. Comment diable ces êtres vivaient-ils, et se défendaient-ils ? Ce qui est sûr, c'est qu'à l'époque (Villafranchien ?... Il me semble que Broom les a trop vieillis...) ils devaient former une large et « extensive » population, parfaitement définie et quasi-maîtresse du pays (en tant que Primates).

Tout ceci est bien curieux. Et l'intérêt de l'Afrique Australe, du point de vue des origines humaines, n'a certainement pas été exagéré. Ce n'est pas à moi à vous l'apprendre... [Lettre de Johannesburg, du 20 août 1951.]

Teilhard s'était replongé avec bonheur dans ce qui était bien son vrai plaisir, son jardin privé : la recherche sur le terrain.

Mais, même au loin, il ne quittait jamais complètement Paris et restait en contact avec ses amis en France. Un changement dans l'organisation de la Compagnie en France apporta un peu

1. Breuil s'était réfugié en Afrique du Sud pendant la guerre, où il avait trouvé à s'employer dans des fouilles archéologiques.

de nouveau. Le Père Provincial de Lyon, dont dépendait Teilhard, venait de changer [1].

Le Père André Ravier venait d'être nommé à cette fonction et, rapidement, ses rapports avec Teilhard prirent un tour amical. Ce fut lui qui conseilla à Teilhard d'écrire à nouveau une lettre au Père Général, dont le texte lui fut soumis. C'était une lettre de mise au point dans laquelle, une fois encore, Teilhard se livrait à un travail d'analyse intérieure pour expliquer et éclairer son attitude vis-à-vis de ses supérieurs.

La lettre au Père Général.

Au moment de quitter l'Afrique (c'est-à-dire, après deux mois de travail et de calme sur le terrain) j'ai l'impression que le moment est favorable pour vous faire savoir en quelques mots ce que je pense et où j'en suis ; – ceci sans oublier que vous êtes « le Général », mais en même temps (comme il y a trois ans, dans notre trop courte conversation) avec cette franchise filiale qui est un des plus précieux trésors de la Cie.

1° Avant tout, je pense qu'il faut vous résigner à me prendre tel que je suis, – c'est-à-dire avec la qualité (ou la faiblesse) congénitale qui fait que, depuis mon enfance, ma vie spirituelle n'a pas cessé d'être complètement dominée par une sorte de « sentiment » profond de la réalité organique du Monde [...] sentiment graduellement devenu, avec les années, sens précis et envahissant d'une convergence générale sur soi de l'Univers ; cette convergence coïncidant et culminant, à son sommet, avec Celui que la Cie m'a appris à aimer...

Et ce qu'on a pu prendre, dans mon attitude depuis 30 ans, comme de l'entêtement ou de l'impertinence, est tout simplement l'effet de mon impuissance à laisser éclater au-dehors mon émerveillement.

Voilà psychologiquement, la situation de fond dont tout dérive, et que je ne puis pas plus changer que le nombre de mes années ou la couleur de mes yeux.

2° Ceci posé, et pour vous rassurer sur ma position intérieure... En vérité (et en vertu même de toute la structure de ma pensée), je me sens aujourd'hui plus irrémédiablement lié à l'Église hiérarchique et

1. Ce changement, bienvenu pour Teilhard, venait à la suite d'une période de fortes tensions chez les Jésuites de Lyon, installés à Fourvière (« la colline »), suscitées par les conflits entre les modernistes et le Vatican. Plusieurs jésuites, professeurs à Fourvière, dont Henri de Lubac, avaient fait l'objet de sanctions administratives.

au Christ de l'Évangile que je ne l'ai jamais été à aucun moment de ma vie. Jamais le Christ ne m'a paru plus réel, ni plus personnel, ni plus immense.

3° Reste, je le reconnais pleinement, que Rome peut avoir ses raisons pour estimer que, sous sa forme actuelle, ma vision du Christianisme est prématurée ou incomplète, et que par suite elle ne saurait être diffusée présentement sans inconvénients.

C'est sur ce point important de fidélité et de docilité extérieures que je tiens particulièrement (en fait ceci est l'objet essentiel de cette lettre) à vous affirmer que, en dépit de certaines apparences, je suis décidé à rester « enfant d'obéissance ».

Évidemment je ne puis (sous peine de catastrophe intérieure) m'arrêter de chercher pour moi-même. Mais (et ceci depuis des mois) je ne m'occupe plus de propagation (mais seulement d'approfondissement personnel) de mes idées. Attitude grandement facilitée pour moi par le fait que je puis de nouveau faire du travail scientifique direct.

En fait, j'ai bon espoir que mon absence d'Europe fera tout simplement tomber autour de moi l'effervescence qui a pu vous inquiéter dernièrement. Et, dans cette direction, la Providence semble me tenir la main. En ce sens que la Wenner-Gren Foundation qui m'a envoyé ici me demande déjà de prolonger autant que possible mon séjour en Amérique [1].

Cette lettre est un modèle de sincérité et d'habileté mêlées. Elle mettait, pour ainsi dire, le chef devant une situation incontournable, « il faut vous résigner à me prendre tel que je suis », en faisant appel à son sens de la droiture. Le Père Général ne pouvait envisager de forcer quiconque à renoncer à ses convictions. Comme, en même temps, Teilhard reconnaissait implicitement à l'Église le droit de lui ordonner de se taire et admettait qu'il avait ignoré ses devoirs en propageant ses idées et en diffusant ses écrits sans autorisation explicite, que de plus il s'engageait à ne plus faire d'effort pour les diffuser, le Père Général ne pouvait qu'acquiescer. Reste à savoir s'il fut plus rassuré par la lettre ou par l'exil aux apparences volontaires de Teilhard [2]. Il faut certainement partager ici la conviction de

1. Lettre du 12 octobre 1951, adressée au Père Général des Jésuites Jean Baptiste Janssens (L. Int., p. 399).

2. La mesure n'eut jamais lieu d'être prise, Teilhard ne fut jamais directement « exilé » mais il est probable que, s'il était revenu en France après son

Teilhard lorsqu'il s'affirmait incapable de s'empêcher de s'exprimer et disait se sentir obligé de « laisser éclater au dehors son émerveillement ». La force de ses idées était telle que, comme l'eau d'une source, elles jaillissaient impétueusement. Son engagement de ne plus s'occuper de propagation ne pouvait tenir bien longtemps.

Dans le courant du mois d'octobre, sa mission menée à bien, Teilhard – toujours accompagné de Rhoda – s'embarquait au Cap à destination de New York, en faisant un crochet par l'Argentine où il eut l'occasion de rencontrer des paléontologues.

À la fin de novembre, il arrivait à New York où il allait passer les années les plus tristes de sa vie.

Il logea dans la maison des Jésuites dans la 83e rue, à côté de St. Ignace sur Park Avenue, à quelques rues du siège de la Wenner Gren Foundation dont il était définitivement devenu un des responsables scientifiques.

Ses biographes américaines, Mary et Ellen Lukas, ont reconstitué à partir de mémoires de personnages contemporains certains aspects de ce que fut la vie de Teilhard à New York, loin de son cadre et des siens :

> Durant les premiers mois, Teilhard vécut à New York à peu près exactement comme en Chine avant l'arrivée de Pierre Leroy. Son seul lien visible avec son Ordre était l'occupation d'une chambre de la paroisse St. Ignace (comme jadis à Chabanel) et l'obéissance scrupuleuse aux règles de la Compagnie de Jésus, au point même de faire une sorte de « manifestation de conscience » mensuelle auprès du supérieur. Il se levait avant cinq heures pour sa méditation quotidienne, disait sa messe, faisait son action de grâces, prenait un rapide petit déjeuner au réfectoire et quittait la maison. Il franchissait le seuil de la Fondation aux environs de huit heures, travaillait jusqu'à midi, déjeunait dans un petit restaurant, puis allait en autobus jusqu'à l'appartement où Rhoda de Terra vivait avec sa fille, « presque la rue Vaneau [1] », pour faire la sieste ordonnée par ses médecins…
>
> Le dimanche, il déjeunait au milieu de l'étonnante collection de

séjour de deux mois en Afrique du Sud, il aurait couru le risque de recevoir l'ordre de quitter Paris pour un établissement jésuite éloigné de la capitale.

1. Allusion à un des appartements parisiens loués par Rhoda lors de ses séjours à Paris.

parents et d'amis que le père de Mrs. Strauss réunissait dans son appartement du quartier de Manhattan. Silhouette quelque peu anachronique dans son strict costume ecclésiastique noir, Teilhard, qui dissimulait son amusement, était assis avec dignité devant la porcelaine fine et le cristal taillé, entouré de la belle, voluptueuse, brune et généreusement décolletée actrice Linda Darnell et de Rhoda son ange gardien. Buvant du gin à petites gorgées d'un air comme il faut et téléphonant à l'étranger, Linda Darnell caressait d'un air distrait un ouistiti galeux et mal soigné qui, perché sur son épaule blanche, surveillait les convives d'un œil effrayé et désapprobateur. Dans ce milieu quelque peu excentrique, Teilhard se sentait à l'aise et bavardait en général jusqu'à ce qu'on serve le café, puis se retirait dans la chambre de son hôte pour faire la sieste [1].

Cette vision de Teilhard au milieu d'une assemblée aussi bigarrée a quelque chose à la fois d'incongru et de triste. Quels que soient la gentillesse et le chic de ses hôtes, on sent bien que Teilhard n'était pas réellement chez lui à New York. Sans doute sa participation à de telles réunions n'était-elle pas aussi fréquente que ce récit le suggère, mais c'était là la vie new-yorkaise dans laquelle il se trouvait entraîné par ses amis.

Rhoda s'occupait de lui. Il menait sa vie sociale autour de Rhoda. S'il lui était demandé de donner son adresse, il indiquait celle de la maison des Jésuites, mais ce n'était que son coucher. Sa vraie maison, où il jouissait d'un accueil amical, prenait ses principaux repas et profitait de la compagnie d'une personne dévouée qui se considérait comme sa fille ou sa petite-fille et où ses amis venaient le voir, était l'appartement de Rhoda. Celle-ci fut certainement à ce moment son point d'appui et sa sauvegarde. Elle se dévoua avec intelligence, affection et succès à ce rôle d'ange gardien.

Teilhard voyait également plus ou moins régulièrement Lucile. Ces rencontres étaient parfois pénibles et, au bout de quelque temps, il lui demanda de les espacer :

Mercredi prochain, je ne serai pas libre contrairement à ce que je prévoyais. Ne serez-vous pas trop fâchée contre moi si je viens seulement le mercredi suivant (le 10 décembre) ?

En fait, je pourrais modifier mon emploi du temps pour cette semaine, et vous voir plus tôt. Mais, au bout d'un an, je me demande

1. Mary et Ellen LUKAS, *Teilhard*. Mrs. Strauss était une amie de Rhoda.

s'il ne serait pas mieux et plus adéquat, pour tous les deux, si j'espaçais un peu mes visites. Vous voir est bon pour moi. Mais parfois, cela me perturbe.

Peut-être, qu'avec un peu « d'espacement » comme je dis, la tension disparaîtra et les rapports entre nous deviendront (comme cela peut et doit être) une amitié rassurante et reposante. Nous avons encore tant à recevoir et à nous donner l'un à l'autre !

Pouvons-nous essayer ? – toujours en avant, pour Dieu et dans la paix ?

S'il vous plaît, ne lisez pas ces lignes comme autre chose qu'un effort pour nous garder ensemble de manière plus apaisée et rassurante. Pardonnez-moi si, sans le vouloir, je vous froisse.

Et dans tous les cas, croyez-moi toujours le vôtre,

PT. [Lettre de New York de novembre 1952).]

Cette lettre terrible que Teilhard eut sans doute du mal à rédiger commençait par un mensonge qu'il était incapable de soutenir plus d'une ligne. Complètement déstabilisé par cette vie inadaptée à son âge et à son tempérament, Teilhard vivait mal ses rencontres avec Lucile, en sachant cependant bien tout ce qu'elle représentait encore pour lui. Il avait besoin de la voir, mais beaucoup de leurs rencontres tournaient au drame.

Quelques mois plus tard, Teilhard eut un malaise dans la rue et s'effondra sur le trottoir. Amené rapidement chez son médecin, il réclama Lucile qui, prévenue par téléphone, vint aussitôt. Teilhard voulait être rassuré et savoir si Lucile l'aimait toujours ! Lucile, toujours Lucile !

Tout ne fut pas aussi triste durant ces années d'exil. Il voyait également Ida et d'autres amis. Il avait son travail à la fondation et Paul Fejos comptait sur lui. Durant l'été 1952, il voyagea en compagnie de Rhoda dans le centre et l'ouest des États-Unis.

En 1953, ce fut un nouveau déplacement en Afrique du Sud. Il en fit le récit à André Ravier, son nouveau provincial :

Ceci pour vous signaler que je suis bien arrivé à destination après un voyage facile. Le petit paquebot qui m'a mené directement de New York à Cape Town (sans voir autre chose, en chemin que l'Ascension et Ste Hélène) s'est révélé extrêmement agréable et confortable. La Farrell Co assure même la présence à bord d'une chapelle portative quand il y a un passager prêtre. En cette saison on pouvait prévoir une arrivée mouvementée à Cape Town. Nous y avons trouvé un temps de Côte d'Azur, avec des fleurs déjà partout. Johannesburg (à cause de son altitude de près de 2 000 m) est plus froid, mais d'un magnifique froid sec, par ciel bleu, qui me rappelle les fins d'hiver à Pékin.

Mais tout cela, c'est le cadre et la surface. L'intéressant est que, depuis 10 jours que je suis dans le pays, je me convaincs toujours un peu plus que j'ai bien fait de venir. À mon point de vue, situation en plein développement : soit dans la région du Cap, où on vient de trouver (dans un gisement que j'avais visité en 51), une calotte crânienne humaine très « néanderthaloïde » ; soit dans la région de Pretoria, où des fouilles importantes sont en cours (subventionnées, beaucoup sous mon influence, par la Wenner Gren Foundation) ; soit en Rhodésie, où je serai probablement amené à me rendre vers le début de septembre. Si je n'ai plus la jeunesse suffisante pour faire beaucoup de terrain, en revanche (et particulièrement en matière de « géologie des fissures ») la Chine m'a donné une expérience précieuse pour les recherches qui se poursuivent ici. Et c'est un plaisir d'aider à coordonner et diriger ce travail, surtout si l'on sait qu'on a de l'argent à diriger aux bons endroits.

Donc tout s'annonce bien. Je sens mon esprit se rajeunir, et les idées scientifiques pousser au contact des faits. C'est ce qu'il me fallait, vous disais-je, pour que se maintienne la plate-forme scientifique dont j'ai besoin pour pouvoir me faire écouter dans le domaine, non plus seulement de la Recherche, mais (ce qui revient au même, tout au fond !) de l'Adoration. Merci de m'avoir laissé partir et merci de m'avoir autorisé à me faire accompagner. Je vous dirai un jour la sécurité que m'a donnée et que me donne (jusque dans le domaine des contacts scientifiques : il y a tellement de finesses psychologiques à sauver dans la mission dont je suis chargé…) le fait de ne pas être seul dans cette aventure, devant laquelle, autrement, j'aurais hésité. [Lettre de Johannesburg de juillet 1953.]

Quelle joie de retrouver une activité de terrain et de se sentir en prise avec le concret ! Teilhard se sentait à nouveau tel qu'il avait toujours été avec, à la fois, ses remarquables capacités d'analyse de grand scientifique, son coup d'œil auquel rien n'échappait et ses talents d'écrivain. Il rédige une belle phrase, sortie tout droit du *Milieu divin*, il lui fallait « non plus seulement de la Recherche, mais (ce qui revient au même, tout au fond !) de l'Adoration ». Il rend en même temps un bel hommage au dévouement de Rhoda qui sut lui apporter l'aide tranquille dont il avait besoin : « ne pas être seul dans cette aventure » ! Songeait-il alors au seul déplacement en Afrique du Sud ou à l'œuvre de toute sa vie ?

Teilhard a été de ceux qui, très tôt, ont déduit de leurs

observations les origines africaines de l'humanité : « Présentement, tout notre effort africain est de serrer le problème des origines : soit de l'Homme tout court, – soit de l'*Homo sapiens*. Il me paraît de plus en plus probable (pour toute une série d'indices objectifs) que les deux hominisations se sont faites sur le continent africain, – le foyer "sapiens" ayant du reste assez vite glissé vers la Méditerranée, puis dans les zones arctiques » (Lettre à André Ravier, de New York, janvier 1954).

Paul Fejos et la Wenner Gren Foundation s'étaient attaché les services d'un grand savant. Et en même temps qu'ils confiaient à Teilhard le soin d'organiser et de surveiller la distribution de leurs subventions, ils lui offraient le meilleur remède pour lutter contre ses crises d'anxiété : pouvoir se rendre utile.

L'Afrique du Sud ! Teilhard ne côtoya pas cette gangrène sociale qu'était l'apartheid sans s'en émouvoir. Dans une lettre à André Ravier, il décrivit son malaise :

> Ici (j'entends à Cape Town) on sent distinctement le vieux fond huguenot, civilisé et confortable, – si différent de l'atmosphère de Joh'burg, une ville de pionniers. Ici comme là, une seule chose ou impression désagréable : l'effort du gouvernement pour maintenir désespérément la suprématie blanche (on re-forme les écoles pour indigènes sur le principe de l'inégalité des races, à inculquer aux enfants). Les anglicans réagissent courageusement. Mais on n'entend jamais la voix catholique, me semble-t-il. Naturellement, – là comme dans le cas « individu » et « personne » – il me semble qu'il y a confusion dans les esprits entre « inégalité » et « différence » (ou complémentarité). Mais les passions sont allumées… Il faudrait, par-dessus tout cela, une grande passion humaine commune, – un renouveau (christianisé) du Sens de l'Espèce, comme j'ai coutume de dire. Je suis convaincu que cela viendra : parce que cela *doit* venir [Lettre de Cape Town de septembre 1953.]

Teilhard pensait qu'il fallait expliquer leurs différences aux hommes pour leur apprendre à se mieux connaître et leur permettre ainsi de se rapprocher, de se compléter.

Et toujours ses conclusions optimistes : « cela viendra : parce que cela *doit* venir ! » La marche en avant de l'évolution la conduit de façon inéluctable à découvrir la bonne issue, le bon passage pour arriver à une meilleure situation – même si temporairement il y a essai d'un mauvais chemin.

Le mieux-être est inéluctable. Un fatalisme optimiste en quelque sorte !

En 1954, ce fut l'ultime séjour en France toujours en compagnie de Rhoda. Conduit en automobile par Pierre Leroy, tout aussi précieux pour ce voyage en France que Rhoda en Afrique du Sud, il revit Sarcenat, séjourna aux Moulins chez Joseph et eut également le temps de visiter Lascaux. Mais le séjour dut être écourté, car une fois de plus il accepta de faire des conférences – ce qui immédiatement lui attira des ennuis. Toujours optimiste, il avait écrit, sûr de lui, à son « général » qu'il ne s'occupait plus de « propagation ». Mais le jaillissement de ses idées était trop fort.

« Merci pour votre lettre, si compréhensive, du 17, qui ne m'a pas sensiblement affecté. Je voulais surtout un test, pour apprécier l'attitude de Rome à mon égard, et savoir comment agir. Maintenant je l'ai : c'est plus clair ? Et vous savez que ces frottements administratifs laissent intact en moi un attachement de plus en plus profond à une Église sans laquelle je ne vois aucun moyen de "valoriser", ni "amoriser" une hominisation à la poursuite et l'avance de laquelle j'ai consacré définitivement ma vie [1]. »

Et au début d'août, il repartit pour les États-Unis.

Il mourut quelques mois plus tard, le jour de Pâques 1955, dans l'appartement de Rhoda, à l'heure du thé, au milieu de quelques amis. Il fut enterré dans le cimetière des Jésuites, à Poughkeepsie sur les bords de l'Hudson à une centaine de kilomètres au nord de New York.

Les hommages furent nombreux lorsque son décès fut connu.

Lucile, Rhoda et Ida assistèrent à ses funérailles avec quelques fidèles et amis.

Lucile, un an plus tard, inscrivit dans son journal : « Et Pierre est mort le jour de Pâques 1955 – bien-aimé Pierre – combien tout a changé. »

1. Lettre à André Ravier datée de Paris, le 20 juillet 1954 (L. Int.). Arrivé au début de juin à Paris, Teilhard accepta le 20 du même mois de participer à une réunion où il prit la parole. Ses propos furent, sans délai, rapportés en haut lieu où l'on s'inquiéta de sa présence à Paris. André Ravier, qui avait pris sur lui d'autoriser ce retour de trois mois en France, fut contraint de demander à Teilhard de l'abréger. À soixante-quatorze ans, Teilhard se faisait encore gronder. Paradoxal témoignage de la puissance de ses idées !

Elle disparut à son tour dix ans plus tard, ayant confié ses lettres à sa nièce pour que celle-ci les publie un jour et que soit ainsi connue « sa part » !

Ida Treat dans son journal a jeté un dernier regard sur les hommes de sa vie ; un an après la mort de Pierre elle nota :

Ni Paul ni Pierre n'entrera dans cette maison (ni André non plus, bien qu'il soit vivant, lui). Paul et Pierre, mes deux grands morts – les deux grands hommes de ma vie.

Il y a eu Paul. Il y a eu Pierre. Paul, l'ami – le vrai, dans le sens le plus profond. Puisqu'il y a son souvenir, je ne devrais jamais me sentir seule. Jamais me sentir le cœur vide.

Et Pierre – rayonnant comme un astre. Le saint – avec la faiblesse des saints. (Quelle consolation pour moi de savoir que je n'ai pas contribué à cette faiblesse – si vraiment ce fut une faiblesse – ce dont je ne suis pas sûre.)

CHAPITRE XV

PIERRE TEILHARD DE CHARDIN

Teilhard fut autant critiqué par les hommes d'Église que par les scientifiques. Les théologiens lui reprochèrent ses incursions sur un terrain dont ils lui refusaient l'entrée. Les scientifiques lui reprochèrent une absence de méthode expérimentale dans un discours qui exposait avec force et conviction un ressenti, une vision intime que Teilhard désirait ardemment faire partager. Sa démarche s'appuyait sur des travaux scientifiques de grande valeur, puis les complétait et les prolongeait par le récit de sa vision du monde en marche vers l'unité.

On peut tenter de résumer les critiques des hommes d'Église, aperçues à plusieurs reprises dans les précédents chapitres, en soulignant qu'ils lui ont fortement reproché son peu de goût à mettre en avant le surnaturel.

De même que ses efforts pour redonner une définition plus raisonnable du péché originel ont soulevé des critiques tout aussi vigoureuses de la part de théologiens : « Le Christ, selon Teilhard, purifie le monde, il anime la montée des consciences d'une nouvelle impulsion ; mais on ne lit pas (chez Teilhard) qu'il rachète les hommes pécheurs en prenant sur lui le poids de leurs péchés, ni qu'en s'offrant en sacrifice, il a obtenu le salut de l'humanité. Tout le drame du Fils de Dieu expiant pour nos fautes et nous libérant "par son sang", par un acte suprême d'obéissance et d'amour, est passé sous silence [1]… »

Les attaques des scientifiques, si elles furent moins constantes que celles des théologiens, furent rudes.

1. *La Nouvelle Revue théologique* de février 1956. Cité par Louis BARJON dans *Le Combat de Teilhard de Chardin*.

Jacques Monod, prix Nobel de médecine, a été un des plus durs : « Je suis pour ma part choqué par le manque de rigueur et d'austérité intellectuelle de cette philosophie. J'y vois surtout une systématique complaisance à vouloir concilier, transiger à tout prix. Peut-être après tout Teilhard n'était-il pas pour rien membre de cet ordre dont, trois siècles plus tôt, Pascal attaquait le laxisme théologique. » On relèvera quand même ici ce qu'a de désobligeant cette référence contournée à la Compagnie de Jésus. Et plus loin, Jacques Monod fait une allusion teintée de condescendance à la passion de Teilhard pour les pierres. Il écrit en parlant du « caillou » : « Cet objet n'a pas, selon la théorie, le devoir d'exister, mais il en a le droit. Cela nous suffit, s'agissant du caillou, mais non de nous-mêmes. Nous nous voulons nécessaires, inévitables, ordonnés de tout temps. Toutes les religions, presque toutes les philosophies, une partie même de la science, témoignent de l'inlassable, héroïque effort de l'humanité niant désespérément sa propre contingence. » Jacques Monod refuse tout sens à la vie. On ne peut être plus à l'opposé des idées de Teilhard. Et plus loin : « L'Univers n'était pas gros de la vie, ni la biosphère de l'homme. Notre numéro est sorti au jeu de Monte-Carlo. Quoi d'étonnant à ce que, tel celui qui vient d'y gagner un milliard, nous éprouvions l'étrangeté de notre condition [1] ? »

Que peut-on répliquer en face d'une affirmation aussi ferme ? Les clivages des premières cellules, si tant est qu'ils aient été un fait isolé, étaient peut-être des hasards, mais la complexification de la vie et derrière elle l'introduction des forces de prévision et d'invention puis la construction de l'humanité, qui se sont pour ainsi dire engouffrées dans le passage dégagé par la réussite de ces clivages, peuvent-elles n'être qu'une succession de hasards ? Cette extraordinaire capacité à nous comprendre qui surprenait si fort Albert Einstein, si elle s'est éveillée par hasard, témoigne bien d'une capacité à prendre en main ce hasard et transcende en marche « en haut et en avant » ce qui semblait jusqu'ici n'être qu'une succession de hasards.

Autre contradicteur d'envergure, le biologiste Jean Rostand fut tout aussi intransigeant : « Il est indéniable que le transformisme de Teilhard se situe en dehors de la science, dans la mesure où, purement conjectural, il échappe à toute tentative de

1. Jacques MONOD, *Le Hasard et la Nécessité*.

vérification et ne peut mener à aucune entreprise expérimentale, dans la mesure où il fait appel à des énergies mystérieuses que nous n'avons aucun moyen de déceler et sur lesquelles nous n'avons aucune prise [1]. » Le reproche est en gros le même. Teilhard s'aventurait dans un domaine qui n'était pas le sien, celui des sciences de la vie, et ses arguments étaient hors du champ de la vérification par l'observation purement scientifique. Il est curieux de lire que Rostand ne s'est pas attaché à comprendre ce que Teilhard voulait dire lorsqu'il parlait d'énergie psychique ; la volonté humaine n'a rien de mystérieux !

En Angleterre, Peter Medawar, prix Nobel de physiologie, fit la même critique. Il déclara que « Teilhard n'est en aucun sens un penseur sérieux. Il possède cette innocence qui nous fait comprendre facilement pourquoi le faussaire du crâne de Piltdown a choisi Teilhard pour être l'inventeur de sa canine [2]. » Le coup était bas : Teilhard avait été assez naïf pour se laisser berner lors de l'épisode de la fausse découverte de Piltdown, cela témoignait de son peu de valeur scientifique !

Même en laissant de côté toute polémique, les points de vue apparaissent difficilement conciliables. D'un côté, le scientifique l'œil rivé sur son instrument d'analyse et cherchant par une méthode impeccable à établir la stabilité d'un fait, de l'autre l'homme de réflexion qui ose une extrapolation vers le futur à partir d'une vérification tout aussi impeccable du déroulement du passé. L'observation méthodique d'un fait répétitif se pose en face de la vision d'une évidence comprise comme une expérience observable et prolongeable.

Comme les théologiens, mais pour des raisons inverses, les hommes de science ne pardonnent pas à Teilhard sa position sur le surnaturel. Les premiers lui reprochent de ne pas l'avoir inclus dans sa réflexion, les seconds de ne pas l'avoir radicalement écarté.

Il ne sert à rien de s'attarder plus longuement sur ces controverses, les points de départ étant totalement à l'opposé.

Plus large est la critique au sujet de l'optimisme de Teilhard. Dans les tranchées, il avait porté sur la guerre un regard

1. Jean Rostand, *Hommes d'autrefois et d'aujourd'hui.*
2. Robert Speaight, *La Vie de Pierre Teilhard de Chardin.*

lointain, voyant celle-ci comme un phénomène biologique indissociable de la marche en avant de l'humanité.

Au lendemain des années sombres de la Seconde Guerre mondiale, lorsque venait d'être révélée l'énormité des horreurs nazies, et démontrée la violence des armes de destruction massive, l'optimisme de Teilhard pouvait sembler bien naïf.

De nombreux témoignages ont rapporté l'entretien entre Gabriel Marcel et Pierre Teilhard de Chardin dans les années d'après-guerre. Robert Speaight a raconté la scène : Gabriel Marcel, en tant qu'existentialiste chrétien, fut de ceux qui manifestèrent leur désaccord avec Teilhard... Ils s'affrontèrent en débat public.

Le sujet traité par Teilhard était : « dans quelle mesure l'organisation matérielle de l'humanité l'entraîne-t-elle vers un point de maturation spirituelle ? »

Gabriel Marcel fut fort sceptique : « Je me demande pourquoi une telle conscience présenterait une valeur spirituelle. J'entends par spirituelle, une référence à certaines valeurs qui sont des valeurs très précises. Reprenons l'exemple des médecins de Dachau : est-ce que, sur ce plan, on peut être optimiste ? Que vaut la conscience intégrante de ces savants ? Je ne vois pas ce qu'il y a là d'hominisant. »

À quoi, Teilhard répond : « L'homme pour être homme doit avoir humainement tout essayé jusqu'au bout. »

Débat rude où l'on voit encore une fois la difficulté de s'entendre lorsque le point de départ est différent pour les deux interlocuteurs. L'affirmation de Teilhard que l'homme pour « être homme doit avoir tout essayé, jusqu'au bout » ne peut s'entendre ni pour un individu ni pour un groupe d'individus. Elle concerne l'humanité considérée comme un ensemble tâtonnant.

Alors que son interlocuteur a devant les yeux le bourreau pervers organisant industriellement la destruction de ses semblables, Teilhard voit l'humanité comme une personne pensante. Teilhard condamne comme il se doit l'individu coupable d'exaction mais, s'élevant au niveau de l'humanité pensant et agissant comme une personne, il en admet les erreurs – qui dans sa pensée ne sont que la manifestation des tâtonnements de l'évolution.

L'optimisme de Teilhard est un optimisme global, d'ensemble. Il a confiance en le parfait achèvement de l'humanité. En fait, l'écart entre les deux hommes est un écart de point de départ. Teilhard se situe trop haut et trop loin pour le spectateur témoin d'un drame à la surface du globe.

Mais au fond, ce débat nous amène à la vraie limite de la réflexion de Teilhard : son éloignement, sa distance, sa réticence à aller au contact des problèmes de société.

Il est difficile dans un monde moderne d'imaginer un prophète, personnage teinté d'irréel et objet d'incompréhension. Notre époque réclame des faits, des résultats, des prises de conscience suivies d'effets visibles. Nous vivons au temps de l'efficacité du résultat. Les perspectives à long terme ont du mal à attirer notre attention. L'éveil aux préoccupations à long terme est le résultat d'une réflexion approfondie.

N'est-ce pas cette dimension qui doit aujourd'hui rendre toute son actualité à Teilhard ? Apprendre à raisonner, et surtout à agir, non pas en tant qu'individu soucieux de bâtir son abri ou pire son mausolée, mais en tant qu'humanité soucieuse de son devenir ? Pour aller au bout de son voyage, il faut non seulement maîtriser le prochain virage, s'équiper pour franchir le prochain col, mais aussi connaître sa destination, prévoir le nombre d'étapes et organiser le ravitaillement.

Si on observe attentivement les derniers efforts de la société moderne, bien des avancées, bien des tentatives n'auraient pas été désavouées par Teilhard. Nous sommes peut-être beaucoup plus sur le chemin qu'il nous a décrit que nous ne le pensons. Mondialisation, socialisation, intelligence collective, conscience collective, recherche collective, gouvernance supra-nationale, entraide mondiale, tout cela trouve autour de nous une application. Nous commençons à penser et à nous comporter comme habitants du monde.

Teilhard avait bien perçu ces mouvements irrésistibles : « Essentiellement, autour de nous, sous la double et irrésistible étreinte d'une Planète qui se rétrécit à vue d'œil, et d'une Pensée qui se boucle de plus en plus rapidement sur soi, la poussière des unités humaines se trouve soumise à une formidable pression de rapprochement. »

Radical dans sa pensée, il réduit la question à une dimension simple : l'émergence du collectif étant inéluctable, plutôt préparer et faciliter son installation que d'y être forcé avec toutes les crispations que cela implique : « Nous éveiller au sens de cette économie profonde c'est *ipso facto* permettre à la collectivisation humaine de dépasser la phase forcée où elle se trouve encore aujourd'hui pour entrer dans sa phase libre : celle où les hommes, ayant enfin reconnu qu'ils sont les éléments solidaires d'un Tout convergent, et se prenant par suite à aimer les déterminismes qui les resserrent, l'unanimité d'affinités et de sympathie se substituera aux puissances de coercition [1]. » Cette conviction de Teilhard que les choses avançaient inéluctablement renforçait sa tranquille assurance lorsqu'il intervenait dans des débats et devait agacer plus d'un interlocuteur.

Teilhard était un optimiste. Le mal était pour lui fondamentalement le coût de l'arrangement ! L'ombre de l'action ! Comme un remous néfaste dans le sillage de l'évolution en marche !

Il s'en est expliqué dans un post-scriptum du *Phénomène humain* :

Le Mal, objecterez-vous, n'est pour ainsi dire pas mentionné dans mon livre. Explicitement, peut-être. Mais en revanche ce même Mal, tout justement, ne sourd-il pas, invinciblement et multiforme, par tous les pores, par tous les joints, par toutes les articulations du système où je me suis placé ?... Jusque dans ses zones réfléchies, nous l'avons vu, le Monde procède à coups de chances, par tâtonnements. Or, de ce seul chef, jusque dans le domaine humain (celui cependant où le hasard est le plus contrôlé), que de ratés pour une réussite !... Statistiquement, à tous les degrés de l'Évolution, toujours et partout, c'est le Mal qui se forme et reforme, implacablement, en nous et autour de nous ! Ainsi l'exige, sans recours possible, le jeu des grands nombres au sein d'une Multitude en voie d'organisation... Douleurs et fautes, larmes et sang : autant de sous-produits engendrés en chemin par la Noogenèse. Voilà donc, en fin de compte, ce que, dans un premier temps d'observation et de réflexion, nous révèle le spectacle du Monde en mouvement.

Mais est-ce vraiment bien tout, – et n'y a-t-il pas autre chose à voir ? – C'est-à-dire est-il bien sûr que pour un regard averti et sensibilisé par une autre lumière que celle de la pure science, la quantité et la malice du Mal répandu de par le Monde ne trahisse pas un certain excès, inexplicable pour notre raison si à *l'effet normal d'Évolution* ne se surajoute pas *l'effet extraordinaire* de quelque catastrophe ou déviation primordiale ?

Teilhard a bien entrevu qu'il y a une dimension propre à la malfaisance, mais il n'ira guère plus loin pour prolonger cette

1. *L'Unanimisation de l'homme*, dans *L'Avenir de l'homme*, tome 5 des œuvres complètes.

réflexion. Trop bon, trop optimiste pour pouvoir sincèrement réfléchir sur la grande question du mal absolu, il voit trop la bonne direction, pour imaginer facilement que quiconque, engagé par tâtonnement dans la mauvaise, puisse délibérément et durablement poursuivre dans l'impasse. Le comportement pervers est trop choquant pour lui, il n'en nie pas l'existence mais il a du mal à le concevoir.

L'historien des religions retiendra l'ambition démesurée de Teilhard : vouloir modifier en profondeur le christianisme et le réconcilier avec la science. L'historien des idées retiendra l'effort pour donner une explication, un éclairage, un sens à l'existence humaine. Le simple curieux de sa propre histoire retiendra la marche vers plus de solidarité, la nécessité d'achever une société qui ne cesse de se remplir de l'amour des uns envers les autres. À l'encontre de toute course à la poursuite de l'individualisme, Teilhard nous entraîne vers plus de collectif.

Teilhard renouvelle et élargit la dimension du message de solidarité. Ce message qui est aussi vieux que l'humanité est consciente de son existence, mais qui déjà fut renouvelé et enrichi de manière spectaculaire il y a deux mille ans.

« Et en réaction instinctive contre cette émersion incessante de l'Autre autour de nous, notre premier geste est de repousser ou d'éliminer les intrus qui nous étouffent [1]. » Cette primauté de l'individu sur le groupe s'exaspère à la mesure de l'importance des connaissances acquises ou possédées par cet individu. Elle va de pair avec la difficulté rencontrée pour promouvoir la solidarité et surtout en accepter les obligations.

Il est intéressant – à ce point du débat sur le rôle de l'individu face à l'appel de la solidarité, de la charité, de l'amour, véritable centre du christianisme – d'évoquer les réflexions d'un autre auteur chrétien : René Girard.

René Girard, qui est chrétien et croyant par raison [2], rappelle que la Passion est l'événement fondateur du christianisme :

1. *La Montée de l'autre*, dans *L'Activation de l'énergie*, tome 7 des œuvres complètes.

2. « Ce n'est pas parce que je suis chrétien que je pense comme je le fais ; c'est parce que mes recherches m'ont amené à penser ce que je pense, que je suis devenu chrétien. Cela ne veut pas dire que l'affectif ne joue aucun rôle dans mon christianisme » (René GIRARD, *Les Origines de la culture*).

Dans les Évangiles, l'enseignement de Jésus et la Passion constituent donc le développement rigoureux d'une logique paradoxale. Tout ce qui rend un être divin aux yeux des hommes, le pouvoir de séduire ou de contraindre, l'aptitude à s'imposer irrésistiblement, Jésus n'en veut pas…

Jésus recommandera aux hommes de l'imiter lui et de chercher la gloire qui vient de Dieu, au lieu de celle qui vient des hommes. Il leur fera voir que les rivalités mimétiques ne mènent qu'aux meurtres et à la mort [1]…

Le refus de la gloire qui vient des hommes pour aller à la recherche de la gloire qui vient de Dieu est bien cette dénonciation par Teilhard de notre réaction instinctive contre l'émergence incessante de l'autre. La voie vers l'Union, vers l'autre, la voie convergente est à rebours de la voie des individus. Le drame de la Passion résume cette difficulté. Les disciples et les fidèles suivirent Jésus comme on suit un chef humain charismatique, mais se dispersèrent lors de son arrestation. C'est au lendemain de la Passion que s'opéra leur tête-à-queue, leur véritable compréhension du message du Christ, le message de charité et d'amour.

René Girard ne se fait guère d'illusion sur la difficulté d'admettre ce point de vue, car il constate, désabusé que « Jésus ne persuadera presque personne. Sa révélation sera reçue juste assez pour que ses auditeurs comprennent qu'ils désirent l'étouffer ».

Teilhard s'attacha à dédramatiser la réticence de l'individu à accepter l'autre et s'efforça de nous convaincre, par un appel à notre intelligence.

Nous éveiller au sens de cette économie profonde c'est *ipso facto* permettre à la collectivisation humaine de dépasser la phase forcée où elle se trouve encore aujourd'hui pour entrer dans sa phase libre : celle où les hommes, ayant enfin reconnu qu'ils sont les éléments solidaires d'un Tout convergent, et se prenant par suite à aimer les déterminismes qui les resserrent, l'unanimité d'affinités et de sympathie se substituera aux puissances de coercition [2].

1. René GIRARD, *La Route antique des hommes pervers*.
2. *La Planétisation de l'homme*, dans *L'Avenir de l'homme*.

Plus nous nous débattons les uns contre les autres pour nous dégager, moins nous parvenons à nous isoler. Plus nous nous emmêlons au contraire ; et plus nous constatons, non sans inquiétude, que de nos servitudes entremêlées tend invinciblement à sortir un ordre, pour ne pas dire un être, nouveau, animé d'une sorte de vie propre, et qui, tout formé qu'il soit de nos consciences individuelles, tend à absorber celles-ci (sans les assimiler) dans un réseau aveugle de forces organisées [1].

Il y a une tonalité radicale dans le message de Teilhard, cette progression vers l'unité a quelque chose tout à la fois d'inéluctable et d'irréversible.

Or ce qui fait la suprême gravité et le suprême intérêt de la situation c'est que, scientifiquement analysé, le phénomène se révèle comme doublement irrésistible. Irrésistible d'abord planétairement, parce que lié à la forme close de la Terre, au mécanisme de la génération et aux propriétés psychiques de la matière humaine. Et irrésistible aussi cosmiquement, parce que exprimant et prolongeant le processus primordial en vertu duquel, aux antipodes des atomes qui se désintègrent, le psychique émerge et croît constamment dans l'Univers au sein de groupements matériels de plus en plus compliqués [2].

À ce moment, le constat devient trivial. Puisque nous allons vers plus d'union, autant s'y préparer pour faciliter notre existence et accélérer la mise en place d'une société unie. Organiser l'inéluctable pour ne pas avoir à le subir.

Combien de fois les choses bougent, hélas, seulement au lendemain d'une crise. De l'exemple spectaculaire de la lutte contre le racisme aux États-Unis aux secours apportés aux sans-logis les nuits d'hiver glaciales. Les défavorisés se révoltent et se révolteront sans relâche contre leur sort. Parallèlement, face à la situation de certains exclus qui sont dans un tel état de dénuement qu'ils n'ont même pas la force de se manifester, la société elle-même, mise au pied du mur, finit par réagir. La pression sociale née de l'inégalité ressentie comme une injustice s'exprimera toujours, même si elle est dans un premier temps négligée ou pire contenue. Par son appel à plus de solidarité et d'union, Teilhard nous propose de faire l'économie

1. *La Montée de l'autre*, dans *L'Activation de l'énergie*.
2. *La Planétisation de l'homme*, dans *L'Avenir de l'homme*.

de ces crises qui vont d'un ramassage sanitaire tardif des miséreux par les services d'aide, à la répression de révoltes avec l'utilisation d'une violence plus ou moins contrôlée.

L'optimisme de Teilhard se teintait ici de réalisme, il anticipait encore de bonnes secousses : « Mais je suis de plus en plus convaincu que l'Homme et plus spécialement L'Esprit ont absolument besoin de faire peau neuve (pensée neuve) et ceci ne saurait s'obtenir sans quelque grand choc de fond. Les hommes ne feront plus rien de bon tant qu'ils n'auront pas pris conscience du mouvement (organique) qui les entraîne, et qu'ils doivent aider ; et cette conscience ne leur viendra que par une série de bonnes secousses [1]. »

La thérapie de l'électrochoc social ! Au lendemain des attentats du 11 septembre, René Girard faisait une remarque analogue, mélangée d'inquiétude et d'optimisme : « Dans les pays occidentaux, l'écart des salaires s'accroît d'une manière considérable et on va vers des réactions explosives. Et je ne parle pas du tiers monde. Ce qu'on attend de l'après-attentats, c'est bien sûr une idéologie renouvelée, plus raisonnable, du libéralisme et du progrès [2]. »

Au-delà de ce constat un peu sinistre, Teilhard se veut rassurant. Une fois encore, il fait appel à l'intelligence des hommes : « Non, contrairement à l'opinion courante, la Charité n'est pas démodée, périmée, dans notre Monde en fièvre de grandir. Elle reparaît au contraire en tête de la plus moderne, de la plus scientifiquement satisfaisante des morales, dès lors que, transposée dans un Univers en voie de rassemblement spirituel, elle se dynamise, automatiquement [3]. »

Pour Teilhard le fond est bon, il suffit de le mettre en valeur. Le passé de l'homme plaide pour un développement du sens de l'humain.

Une fois déjà, il y a des centaines de milliers d'années, la conscience est parvenue à se centrer, et donc à penser, dans un cerveau arrivé à limite de complication nerveuse : et ce fut la première hominisation de la Vie sur Terre. Une fois encore, après d'autres milliers ou millions d'années la même conscience peut, elle doit, se sur-centrer au

1. Lettres à Pierre Leroy.
2. Entretien avec Henri Tinc, *Le Monde*, 6 novembre 2001.
3. *L'Atomisme de l'Esprit*, dans *L'Activation de l'énergie*.

foyer d'une Humanité totalement réfléchie sur elle-même. Plutôt que de nous opposer inutilement ou de nous abandonner servilement aux puissances plasmatiques de l'astre qui nous porte, qu'attendons-nous pour laisser notre vie s'éclaircir et se dilater à la lumière montante de cette deuxième hominisation ?

Jésus nous prêche la pureté, la charité, l'abnégation. Mais quel est l'effet spécifique de la pureté, sinon la concentration et la sublimation des puissances multiples de l'âme, l'unification de l'Homme en soi ? – Qu'opère, à son tour, la charité, sinon la fusion des individus multiples en un seul corps et une seule âme, l'unification des Hommes entre eux ? – Que représente, enfin, l'abnégation chrétienne, sinon la déconcentration de chaque Homme en faveur d'un Être plus parfait et plus aimé, l'unification de tout en un [1] ?

Les pays riches ne peuvent ignorer la misère à leur porte, car celle-ci vient à pied troubler leur repos au cœur de leur retraite. Leur envie de barrière protectrice ne sera qu'un rêve qui risque de se transformer en cauchemar.

Le choix est celui-ci : soit gérer les urgences, soit mieux organiser le monde. Arrêter de croire et surtout faire croire que tout passe par la seule réussite individuelle. Cela ne peut que nourrir ressentiment et incompréhension quant aux efforts indispensables en faveur de plus de solidarité.

Voilà ce que nous dit Teilhard, voilà ce que nous dit le christianisme. Il ne s'agit pas d'égalitarisme brutal, il s'agit de s'épanouir volontairement dans un monde où l'individu accepte de recevoir de l'aide et d'en donner à ses semblables. L'individu dispose d'un élixir pour le soutenir dans cet effort : l'Amour.

« Le vice, avons-nous dit, des doctrines sociales modernes est de présenter une Humanité impersonnelle aux ambitions de l'effort humain. Qu'arriverait-il le jour où, en place de cette divinité aveugle, nous reconnaîtrions la présence d'un centre conscient de convergence totale ? Alors, par un déterminisme inverse de celui contre lequel nous nous débattons, les individualités, prises dans le courant irrésistible de totalisation humaine, se sentiraient renforcées par le mouvement même qui les rapproche. Plus elles se grouperaient sous une Personne, plus par force elles deviendraient elles-mêmes personnelles. Et ceci tout naturellement, sans effort, en vertu des propriétés de

1. *Science et Christ*, dans *Science et Christ*, tome 9 des œuvres complètes.

l'Amour [1]. » Un amour qui se déploie au cœur d'une matière qui s'attache à s'organiser et à se construire, un amour qui aide à façonner le monde, un amour qui oriente le meilleur des capacités et des forces humaines vers la recherche et la découverte.

Après ce parcours dans le sillage de Teilhard, peut-on avancer une réponse à la question : À quoi sert Teilhard ? À nous rappeler le message repris par le christianisme auquel nous ne pouvons échapper. Nous ne serons nous-mêmes que dans une société solidaire. Et l'humanité n'a d'avenir que dans la marche vers plus de solidarité. Teilhard vient nous répéter que nous sommes appelés vers cette union et que le sens de notre existence est de découvrir qu'il s'agit là d'un désir présent au fond de nous.

« Si les hommes pouvaient s'aimer, s'ils arrivaient à s'aimer, non plus seulement d'épouse à époux, de frère à sœur, de citoyen à concitoyen, mais d'élément à élément d'un Monde en voie de convergence, alors la grande loi évolutive qui, depuis les origines de la Terre, n'a jamais cessé de faire apparaître plus d'Esprit sur plus de Complexité, re-jouerait de plus belle… Plus de termitière à craindre, dans ces cas ; il n'y aurait jamais eu de termitière si les Termites avaient pu vraiment s'aimer [2]. »

1. *L'Énergie humaine*, dans *L'Énergie humaine*, tome 6 des œuvres complètes.

2. *La Montée de l'autre*, dans *L'Activation de l'énergie*.

Chronologie des principaux événements de la vie de Pierre Teilhard de Chardin

1881	Naissance le 1er mai à Sarcenat, village tout proche de Clermont-Ferrand.
1892-1897	Pensionnaire au collège jésuite de Mongré à Villefranche-sur-Saône.
1899	Début des études pour devenir jésuite (Aix, Laval, Jersey, Caen).
1905-1908	Séjour en Égypte.
1908-1911	Séjour en Angleterre. Ordonné prêtre en 1911.
1912	Premier contact avec Marcellin Boule.
1912-1914	Poursuite des activités scientifiques. Explorations (Espagne, Alpes…).
1915-1919	Au front pendant quatre ans.
1919-1922	Études au Muséum d'histoire naturelle à Paris.
1923	Premier séjour en Chine. Expédition dans le désert des Ordos.
1924-1925	Retour en France. En 1925, début de ses « tracas » avec l'Église.
1926	Deuxième départ pour la Chine.
1927	Expéditions en Chine. Retour en France.
1928	France. Séjour en Somalie chez Henri de Monfreid.
1929	Troisième séjour en Chine.
1930	Expéditions en Chine. Retour en France à l'automne.
1931	Voyage aux États-Unis. Début de la croisière Citroën.
1932	Fin de la croisière Citroën. Retour en France.
1933	Paris, Pékin, États-Unis, Pékin.
1934	Expéditions en Chine.
1935	Séjour en France pendant l'été. Rejoint Helmut de Terra au Cachemire à l'automne.
1936	Retour en Chine en passant par Java. Expéditions en Chine.
1937	Séjour en France, voyage aux États-Unis, expédition en Birmanie.

1938	Fin du séjour en Birmanie, Java. Pékin. États-Unis et France.
1939	France, États-Unis et retour à Pékin.
1940-1941	Pékin.
1942	Pékin. Déplacement à Shanghai.
1943-1945	Pékin.
1946	Pékin, retour en France en avril.
1947	Paris. Infarctus en juin.
1948	Paris. Séjour aux États-Unis au printemps et à Rome en octobre.
1949	Paris. Vacances aux Moulins.
1950	Paris. Vacances aux Moulins.
1951	France, voyage en Afrique du Sud puis départ pour les États-Unis.
1952	New York, vacances dans les Rocheuses.
1953	New York, second séjour en Afrique du Sud.
1954	New York, dernier retour en France pour l'été.
1955	Meurt à New York le jour de Pâques.

Lexique des parents, collègues et amis de Pierre Teilhard de Chardin [1]

JOHAN GUNNAR ANDERSSON : 1874-1960. Géologue et archéologue suédois. En 1914, le Service géologique de Chine l'invita à Pékin à titre de conseiller pour les recherches minières. Il découvrit en 1921 le site de Choukoutien. Il fut un pionnier de l'archéologie chinoise. Le Musée des antiquités d'Extrême-Orient de Stockholm rassemble ses trouvailles. Sa route ne pouvait manquer de croiser celle de Teilhard. Leur rencontre eut lieu en 1924, lors du premier séjour en Chine du jésuite. Celui-ci garda un souvenir ému du dîner d'adieu offert lorsque Andersson quitta Pékin en avril 1927.

GEORGE BARBOUR : Géologue britannique, né à Édimbourg en 1890. Il épouse en 1920 Dorothy Dickinson. Sa carrière scientifique a croisé à maintes reprises celle de Teilhard. En 1920, il est professeur de géologie à l'université de Pékin. C'est à Pékin que les deux géologues firent connaissance à la fin de 1923. Dès 1924, ils réalisèrent des expéditions ensemble. Leur collaboration scientifique se poursuivit pendant des années. Teilhard, Black et Barbour sont quasiment inséparables jusqu'à la mort de Black en 1934. Après cette date, malgré l'installation de Barbour aux États-Unis, le contact se maintint avec Teilhard. Après la guerre, les deux amis eurent l'occasion de se voir à plusieurs reprises. Barbour est un des hommes qui ont le mieux connu Teilhard, le Teilhard intime, passionné de progrès scientifique et non moins passionné par l'aventure de l'humanité et du christianisme. Chez ce presbytérien profondément religieux et cultivé, Teilhard trouvait un interlocuteur de choix, compréhensif et ouvert au dialogue. Barbour soutenait et encourageait Teilhard de son mieux devant l'incompréhension que celui-ci rencontrait auprès de son Église. Il a raconté ses souvenirs dans son livre *Teilhard de Chardin sur le terrain* (d'après Gérard Baudry, Dic.).

1. Ce lexique des familiers de Teilhard est loin d'être exhaustif. Il a été établi afin de permettre au lecteur de rester familier des principaux personnages évoqués ou cités par Teilhard dans sa correspondance.

MAX ET SIMONE BÉGOUËN : Max-Henri Bégouën est le fils d'Henri Bégouën, préhistorien rendu célèbre par sa découverte de plusieurs grottes avec l'aide de ses trois fils. La grotte des bisons d'argile, la grotte des trois frères... Ces grottes se trouvaient dans ses propriétés en Ariège.

Max est né en 1893. C'est pendant la guerre qu'il rencontra Teilhard pour la première fois. Il passa une partie de sa vie à gérer des intérêts agricoles au Maroc et en Guinée, ce qui lui donna l'occasion de se pencher sur l'esprit de la colonisation française. Contestant les méthodes, il stigmatisait le travail forcé, le déplacement autoritaire de la main-d'œuvre, entraînant la diminution de la population en Afrique occidentale française.

« Mes délicieux amis Bégouën », les appelait Teilhard. Il faut en effet associer Simone Bégouën à son mari dans cette chaude amitié pour Teilhard. C'est elle qui la première aida Teilhard pour la diffusion privée de plusieurs de ses œuvres. Elle avait épousé Max en 1922. Cette amitié dura jusqu'à la mort de Teilhard et fut la source d'une large correspondance, pour une part non encore éditée (d'après Gérard Baudry).

DAVIDSON BLACK (Davy) : Anatomiste et anthropologue canadien, né à Toronto en 1884, décédé à Pékin le 15 mars 1934. Après des études médicales, il est nommé à Cleveland, où il participa à la construction du Musée d'anatomie et d'anthropologie comparée. En 1914, il se rendit en Angleterre puis à Amsterdam. À son retour à Cleveland, il publia *Le Cerveau de l'homme primitif*. En 1920, persuadé que l'Asie devait être le berceau de l'homme primitif, il accepta d'être nommé en Chine comme anatomiste et neurologiste au Peking Union Medical College dirigé par des Américains. Passionné par les recherches sur l'homme fossile, il constitua autour de lui, en collaboration avec le Service géologique de Chine, une remarquable équipe de chercheurs étrangers et chinois. La découverte du sinanthrope, en 1929, allait récompenser ses efforts. C'est lui qui dégagea les crânes de leur couche de travertin, en réalisa des moulages et surtout en fit l'étude anatomique détaillée. Teilhard, qui collaborait régulièrement avec Black, le tenait en haute estime et avait pour lui une grande amitié. Sa mort soudaine, en mars 1934, le bouleversa.

MARCELLIN BOULE : 1861-1942. Paléontologiste français, à l'origine de la création de l'Institut de paléontologie humaine avec l'aide du prince Albert de Monaco. Il est un des fondateurs de la préhistoire française. Il a été un des premiers à relier les phénomènes géologiques, paléontologiques et archéologiques de l'époque quaternaire. La carrière scientifique de Teilhard doit beaucoup à Marcellin Boule. Malgré son anticléricalisme, Boule accepta de prendre le jeune jésuite dans son laboratoire quand celui-ci, qui venait d'achever sa théologie, se présenta à lui, en juillet 1912. Teilhard resta toujours en contact avec celui qu'il considérait comme son maître jusqu'à la séparation brutale opérée par la Seconde Guerre mondiale. Les lettres que Teilhard adressa à Boule ont été publiées, *Teilhard de Chardin en Chine, correspondance inédite. Lettres à Marcellin Boule.*

HENRI BREUIL : 1877-1961. Préhistorien et prêtre. Dès ses études de séminaire, il se passionne pour la préhistoire. En 1910, il est attaché au nouvel Institut de paléontologie humaine dirigé par Marcellin Boule. Breuil est un des pionniers de l'étude de la préhistoire. Travailleur acharné, il a accompli une œuvre considérable. Il s'est notamment beaucoup intéressé aux fresques et gravures rupestres.

Sa rencontre avec Teilhard date des années passées ensemble chez Boule. Quoique d'esprit et de tempérament fort différents, les deux hommes sympathisèrent vite. Cette solide amitié devait durer jusqu'à la fin. Breuil initia Teilhard à la préhistoire, ce qui entraîna de longues conversations à bâtons rompus en flânant dans les allées du Jardin des plantes. Pendant ses absences, Teilhard tenait Breuil au courant de ses travaux et expéditions. Jusqu'à sa mort, il entretint avec son ami une correspondance qui constitue un témoignage inappréciable sur sa vie et ses réflexions (d'après Gérard Baudry).

PAUL FEJOS : D'origine hongroise, Fejos joua un rôle important dans les dernières années de la vie de Teilhard, lorsque celui-ci, jugé indésirable en France, chercha un refuge au loin. C'est Fejos qui demanda à Teilhard, géologue et paléontologue de réputation mondiale, de venir l'aider. Fejos était directeur de recherche de la Wenner Gren Foundation dont le siège était à New York et qui avait pour but de promouvoir les recherches anthropologiques. Les deux hommes étaient en contact au moins depuis 1948 (d'après Gérard Baudry).

CHRISTOPHE GAUDEFROY : 1878-1971. Prêtre et minéralogiste français. Professeur de minéralogie à l'Institut catholique de Paris. C'est par Breuil que Teilhard rencontra Gaudefroy qui demandait que soit dédoublée la chaire de géologie qu'on lui proposait d'occuper à l'Institut (entre minéralogie et géologie). Il proposa la candidature de Teilhard pour occuper cette dernière. Teilhard succédait ainsi à son ami Boussac tué pendant la guerre. Gaudefroy et Teilhard ne furent pas seulement des collègues dans un enseignement scientifique de haute qualité mais aussi des amis sincères. Leur correspondance s'étend sur toute la période de l'entre-deux guerres (d'après Gérard Baudry).

AMADEUS WILLIAM GRABAU : Géologue et paléontologue américain. Né en 1870, décédé à Pékin en 1946. Professeur de paléontologie à l'université Columbia. Durant la Première Guerre mondiale, il fut accusé de sympathie progermanique (il était d'ascendance allemande). Aussi, en 1920, décida-t-il de partir pour la Chine où il fut nommé professeur de paléontologie à l'Université nationale de Pékin et responsable du département de paléontologie du Service géologique de Chine. Devenu invalide, il ne pouvait aller sur le terrain. Il forma de nombreux scientifiques chinois. Par ses vastes connaissances scientifiques, la force de son imagination créatrice (il fut un précurseur en bien des domaines telle la théorie sur la dérive des continents), il exerça une grande influence dans les milieux scientifiques de Pékin.

Teilhard fit sa connaissance dès son premier séjour en Chine. Il fut séduit par ce savant qui alliait le sens aigu de l'analyse et l'élaboration de grandes théories synthétiques. Il lui conserva une amitié fidèle jusqu'au bout. On doit à Grabau le nom donné à l'homme fossile de Choukoutien : *Sinanthropus pekinensis*. C'est chez lui que Teilhard fit la connaissance de Lucile Swan à la fin de l'année 1929.

WALTER GRANGER : 1872-1941. Paléontologue américain. Au début des années 1890, il a été l'un des premiers paléontologues du département des vertébrés fossiles de l'American Museum of Natural History, où il a accompli l'ensemble de sa carrière. Les compétences scientifiques de Granger en matière de vertébrés fossiles étaient internationalement reconnues. Ses études sur les sites d'Amérique du Nord, d'Égypte, d'Europe, de Chine ou de Mongolie sont considérées comme autant de contributions essentielles.

SVEN HEDIN : 1865-1952. Explorateur suédois. Docteur de l'université d'Uppsala. Nommé à Bakou. Il en profita pour mener en 1890 son premier grand voyage d'exploration en visitant la Perse. Il apprit le russe, le turc, le persan et d'autres dialectes locaux. En 1893, il partit à l'assaut du Pamir avec onze chevaux et quelques hommes. Après mille et un jours de voyage, il arriva à Pékin. Devenu célèbre dans le monde entier, il fit en 1905 une tentative pour atteindre Lhassa, mais il échoua à deux reprises. Sven Hedin a laissé une œuvre capitale pour l'histoire de la géographie du Tibet et des chaînes de montagnes voisines.

JULIAN SORELL HUXLEY : 1887-1975. Zoologiste et écrivain. Son grand-père avait été un ami de Darwin. Julian a mené une carrière d'enseignant et de chercheur qui le conduira entre autres postes importants à être le premier directeur général de l'Unesco. Teilhard avait suivi ses publications avant de le rencontrer à Paris en 1946. Les deux savants se rencontrèrent plusieurs fois, tant à Paris qu'à New York. Julian était le frère d'Aldous Huxley.

Julian Huxley a apporté ce témoignage de ses rencontres avec Teilhard en soulignant ce qu'il y avait de convergent entre leurs deux pensées, celle de l'agnostique Huxley et celle du croyant Teilhard :

« Depuis le moment de ma première rencontre avec le Père Teilhard en 1946, peu de temps après mon départ pour Paris comme directeur de l'Unesco, je compris que je n'avais pas trouvé seulement un ami, mais un partenaire dans l'aventure intellectuelle et spirituelle. Bien qu'il eût approché le problème de la destinée du point de vue d'un chrétien et d'un Père Jésuite, et moi du point de vue d'un agnostique et d'un zoologiste, nous avions pensé le long des mêmes axes et nous étions arrivés à des conclusions étonnamment similaires. C'était parce que nous avions tous deux décidé de considérer la destinée humaine (c'est-à-dire l'homme, son arrière-plan et son habitat cosmique, et les relations entre ces éléments) comme un phénomène, sous des angles aussi nombreux que possible, mais seulement et toujours comme phénomène, non comme problème métaphysique, éthique, ou théologique. Avec des approches de ce genre, l'Homme se présente non comme une création étrangère à la nature ou séparée d'elle, mais comme une partie (et une partie tout à fait essentielle) du phénomène de l'évolution. Et l'entendement et l'esprit n'apparaissent pas comme un épiphénomène hors de propos, ni comme une irruption d'origine surnaturelle, mais comme des phénomènes naturels d'une haute importance. » Bel exemple de l'effort de deux penseurs pour souligner et approfondir ce qui les rapprochait, plutôt que de se cramponner à ce qui les séparait (cité par Claude Cuénot, *Pierre Teilhard de Chardin*, Club des Éditeurs, 1958, p. 355).

JEAN BAPTISTE JANSSENS : Père Général des Jésuites de 1946 à 1964. Jésuite belge né à Malines en 1889. Entré en 1907 dans la Compagnie, il s'y consacra à l'étude et à l'enseignement de la théologie. Il est élu au poste de Préposé Général des Jésuites en 1946. Son généralat fut marqué par des événements importants pour l'Église et la Compagnie. Sous le pontificat de Pie XII, le Père Janssens fut contraint de prendre des mesures disciplinaires qui l'affectèrent. Dans le cas de la France, ce furent le retrait des prêtres-ouvriers jésuites, le départ précipité et forcé de plusieurs théologiens jésuites de Lyon. Quels que fussent son rôle et sa responsabilité dans ces mesures répressives, son nom y resta néanmoins attaché. Pour le Père Janssens, l'évolution n'était qu'une simple « mode » qui ne durerait pas. Dans ces conditions, la Compagnie ne pouvait pas se compromettre vis-à-vis du tout-puissant Saint-Office en soutenant ouvertement les positions teilhardiennes. Jusqu'à sa mort, le Père Janssens refusa d'émettre une opinion personnelle sur Teilhard, n'acceptant de recevoir des journalistes qu'après s'être assuré que le nom de Teilhard ne serait pas prononcé. Il mourut à Rome en 1964 (d'après Gérard Baudry et René d'Ouince).

RALPH VON KOENIGSWALD : Géologue allemand né en 1902. Après avoir travaillé en Allemagne, il partit occuper une place de paléontologue à Bandoung dans l'île de Java où il resta jusqu'en 1946. Teilhard fit sa connaissance au cours de son séjour dans l'île, en décembre 1935-janvier 1936. C'est sous la direction de Koenigswald qu'il visita les sites des fouilles où furent découverts les restes du pithécanthrope. Au lendemain de la guerre, Koenigswald travailla un temps à New York puis partit enseigner la paléontologie dans une université aux Pays-Bas (d'après Gérard Baudry).

PIERRE LECOMTE DU NOÜY : Biologiste français né en 1883. Ses travaux le conduisirent à concevoir l'idée d'un temps biologique propre à la matière vivante. Divorcé en 1921, il se remaria en 1923 aux États-Unis avec une Américaine qu'il associa à ses travaux. En raison de la santé de celle-ci, il revint s'installer à Paris pour travailler à l'Institut Pasteur. Lecomte du Noüy cherchait à diffuser une conception du monde spiritualiste fondée sur les sciences biologiques et donnait un rôle éminent à la personne humaine dans la poursuite de l'évolution. Son entreprise et ses idées rejoignaient celles de Teilhard et confirmaient ce dernier dans la justesse de sa cause, bien qu'il trouvât sa pensée trop incomplète. C'est au cours de l'été 1938 que Teilhard fit sa connaissance. La rencontre fut marquante et Teilhard garda toujours une grande estime pour Lecomte du Noüy qui le lui rendait bien. Lecomte du Noüy mourut en septembre 1947, à New York où il était reparti au lendemain de la guerre.

Teilhard rédigea alors pour les *Études* une note sur Lecomte du Noüy. Celle-ci ne parut jamais. Il était interdit à Teilhard de témoigner son affection lors du décès d'un ami – conséquence misérable de l'antipathie maladive qu'il provoquait alors dans certains milieux ecclésiastiques (d'après Gérard Baudry).

PIERRE LEROY : Jésuite et biologiste. Il arrive à Tien Tsin en 1930, pour seconder le Père Licent. Pierre Leroy avait fait la connaissance de Teilhard en 1928. Il avait alors trente ans. À partir de 1939, commençait une collaboration étroite entre les deux jésuites. Ami intime de Teilhard, Pierre Leroy reste un des meilleurs connaisseurs des dernières années de sa vie. Il fut sans doute l'homme qui a le mieux senti et compris la condition douloureuse de son ami, son tempérament sujet à l'inquiétude, voire à l'angoisse, mais que, par une force d'âme peu commune, il ne laissait pas transparaître au-dehors. Il est mort en 1992. Pierre Leroy a publié les lettres qu'il a reçues de son ami, *Lettres familières de Pierre Teilhard de Chardin mon ami*.

ÉMILE LICENT : Jésuite français né en 1876, mort en 1952. Licent va orienter toute sa vie vers la recherche scientifique, considérée comme une œuvre apostolique et missionnaire, dans la ligne des grands savants jésuites du XVIIe siècle qui introduisirent le christianisme en Chine. En correspondance avec Teilhard dès 1921, Licent réussit à intéresser son confrère de Paris à son entreprise. Et, les circonstances s'y prêtant, Teilhard débarqua à Tien Tsin en mai 1923.

HENRI DE LUBAC : Théologien français né à Cambrai en 1896. Membre de la Compagnie de Jésus, il est ordonné prêtre en 1927. Professeur de théologie de renom, il fut considéré comme novateur par l'Église et fut lui aussi confronté à des oppositions. Henri de Lubac est un des théologiens les plus marquants de notre temps. Il ne craignit pas d'utiliser son prestige à défendre la personne et la pensée de son ami Teilhard qu'il connaissait depuis 1922. De 1930 à 1939 puis de 1946 à 1949, la collaboration entre les deux jésuites fut importante, comme en témoigne la correspondance adressée par Teilhard à son jeune confrère. Celui-ci fut souvent consulté par son aîné, notamment pour la mise au point du texte du *Phénomène humain*.

Sur la fin de sa vie, Teilhard devint de plus en plus méfiant à l'égard des théologiens et des philosophes. Sa pensée se durcit. Il eut même de la peine à comprendre certaines orientations de son ami. Il pensait qu'il se dispersait sur des « broutilles » (ses études sur le bouddhisme, par exemple). Plus fondamentalement, il le trouvait un peu trop classique, voire conservateur, empêtré dans une conception du surnaturel qui lui cachait l'univers. Ces quelques remarques montrent que le Père de Lubac, bien qu'il fût pour Teilhard un ami fidèle et dévoué, et un excellent connaisseur de son œuvre et de l'évolution de sa pensée, ne peut être considéré, à proprement parler, comme son disciple (d'après Gérard Baudry).

Dans sa préface à l'édition des lettres à Léontine Zanta, Henri de Lubac a écrit : « Ce qu'il [Teilhard] voit [...] : il le dit sans précautions, et c'est encore un "danger" de ses lettres, qu'on y rencontre des formules dont ses correspondants, qui le connaissaient bien, ne se choquaient pas, parce qu'ils en comprenaient l'exacte portée, – mais qui suffiraient, tirées de leur contexte et artificiellement regroupées, à jeter les bases d'un teilhardisme – d'un pseudo-teilhardisme – condamnable. »

Il y a dans ces propos un désir de recadrage ou de récupération, sous couvert d'orthodoxie. Pourquoi faudrait-il que Teilhard prenne des précautions pour s'exprimer ? Pour ne pas déplaire aux théologiens de Rome ? Il est difficile de trancher. Ce qui est certain, c'est que tant dans ses propos que dans ses lettres qu'il n'imaginait pas devoir être publiées, Teilhard, tel un artiste, se lançait à la poursuite de son inspiration, il se laissait porter. Il y a chez Teilhard un jaillissement spontané de la pensée qui fait la force de son œuvre.

HENRI DE MONFREID : 1879-1974. Aventurier et homme de lettres français. Il mena une existence aventureuse, dangereuse, en marge des lois. Il parcourut sur son bateau les rivages de la mer Rouge et du golfe

Persique. Ses récits, écrits d'une plume facile et habile, firent rêver la bourgeoisie casanière et l'adolescence avide d'un ailleurs. Ses livres connurent un grand succès : *Les Secrets de la mer Rouge*, *La Croisière du haschisch*, *L'Enfant sauvage*, *Charras*, *Vers les terres hostiles de l'Éthiopie*...

Fixé en France à partir de 1947, il continua d'écrire des récits hauts en couleur où la vigueur de l'homme seul – aventurier intrépide et amateur de valeurs primitives et viriles, de danger et d'émotions fortes – appelle au mépris du modernisme et de ses supposées douillettes facilités.

JEANNE MORTIER : Jeanne Mortier est née à Saint-Étienne le 31 janvier 1892. Elle reçut une éducation religieuse et fréquenta par la suite l'Institut catholique de Paris. Elle suivit des cours de philosophie et de théologie. D'esprit très religieux et profondément croyante, elle recherchait un approfondissement de sa foi. Le grand moment de sa vie fut sa rencontre avec Pierre Teilhard de Chardin en 1939. Elle devint sa collaboratrice au lendemain de la guerre. Elle assura ainsi la conservation de l'œuvre de Teilhard. Gérard Baudry a bien souligné l'importance de ce travail : « On oublie parfois que non seulement la publication de l'œuvre, mais sa simple conservation même était problématique à cette époque. Il faut en effet savoir que, entre 1940 et 1944, on avait donné l'ordre aux maisons jésuites de détruire tous les écrits de Teilhard. Autre exemple : le Père d'Ouince a raconté comment, en 1947, il avait racheté lui-même deux ou trois centaines de cahiers à une petite officine qui les avait polycopiés pour les diffuser en dehors de toute autorisation de l'auteur ! » Avant même de s'occuper de publier, il était indispensable de préserver. Teilhard, qui se plaignait déjà de ne pouvoir riposter aux attaques dont il était l'objet, était lui-même bien conscient de la nécessité d'assurer une sûre conservation de ses écrits. L'offre de Jeanne Mortier tombait à pic. À la mort de Teilhard, en 1955, Jeanne Mortier a soixante-trois ans. Elle avait été constituée légataire de son œuvre et consacra le reste de sa vie à la publier. Pendant les dix ans que dura sa collaboration avec Teilhard, elle reçut de nombreuses lettres dont elle a, elle-même, préparé la publication qui eut lieu en 1984.

Très liée, en outre, avec l'écrivain Romain Rolland, elle est à l'origine d'une abondante correspondance du grand écrivain à son attention, non encore publiée à ce jour.

WEN CHUNG PEI : Géologue et paléontologue chinois né en 1903 (?), décédé en 1982. Il étudia la géologie à l'université de Pékin et poursuivit ses études scientifiques à Paris. Il y suivit les cours de l'abbé Breuil. De retour dans son pays, il eut la chance de commencer sa carrière scientifique à un moment décisif. Le tout jeune Service géologique national s'organisait et avait besoin de chercheurs qualifiés. On venait d'entreprendre la prospection systématique du site de Choukoutien. Le jeune Pei fut désigné comme directeur du chantier de fouilles, tandis que Teilhard était chargé d'en superviser l'étude géologique et paléontologique. Pei assuma cette tâche avec ardeur et compétence de 1928 à 1939. Puis après la guerre, à partir de 1949. C'est lui qui découvrit, le 2 décembre 1929, le premier crâne de sinanthrope. En 1949, il se rallia au régime communiste et fit partie de la délégation chinoise à la Conférence mondiale de la paix. Il occupa ensuite des postes importants dans plusieurs organismes scientifiques de la Chine populaire et participa à de nouvelles découvertes en paléontologie. Teilhard avait beaucoup d'estime et d'amitié pour Pei, qui le lui rendait bien. C'est en partie grâce à Pei que la mémoire de Teilhard a été favorablement conservée dans les milieux scientifiques chinois (d'après Gérard Baudry).

ANDRÉ RAVIER : Né en 1905, entré chez les Jésuites en 1922, il fut nommé provincial de Lyon en 1951. Il fut le dernier supérieur de Teilhard qui, depuis son départ de France, dépendait de lui. Mis en confiance dès le début, Teilhard s'appuya beaucoup sur André Ravier, n'hésitant pas à lui demander conseil ni à lui soumettre ses écrits. Il fut un appui et un réconfort pour Teilhard (d'après Gérard Baudry).

CLAUDE RIVIÈRE : Journaliste française. De 1935 à la fin de la guerre, elle réside en Chine où elle occupe la fonction de directrice de la radio française de Shanghai que Teilhard écoutait régulièrement. C'est au cours de cette période qu'elle fait la connaissance du savant jésuite. Elle a publié un livre de souvenirs sur sa relation avec Teilhard, *En Chine avec Teilhard*, 1938-1944.

BRUNO DE SOLAGES : Ecclésiastique français né en 1895 dans le Tarn. Ordonné prêtre en 1922, il commence une carrière de professeur au petit séminaire d'Albi. En 1932, il devient recteur de l'Institut catholique de Toulouse, poste qu'il occupa jusqu'en 1964. Pendant toute cette période, Bruno de Solages joua un rôle important dans l'Église de France, en particulier par son action en faveur d'un renouveau de la pensée chrétienne. Sa ferme attitude sous l'Occupation lui valut d'être déporté.

Ses rapports avec Teilhard se situent dans cette perspective d'assomption des valeurs modernes. Les deux hommes se rencontrèrent pour la première fois au cours de l'été de 1928, à l'occasion d'une semaine d'études organisée à Juilly. Le savant jésuite fit une grande impression sur le jeune abbé qui fut jusqu'au bout son fidèle et courageux défenseur. Bruno de Solages correspondait avec Teilhard, lui soumettait réflexions et critiques, le stimulait pour préciser sa pensée.

Bruno de Solages fit partie des plus fermes soutiens de Teilhard. Il est sans doute le seul homme d'Église qui, fort d'une position officielle dans celle-ci, prit publiquement la défense de Teilhard de son vivant. Ce dont ce dernier le remercia avec chaleur. Et pourtant, Bruno de Solages ne semble pas avoir suivi Teilhard jusqu'au fond de sa réflexion. Celui-ci a livré à Jeanne Mortier ce commentaire sur la façon dont Bruno de Solages appréhendait sa pensée : « Merci pour votre bonne lettre du 18 janvier, et pour les deux livres (de Solages, Valensin), arrivés aujourd'hui. J'en ferai bénéficier mon ami le P. de Breuvery. – Comme d'habitude, Mgr de Solages a admirablement choisi les textes qu'il m'emprunte ; et je sens vivement le prix de son intelligente amitié. Mais, à première vue, je ne trouve pas (comme d'habitude aussi) sa position suffisamment nette et renouvelée. Il en est encore à l'opposition entre le Dieu des savants, le Dieu des philosophes et le Dieu des Croyants ; et encore à la dualité esprit-matière ; et encore à une forme "élémentaire" de révélation. Je ne sais trop qui trouvera un réel réconfort dans les chants d'espérance d'Isaïe... Mais peut-être ai-je l'esprit mal fait. Tout de même, je n'ai pas l'impression que pour lui [Mgr de Solages] la Cosmogénèse ait réellement pris la place du Cosmos... » (Lettre datée de New York, le 25 janvier 1955). Dans sa marche rapide pour l'élaboration d'un christianisme renouvelé et modernisé, Teilhard laissait bien du monde derrière lui.

LUCILE SWAN : Naissance le 10 mai 1890. Études dans une école épiscopale, puis études d'art à Chicago. Mariage en 1912 avec un artiste, Jérôme Blum. De 1916 à 1923, sa mésentente avec son mari poussa Lucile à effectuer des voyages en Europe et dans le Pacifique. Elle divorça en 1924, effectua encore des voyages et arriva à Pékin en 1929 où elle rencontra rapidement Pierre Teilhard de Chardin. Venue en Chine pour quelques mois, elle y séjourna jusqu'en 1941. Durant cette période, elle quitta la Chine seulement deux fois, en 1935 pour un séjour aux États-Unis et en France, puis en 1939 pour un nouveau séjour aux États-Unis. Après son départ définitif de Chine en 1941, elle résida à Chicago puis à Washington. À partir de 1948, elle effectua à nouveau une série de voyages à travers le monde. En France, Suisse, Italie, Éthiopie, Siam... En 1951, elle s'installa à New York et fit encore quelques déplacements en Europe. Lucile eut une activité de sculpteur et de dessinateur. Elle réalisa plusieurs expositions et gagna quelque argent grâce à la vente de ses œuvres. Elle est morte à New York en 1965.

FRANÇOISE TEILHARD DE CHARDIN : Née le 4 mai 1879, deuxième enfant de la famille, elle est l'aînée de Pierre de deux ans. Pour réaliser une vocation précoce, elle entre à vingt-trois ans au postulat des Petites Sœurs des pauvres. Sa vie de religieuse se déroule d'abord en France dans différents établissements de sa congrégation. En août 1909, elle s'embarque pour la Chine. De son arrivée à Shanghai en septembre 1909 jusqu'à sa mort prématurée en juin 1911, elle se consacre aux soins des vieillards chinois sans ressources. Un an après son arrivée, elle avait été nommée mère supérieure de l'établissement de sa congrégation de Shanghai.

Pierre s'est entendu avec sa sœur aînée malgré le tempérament plutôt autoritaire de cette dernière, surnommée « Mademoiselle j'ordonne » par sa sœur Marguerite et lui-même. Néanmoins, leurs échanges ne semblent pas avoir été au-delà de la bonne entente familiale. Les lettres entre eux sont rares et Françoise se plaignait auprès de ses parents des lenteurs mises par son frère pour répondre à ses propres lettres : « Seriez-vous assez bon pour demander de ma part au parfait Jésuite, s'il a souvenance d'avoir reçu une lettre d'Amiens au mois de janvier ? Un peu plus et elle peut être classée au nombre des antiquités égyptiennes. Je serais heureuse d'en avoir des nouvelles » (Lettre à son père d'avril 1907). « J'ai écrit à Pierre et attends sa réponse pour l'été prochain. Demandez-lui seulement de temps en temps si ma lettre est arrivée » (Lettre de janvier 1908 à sa mère).

La dévotion empreinte d'esprit de sacrifice et de mortification de Françoise ne pouvait trouver d'écho auprès de son frère qui était en train de faire mûrir sa grandiose vision d'un monde en construction. On mesure la distance qui les séparait en lisant ce que la religieuse écrivait à sa mère à propos du décès d'une vieille femme dont elle avait la garde : « Savez-vous que j'ai eu le bonheur d'embarquer ma première petite bonne femme pour l'Éternité ! Et à moi toute seule encore, car c'était ma première nuit de garde. Je pensais aux quarts d'Albéric quand je me suis trouvée dans mon dortoir, et n'est-ce pas un peu pareil puisque moi aussi, c'est au Port qu'il me faut conduire nos vieux » (Lettre à sa mère de juin 1903). La pensée de Pierre était à l'opposé, tournée vers la vie qui vient et même à cette époque il allait jusqu'à tenir peu de compte des misères de l'individu. Françoise voyait l'individu qui souffre, Pierre se préparait à voir le monde en mouvement.

Françoise, comme son frère, eut le don de l'écriture. Ses lettres de voyage n'ont rien à envier à celles de Pierre. En route pour la Chine, elle écrivait à son père : « Nous sommes arrivés à Djibouti, mardi, par la chaleur que vous pouvez supposer. Je ne sais quelle imagination il faudrait posséder pour fournir une description quelque peu poétique de cet ensemble de maisons européennes rassemblées sur une langue de sable.

De petits négrillons entourent le bateau en faisant un vacarme terrible : les passagers leur jettent des sous et les voilà tous à l'eau comme une bande de grenouilles. Les plus adroits reparaissent bientôt avec la pièce entre leurs dents et le vacarme recommence jusqu'à l'épuisement non pas de leurs poumons mais de la générosité des passagers.

Il y a de petits vendeurs arabes, grands comme Victor, qui sont tout à fait gentils avec leurs traits fins et leurs grands yeux noirs ; ils offrent avec des regards suppliants leurs provisions de citrons et d'oranges, de sandales et de petits objets sculptés.

À 5 heures nous quittons Djibouti heureux de penser à la brise de l'Océan que nous allons retrouver. Nous avons été servis au-delà de nos désirs ? Tant que le cap Guardafui n'a pas été doublé les choses allaient encore : nous avons passé devant les "Frères" et "Sokotra". Cette dernière île surtout est très pittoresque ; figurez-vous comme un immense rocher qui s'élance de la mer, et dont les pointes dentelées vont se perdre dans le brouillard. Pas un arbre, pas une plante sur ces pentes arides. Mais une fois sur l'Océan indien nous faisons connaissance avec la mousson, et le *Polynésien* roule sur la mer comme un oiseau chassé par l'orage » (*Françoise Teilhard de Chardin. Lettres et témoignages*, documents présentés par Auguste Demoment). Pierre aurait pu signer une telle lettre.

MARGUERITE TEILHARD DE CHARDIN (Guiguite) : Marguerite Teilhard de Chardin est née le 13 mars 1883. Elle est la sœur cadette de Pierre. De santé délicate, elle fut quelque peu bousculée par la personnalité de Françoise de quatre ans son aînée. Elle semble s'être davantage entendue avec Pierre qu'avec sa sœur et réciproquement. Dans l'histoire de la famille, il est fait mention d'une fugue des deux enfants, Pierre et Marguerite, partis tous les deux pour « voir l'intérieur des volcans ».

Au-delà, il est difficile de se faire une idée de la part de Marguerite dans les recherches intellectuelles de son frère – aucune correspondance entre eux n'ayant subsisté et Pierre faisant peu allusion à sa sœur dans ses lettres à ses confidents. Atteinte à vingt-quatre ans d'un mal complexe, elle passa une grande partie de sa vie plus ou moins paralysée, parfois complètement. Elle trouva une raison de vivre en s'occupant de grands malades et présida longtemps l'Union catholique des malades qu'elle contribua à développer.

Elle aussi était douée pour l'écriture : sa réflexion et ses analyses sur la maladie sont d'une grande profondeur : « Songez-vous à ce que représente une parenthèse de trois ou quatre ans pour la jeunesse ? Car la plupart de nos amis malades ont été atteints entre dix-huit et vingt-cinq ans, et en plein rêve : les rêves sont souvent plus durs à sacrifier que la réalité. Il faut si peu de temps pour être frappé, pour lire sa condamnation sur une radio révélatrice ! Du soir au matin notre vie a volé en éclats. Alors c'est le départ brusque pour l'hôpital ou le sana, bref, la solitude (où qu'il soit le malade est isolé, du moins au début).

Et, de ce mot, solitude, nous ne connaissions que les huit lettres, le sens nous échappait. Au moment où nous aurions soif de sortir de nous-mêmes, nous devons y rentrer, ou plutôt y entrer. Et pour voir quoi ? Des débris. Heureux celui qui échappe à la tentation du suicide, moins exceptionnelle qu'on ne le croit ; mais personne n'échappe au cafard. C'est la traversée du désert. Tandis que nos corps se réparent tant bien que mal, notre esprit réclame impérieusement la même œuvre de réédification. L'homme est comme les fourmis ; il construit toujours. Mais ce travail, que nous tenons en général à faire seuls, se révèle aussi décevant que celui de Sisyphe ; à maintes reprises nous nous retrouvons devant des ruines. Combien faut-il de temps pour s'éprendre d'une vie qui ne sera plus celle que nous voulions ? On nous prêche la résignation sans savoir en quoi elle consiste. Elle apparaît trop souvent comme la vertu des faibles, une sorte de reddition ; or elle est juste l'inverse. Se résigner, c'est accepter, mais accepter la lutte, et une lutte sans merci. Désormais nous lutterons toujours ; contre la maladie, ses rechutes, et ses exigences, contre la tristesse, l'inertie du corps et de l'âme ; les élans de notre sensibilité. Ce que la maladie nous prend, elle devra nous le rendre dans un autre domaine. Tandis que nos limites se rétrécissent au physique, – je parle pour ceux qui ne guérissent pas – nous les reculons au moral ; défrichant toujours plus loin le sec terrain de l'égoïsme ; car on ne se heurte pas soi-même à la souffrance sans rencontrer aussi celle des autres » (Marguerite Teilhard de Chardin, *L'Énergie spirituelle de la souffrance*, p. 103).

Voilà une belle analyse de la souffrance. Marguerite exprime avec justesse que la souffrance n'a pas de valeur en soi et que seule compte la lutte contre cette souffrance. Elle s'éloigne heureusement de l'acceptation résignée. Sur ce point, elle était très proche de son frère qui ne devait pas renier cette analyse. On est en droit de conjecturer que Pierre et Marguerite furent très proches non seulement affectivement, mais aussi intellectuellement.

Elle est morte en 1936, peu de temps après sa mère.

Son frère a préfacé *L'Énergie spirituelle de la souffrance*, petit livre de souvenirs sur Marguerite paru en 1950. Sa préface se termine par ces mots : « Marguerite, ma sœur, pendant que, voué aux forces positives de l'Univers, je courais les continents et les mers, passionnément occupé à regarder monter toutes les teintes de la Terre, vous, immobile étendue, vous métamorphosiez silencieusement en lumière, au plus profond de vous-même, les pires ombres du Monde. Au regard du Créateur, dites-moi, lequel de nous deux aura-t-il eu la meilleure part ? » (Marguerite-Marie Teilhard de Chardin, *L'Énergie spirituelle de la souffrance*, écrits et souvenirs présentés par Monique Givelet).

MARGUERITE TEILLARD-CHAMBON (Marg) : Née en 1880 à Clermont. Les enfants d'Emmanuel Teilhard de Chardin voyaient abondamment ceux de Cirice Teilhard-Chambon, cousin issu de germain d'Emmanuel et qui habitait alors Clermont.

Pierre Teilhard de Chardin se rapprocha de la famille de « l'oncle Cirice » lors de son premier séjour parisien à partir de 1912, jusqu'à sa mobilisation à l'été 1914. Cirice Teilhard-Chambon avait alors déménagé à Paris avec toute sa famille. Quand Pierre retrouva ainsi Marguerite, légèrement plus âgée que lui, il avait trente et un ans, et venait de passer plus de dix années à l'étranger. Marguerite pendant ce temps était devenue agrégée de philosophie (1904) et dirigeait un pensionnat de jeunes filles. Elle avait suivi l'enseignement de Léontine Zanta, avec qui elle s'était liée et qu'elle fit rencontrer à Teilhard.

Auteur, sous le pseudonyme de Claude Aragonnès, elle écrivit plusieurs ouvrages, biographies et études historiques dont une intéressante vie d'Abraham Lincoln, qui lui donna l'occasion de se rendre aux États-Unis en 1939, et également un roman couronné en 1926 par l'Académie française, *La Loi du faible*, roman largement autobiographique. Elle collabora à diverses revues et fut membre du jury Femina. Partisane active du féminisme français, elle fit partie de l'Union nationale pour le vote des femmes. Elle est décédée en 1959 dans un accident de voiture en Auvergne (d'après Gérard Baudry et Mary et Ellen Lukas).

HELMUT ET RHODA DE TERRA : Helmut de Terra est né en Allemagne en 1900. De formation scientifique, il émigra aux États-Unis en 1930 et prit la nationalité américaine. Il travailla d'abord à Yale et ensuite à Bryn Mawr à Philadelphie. Une fois installé aux États-Unis, il épousa Rhoda (née en 1902), issue d'une riche famille américaine.

Il mena ses premières expéditions en Asie centrale et au Tibet. Puis ce furent l'Inde, le Cachemire, la Birmanie, Java où pour certaines d'entre elles il s'assura la collaboration de Teilhard de Chardin. Les deux savants se rencontrèrent pour la première fois lors d'un congrès de géologie à Washington en juillet 1933. Ils se retrouvèrent pour une expédition au Cachemire et dans le nord de l'Inde à l'automne 1935. Au printemps 1937, Helmut de Terra organisa un congrès de géologie à Philadelphie où il invita Teilhard. À l'occasion de son séjour dans cette ville, celui-ci séjourna chez les Terra pour les fêtes de Pâques. À la fin de la même année, ce fut l'expédition en Birmanie à laquelle se joignit également Rhoda.

Teilhard et Terra se revirent encore en 1939 puis en 1949 et une dernière fois en 1954 à New York. À ce moment, Helmut et Rhoda s'étaient séparés. Helmut, en proie à une dépression, avait abandonné sa famille et son travail. C'est au cours de cette épreuve que Rhoda se rapprocha de Teilhard, recherchant soutien et réconfort auprès de lui.

C'est à cette époque, 1938, que s'engagea leur correspondance qui dura jusqu'à la fin. Les lettres de Teilhard à Rhoda ont été publiées par cette dernière, en commun avec Ida Treat, dans un même recueil, *Accomplir l'homme*. Comme Ida, Rhoda prit soin de supprimer toute référence personnelle permettant de l'identifier comme destinataire. Ces lettres ne nous apprennent donc rien sur sa vie privée ni son divorce, et fort peu sur ses relations avec Teilhard.

Après la guerre, Helmut reprit son travail et effectua d'importantes fouilles au Mexique. Plus tard, il retourna vivre en Allemagne.

Pierre Teilhard de Chardin et Helmut de Terra partagèrent amitié et estime. Cette amitié prit une place importante dans la vie de Teilhard et elle est bien connue grâce à Helmut qui publia un livre de souvenirs quelques années après la mort de Teilhard, *Mes voyages avec Teilhard de Chardin*. Avec Rhoda, l'amitié née pendant l'expédition aux Indes se renforça à l'occasion de son divorce. Après la guerre, Rhoda prit une grande place dans la vie de Teilhard qui, devenu vieux et malade, s'appuya sur elle comme un père s'appuie sur sa fille.

WEN CHIANG TING : Géologue et politicien chinois (1887-1936). D'une famille de notables, il reçut une éducation chinoise classique, puis étudia au Japon et en Grande-Bretagne. Il se spécialisa en zoologie et en géologie et devint un darwiniste convaincu. Après avoir enseigné à Shanghai, il dirigea à Pékin la section géologique de l'Administration des mines. Il fonda le Service géologique national, dont il fut le premier directeur (1916-1921). Mêlé à la politique, il fit partie de la délégation chinoise qui suivit officieusement la Conférence de Paris sur la paix (hiver 1918-1919). Également écrivain, il était considéré comme un des chefs de la renaissance littéraire chinoise. En 1928, il reprit ses recherches géologiques. En 1934, il fut nommé secrétaire général de l'Academia Sinica à Nankin et conseiller scientifique auprès du gouvernement nationaliste. Son objectif était de promouvoir la reconstruction scientifique de la Chine. Cet homme de haute culture et aux activités multiples était sans doute promis à un bel avenir, lorsqu'il trouva la mort, asphyxié par un poêle à charbon. Teilhard, qui l'a beaucoup fréquenté, voyait en lui le modèle du Chinois moderne capable de reconstruire la Chine nouvelle. Grâce à lui, Teilhard put pénétrer dans le milieu « Jeune-Chine ». C'est Ting et Wong qui insistèrent pour avoir sa collaboration au Service géologique national.

IDA TREAT : Ida Treat est née à Joliet, Illinois, le 4 mars 1889. Après avoir étudié les langues européennes, elle vint à Paris peu avant la guerre pour y préparer et soutenir une thèse de doctorat de lettres. De retour aux États-Unis pendant la guerre, elle y enseigna et se maria. Après la paix, revenue à Paris et renonçant à sa carrière universitaire, elle travailla comme correspondante de journaux américains rédigeant aussi bien en français qu'en anglais. Elle fit la connaissance de Paul Vaillant-Couturier qu'elle épousa en 1923, après avoir divorcé de son premier mari. Sa passion pour la préhistoire survint lors de vacances dans les Pyrénées, chez la famille de Paul, avec l'exploration des grottes environnantes. Elle décida alors d'entreprendre l'étude de la paléontologie et suivit les cours de Boule au Muséum. C'est durant cette période que se situa l'épisode passionné de sa relation avec Teilhard. Par la suite, les choses s'étant calmées, ils restèrent en relation étroite. La vie d'Ida fut alors une longue suite de voyages : la Russie avec Vaillant, la mer Rouge avec celui qui allait devenir l'écrivain Henri de Monfreid, les États-Unis pour y enseigner pendant quelque temps, et la Chine en 1933 où elle rendit visite à Teilhard. En 1934, elle tomba amoureuse d'André Bergeret, alors officier de marine et de quinze ans son cadet, qu'elle épousa après avoir divorcé de Vaillant-Couturier. Nouvelle série de voyages pour suivre André dans ses déplacements, tout en passant des vacances d'été dans une maison achetée en Bretagne, dans l'île de Bréhat. Durant la Seconde Guerre, Ida se réfugia aux États-Unis. Séparée d'André au début de la guerre, elle le retrouva à Londres en 1943. Peu après la guerre, André tomba à son tour amoureux d'une autre femme et demanda le divorce. Ida repartit alors s'installer aux États-Unis et trouva un travail d'enseignante à l'université de Poughkeepsie à cent kilomètres au nord de New York. C'est là qu'elle résida jusqu'à sa mort en 1978.

Ida Treat fut affectivement et intellectuellement très proche de Teilhard sur lequel elle eut certainement de l'influence.

AUGUSTE VALENSIN : Jésuite français né à Marseille en 1879, mort à Nice en 1953. La carrière de jésuite de Valensin fut consacrée à l'enseignement comme professeur de philosophie. Avec Teilhard, ils avaient parcouru ensemble les divers cycles de la formation jésuite et étaient liés par une profonde amitié et une passion commune pour la recherche intellectuelle pour la plus grande gloire de Dieu et dans la fidélité à l'Église selon l'esprit de saint Ignace (d'après Gérard Baudry).

La relation entre Teilhard et Valensin interpelle. On ne peut douter de sa sincérité et de son importance à la lecture de l'abondante correspondance adressée par Teilhard à son ami entre 1919 et 1950. S'il est certain que Valensin aida beaucoup Teilhard notamment lors de la grande crise intellectuelle du printemps 1925, lorsque celui-ci se fit tancer par sa hiérarchie, on reste plus sceptique quant à sa part dans le développement de la réflexion de Teilhard. Gérard Baudry a bien souligné la différence entre l'audace des idées de Teilhard et la prudence, tant intellectuelle que disciplinaire, de Valensin.

Claude Rivière, certes peu suspecte de tiédeur à l'endroit de Teilhard, nous a livré son témoignage sur la façon dont Valensin percevait son ami : « Je sentais Auguste Valensin réticent lorsque, une ou deux fois, je me hasardai à mettre la conversation sur un terrain mouvant et peu sûr pour mon amateurisme : l'Évolution. "Que pensez-vous des thèses du *Phénomène humain ?*" lui demandai-je un jour.

"Inutile de vous redire combien j'admire notre cher Teilhard, m'avait-il répondu. J'ai qualifié de magistral, épithète dont je suis peu prodigue, l'essai qu'il m'a envoyé et qu'il a écrit après le *Milieu divin*, en 1934. Cet essai, *Comment je crois*, est une synthèse illuminante de sa Foi au Monde et de sa Foi à l'immortalité de l'Esprit dans le monde. Tout à fait remarquable ! Nous partageons la même Foi et la même Espérance. Je donne mon adhésion totale à la synthèse grandiose par laquelle, se basant sur des sciences exactes, géologie, paléontologie, astronomie, biologie, il montre, à travers les siècles et les vicissitudes de l'histoire, la naissance, la croissance et l'ascension continue de l'Esprit, aimanté par l'Amour divin du Christ. J'adhère donc à l'idée directrice de son système. Sur certains points, cependant, je suis beaucoup plus réservé.

Notre ami Teilhard est un lyrique dont le cœur et l'imagination, loin de s'effrayer comme Pascal à la vision des Espaces infinis, s'enflamment d'enthousiasme à la vision du Cosmos. Mon monde à moi n'a pas les mêmes dimensions. Il ne commence qu'avec l'apparition de la conscience chez l'Homme, et se situe strictement dans la vie intérieure.

La notion teilhardienne d'une Prévie au cours de laquelle Teilhard décèle la présence d'une conscience embryonnaire et diffuse jusque dans la matière inerte reste pour moi une notion nuageuse et irrationnelle. Par voie de conséquence, son Christ cosmique et son Point Oméga sont d'une telle dimension supra-humaine immesurable, inconnaissable, que j'arrive difficilement à les identifier au Père auquel j'ai consacré ma vie et à qui je redis quotidiennement mon amour." Un sourire énigmatique, le sourire à la Joconde, de Valensin, vint clore ce début de discussion. Je restai sur ma faim… » (Claude Rivière, *En Chine avec Teilhard*).

L'adhésion de Valensin aux idées de son ami semble, pour le moins, avoir été limitée. S'il eut de grandes idées sur les mêmes sujets, celles-ci restèrent dans l'ombre. Aucune des réponses de Valensin à Teilhard n'a, comme à l'accoutumée, été conservée par ce dernier, et les témoignages comme celui livré par Claude Rivière sont rares.

Valensin servit à Teilhard plus de destinataire, que de banc d'essai pour la mise en forme de ses idées.

Teilhard, peu avant la fin de sa vie, s'est confié à Jeanne Mortier au sujet d'Auguste Valensin : « J'en dirais autant de ce grand et cher Auguste, – dont je me demande si on a eu raison de publier les *Récollections de méditation.* Toujours à première vue (je les ai justement feuilletées) oserai-je vous avouer (pour vous seule) que ces méditations ne me disent absolument rien (sauf certaines réflexions sur la mort et l'au-delà, par ex.), parce que je n'y trouve – (encore une fois excusez-moi : je cherche à comprendre, humblement, et c'est tout), – parce que je n'y trouve qu'une sorte de "paternalisme évangélique" qui est aux antipodes du Christique cosmique en dehors duquel je ne puis plus adorer. Suis-je hérétique, ou mauvais ?... J'avais toujours senti, chez Auguste Valensin (un des hommes à qui je dois le plus : et que j'ai le plus aimé), ce curieux dualisme d'une intelligence hors ligne et d'une piété "de novice" : peut-être une forme authentique de sainteté ; mais, pour moi, un mystère psychologique » (Lettre à Jeanne Mortier de janvier 1955). Constat de non-communication ? ! Et pourtant les lettres écrites par Teilhard à Valensin font partie de celles où il a le plus livré les interrogations de son âme à l'examen d'autrui.

Ces lettres ont été rassemblées et éditées par Henri de Lubac avec d'abondantes notes d'un grand intérêt. Henri de Lubac y a joint les lettres adressées à lui-même ainsi qu'à Bruno de Solages et André Ravier *(Lettres intimes de Teilhard de Chardin à Auguste Valensin, Bruno de Solages, Henri de Lubac et André Ravier).*

DOMINIQUE WANG (de Wespin) : Écrivain et journaliste belge sous le pseudonyme de George Magloire. Mariée à un Pékinois – Willy Wang –, Dominique de Wespin réside à Pékin à partir de 1939. Elle rencontre Teilhard qui devient un ami de la famille. Elle a raconté comment, au cours de cette période troublée, « à Pékin, dans une société européenne réduite mais groupant les personnalités les plus diverses, la pensée du père Teilhard galvanisait les esprits ». Elle a rédigé un livre de souvenirs, *À Pékin avec Teilhard de Chardin.*

FRANZ WEIDENREICH : Paléontologue allemand, né en 1873 et mort en 1948. Spécialiste en anatomie, il fut envoyé en Chine en 1935, pour succéder à Davidson Black mort l'année précédente. D'origine juive, il avait été obligé de fuir l'Allemagne nazie. Il prit alors la direction des travaux sur le sinanthrope. Ce fut sur ses indications que Lucile Swan sculpta *Nelly*, une représentation, femelle ou féminine, du sinanthrope.

WEN HAO WONG : Géologue et homme politique chinois. Après son doctorat en géologie à Louvain en Belgique, il fut nommé directeur du département des Mines au ministère chinois de l'Agriculture puis directeur du Service géologique. Dans le gouvernement de Tchang Kaï-chek, il occupa plusieurs fonctions. En 1946, il démissionna de ses fonctions administratives et politiques et se retira à Hong-Kong. Invité par le gouvernement de la Chine populaire, il retourna à Pékin (1951) où il fut reçu par les autorités communistes. Il participa alors à des prospections dans les gisements d'uranium (Sing Kiang en 1951, Tibet en 1952-1953). Cet homme remarquable joua un rôle décisif dans le développement de la recherche géologique en Chine et, à cet égard, fut en rapports fréquents avec Teilhard, qui resta très lié avec lui. C'est Wong qui, en tant que directeur du Service géologique, avait négocié à Nankin la participation de Teilhard à son service. Lors de son voyage à Paris en 1950, il tint à rendre visite à Teilhard, et ils dînèrent ensemble le soir de Noël.

LÉONTINE ZANTA : Née en 1872, à Mâcon de parents lorrains contraints de fuir leur pays à la suite de son annexion par la Prusse.

Philosophe de formation. Elle soutint en 1914 une thèse sur la renaissance du stoïcisme au XVIe siècle. Elle occupa une bonne place dans le féminisme de l'entre-deux-guerres. Simone de Beauvoir, dans ses Mémoires, lui rendit un bref hommage indirect en se montrant agacée de la notoriété de la journaliste et femme de lettres – notoriété aujourd'hui bien évanouie. C'est par Marguerite Teilhard-Chambon que Teilhard fit la connaissance de Mlle Zanta vers la fin de la guerre. Léontine était une femme élégante qui, célibataire, habitait un bel appartement à Neuilly où elle recevait des intellectuels. Elle apprécia le savant jésuite et de cette estime mutuelle naquit, à partir de 1923, une correspondance où figurent des lettres qui sont parmi les plus belles de Teilhard, les plus construites et surtout les plus pédagogiques.

Robert Garric a tracé ce portrait d'elle. « En 1925, elle a passé la cinquantaine. Sa beauté est remarquable et a gagné avec l'âge quelque chose de grave et de plus serein. On la compare à une princesse de la Renaissance, pour la grâce des attitudes et le charme de l'expression qui défie les portraitistes… Telle que nous la revoyons, Mademoiselle Zanta alliait à l'harmonie des gestes et à la grâce l'expression d'une sérénité attendrie et celle d'une ferveur qui brillait doucement » (Robert Garric, introduction aux *Lettres à Léontine Zanta*). Pour Teilhard, Léontine Zanta a été le modèle de l'amitié féminine : correspondante affectueuse autant qu'intellectuelle. Elle est morte à Paris en 1942.

Documents

Texte anglais de la lettre à Lucile Swan du 25 janvier 1937

Dear friend,

Whether it should have a sequence or not, it seems to me that our conversation of the other day has brought us to a point where for my interest as well as yours, I owe an explanation. I sensed (and besides you said) that both my interior and my exterior situation seem to you illogical, or even to use the word, not frank. I will attempt in these few lines to make you understand, in all sincerity my position, in its strength and in its weakness.

1) Above all, have no doubt, that I do all I can to be loyally a « priest » in the full meaning of the word. I say my mass and I follow to the best of my ability the rules of my Order. In the interior of which I am considered as a « good religieux » and even perhaps a bit more. And I hope that what follows will help you to see that I conform to its frame (though many of its elements seem to me of a very contestable value) for reasons which prevent my acts from being pretence.

2) From what does the appearance of being a bit complex in my attitude come ? The origin I find (if I analyze myself well) is the co-existence in me of two « passions » neither of which I can sacrifice, and which therefore I must attempt to synthesize.

The first of theses two passions is a fundamental belief in the grandeur and the value of the World (understood as the totality of the real energies which surround us). I am first and essentially a « born-pantheist ». And all the development of my scientific career has been animated by this initial sentiment, which all my studies have reciprocally systematized, rationalized and nourished.

Therefore I love the World passionately, as a « pagan », say those narrow ones who have never understood the profound mystic of the Universe. But (and here is where the difficulty starts) I love equally passionately the God who expresses Himself in the Christian Christ.

Originally, no doubt, this second love was less natural than the first ; it was largely implanted in me by the influence of my education. Nevertheless I think it awakened in me another profound native disposition. Let to itself my initial pantheism would have without doubt, evolved in the direction of some vague « immanentism ». Initiated by Christianity to an incomparable taste for « adoration of a Person », I quickly realized that the Universe to which I had always been devoted would remain structurally uncrowned unless it was possible for me to discover a sort of heart and face for it, which I could love.

It would be too long and useless, to detail for you the interior steps which lead me to a synthesis, which was working in me between the two passions of the Universe and the Person. The only interesting point for the end which I propose here is the following : I find myself at the present time in an equal impossibility (vital) to pass either the Universe (conceived as an organic All in evolution), or Christ (who appears to me, in the experimental domain, the only existing center and the only positive sign of a « universal Person »). If I do not believe in the World, I can no longer believe in Christ : and if I do not believe in Christ I can no longer love the World. All my interior equilibrium is therefore tied to a possible conjunction of these two supreme realities in a unique Reality, seizable in the same and unique act of adoration.

The problem of this synthesis between Christ and the Universe has naturally two faces : a theoretical face (or « theology »), and a practical face (or « moral »).

The theological solution has seemed to me relatively easy. Taken in its most authentic definitions (particularly in St Paul) Christ is endowed with a mass of properties which, transported into the Universe such as we know it today inevitably take on « cosmic » dimensions. If the « theologians » as a whole still refuse to see it at this time, it is simply because they do not yet realize what the experimental World has become for us.

The moral solution is more delicate, because it tends to express it self externally in attitudes which run against an equilibrium (a routine) of a social order. I have analyzed at length in several essays, the transformations that the idea of Christian « saintliness » undergoes when Christ is envisaged no longer as a Restorer of a damaged World, but as the Animator of a Universe in progress. These transformations are profound. But one thing seems to me sure : if they generalize the evangelical moral code, and make it dynamic, they do not deform it. After the transformation the love of God above all, expresses itself in a continual effort of universal « going beyond », it lives and affirms itself always as a law of perfection. And is that not the very essence of the Gospel ?

It remains (to the near reserves, and they are important, which I will make further on) that the religious transformations of which I have just spoken are still only at their beginnings. They still affect but a minority. Those who are conscious of them find themselves therefore in the situation of having to live what I call by convention their « hyper Christianity » in the social forms (still dominant) of the « ancient-Christianity », and without having the right nor the power to break with them, in which their roots still are deeply immersed. In this duality lies exactly the reason that could give you the impression of an equivocal attitude in me. But I believe that this duality has nothing of « duplicity ». If I continue to give way to many gests and formulas which are empty for me, it is not by simple formality, approaching hypocrisy : but it is because I believe passionately of sensing the circulation of a sap under the old dead shell, of which I have an essential need, and which I cannot yet attain without my holding to the entire tree. After all my situation is no different from all the men who have new ideas on the value and the future of the social body to which they belong (nation, army, etc.).

And now two questions to finish : How much of the Hyper-Christianity of which I speak is special to me ? And in what degree can it flatter itself to be the true Christianity ?

My reply to the first question is the following : No, the new Christianity, which I defend, is not personal to me, and it is just this that gives it value. I am conscious in the matter of being only a voice expressing that which rises like a cloud around us. In France, Belgium, America and England I can give you a list of names (religious, and laymen, philosophers and even teaching theologians), which are those of men thinking in exactly the same direction as myself and who have the conviction in doing so of not diminishing but of emphasizing their Christianity (exactly because their effort goes to magnify the reality of Christ which is necessarily the very essence of Christianity). These men have never ceased to encourage me. They have read everything that I have written. Why, you may ask, then continue to work below board and not in the open. Simply once again, because the proportion of men who see is still too small, and have not yet penetrated far enough ahead (as it yet does) in the governing spheres to be able to impose itself. And also because a premature « decortication » could do dangerous harm to the organization it attempts to enlarge and save.

But then, and this is the second question, supposing that the future proves us right we the « innovators », and that in place of the Gospel of « Separation and resignation » we see a gospel of immersion in the World and of « sublimation » succeed, how will we be able to still say that Christianity has not been suppressed and replaced by a new religion ? We can say it for the good reason that, under a grander and more liberated form, it will be the same current of living love for the same living reality (the Christ), which will continue over us. How, some years hence, can we say we are the same selves, each of us, if not by the continuance of a current of consciousness ? The same for the Church. The change is no doubt no greater between this Christ-Universal (of which I dream with many others) and the « Christ-King » (proposed for adoration to the faithful by the official church) than between this Christ-King and the Man encountered by the fishermen of Galilee. And besides, in reality, of what importance is this largely theoretical question from the connections with the Past ? The reality of God without which human effort (lacking a common ideal) would fall to dust must be found every moment for us in the direction of the most achieved image which humanity has been able to make of the Divinity : The most true Christ can only be objectively the one who appears to us subjectively as the most perfect and the greatest Saviour. It is in this sense that I believe to be still sincerely a christian.

I hope that these pages, necessarily brief, do not appear to you too incoherent ? In any case believe in my profound sympathy. And be assured that you have in no way hurt me by your frankness. I doubt that you could say to me anything of religious matters more hard than those that I have expressed a hundred times to myself.

Yours,

Teilhard. (Pékin, 25/1/37)

Texte français

Chère amie,

Qu'il faille une suite ou non, il me semble que notre conversation de l'autre jour nous a amenés à soulever un point sur lequel, aussi bien pour moi que pour vous, je dois un éclaircissement. J'ai senti (d'ailleurs vous l'avez dit) que ma situation, tant sur le plan intérieur qu'extérieur, vous semble illogique ou, n'ayons pas peur du mot, pas franche. Je vais tenter par ces quelques lignes de vous faire comprendre, en toute sincérité, quelle est ma position avec ses forces et ses faiblesses.

1) Par-dessus tout, ne doutez pas que je fais tout ce que je peux pour être loyalement un « prêtre » au sens exact de ce mot. Je dis ma messe et je me conforme, au mieux de mes capacités, aux règles de mon Ordre. Au sein duquel je suis considéré comme un « bon religieux » et même sans doute un peu plus. Et je compte que ce que je vais vous dire vous aidera à voir que je me conforme à ses règles (quoique beaucoup d'entre elles semblent d'une valeur contestable) pour des raisons qui

écartent toute accusation de faux-semblants à l'encontre de mes actions.

2) D'où vient cette apparence de relative complexité de mon attitude ? L'origine en est (si je m'analyse bien) la coexistence en moi de deux « passions » que je ne peux rejeter ni l'une ni l'autre, et que je dois donc tenter de concilier.

La première de ces deux passions est une croyance fondamentale en la grandeur et en la valeur du monde (compris comme la totalité des énergies réelles qui nous entourent). Je suis d'abord et essentiellement un « panthéiste-né ». Et tout le déroulement de ma carrière scientifique a été animé par ce sentiment de départ, que de plus toutes mes recherches ont systématisé, rationalisé et nourri et réciproquement.

Ainsi j'aime le monde passionnément, comme un « païen » disent ces esprits étroits qui n'ont jamais compris la profonde mystique de l'Univers. Mais (et c'est là que les difficultés commencent) j'adore tout aussi passionnément le Dieu qui s'exprime dans le Christ chrétien. Au départ, sans aucun doute, ce deuxième amour était moins naturel que le premier ; il a été largement implanté chez moi sous l'influence de mon éducation.

Néanmoins, je pense qu'il éveilla en moi une autre disposition présente au fond de moi dès ma naissance. Livré à lui-même mon panthéisme d'origine se serait, sans l'ombre d'un doute, orienté vers quelque vague « immanentisme ». Initié, par le christianisme, à la saveur incomparable de « l'adoration de la Personne », j'ai rapidement compris que l'Univers auquel je m'étais toujours dévoué resterait structurellement sans couronnement (sans achèvement), à moins qu'il ne fût possible pour moi de lui découvrir une sorte de cœur ou de visage, que je pourrais aimer.

Il serait trop long et peu utile, de vous détailler les étapes de mon parcours intérieur qui m'ont amené à cette synthèse faisant le lien entre ces deux passions pour l'Univers et pour la Personne. Le seul point qui soit intéressant au regard du but que je propose ici est le suivant : je me trouve à cet instant dans une égale impossibilité de me passer soit de l'Univers (conçu comme un Tout organique en évolution), soit du Christ (qui m'apparaît, sur le plan expérimental, le seul centre existant et le seul signe positif d'une « Personne universelle »). Si je ne crois pas dans le Monde, je ne peux croire plus longtemps en le Christ et si je ne crois pas en le Christ, je ne peux plus adorer le Monde. Tout mon équilibre intérieur repose sur cette réunion de ces deux réalités suprêmes en une Réalité unique, appréhensible à travers un seul et même acte d'adoration. Le problème de cette synthèse entre le Christ et l'Univers a, en lui-même, deux aspects : un aspect théorique (ou théologique), et un aspect pratique (ou moral).

La solution théologique m'a semblé relativement facile à énoncer.

Pris à partir de ses définitions les plus authentiques (chez St Paul en particulier) le Christ est doté d'une masse de propriétés qui, transposées dans l'Univers tel que nous le connaissons aujourd'hui, prennent inévitablement des dimensions « cosmiques ». Si les théologiens dans leur ensemble refusent toujours de voir les choses ainsi, c'est tout simplement parce qu'ils ne réalisent pas encore ce que le Monde expérimental est devenu pour nous.

La solution morale est plus délicate à énoncer, parce qu'elle tend à s'exprimer par des attitudes qui vont à l'encontre d'un équilibre (une routine) de l'ordre social. J'ai analysé jusqu'au bout, dans plusieurs essais, les transformations que subit l'idée de sainteté chrétienne lorsque le Christ est envisagé non plus comme le restaurateur d'un Monde endommagé, mais comme l'Animateur d'un Univers en progrès. Ces transformations sont profondes. Mais une chose me semble sûre : si elles généralisent le code moral des Évangiles, et le rendent dynamique, elles ne le déforment pas pour autant. Après cette transformation, l'amour de Dieu supérieur à tout s'exprime à travers un effort permanent pour un « aller plus loin » universel. Il vit et s'affirme toujours comme une loi de perfection. N'est-ce pas là l'essence même de l'Évangile ?

Il reste (sous des réserves importantes, que je ferai plus loin) que les transformations religieuses dont je viens de parler n'en sont encore qu'à leurs débuts. Elles ne touchent pour l'instant qu'une minorité. Ceux qui en sont conscients se trouvent de ce fait dans la situation d'avoir à vivre, je dirais par convention, leur « hyper-christianisme » dans les formes (encore dominantes) de « l'ancien christianisme », en n'ayant ni le droit ni les moyens de rompre avec elles, leurs racines y étant profondément enfoncées. Dans ce décalage se situe exactement la raison de ce qui peut vous donner l'impression d'une attitude équivoque de ma part. Mais je crois que cette dualité n'a rien d'une « duplicité ». Si je continue d'accorder une attention à des gestes et à des formules qui sont vides de sens pour moi, ce n'est pas par simple formalisme, voisinant l'hypocrisie, mais bien plutôt parce que je crois passionnément en la présence d'une sève circulant sous la vieille écorce, sève dont j'ai un réel besoin et que je ne peux atteindre sans étreindre l'arbre tout entier. Après tout, ma situation n'est pas différente de celle des hommes qui ont de nouvelles idées sur la valeur et le futur du corps social auquel ils appartiennent (nation, armée, etc.).

Et maintenant pour finir, deux questions : dans quelle mesure cet Hyper-christianisme dont je parle m'est-il propre ? Et jusqu'à quel point peut-il se flatter d'être le vrai Christianisme ?

Ma réponse à la première question est la suivante : non, le nouveau Christianisme, que je défends, ne m'est pas personnel, et c'est ce qui lui donne sa valeur. Je suis bien conscient dans cette affaire d'être seulement une voix exprimant quelque chose qui se lève comme un nuage autour de nous. En France, Belgique, Amérique et Angleterre je peux vous donner la liste de ceux (religieux et laïcs, philosophes et même théologiens enseignants), qui sont des hommes qui pensent exactement dans la même direction que moi et qui ont la conviction, ce faisant, de ne pas diminuer mais d'accentuer leur christianisme (exactement parce que leur effort tend à magnifier la réalité du Christ qui est nécessairement l'essence même du Christianisme). Ces hommes n'ont jamais cessé de m'encourager. Ils ont lu tout ce que j'avais écrit. Vous pouvez vous demander pourquoi, alors continuer à travailler ainsi sous la scène et non en plein jour. Simplement, une fois encore, parce que la proportion de ceux qui partagent ce point de vue est encore trop faible, et qu'ils ne sont pas encore parvenus à s'introduire assez loin (encore que cela progresse tous les jours) au sein des milieux dirigeants pour pouvoir s'imposer. Et aussi parce qu'un « décorticage » prématuré pourrait causer de graves dommages à l'organisation qu'il s'agit justement d'accroître et sauver.

Mais, et c'est la deuxième question, en supposant que le futur nous donne raison à nous les « innovateurs », et qu'à la place d'un Évangile de « séparation et résignation » nous voyons le succès d'un Évangile d'immersion dans le Monde et de « sublimation », comment pourrions-nous continuer à dire que le Christianisme n'a pas été supprimé et remplacé par une nouvelle religion ? Nous pourrons le dire pour la bonne raison que, sous une forme plus grande et plus libérée, ce sera le même courant de force vivante pour une même réalité vivante (le Christ), qui continuera autour de nous. Comment, d'ici quelques années, pourrons-nous dire que nous sommes toujours les mêmes, chacun de nous, sinon par le maintien d'un courant de conscience ? C'est la même chose pour l'Église. Le changement n'est certainement pas plus grand entre ce Christ-Universel (auquel je rêve avec beaucoup d'autres) et le « Christ-roi » (tel que proposé à l'adoration des croyants par l'Église officielle) qu'entre ce « Christ-roi » et l'Homme rencontré par les pêcheurs de Galilée. Et en réalité, de quelle importance est cette question largement théorique des liens avec le passé ? La réalité de Dieu sans laquelle l'effort humain (par manque d'idéal commun) tomberait en poussière doit être pour nous à tout instant trouvée dans la direction de la représentation la plus achevée que l'humanité ait pu se donner de la Divinité : le Christ le plus vrai ne peut, objectivement, qu'être celui qui nous apparaît, subjectivement, comme le plus parfait et le plus grand Sauveur. C'est en ce sens que je crois être toujours un chrétien sincère.

J'espère que ces pages, nécessairement brèves, ne vous apparaissent pas trop incohérentes ? En tout cas, croyez en ma profonde sympathie. Et soyez assurée qu'en aucun cas vous ne m'avez froissé par votre franchise. Je doute que vous puissiez jamais me dire quoi que ce soit, en matière de religion, de plus dur à entendre que ce que je me suis dit à moi-même des centaines de fois.

Le vôtre,

Teilhard.

Monitum [1] du Saint-Office du 30 juin 1962

Certaines œuvres du P. Pierre Teilhard de Chardin, même des œuvres posthumes, sont publiées et rencontrent une faveur qui n'est pas négligeable. Indépendamment du jugement porté sur ce qui relève des sciences positives, en matière de philosophie et de théologie, il apparaît clairement que les œuvres ci-dessus rappelées renferment de telles ambiguïtés et même des erreurs si graves qu'elles offensent la doctrine catholique. Aussi les Em et les Rv Pères de la Suprême Congrégation du Saint-Office exhortent tous les ordinaires et supérieurs d'Instituts religieux, les recteurs de séminaires et les présidents d'universités à défendre les esprits, particulièrement ceux des jeunes, contre les dangers des ouvrages du P. Pierre Teilhard de Chardin et de ses disciples.

1. Qu'est-ce qu'un *monitum* ? Un rappel ou un avertissement, en aucun cas une condamnation, un interdit ou une mise à l'index. Dans le nouveau Code de droit canonique (canon 1339) *monitum* est traduit par « monition » ou avertissement et il est précisé que celle-ci ne peut être considérée comme une peine « strictement parlant ». Un *monitum*, même s'il doit laisser une trace écrite, n'a donc pas d'effet dans le temps, mais est lié à un contexte. Le contexte changeant, le *monitum* devient le simple témoin d'une circonstance ponctuelle (d'après Jules Carles et André Dupleix).

Bibliographie

Jacques ARNOULD, *Darwin, Teilhard et Cie*, Desclée de Brouwer, 1996.

–, *Teilhard*, Perrin, 2005.

Louis AUDOIN-DUBREUIL, *Sur la route de la soie*, Plon, 1935.

George BARBOUR, *Teilhard de Chardin sur le terrain*, Éd. du Seuil, 1965.

Louis BARJON, *Le Combat de Pierre Teilhard de Chardin*, Les Presses de l'université, Laval, 1971.

Madeleine BARTHELÉMY-MADAULE, « La vision teilhardienne est-elle une philosophie ? », dans : *Teilhard de Chardin* (ouvrage collectif), Hachette, coll. « Génies et réalités », 1969.

Alfred BAUDRILLART, *Les Carnets*, Éd. du Cerf, 1994-2003.

Gérard-Henry BAUDRY, *Dictionnaire des correspondants de Teilhard* (Dic.), édition de l'auteur, 1974.

–, *Qui était Teilhard de Chardin ?*, édition de l'auteur, 1972.

–, *Teilhard et l'appel de l'Orient. La convergence des religions*, Aubin, 2005.

–, *Le Credo de Teilhard*, Aubin, 2004.

–, *Socialisme et humanisme*, édition de l'auteur, 1972.

–, « Teilhard à Verdun », *Teilhard aujourd'hui* n° 18, 2006.

–, *Les Notes de lectures de Pierre Teilhard de Chardin. 1945-1947*, Médiasèvres, 2007.

Jean DE BEER, « Imaginaire, réalités et nourritures eucharistiques », dans : *Teilhard de Chardin* (ouvrage collectif), Hachette, coll. « Génies et réalités », 1969.

Pierre DE BOISDEFFRE, *Une histoire vivante de la littérature d'aujourd'hui*, Le livre contemporain, 1959.

Jules CARLES et André DUPLEIX, *Teilhard de Chardin*, Le Centurion, 1991.

Dominique COMBE, « La Gloire de Bergson », *Études*, 2004.

Nicolas CORTE, *La Vie et l'Âme de Teilhard de Chardin*, Fayard, 1957.

Georges CRESPY, *L'Intention théologique de Teilhard de Chardin dans le recueil de texte de A. Szekeres*, Éd. du Seuil, 1969.

Claude CUÉNOT, *Pierre Teilhard de Chardin*, Club des éditeurs, 1958.
–, *Teilhard de Chardin*, Éd. du Seuil, coll. « Écrivains de toujours », 1962.
–, « Le phénomène Teilhard », dans : *Teilhard de Chardin* (ouvrage collectif), Hachette, coll. « Génies et réalités », 1969.
–, *Nouveau lexique Teilhard de Chardin*, Éd. du Seuil, 1968.
André DALEUX, *Teilhard de Chardin. Sciences et foi réconciliées*, Éditions Gabriandre, 2001.
Jean DANIÉLOU, « Esquisse d'un portrait », dans : *Teilhard de Chardin*, Hachette, coll. « Génies et réalités », 1969.
Auguste DEMOMENT, *Françoise Teilhard de Chardin. Lettres et témoignages*, Beauchesne, 1975.
Jean-Pierre DEMOULIN, *Je m'explique. Textes choisis par J.-P. Demoulin.*, Éd. du Seuil, 2005.
François EUVÉ, « Réflexions sur l'anthropologie de Teilhard de Chardin », *Études*, 2005.
Arthur FABEL, *Teilhard in the 21 First Century*, Orbis Books, Maryknoll NY, 2003.
René GIRARD, *Les Origines de la culture*, DDB, 2004.
Roger GARAUDY, « La pensée de Teilhard et le marxisme », dans : *Teilhard de Chardin*, Hachette, coll. « Génies et réalités », 1969.
David GRUMETT, *Teilhard de Chardin*, Peeters, Louvain, 2005.
Jean GUITTON, *Profils parallèles. Bergson et Teilhard de Chardin*, Fayard, 1970.
Ursula KING, *The Life and Vision of Teilhard de Chardin*, Maryknoll, New York, 1996.
Jean LACOUTURE, *Les Jésuites*, Éd. du Seuil, 1995.
Édith DE LA HÉRONNIÈRE, *Teilhard de Chardin*, Gérard Watelet, 1999.
Dominique LAMBERT, « Teilhard et la Bible », *Bible et sciences*, Presses universitaires de Namur, 2002.
Georges LE FÈVRE, *La Croisière jaune*, L'Asiathèque (réédition), 1990.
Pierre LEROY, *Lettres familières de Pierre Teilhard de Chardin mon ami*, Le Centurion, 1976.
–, *Le Père Teilhard de Chardin à travers sa correspondance*, Le Centurion, 1989.
Henri DE LUBAC, *La Pensée religieuse du père Teilhard de Chardin*, Aubier, 1962.
–, « L'apport de Teilhard à la connaissance de Dieu », dans : *Teilhard de Chardin*, Hachette, coll. « Génies et réalités », 1969.
Mary et Ellen LUKAS, *Teilhard, l'homme, le prêtre, le savant*, traduit de l'américain, Ramsay, 1980.
Jacques MADAULE, « Une existence parfaitement remplie », dans : *Teilhard de Chardin*, Hachette, coll. « Génies et réalités », 1969.

G. MAGLOIRE et H. CUYPERS, *Présence de Teilhard de Chardin*, Éditions universitaires, 1961.
Henri MALEPRADE, *Léontine Zanta*, Éd. Rive Droite, 1997.
Noël MARTIN-DESLIAS, *Un aventurier de l'esprit. Pierre Teilhard de Chardin*, Nagel, 1963.
Pierre-Louis MATHIEU, *La Pensée politique et économique de Teilhard de Chardin*, Éd. du Seuil, 1969.
Henri DE MONFREID, *Charras*, Éd. du Pavois, 1947.
–, *Le Feu de Saint-Elme*, Laffont, 1973.
Jacques MONOD, *Le Hasard et la Nécessité*, Éd. du Seuil, 1970.
Christopher MOONEY, *Teilhard de Chardin et le mystère du Christ*, Aubier, 1968.
Jeanne MORTIER, *Images et paroles*, Éd. du Seuil, 1966.
Abbé MUGNIER, *Journal*, Mercure de France, 1985.
René D'OUINCE, *Un prophète en procès*, Aubier-Montaigne, 1970.
Jean PIVETEAU, « L'homme de science », dans : *Teilhard de Chardin*, Hachette, coll. « Génies et réalités », 1969.
Charles E. RAVEN, *Teilhard de Chardin, Scientist and Seer*, Londres, Collins, 1962.
Katy RICARD, « Teilhard, visionnaire de la science du XXe siècle », *Études*, juillet 2004.
Claude RIVIÈRE, *En Chine avec Teilhard.* , Éd. du Seuil, 1968.
Jean ROSTAND, *Hommes d'autrefois et d'aujourd'hui*, Gallimard, 1966.
Léopold S. SENGHOR, « Pierre Teilhard de Chardin et la politique africaine », *Cahiers Teilhard de Chardin*, 1962.
Bernard SESÉ, *Pierre Teilhard de Chardin*, Desclée de Brouwer, 1997.
Bruno DE SOLAGES, *Teilhard de Chardin*, Édouard Privat, 1967.
Robert SPEAIGHT, *La Vie de Pierre Teilhard de Chardin*, Éd. du Seuil, 1970.
Attila SZEKERES, *Le Christ cosmique de Teilhard de Chardin*, Éd. du Seuil, 1969.
Marguerite TEILHARD DE CHARDIN, *L'Énergie spirituelle de la souffrance. Écrits et souvenirs présentés par M. Givelet*, Éd. du Seuil, 1951.
P. TEILHARD DE CHARDIN, *Le Phénomène humain*, tome 1 des œuvres complètes, Éd. du Seuil, 1955.
–, *L'Apparition de l'homme*, tome 2 des œuvres complètes, Éd. du Seuil, 1956.
–, *La Vision du passé*, tome 3 des œuvres complètes, Éd. du Seuil, 1957.
–, *Le Milieu divin*, tome 4 des œuvres complètes, Éd. du Seuil, 1957.
–, *L'Avenir de l'homme*, tome 5 des œuvres complètes, Éd. du Seuil, 1959.

–, *L'Énergie humaine*, tome 6 des œuvres complètes, Éd. du Seuil, 1962.
–, *L'Activation de l'énergie*, tome 7 des œuvres complètes, Éd. du Seuil, 1963.
–, *Le Groupe zoologique humain*, tome 8 des œuvres complètes, Éd. du Seuil, 1963.
–, *Science et Christ*, tome 9 des œuvres complètes, Éd. du Seuil, 1965.
–, *Comment je crois*, tome 10 des œuvres complètes, Éd. du Seuil, 1969.
–, *Les Directions de l'avenir*, tome 11 des œuvres complètes, Éd. du Seuil, 1969.
–, *Écrits du temps de la guerre*, tome 12 des œuvres complètes, Grasset, 1965.
–, *Le Cœur de la matière*, tome 13 des œuvres complètes, Éd. du Seuil, 1976.
–, *Accomplir l'homme. Lettres inédites (1926-1952)* (A. H.), Grasset, 1968.
–, *Genèse d'une pensée. Lettres 1914-1918*, Grasset, 1961.
–, *Lettres à Jeanne Mortier* (LJM), Éd. du Seuil, 1984.
–, *Lettres à Léontine Zanta* (LZ), Desclée de Brouwer, 1965.
–, *Lettres d'Égypte, 1905-1908*, Aubier-Montaigne, 1965.
–, *Lettres de voyage. 1923-1955*, réédition 1982 (LV), Maspero-La Découverte, 1982.
–, *Lettres inédites à l'abbé Gaudefroy et à l'abbé Breuil* (L. inéd.), Éd. du Rocher, 1988.
–, *Lettres intimes de Teilhard de Chardin à A. Valensin, B. de Solages, H. de Lubac et A. Ravier* (L. Int.), Aubier-Montaigne, 1974.
–, *Notes de retraite. 1919-1954*, présentées et annotées par G. H. Baudry, Éd. du Seuil, 2003.
–, *Teilhard de Chardin en Chine, correspondance inédite. Lettres à Marcellin Boule*, Éd. du Muséum, 2004.
–, *The Letters of Teilhard de Chardin and Lucile Swan* (Letters), University of Scranton Press, 2001.
–, *Lettres d'Hastings et de Paris, 1908-1904*, Aubier-Montaigne, 1965.
–, *Dans le sillage des sinanthropes. Lettres inédites de Pierre Teilhard de Chardin et J. Gunnar Andersson*, Fayard, 1971.
–, *Deux géologues, une amitié. Correspondance entre Pierre Teilhard de Chardin et Charles Jacob*, Aix-en-Provence, Édisud, 1985.
–, *Lettres de guerre inédites. Pierre Teilhard de Chardin et Jean Boussac*, Paris, Œil, 1986.
Helmut DE TERRA, *Mes voyages avec Teilhard de Chardin* (traduit de l'allemand), Éd. du Seuil, 1965.

Jean-François THOMAS, *Initiation à Teilhard de Chardin*, Éd. du Cerf, 1998.

Claude TRESMONTANT, *Introduction à la pensée de Teilhard de Chardin*, Éd. du Seuil, 1956.

Dominique WANG, *À Pékin avec Teilhard de Chardin*, Robert Laffont, 1981.

Hai-Yan WANG, *Le Phénomène Teilhard. L'aventure du livre « Le Milieu divin »*, Aubin, 1999.

N. M. WILDIERS, *Teilhard de Chardin*, Éditions universitaires, 1960.

Gao XING, *Peking Man Site at Zhoukoudian*, État chinois, 2004.

Index des noms cités[1]

1. Les noms précédés d'un astérisque font l'objet d'une note biographique. Voir le Lexique des parents, collègues et amis de Pierre Teilhard de Chardin.

Table des matières

Composition et mise en pages : FACOMPO, LISIEUX

Achevé d'imprimer en mars 2008
par Normandie Roto Impression s.a.s. à Lonrai (61250)
N° d'édition : 14322
N° d'impression : 080788
Dépôt légal : avril 2008